빌리 브란트와

아웃사이더에서 휴머니스트로

김대중

빌리 브란트와

아웃사이더에서 휴머니스트로

김대중

성균관대학교
출판부

목 차

빌리 브란트(Willy Brandt)는 독일사회민주당(SPD, 이하 사민당) 출신 정치인으로, 1969년 10월부터 1974년 5월까지 독일연방공화국(서독) 총리를 지냈다. 그는 재임 중에 '동방정책(Ost Politik)'을 펼쳐 동서독 간 관계개선과 동유럽과의 관계정상화 등 냉전체제 해소에 기여했다. 이 공적으로 그는 1971년 노벨평화상을 수상했다.

김대중은 민주개혁진영 출신 정치인으로, 1998년 2월부터 2003년 2월까지 대한민국 대통령으로 재임했다. 재임기간 동안 국제통화기금(아이엠에프, 이하 IMF)의 구제금융 사태가 몰고 온 위기극복에 매진했으며, '햇볕정책'[1]을 통해 남북 간 긴장완화에 기여했다. 인권운동과 남북관계개선 등에 이바지해온 공적으로 2000년 노벨평화상을 수상했다.

브란트와 김대중의 개인적 삶을 함께 조명하다보면 그 유사함에 놀라게 된다. 우선 두 사람은 각각 사생아와 서자로 태어난 순간부터 자신이 소속한 사회의 변방인(outsider)이었다. 정치인으로서 정상에 오르기 전까지 그들 경력의 대부분 역시 변방인의 그것에 가까웠다. 브란트는 서베를린이라는 변방에서 정치를 시작했고, 김대중은 한국의 정치적 변방지대인 호남에서 정치를 시작했다. 두 사람 모두 선거에서 숱한 실패의 경험을 겪었으며, 오랫동안 야당 대표를 역임했다. 이념적으로 두 사람은 개혁적·진보적 성향을 지녔으며, 이런 정치성향은 각자의 정치무대에서 자주 색깔공세의 대상이 되곤 했다. 브란트는 청년기에 14년 동안 망명생활을 했고, 김대중은 정치적 성숙기에 투옥과 연금, 사형선고, 두 차례의 망명 등 큰 정치적 시련을 겪었다. 두 사람은 사별과 이혼 등 가정사적으로도 순탄치 않았다. 경쟁자들은 이런 불우한 환경을 이겨낸 두 변방인을 사생아, 공산주의자, 민족의 배신자라 부르며, 숱한 비난과 박해를 가했다. 그러나 이 모든 시련을 극복하고 브란트는 세 번, 김대중은 네 번의 도전 끝에 각각 모국에서 최초의 수평적 정권교체를 이뤄내면서 총리와 대통령에 당선되었다.

두 사람 모두 그들 나라에서 대학 졸업장 없이 총리와 대통령 자리에 오른 최초의 인물이다. 그들은 부족한 학력을 독서로 보완했다. 그들의 독서목록은 그 자체만으로도 화제를 모을 만큼 다양하고 풍부했다. 브란트는 독일에서, 김대중은 한국에서 정치인들 가운데 가장 많은 글과 책을 쓴 사람에 꼽힌다. 브란트는 글을 쓰면서, 김대중은 독서를 하면서 불행한 정치역정을 극복해낼 힘을 얻고 축적했다. 특히 두 사람 모두 역사를 좋아했다. 단순히 역사를 좋아한 것에 그치지 않고, 정치하는 동안 늘 후세의 역사가 자신을 어떻게 평가할 것인지 의식하며 행동했다. 역사는 그들에게 삶의 방향을 제시한 이정표와 같았다. 자유와 민주주의, 인권, 평화를 위한 헌신과 더불어 두 사람의 삶에서 드러나는 이런 인문적(humanistic) 사유와 행동방식은 정치의 영역을 넘어 그들을 교육자와 사상가로서도 주목받게 했다.

브란트는 1913년생으로 김대중보다 11년 먼저 태어났다. 브란트가 동방정책을 실행한 것은 그가 서독 총리로 재임하던 1969년부터 1974년까지였다. 그는 동방정책에서 동·서독의 통일을 미래 과제로 돌리고, 당면 목표를 동·서독 간의 교류와 협력 그리고 유럽의 평화에 두었다. 그는 동·서독인들이 교류협력하면서 민족의 동질성을 유지하고 평화 속에서 살아간다면, 사실상 '절반의 통일'은 이루어진 것이나 마찬가지라고 보았다. 그는 그 목표를 향해 정진했다.

브란트의 동방정책은 시행과정에서 야당의 강력한 반대에 부닥쳤다. 그 자신 또한 '기욤 스파이사건'으로 총리 임기를 2년이나 남겨두고 불명예 퇴진했다. 그러나 그는 퇴임 후에도 1987년까지 사민당 총재자리를 지켰으며, 1976년부터 사망하기 직전까지 세계 최대의 정당연합체인 사회주의인터내셔널(SI) 의장을 맡아 국제적으로 활발하게 활동했다. 그가 총리로 재임한 시기는 채 5년이 안 되었지만, 퇴임 후부터 사망할 때까지 18년 동안 그는 독일과 유럽에서 가장 영향력 있는 정치인이었다. 그의 후임자인 슈미트(Helmut schmidt) 총리와 경쟁정당인 기민당 출신의 콜(Helmut Kohl) 총리도 그의 동방정책을 충실히 계승함으로써, 그가 시작한 동방정책은 1990년 독일통일의 중요한 토대로 작동했다.

브란트가 총리 퇴임 후 제2의 전성기를 살았던 반면, 김대중은 대통령이 되기 전 야당 지도자로서 긴 시간을 보냈다. 1971년 제1야당의 대통령 후보로 선거에 출마한 이후 여러 차례 죽을 고비를 넘겼고, 5년 반의 옥살이와 10여 년의 가택연금과 망명생활을 겪어야 했다. 그는 이 과정에서 민주화운동가로서 한국 정계에 자신만의 영향력을 키워갔으며, 1987년에 이미 노벨평화상 후보로 추천될 만큼 국내외적으로 저명인사의 반열에 올라 있었다.

김대중은 브란트가 총리에 오른 지 30여 년이 지난 1998년부터 5년 동안 대한민국의 대통령으로 재임했다. 그는 임기 중 IMF 경제위기를 조기 극복했고, 민주주의의 공고화에 기여했다. 특히 남북 교류와 협력을 주 내용으로 하는 햇볕정책을 추진했고, 그 성과로 '6.15남북공동선언'을 탄생시켰으며, 금강산 관광과 개성공단 개발사업 등을 실천했다.

브란트와 김대중은 변방인에서 각각 총리와 대통령에 올랐다는 생애 드라마의 차원에서만 닮은꼴이 아니다. 김대중은 1960년대 말 브란트가 동방정책에 착수한 직후부터 그 정책에 주목했다. 그는 1970년대 초 여러 차례에 걸쳐 브란트의 동방정책을 언급하고, 우리나라도 그와 같은 정책을 시행해야 한다고 주장했다. 1970년대 김대중의 발언들로 판단하건대, 그는 이미 1970년대에 훗날 햇볕정책이라 불릴 남북화해·통일정책의 윤곽을 완성했다. 이 과정에서 브란트의 동방정책은 김대중의 햇볕정책의 롤 모델 역할을 했다.[2] 동방정책과 햇볕정책이야말로 브란트와 김대중을 공통분모로 묶는 최대의 유사점이라고 할 수 있다.

브란트는 김대중의 삶에도 많은 도움을 주었다. 김대중이 1980년 전두환과 신군부에 의해 사형선고를 받았을 때 사민당 총재와 사회주의인터내셔널 의장을 맡고 있던 브란트는 김대중의 목숨을 구하는 일에 앞장섰다.[3] 김대중은 2000년에 노벨평화상을 받을 때까지 그 후보로 총 열네 번 추천을 받았는데, 그중 1987년의 첫 번째 추천서는 당시 사민당 총재이자 노벨상 수상자였던 브란트가 사민당 국회의원 73명의 서명을 받아 제출한 것이었다.[4] 김대중은 두 사람 사이의 이런 특별한 관계를 설명하면서 다음과 같이 말했다. "나는 그에게 평생 신세만 졌다. 이국땅에 서로 떨어져 살았지만, 어떻게 그렇게 자연스레 교감을 할 수 있었는지 돌아보면 신기할 뿐이다."5

물론 동방정책과 햇볕정책 사이에는 차이점도 있다. 브란트는 세계주의자였고, 유럽의 평화 속에서 독일문제의 해법을 찾으려 했다. 그의 동방정책은 제2차 세계대전에서 독일이 범한 과오의 역사에 대한 반성을 토대로 만들어진 것으로, 브란트는 독일인의 당면과제를 통일이 아니라 민족 동질성 유지와 평화로 채택했다.6 반면 김대중의 기본적 출발점은 민족주의였다.6 그는 한반도 분단은 미·소의 잘못에서 기인되었다고 진단하고, 남북은 언젠가 반드시 하나가 되어야 한다고 주장했다. 그는 '3단계 통일방안'에서 우리 민족이 시행할 통일정책의 내용을 단계적으로 제시했는데, 대통령 재임 중 실행한 햇볕정책은 그 가운데 첫 번째 단계인 남북평화와 교류·협력방안에 관한 것이었다. 이 단계의 내용이 브란트의 동방정책과 유사했다.

국내에 브란트의 동방정책과 김대중의 햇볕정책을 비교한 연구서들은 많다. 그러나 햇볕정책의 어느 과정과 방식에 동방정책이 영향을 끼쳤는지 다룬 연구서는 찾아보기 힘들다. 또한 변방인에서 출발해 역경을 이겨내고 세계적 지도자로 성장한 두 거물의 생애 유사성에 주목한 글도 거의 없다. 그리하여 이 책은 첫째, 변방인에서 총리와 대통령의 자리에 오른 두 인물의 파란만장한 수난의 극복사와 그 과정에서 빛나던 그들의 인문적 삶의 자취를 추적한다. 무엇보다 브란트와 김대중은 민주주의와 인권, 복지, 평화를 위해 헌신한 휴머니스트들이었다는 점에 주목할 것이다. 둘째, 두 인물의 여러 공유점 가운데 민족분단 문제의 해법에 해당하는 동방정책과 햇볕정책 간 상호관계에 초점을 맞춘다. 아울러 세계주의자 브란트와 민족주의자 김대중의 차이점에 대해서도 고찰할 것이다.

이 책의 제1부는 브란트와 김대중이 각각 서독과 한국에서 불우한 환경과 역경을 이겨내고 정치적 지도자로 부상하기까지의 시기를 다룬다. 제2부는 브란트가 서독의 정치 지도자로 성장하여 국내외적으로 큰 영향력을 행사한 시기를 다룬다. 정치 지도자로서 브란트의 생애는 크게 총리 시기와 총리 퇴임 시기로 나누어 서술했다.[7] 퇴임 이후의 시기 역시 브란트의 삶에선 제2의 전성기였다. 제3부는 김대중이 한국의 정치 지도자로 성장하여 국내외적으로 큰 영향력을 행사한 시기를 다룬다. 김대중의 생애를 야당 지도자 시기와 대통령 재임기로 나눈 뒤, 먼저 1971년 첫 번째 대통령 선거에 도전한 때부터 1997년 대통령에 당선되기까지 파란만장한 생애를 다루고, 이어 대통령 재임 시기를 다룬다. 퇴임 이후의 활동은 대통령 재임 시기에 포함시켰다. 그러나 두 사람은 변방인 시절부터 사망할 때까지 민주주의와 평화라는 가치 아래 비교적 일관된 삶을 살았으므로, 시기 구분 자체가 그렇게 중요하게 보이진 않는다. 제4부에서는 김대중의 햇볕정책을 다룬다. 먼저 햇볕정책의 탄생과정을 설명한 뒤, 이 정책이 브란트의 동방정책을 롤 모델로 삼았음을 밝혔다. 이어 김대중이 대통령 취임 이후 햇볕정책을 구체적으로 실천한 과정을 다뤘다.

　　이 저서가 출간될 쯤 전남대학교 교정을 떠나게 된다. 30여 년 동안 학생을 가르치고 연구할 기회를 준 전남대학교에 감사를 드린다. 이 저서는 2017년 교육부와 한국연구재단의 지원을 받아 수행되었다. 지원에 감사드린다. 책에 수록된 자료사진들을 흔쾌히 제공해준 김대중평화센터·연세대학교 김대중도서관·사람사는세상 노무현재단 등에도 감사드린다. 끝으로 이 저서가 '총서 知의회랑' 시리즈에 함께할 수 있는 인연을 제공해준 성균관대학교출판부에 감사드린다.

2020년 새봄을 기다리며,
연구실에서　최 영 태

제1부

변방인들의 도전적 삶

제 1 장

빌리 브란트

빌리 브란트와 김대중

1. 황량했던 청소년기

불우한 가정환경

빌리 브란트는 1913년 12월 18일 뤼베크에서 태어났다. 그는 출생 후 어머니 마르타 프람(Martha Frahm)의 성을 따라 출생신고를 했다. 공식적인 그의 이름은 헤르베르트 에른스트 카를 프람(Herbert Ernst Karl Frahm)이었다. 어머니는 소비조합 판매원이었고, 사생아인 아들을 양육하기 위해 고된 일을 마다하지 않았다. 그녀가 일주일에 6일을 일해야 했기 때문에 브란트는 어린 시절 이웃인 마르텔스-하이네의 집에서 대부분의 시간을 보냈다. 아버지 역할을 대신 맡았던 외할아버지 루트비히 프람(Ludwig Frahm)은 참전용사로, 브란트가 다섯 살이 되던 1918년말에서야 그와 함께할 수 있었다.

브란트의 어머니와 외할아버지는 겨우 걷기 시작한 그를 노동자 스포츠 단체의 유년부에 가입시켰고, 정치토론 모임인 '노동자 만돌린 클럽'에도 가입시켰다. 브란트는 거기서 무대극, 인형극에 참여하곤 했다. '어린이 벗' 회원을 거쳐 여행모임의 성격도 가지고 있던 단체인 '사회주의 노동청년'에서 활동하기도 했다. 이를 통해 브란트는 "자연을 좋아하고 야영과 모닥불을 피워놓고 노래하기"를 좋아하는 청년으로 성장했다. 이렇게 여러 가지 체험을 제공해주던 공동체들은 그에게 가족의 대체물 같은 역

할을 했다.[1]

일찍이 브란트의 어머니와 외할아버지는 사회주의 조직에 참여했다. 외할아버지는 경제적으로 풍족하지는 않았지만, 어린 브란트에게 안식처와 함께 사회주의로의 길을 소개한 안내자였다. 브란트는 훗날 어린 시절을 회상하면서 루트비히 프람이 자신에게 수행한 교육적 역할 하나를 소개했다.

제1차 세계대전이 끝나고 독일이 경제적으로 극심한 어려움에 빠져 있던 1921년의 일이었다. 여덟 살 나이의 브란트는 어느 날 빵집 진열대를 뚫어지게 바라보고 있었다. 그때 외할아버지의 고용주인 드레거 공장의 감독관 한 명이 다가와 브란트를 데리고 가게에 들어가 빵 두 덩어리를 사주었다. 브란트는 이것을 가지고 집에 돌아와 가족들에게 이 빵을 내놓으며 자랑했다. 그러자 외할아버지는 브란트에게 호통을 치며 그 빵을 도로 가져다주라고 말했다. "선물이라고! 파업 노동자는 고용주로부터 어떤 선물도 받지 않는 거야. 우리는 적들로부터 매수당해서는 안 돼! 우리 노동자는 사람들이 자선으로 달래는 거지가 아니란다. 우리는 우리의 권리를 원하지, 선물을 원하는 게 아니야. 그 빵은 다시 갖다 줘라, 당장!" 브란트는 이 사례를 소개하면서 외할아버지가 그의 인격 형성에 많은 영향을 주었다고 회고했다.

브란트는 성 로렌츠 소년중학교에서 공부했다. 중학교를 졸업한 후엔 1년 동안 직업고등학교를 다녔으며, 다시 교사의 격려와 어느 독지가의 도움을 받아 뤼베크의 개혁 실업고등학교에 진학했다. 노동자 가정 출신 자녀로서는 드물게 학비를 면제받고, 일종의 영재 장학금까지 받으며 학창시절을 보냈다.

브란트는 생전에 자신의 아버지를 한 번도 만나지 못했다. 어머니와 외할아버지는 그가 20대가 될 때까지도 이에 대해 일체 말이 없었다. 브란트도 아버지에 대해 묻지 않았다. 브란트는 세상을 떠나기 3년 전인

어린 시절의 브란트

1989년에 출간된 자서전에서 처음으로 아버지에 대해 언급했다. 어머니에게 아버지의 존재를 처음 물은 것은 30세가 넘어서였으며, 그것도 편지 형식을 통해서였다는 내용이었다. 전쟁 후 망명지 노르웨이에서 돌아와 독일 시민권을 회복하기 위해 신청서에 아버지의 이름을 기록해야 할 때였다. 그 전까지 그는 외할아버지를 아버지라고 부르고 있었고, 고등학교 학적부에도 외할아버지가 아버지로 등재되어 있었다. 그는 어머니에게 편지라는 건조한 형식으로 아버지의 이름을 물었고, 어머니 역시 쪽지에 함부르크 태생의 존 묄러(John Möller)라는 이름을 적어 그 존재를 짧게 회신했다.

브란트는 노르웨이 망명시절 사촌으로부터 자신의 외할아버지가 친외할아버지가 아니라는 말도 들었다. 이는 감수성이 예민했던 청소년기의 브란트에게 커다란 상처를 남겼다. 훗날 브란트는 자서전에서 자신의 가족사를 이렇게 추측했다. 메클렌부르크에는 중세 전통인 초야권初夜權이 남아 있었는데, 이에 따라 외할머니는 결혼하기 전 영주에게 불려가 하룻밤을 보내야만 했고, 이때 잉태된 게 바로 어머니였을 것이다. 다행히 외할아버지 루트비히 프람은 자신의 친딸은 아니었지만, 훗날 브란트의 어머니가 될 마르타 프람을 사실상 친딸로 키웠다. 이런 인연으로 브란트도 루트비히 프람의 외손자로 키워졌다.

불행한 가족사는 그의 어린 시절만을 괴롭힌 것이 아니었다. 정치하는 내내 브란트의 경쟁자들은 그의 불행한 가족사를 들추며 그의 아버지가 누구라느니, 아버지가 여러 명이라느니 하며 루머를 터트렸다. 가족사로 인한 브란트의 고통은 정치활동 때문에 도리어 증폭되었다. 출생과 얽힌 루머들로 상처받으며 그는 자서전에서 이렇게 회고했다. "당시에 내가 할 수 있었던 일은 없었고, 다만 고통스러울 뿐이었다. (…) 고향에는 아버지를 모른 채 어머니 성을 따르며 살아가는 노동자 자녀들이 매우 많았는데, 왜 나는 유독 그렇게 오랫동안 힘들어 했을까?" [2]

정치단체 가입

브란트는 열다섯 살이던 1929년 사민당의 지역청년조직에 참여했고, 이듬해에는 사민당에 입당했다. 가입 연령이 최소 18세라는 규정이 있었음에도 불구하고, 그의 입당은 승인되었다. 이것은 당시 뤼베크 지역 사회주의 노동청년당 '카를 마르크스 그룹' 단장이던 율리우스 레버 덕분이었다. 레버는 뤼베크 사민당 의장이자 『인민의 소식』 편집장이었다. 고등학생이던 브란트는 이 신문에 1928년 12월부터 여행기 시리즈와 청소년 관련 기사, 시사 풍자, 스포츠 소식, 집회 소식 등을 썼다. 『인민의 소식』은 고등학생 브란트에게는 이상적인 사회참여 활동을 위한 연습장이었다. 적지 않은 사람들이 젊은 사회주의자 브란트를 칭찬했다. 레버는 브란트의 이런 활동상에 주목했고, 두 사람 사이엔 각별한 우호 관계가 형성되었다.

브란트가 가입한 사민당은 히틀러가 집권하기 전까지 독일 정당들 중에서 규모가 가장 큰 정당이었다. 1912년 선거에서 독일 정당들 가운데 득표율 1위를 기록했지만, 1918년말 독일혁명 발발 즈음엔 다수파사민당(MSPD, 일반적으로 이 다수파사민당을 사민당으로 칭함), 독립사민당(USPD), 공산당 등으로 분열되어 있었다. 사민당(MSPD)은 1918년 독일혁명 후 임시정부를 떠맡았다. 사민당이 주도한 임시정부가 첫 번째로 해야 할 일은 연합국과 휴전조약을 체결하는 일이었다. 그런데 1919년 6월 28일 체결된 베르사유조약은 독일에 매우 불리한 내용을 담고 있었다. 대다수 국민은 이 굴욕적인 휴전조약에 분개했다. 그러나 패전국의 집권정당으로서 전쟁 뒤처리를 떠맡은 사민당은 이 조약에 서명하는 악역을 피할 수 없었다. 독일제국과 보수주의자들이 일으킨 전쟁의 책임을 전쟁에 반대한 사민당이 떠맡는 아이러니컬한 현상이 발생한 것이다.

그러나 이유가 어떻든 결과적으로 굴욕적인 조약을 받아들인 사민당

청소년기의 브란트

을 향한 국민들의 시선은 차가울 수밖에 없었다. 이는 1920년 선거에 고스란히 반영되었다. 사민당(MSPD)의 득표율이 21.9퍼센트에 머문 것이다. 1919년 1월 제헌의회 소집을 위한 선거 때 획득한 득표율 37.9퍼센트보다 무려 16퍼센트나 뒤진 득표율이었다. 반면 사민당보다 급진적인 노선을 표방한 독립사민당(USPD)은 득표율이 7.9퍼센트(1919년)에서 17.6퍼센트(1920년)로 껑충 뛰었다. 사민당은 1919년부터 1923년까지 그리고 1928년부터 1930년까지 연립내각을 주도했지만, 그것은 단독정부가 아닌 연립정부 형태였다. 사민당은 과거 한솥밥을 먹었던 독립사민당과 관계가 좋지 않기 때문에, 어쩔 수 없이 민주당 및 중앙당 등 중도 보수주의 정당들과 함께 연립정부를 구성해야만 했다. 자연히 사민당이 주도한 연립내각의 정책은 전혀 사회주의적이지 못했다.

당시 한창 청소년기를 지날 무렵이던 브란트는 사민당의 이런 온건 노선에 실망하고 1931년 당을 떠난다. 하지만 그 결별은 레버가 그에게 제안했던 장학금 수혜의 기회를 놓치게 만든다. 그는 『인민의 소식』 편집진에서도 빠져나왔다. 이후 독일 좌파 사회주의 진영을 둘러본 뒤, 1931년말 혁명적 계급정당인 독일사회주의노동당(Sozialistische Arbeitspartei Deutschlands, 이하 SAPD)에 가입한다. 앞서 같은 해 10월 초 베를린에서 창당한 이 정당은 독일사민당이 1871년 고타 통합대회에서 채택했던 당명을 그대로 사용했다. 이 당의 창당 배경에는 제국의회 의원인 막스 자이데비츠(Max Seydewitz)와 쿠르트 로젠벨트(Kurt Rosenfeld)가 사민당에서 제명된 사건이 놓여 있었다. 이들은 사민당이 정부정책에 관용적인 태도를 보이는 데 반대하면서 제국의회에서 사민당 당론에 배치되는 입장을 취했었다. 그게 제명의 이유였다.

브란트는 이상주의적 성향 때문에 사민당에서 탈당했지만, 공산당 역시 그의 대안은 아니었다. 사민당도 공산당도 아닌 SAPD에서 활로를 찾았던 이유다. 그러나 SAPD의 행로는 순탄하지 않았다. 1932년 7월 31일에 치러진 제국의회 선거에서 0.2퍼센트를 득표하는 데 그쳤기 때문이다. 같은 해 11월 선거의 성적은 더욱 나빴다.

2. 망명과 이중 국적

히틀러정권의 등장과 망명

1933년 1월 30일 히틀러가 제국총리에 취임했다. 2월 27일 제국의회 건물에 화재가 발생하자 히틀러는 즉각 공산당에게 그 혐의를 씌웠다. 공산당이 해체된 후 SAPD도 탄압 대상에 올랐다. 당 언론활동이 금지되었고, 당직자들이 체포되었다. 그러나 1933년 3월 11일과 12일 SAPD 의장단과 당원 등 60여 명은 드레스덴 근교의 한 주점에서 집회를 갖고, SAPD의 계속 운영을 결의했다. 브란트도 이 모임에 참석한 멤버 중 한 명이었다. 이때 그는 처음으로 위장을 목적으로 빌리 브란트라는 가명을 사용했다. 이 가명이 훗날 그의 정식 이름이 될 줄은 누구도 예상하지 못했다(카를(Karl)이라는 또 다른 가명을 사용하기도 했다).

히틀러정권의 추적이 시작되자 브란트는 신변에 위협을 느꼈고, 체포를 피해 노르웨이 망명을 선택했다. 1933년 4월 1일과 2일 밤사이 그는 독일 트라베뮌데를 떠나 덴마크의 롤란드 섬으로 향했다. 그의 나이 열아홉에 불과할 때였다. 가방에는 셔츠 몇 벌과 마르크스의 『자본론』 제1권이 들어 있었다. 돈은 외할아버지가 마련해준 100마르크가 전부였다.[3]

독일에서 브란트의 공식 학력은 고등학교 졸업으로 끝난다. 대학에 진학하고 싶어 했으나 급진적 정치단체에 가담한 경력이 이를 막았다.

아돌프 히틀러

망명을 결심할 때부터 브란트는 노르웨이에서 대학을 다닐 계획을 세웠고, 망명이 시작되자 곧바로 오슬로대학에 등록했다. 그러나 주목적은 학업이 아니라 체류허가를 유지하고 외사경찰의 감시를 피하는 데 있었다. 잠시 역사와 철학 강의를 들을 수 있었지만, 망명지에서도 정치적 문제, 특히 전쟁 때문에 학업을 마칠 수 없었다. 엄밀히 말하자면, 그는 학업을 위해 대학에 입학한 적도, 졸업한 적도 없었다. 젊은 나이였지만 그에게는 정치가 학업보다 우선이었다.[4]

브란트는 망명길에 오르며 히틀러의 통치가 3~4년 정도면 끝날 것이라고 생각했다. 그러나 그의 망명은 10년을 훌쩍 넘어 1948년까지 계속되었다.[5] 그 긴 시간은 그의 언어 능력 향상에 보탬이 되었다. 학교에서 배운 영어, 불어, 스페인어뿐만 아니라, 노르웨이어에도 능통해져 신문을 읽는 데 어려움이 없었다.

노르웨이 도착 당시 젊은 사회주의자 브란트에게는 분명한 과제가 있었다. SAPD 노르웨이 사무실을 개설해야 했고, 당 청년부 해외활동을 조정해야 했다. 그가 접촉해야 할 대상은 노르웨이 노동당이었다. 이 정당은 SAPD처럼 좌파 사회주의적이었으나 모스크바와는 독립적인 노선을 취하고 있었다. 노르웨이 노동당은 독일에서 온 이 젊은 사회주의자를 재정적으로 지원해주었다. 무엇보다 브란트가 외사경찰에 의해 다시 추방되는 것을 막아주었다. 당시 노르웨이 집권당이던 자유당은 이민자 문제에서 독일당국과 공조하면서 프람이란 성을 가진 공산주의 선동가를 감시 대상 속에 포함시켜놓고 있었다. 브란트는 노동당이 집권한 1935년 3월에야 비로소 추방의 위험으로부터 벗어날 수 있었다.

브란트가 노르웨이에서 체류허가를 받은 것은 정치활동을 하지 않는다는 조건에서였다. 브란트는 그 조건이 담긴 서류에 서명은 했지만 지키지는 않았다. 오슬로에 도착하자마자 신문기사를 쓰는 등 정치적인 내용을 담은 활동에 착수해 『청년통신』, 『사회주의 청년』, 『투쟁준비』 등의 신문에 여러 가명을 사용하며 자신의 글을 실었다. 거의 전문적인 언론인으로 활동한 셈이었다. 스칸디나비아에서의 시절을 회고하면서 그는 이렇게 자평했다. "나는 소박하게 프리랜서 언론인으로 살았다. 독일에 관한 보도, 외교정책에 대한 얼마 안 되는 논평, 노조 소식지(네덜란드와 스위스 포함)를 위한 기고문, 얼마 뒤에는 지역신문을 위한 이런저런 시리즈들… 나는 많이 썼다. 좀 적게 쓰는 편이 좋았을지 모른다. 원고(혹은 유사한 어떤 집필)료는 글의 질을 높이지 못한다." 왕성한 집필이 그의 주요 활동이기는 했지만, 동시에 생활비를 벌기 위한 수단이었음을 솔직히 고백한 것이다.

다양한 분야의 독서를 통해 단련된 그의 글쓰기는 이렇게 망명지에서 더욱 활발해졌고, 생활비를 조달하는 직업의 수준을 넘어서고 있었다. 그는 언론 기고문 외에도 정치인으로서 자신의 사상과 비전, 그리고 몸소 겪어낸 정치역정을 소재로 많은 글과 책을 남겼다. 다른 어떤 정치인보다 많은 분량이었다. 예컨대 1966년에 발간된 저서 『밖에서』는 망명시절에 그가 쓴 글들을 모은 것이다. 『강대국의 전쟁목표와 새로운 유럽』(1940년), 『게릴라전』(1942년), 『승리 이후, 전쟁과 평화의 목표에 관한 토론』(1944년) 등도 같은 시기에 쓴 책들이다. 제목들이 시사하듯 브란트의 초기작들은 주로 나치정권 비판에 초점이 맞춰져 있었다.

망명 시기 그는 SAPD를 조직화하는 일 외에도 망명자들을 위한 정치활동에 많은 시간을 할애했다. 망명 초기부터 평화주의자 카를 폰 오시에츠키(Carl von Ossietzky)를 위한 운동에 참여했다. 오시에츠키는 『세계무대』의 발행인으로 제국의회 화재 이후부터 집단수용소에 감금되어 심한 고문을 받고 있었다. 브란트는 그를 노벨평화상 후보로 추천하는 일에 앞장섰다. 알베르트 아인슈타인, 토마스 만, 버트런드 러셀, 버지니아 울프 등도 함께하는 일이었다. 이 운동은 결실을 맺어 오시에츠키는 노벨상을 수상했지만, 그는 1938년 후유증으로 사망했다.

반전·반나치운동에 앞장섰던 급진적 평화주의자 오시에츠키(사진 속 가운데 인물)와 그가 발행한 잡지 『세계무대』 표지

노르웨이 국적 취득

브란트는 망명시절 여행을 많이 다녔다. 프랑스, 영국, 스웨덴, 스페인 등 여러 나라를 여행하고, 그곳의 사회주의자들과 접촉하며 지적 자극을 받고 견문을 넓혔다. 물론 여행엔 비밀활동도 포함되어 있었다. 망명 중 첫 번째 해외여행은 1934년 2월에 있었다. 목적은 네덜란드의 라렌에서 열리는 좌파 사회주의 청년연합의 비밀모임에 참가하는 것이었다. 이때 브란트는 파리에도 들르게 되는데, 이후 제2차 세계대전이 발발할 때까지 여섯 차례나 파리를 방문한다. 여행 당시 그는 독일 여권과 노르웨이 체류허가증을 함께 지니고 있었다. 경찰에게 붙잡혔을 때도 노르웨이 신분증을 내민 덕분에, 나치 하의 독일이 아니라 암스테르담으로 송환되었고, 다시 벨기에 국경을 경유해 추방될 수 있었다.

브란트는 1936년 9월부터 성탄절 직전까지 베를린에 머물렀다. 베를린에 있는 SAPD 당원들에게 해외 지도부의 정책과 계획을 알리는 임무를 띠고 있었다. 그가 지닌 변조 여권에는 동거인의 가짜 남편인 군나르 가스란트란 이름이 적혀 있었다. 베를린 체류는 그에게 고립과 금욕의 생활을 요구했다. 단지 눈에 띄지 말라는 지침만 내려져 있었다. 그는 외국인으로서 경찰에 거주신고를 해야 했고, 프로이센 국립도서관을 출입하기 위해 필요한 허가서를 제출해야 했다. 또 매달 제국은행을 방문해 노르웨이로부터 송금되는 돈을 찾아야 했다. 이렇게 극도로 긴장된 생활을 이겨내기 위해 그는 산책과 음악을 가까이 했다. 고전음악에 매료된 시기가 이때였다. 언어는 위장을 위해 노르웨이 억양의 독일어를 사용했다.

브란트는 베를린에 머무른 몇 달 동안 나치즘의 정체를 보다 면밀하게 관찰할 수 있는 기회를 가졌다. 알프레드 로젠베르크 같은 유력 나치 이론가들의 사상을 파악하기 위해 매일 국립도서관을 찾았으며, 히틀러의

1936년 베를린올림픽과 히틀러

『나의 투쟁』도 읽었다. 그는 독일을 떠난 후 3년 반 동안에 히틀러정권의 토대가 크게 확장되었음을 깨달았다. 히틀러는 베를린올림픽을 성공적으로 치렀고, 유럽과 전 세계에 독일과 자신의 지위를 강화하는 데 성공하고 있었다. 실업문제까지도 해결의 기미가 보였다. 그는 이 상황에서 대규모의 반정권투쟁은 기대하기 어렵다는 판단을 내렸다.

브란트는 1936년 12월말 베를린을 떠나 노르웨이로 돌아왔고, 그 후로 9년 동안 독일 땅을 밟지 못했다. 노르웨이로 돌아오는 길에 체코슬로바키아를 방문했는데, 이때 자신처럼 망명자 신세이던 오스트리아의 브루노 크라이스키(Bruno Kreisky)를 처음 만난다. 두 사람의 우정이 시작되었고, 브란트가 서독 총리에 취임한 이듬해인 1970년 크라이스키도 오스트리아 공화국의 총리로 취임했다.

브란트는 1937년 SAPD 지도부의 명을 따라 스페인으로 향했다. 당시 스페인은 1936년에 발발한 내전의 와중이었다. 이 내전은 1939년까지 계속된다. 그에게 부여된 임무는 바르셀로나로 가서 파리에 있는 동지들에게 스페인의 내전 상황을 상세히 알리는 것이었다. 브란트는 파리를 경유해 스페인에 갔는데, 이때 그는 단지 SAPD의 관찰자뿐만 아니라, 노르웨이 신문의 통신원으로서 취재 목적까지 띄고 있었다. 이때도 가스란트 명의의 위조 여권을 사용했다.

스페인에서 브란트는 당시 모스크바에 본부를 두고 있던 코민테른과 스탈린이 좌파세력들의 독립성을 일절 허용하지 않고, 그 활동을 무력화시키려 한다는 사실을 깨닫게 된다. 사연은 이렇다. 브란트는 바르셀로나에서 마르크 라인이라는 친구를 사귀었었다. 라인은 1920년부터 스페인에 망명 중이던 러시아 사회민주당원 라파엘 아브라모비치 라인의 아들로, 1937년 4월에 갑자기 종적을 감추어버린다. 브란트는 자신의 친구가 소련 당 관료의 명령을 받은 사람들에게 납치·감금되어 고문을 받은 뒤 제거되었다고 생각했다. 그는 소련과 공산주의자들의 이런 행태에 실망을 감출 수 없었다. 결국 브란트는 1937년 6월 초 스페인을 떠났고, 몇 주 뒤 파리에서 개최된 SAPD 당 지도부 확대회의에서 '스페인에서의 전쟁과 혁명 1년'에 대해 보고하면서 자신의 지시를 따르려 하지 않는 모든 세력을 처단해버리는 코민테른의 행위를 비난했다.

이러한 일련의 경험은 브란트 자신을 급진사회주의자에서 사회민주주의자로 전환시키는 중요한 배경이 되었다. 노르웨이 노동당이 사회민주주의로 노선 전환을 한 것도 그의 정치적 관점에 영향을 주었다. 망명 기간 노르웨이 노동당은 브란트에게 정치적 고향이나 다름없었기 때문이다. 무엇보다 그의 태도 전환에 결정적이었던 건 제2차 세계대전이 발발하기 불과 일주일 전 스탈린과 히틀러가 비밀리에 체결한 '독소불가침조약'이었다. 히틀러의 침략을 묵인하고 그 대가로 동유럽 지배권을 확보하려 한 스탈린의 행위는 브란트에게 큰 충격으로 받아들여졌다. 브란트는 이 사건 후 야콥 발허에게 쓴 편지에서 소련은 혁명세력에서 제외되어야 하며, 스탈린은 '히틀러 다음의 일급 반동세력'이라고 언급하면서, "나와 당신 그리고 많은 사람들의 오류는 우리가 스탈린의 반동적 무게를 과소평가하고, 역사 발전에서 러시아혁명의 무게를 과대평가한 데 있다"고 주장했다.[6]

브란트는 망명시절 겪은 일련의 경험을 통해 진정한 사회주의는 자유와 민주주의에 기반을 두어야 한다는 결론을 얻었다. 1944년 10월 9일 스톡홀름의 SAPD 그룹도 망명 사민당으로의 가입을 선언했다. 사민당으로의 재입당은 사회민주주의와 공산주의 사이에서 제3의 길을 발견하고자 했던 브란트의 시도가 13년 만에 좌절되었음을 의미했다. 그러나 다른 한편으로 보면, 이 좌절은 그에게 사회민주주의에 대한 새로운 발견과 확신의 계기가 되었다. 긴 망명 기간 동안 브란트의 활동은 단순히 SAPD의 조직화에 한정되지 않았고, 오히려 반히틀러운동과 언론활동에 더 큰 무게가 실려 있었다. 따라서 그가 SAPD에 종사했던 10여 년의 시간은 그의 사회민주주의 영역에서 공백기로 작용하지 않았다. 사회민주주의로 복귀한 순간, 그는 이미 사민당 내에서 비중 있는 인물로 취급되고 있었다.

한편 독일당국은 1937~38년 무렵 헤르베르트 프람과 빌리 브란트가 같은 인물임을 알게 되었다. 1938년 9월 5일『독일제국관보 · 프로이센 국가관보』제1면에 51번째 국적 박탈자의 명단이 게재되었는데, 그곳엔 브란트의 본명인 '헤르베르트 에른스트 카를 프람'도 있었다. 이는 브란트가 1938년 9월 1일자로 더 이상 독일 국적이 아니라는 것을 의미했다. 히틀러가 브란트의 독일 시민권을 박탈해버렸던 것이다. 이 과정을 추적해보면, 1937년의 한 기록으로 거슬러 올라간다. 5월 27일자 파리 주재 독일대사관 보고서엔 "헤르베르트 프람인가 뭔가 하는 자가 프랑스와 북유럽 사이에서 망명조직의 연락책으로 여행하고 있으며", "그는 번호 472번의 독일 여권을 소지하고 있고, 이는 1931년 7월 2일 메클렌부르크-슈베른 경찰청에서 발급되었다"고 기록되어 있었다. 말소된 브란트의 여권이 어느 첩자에 의해 독일당국에 넘겨진 것이었다. 이제 브란트의 선택지는 노르웨이 귀화로 좁혀지고 있었다.

브란트는 1939년 귀화 신청 후 노르웨이 국적을 취득했다. 귀화를 신청하는 데 영향을 준 이는 그의 두 번째 여인인 안나 카를로타 토어킬젠(Anna Carlota Thorkildsen)이었다. 브란트보다 열 살 연상인 그녀는 노르웨이 출신 아버지와 독일계 미국인 어머니 사이에 태어난 노르웨이인이었다. 그녀는 오슬로 비교문화연구소에서 비서로 일하고 있었다. 두 사람은 1939년에 만나 6년여를 함께 살았고, 그 사이에서 브란트의 첫 번째 자녀인 닌야(Ninja)가 태어났다. 카를로타는 이혼 후에도 브란트의 저서출판에 관여하는 등 브란트와의 우정을 유지했다. 그녀를 만나기 전 브란트는 자신을 찾아 독일에서 노르웨이로 온 게르트루트 마이어(Gertrud Meyer)와 결혼하지 않은 채 6년을 함께 살았었다. 마이어는 그 후 미국으로 넘어간다.

카를로타 토어킬젠과 딸 닌야 (위)와
게르트루트 마이어 (아래)

1939년 9월 1일 히틀러가 폴란드를 침공하고, 이에 영국과 프랑스 등이 독일에 선전포고를 하면서 제2차 세계대전이 발발했다. 이듬해 4월 서유럽 침공을 시작한 독일군이 공격의 우선순위에 넣은 나라가 덴마크와 노르웨이였다. 독일군은 4월 9일 덴마크와 노르웨이의 영토를 침범했고, 4주 뒤 노르웨이는 독일의 수중에 들어간다. 브란트는 침공 개시 당일 오슬로를 빠져나왔지만, 당시 임신 중이었던 카를로타는 일단 오슬로에 그대로 남았다. 독일군은 벨기에를 거쳐, 5월 중순 프랑스까지 침공해 한 달 만에 파리를 점령했다. 희망이 없다고 판단한 노르웨이 국왕 하콘 7세는 6월 9일 독일군에 항복했다.

이제 브란트는 국적을 박탈당한 독일인이면서 동시에 국가 없는 노르웨이인이 되어버렸다. 그는 이 시기의 심경을 이렇게 표현했다. "나는 이 시기 동안 두 번이나 조국을 잃었다. 나는 두 개의 조국이, 즉 자유로운 노르웨이와 민주적 독일이 다시 승리할 수 있도록 노력할 것이다."[7]

노르웨이가 독일군에 점령당하자 브란트는 더 이상 피신할 곳을 찾지 못했다. 신분노출을 피하기 위해 자신과 관련된 모든 서류를 없애버린 채, 지인의 군복을 빌려 입고 신분위장과 신변보호를 위해 자발적으로 전쟁포로가 되기도 했다. 그는 잠시 도브레 포로수용소에 머물다가 석방되었는데, 히틀러는 같은 게르만계인 북유럽인들에 대해 상대적으로 관대했다고 한다.[8]

체포를 피하기 위해 노르웨이 군복을 입고 지냈던 일을 떠올리면서, 브란트는 당시엔 이 일이 훗날 자신의 정치활동에 어떤 영향을 끼칠지 판단할 겨를이 없었고, 또 그럴 필요성도 느끼지 않았다고 말했다. 그러나 1960년대 그의 정적들은 이 사건을 부각시키며, 그를 '조국의 배신자'라고 비난했다.[9] 브란트는 1989년 회고록에서 다시 이에 대해 언급하면서 "도덕적으로나 민족적으로 독일에 머물러 죽어야 할 의무는 없었다"고 적는다.[10] 이렇게 사회주의자의 삶을 이은 스칸디나비아에서의 망명생활과 이중국적 그리고 다양한 외국경험 등은 그를 독일인의 경계를 넘어 유럽인으로, 세계주의자로 살게 만들었다.[11]

수용소에서 석방되고 난 뒤에도 브란트는 여전히 신변에 위협을 느꼈고, 1940년 6월말 이번에는 거처를 중립국 스웨덴으로 옮겨야만 했다. 다른 독일 망명자들처럼 그 역시 처음에는 스웨덴에서 환영받지 못했다. 독일당국, 즉 독일제국 보안청과 공조하던 스웨덴 보안경찰에 여러 차례 체포되어 심문 당하고, 구금에 처해지곤 했다. 이런 상황은 같은 해 8월말 그가 노르웨이 국적 증명서를 취득하면서 개선되었다. 그는 이제 서류상으로도 노르웨이인이었다. 1941년에는 카를로타도 스웨덴으로 넘어 왔고, 둘은 거기서 정식으로 결혼했다.

스웨덴은 중립국이었지만, 노르웨이, 덴마크, 소련 등이 히틀러에게 당했던 것과 같은 침공을 피하기 위해 여러 방식으로 독일제국과 협력을 꾀했다. 때문에 브란트는 여전히 마음을 놓을 수 없었다. 한때 미국으로 갈 생각까지도 했지만, 그곳에선 저항운동은 물론, 언론활동조차 이어갈 수 없었다. 위험을 무릅쓰고 스웨덴에 머물 수밖에 없는 상황이었다. 이중의 이민자—노르웨이로 피신한 독일인, 스웨덴으로 피신 온 노르웨이인—가 그의 신세였다.[12]

제2차 세계대전 동안 중립국 스웨덴의 수도 스톡홀름은 전 세계 정보공작의 중심지였다. 소련 국가보안위원회(이하 KGB)의 전신인 내무인민위원회(NKWD)도 이곳에 대표부를 두고 있었다. 독일이 소련을 침공했을 때, 스톡홀름에 거주하고 있던 독일인 망명객들의 입장은 미묘해졌다. 히틀러를 제일의 적으로 삼고 있던 그들에게 히틀러의 적인 스탈린과 소련은 이제 협력 대상으로 다가오기 때문이었다.

독일인 망명객들은 보수와 진보를 막론하고 이 상황을 현실로 받아들였다. 브란트도 마찬가지였다. 그는 소련 내무인민위원회와 협력했다. 1941년 가을부터 이듬해 여름까지 그는 노르웨이에 주둔 중이던 독일군

병력의 위치와 군사작전 정보를 입수했다. 이중에는 독일 전함 티어피츠 호에 관한 정보도 포함되어 있었다. 브란트는 이 정보들을 소련과 영국, 미국에 넘겨주었고, 소련 정보기관으로부터는 일부 활동비도 받았다. 이런 내용들이 1990년대 말에 공개된 KGB 장교 바실리 미트로친의 문서에서 나왔다. 이미 브란트가 사망한 뒤의 시점이기는 했지만, 브란트에게 다시 '조국의 배신자'라는 비난이 쏟아졌다.

그가 망명시절 북유럽 국가들에서 벌인 활동들은 무명인이었던 브란트를 상당히 비중 있는 위치로 끌어올렸다. 훗날 오스트리아 총리가 된 브루노 크라이스키는 그를 스칸디나비아에서 활동하던 "독일어를 사용하는 정치 망명자들 가운데 가장 탁월한 대표자"라고 불렀다. 미국의 스웨덴 특사였던 헤셀 V. 존슨은 1944년 5월 외무장관 코델 헐에게 보낸 편지에서 브란트를 그 그룹의 가장 능력 있는 사람들 중 한 명이자 전후戰後 영향력을 발휘할 가능성이 가장 높은 사람으로 지목했다.[13]

3. 서베를린 시장, 시험대에 오르다

독일로 귀환하다

1945년 5월 8일 독일이 항복하면서 전쟁은 끝났다. 히틀러는 독일이 항복하기 일주일 전인 4월 30일 자살로 생을 마감했다. 브란트는 독일이 연합국에 항복한 지 5개월이 지난 1945년 10월에 독일로 돌아왔다. 그가 독일로 돌아온 까닭은 국적을 회복하거나 거주하기 위해서가 아니라 노르웨이 사회민주당 소속 언론인 자격으로 뉘른베르크 전범재판을 취재하기 위해서였다. 그는 미국 비행기를 타고 오슬로에서 코펜하겐을 거쳐 브레멘으로 갔다.

  1946년에는 베를린을 방문했다. 그의 눈에 비친 베를린의 모습은 한마디로 폐허 그 자체였다. 폭탄을 맞고 불타버린 집, 움푹 파헤쳐진 도로, 파편들로 뒤덮인 벌판, 쓰레기로 가득 찬 거리, 그 사이로 굶주린 생쥐처럼 옹기종기 모여 있는 사람들, 냉혹한 추위… 사람들은 약간의 감자, 빵조각, 연탄, 약간의 담배를 얻기 위해 몸부림쳤다.[14]

  1947년 노르웨이정부는 독일 분위기에 익숙하고 독일에 관한 정보를 정확하게 제공해줄 사람을 원했고, 브란트가 이 임무에 적격이라고 판단했다. 노르웨이정부는 브란트에게 연합군통제위원회(Allied Control Council)에서 일해줄 것을 제안했고, 브란트는 이 제안을 수락했다. 전쟁 시기에

1945년 7월 3일 베를린공방전으로 인해 폐허가 된 거리

이어 다시 그가 노르웨이 군복을 입게 된 이유다. 이번에는 위장용이 아닌 자발적 의지에 의한 착의였다. 군복엔 소령 계급장이 달렸다. 이보다 앞서 파리 주재 노르웨이대사관 근무 제안을 거절했던 그가 베를린에서의 생활을 수락한 이유는 무엇이었을까. 브란트는 이에 대해 이렇게 설명했다.

"알다시피 나는 수년 동안 스칸디나비아인들의 이익을 위해 활동했을 뿐만 아니라 독일을 변호하기도 했다. 이것은 과거에는 서로 모순되는 일이었지만, 지금은 그렇지 않다. 나는 양자 사이에서 서로의 이해를 위해 중재자로 계속 활동하려고 한다. 유럽의 평화, 발전, 안정, 그리고 국제적 협력을 위해 일하는 것이 내 첫 번째 목표다."[15]

브란트는 1947년말 노르웨이 시민권을 포기한 후 독일 국적 회복을 신청했고, 1948년 7월 1일 승인되었다. 재취득 절차를 밟지 않아도 연방공화국 법률에 따라 자동으로 국적을 취득할 수 있었지만, 그는 절차를 따랐다.[16] 독일이 항복한 지 3년이 지난 후였다. 이는 민족주의적 시각에서 보면 얼른 이해하기 어려운 부분이다.[17] 그러나 세계주의자 브란트를 생각하면 이해가 그리 어려운 것은 아니다. 브란트는 노르웨이와 독일을 똑같이 자신의 조국으로 생각했다.

패전국 독일은 승전국인 미국, 영국, 프랑스, 소련 등 4대 강국에 의해 분할 점령되었다. 독일의 수도 베를린도 마찬가지였다. 당시 세계는 미국 중심의 서유럽 자본주의 세계와 소련 중심의 동유럽 공산주의 세계로 점차 분할되어 가고 있었다. 전쟁이 끝나자마자 어제의 적이 우방이 되고, 어제의 협력자는 적국으로 돌변했다. 독일은 각각 미국·영국·프랑스의 점령지와 소련의 점령지 지역으로 나뉘었고, 베를린도 같은 방식으로 동서로 분리되었다.

브란트는 뤼베크에서 태어났기 때문에 행정 중심지인 킬에서 시민권을 얻었다. 그러나 그는 정치를 고향인 뤼베크나 인근의 킬, 함부르크가 아니라 냉전시대 동서진영의 최전선이자 대척지인 베를린에서 시작했다. 저서 『베를린으로의 귀환』에서 평화와 국제연대를 당대의 가장 중요한 주제로 꼽은[18] 그에게 베를린은 두 과제가 실현될 수 있는 최적의 장소였다. 이 도시를 자신의 정치적 출발지로 선택한 것은 당연한 수순이었다.

연합국 점령지에서 정당 활동은 제약을 받았다. 그렇지만 주 의회와 주 정부 차원의 활동은 보장되었기 때문에 독일정치인들은 종전 직후부터 지역 단위의 정치활동에 참여할 기회를 가졌다. 이에 따라 베를린에서도 정당들이 활동을 시작했다. 1945년 6월 11일 소련 점령지에서 독일공산당 중앙위원회 발기인대회가 개최되었다. 이 조직의 재건을 위해 모스크바에서 귀국한 빌헬름 피엑과 발터 울브리히트가 중심 역할을 맡았다. 사민당도 새로 구성되었다. 슈마허(Kurt Schumacher)는 1945년 5월 6일 사민당의 옛 거점 중 하나였던 하노버를 영국 점령지의 사민당 중심지로, 그리고 다시 서방 점령지 전체의 중심지로 만들었다. 6월 중순에는 오토 그로테볼(Otto Grotewohl)이 의장을 맡은 사민당 중앙위원회가 베를린에서 열렸다. 그로테볼은 이후 사민당을 공산당 편으로 유도하여 빌헬름 피엑과 함께 1946년 4월 22일 독일통일사회당(SED)을 창건했다.

그러나 베를린의 사민당 당원들 모두가 그로테볼에 동조한 것은 아니었다. 독일통일사회당이 창립되기 직전인 4월 7일 베를린 사민당은 자신들이 독일통일사회당과 별개의 독립 정당임을 선언하고, 독자적인 정당 지위를 계속 유지해갔다. 소련 점령당국과 공산당은 통합정당으로 가는 방안에 반대하는 사회민주주의자들을 자기편으로 끌어들이기 위해 협박과 체포, 매수 등 다양한 방법을 동원했다. 1946년 10월 20일 전 베를린 통합 자유선거가 실시되었다. 이 선거에서 사민당이 48.7퍼센트, 독일통일사회당이 19.8퍼센트를 득표하고, 기독민주연합(Christliche Demokratische

쿠르트 슈마허

Union, 이하 기민당)이 3위를 차지했다. 사민당의 우세가 확인된 셈이었다. 베를린 지구 사민당 지도자는 프란츠 노이만(Frantz Neumann)이었다.

연합국 점령지 전체를 대변하는 사민당 첫 전당대회가 1946년 5월 하노버에서 개최되었다. 위원장에는 슈마허, 부위원장에는 올렌하우어가 선출되었다. 슈마허는 제1차 세계대전에서 한쪽 팔을 잃었고, 10년간의 집단수용소 구금생활 후유증으로 한쪽 다리마저 절단해야 했던 인물이었다. 그는 수많은 청중 앞에서 열정적으로 연설하면서 사민당 지도자로서 카리스마 넘치는 저력을 과시했다. 그는 전후 사민당을 상징하는 인물이었다.

베를린에서 정치활동 시작

브란트가 1948년 2월 사민당에서 부여받은 첫 번째 직책은 사민당 집행위원회 베를린 연락관이었다. 그의 역할은 단순히 베를린 당 조직과의 접촉을 유지하고, 소련 점령지의 친구들과 접촉하는 것에 한정되지 않았다. 그의 가장 중요한 임무는 베를린에 머물고 있는 연합국 고위 관리들을 상대하는 것이었다. 이는 그가 직전에 수행했던 노르웨이 외교관의 임무와 크게 다르지 않았다. 하지만 그는 독일에서 독일인의 자격으로 민주주의와 평화를 위한 역할을 수행하는 데 더 큰 만족감을 느꼈다.[19] 정원이 있는 작은 집과 운전사가 딸린 자동차, 가정부 등 직책에 따라 주어진 경제조건도 좋았다.

서방 연합국은 1948년 3월 미국 · 영국 · 프랑스가 각각 분할 통치하던 점령지를 서독으로 통합해 서유럽 재건을 위한 기반으로 삼으려 했다. 이를 위해 이들 지역을 단일 경제단위로 통합했다. 또한 가치가 하락한 기존의 '제국 마르크' 대신 서독 전역에 '독일 마르크'를 도입하는 화폐개혁을 단행했다. 이 조치는 여전히 제국 마르크를 쓰는 동독 및 점령국 소련과 마찰을 빚었고, 결국 소련은 1948년 6월 23일 동독 내에 위치한 서베를린의 육로와 수로를 차단하는 이른바 '베를린 봉쇄(Berlin Blockade)'를 단행했다. 이어 4개국이 함께 참여한 연합국공동관리위원회에서 탈퇴하고, 6월 24일 역시 4대국으로 구성된 베를린행정위원회의 폐지와 베를린에 대한 서방 연합국의 통치권 무효를 선언했다.

그러나 당시 미 대통령이던 해리 트루먼(Harry Truman)과 영국 외무장관 어니스트 베빈(Ernest Bevin) 등은 소련의 봉쇄조치에 굴하지 않고, 서베를린을 수호하기 위해 단호하게 맞섰다. 미국·영국 연합군은 1948년 6월 26일부터 수송기를 이용해 물자와 전력 보급이 차단된 서베를린 지역에 생필품을 공수하기 시작했다. 서베를린 봉쇄 직후 미국 군정장관이었던 클레이 장군은 "우리는 체코슬로바키아를 소련에 빼앗겼다. 베를린을 빼앗기면 다음 차례는 서부 독일이다. 유럽을 공산주의로부터 지켜내기 위해 우리는 현재 위치에서 한 발짝도 움직여서는 안 된다"라고 일갈했다. 1년 가까이 진행된 이 작전을 위해 미국 수송기는 총 27만7264회를 이륙했다. 미국을 비롯한 서방의 굳은 의지를 확인한 소련은 1949년 5월 12일 11개월 만에 베를린 봉쇄를 해제했다. 같은 해 9월 미국·영국·프랑스 연합국 점령지에는 독일연방공화국(서독)이 들어섰고, 한 달 뒤 소련 점령지에선 독일민주공화국(동독)이 선포되었다. 이렇게 분단국가가 성립되면서 독일은 서구 자본주의 진영과 동구 공산주의 진영으로 완전히 분열되었다. 베를린에서 정치를 시작한 브란트는 이 과정을 모두 생생하게 지켜보았다.

슈마허가 이끄는 사민당은 자신들에게 서독의 정치를 주도할 도덕적 권리가 있다고 믿었다. 하지만 사민당은 정부가 수립되기 전에 치러진 주 의회 선거부터 줄곧 부르주아 계층의 정당이었던 기민/기사당에 뒤졌다. 1949년 서독정부 수립과 함께 치러진 첫 연방의회 선거에서도 기민/

기사당은 31퍼센트, 사민당은 29.2퍼센트를 얻었다. 양대 정당을 이끈 아데나워(Konrad Adenauer)나 슈마허 모두 대연정을 원하지 않았고, 결국 아데나워가 이끈 부르주아 연정이 집권했다. 사민당은 야당이 되었고, 이 지위는 이후 20년 동안 지속되었다. 이렇게 사민당이 오랫동안 야당의 지위에 머물러야 했던 이유 중 하나는 사민당에 연립 파트너가 없다는 것이었다. 부르주아 정당이던 독일자유민주당(FDP, 이하 자민당)은 1960년 대 말까지 같은 계열의 기민/기사당을 선호했다.

1950년대 아데나워 총리가 이끈 기민/기사당정부는 미국 및 서유럽 과의 협력을 통해 독일의 활로를 찾으려 했다. 서독은 1952년 '유럽 석 탄·철강공동체'에 가입했고, 서방의 군사동맹체인 '북대서양조약기구 (NATO)'에도 가입했다. 아데나워정부의 친서방정책은 오랫동안 불편한 관 계였던 프랑스와 관계를 개선하고, 미국, 영국, 프랑스 등 서방 연합국으 로부터 외교정책상의 주권을 보장받는 데 기여했다.

그러나 사민당은 서독을 일방적으로 서구진영에 편입시키는 데 반대 했다. 슈마허가 이끄는 사민당은 독일정치가 연합국에 종속되는 것을 반 대하면서 민족자결권의 논리 하에 신속한 재통일을 추구했다. 사민당이 보기에 아데나워의 정책은 유럽사회에서 독일이 여타의 국가와 대등한 지위를 유지하는 데 걸림돌이 될 뿐만 아니라 독일의 분단 상황을 고착화 하는 것이기도 했다. 독일의 서쪽 지역만 유럽공동체에 포함되는 것은 있을 수 없는 일이었다. 사민당은 독일의 재무장에 대해서도 처음에는 반대했다. 하지만 서독인들 중에는 재무장에 대한 반대보다 소련과 그 동맹국들에 대해 두려움을 가진 사람이 더 많았다.

사민당원들 중에는 슈마허의 노선에 부정적인 사람들도 있었다. 특히 베를린에서 정치하는 사람들에서 이런 경향이 강했다. 에른스트 로이터 (Ernst Reuter) 베를린 시장은 서방진영과의 긴밀한 협력을 지지했다. 그는 베를린의 자유를 지키기 위해 서방과의 협력이 긴요하다는 점을 잘 인식

에른스트 로이터

하고 있었다.[20] 브란트도 같은 생각이었다. 그는 베를린 시장을 지낸 로이터나 오토 주어(Otto Suhr)처럼 자유로운 서베를린은 서방의 도움 없이는 지속될 수 없으며, 또한 이 원조가 공짜로 이뤄질 수 없다는 점을 잘 알고 있었다. 군사기구를 포함한 서방공동체로의 확고한 편입과 함께 필요한 경우 자유세계의 방어에 적극적으로 참가하겠다는 의지가 전제조건이었다. 이런 의미에서 브란트는 이미 1950년 5월 함부르크에서 열린 사민당 전당대회에서 독일의 유럽위원회 가입을 찬성했다. 당시 400여 명의 대의원 가운데 브란트와 같은 생각을 가진 인사는 6명의 베를린 대의원을 포함해 모두 11명에 불과했다. 이들은 의장단의 최종 결의신청에 대한 표결에서 기권했다.

브란트는 이에 앞서 1949년 8월에 실시된 초대 연방의회 선거에서 사민당 소속 의원으로 선출되었다. 이때부터 베를린 시장으로 선출되는 1957년까지 연방의회 의원직을 계속 유지했다. 그는 연방의회 외무위원회 위원으로 활동하면서 정치, 외교적으로 유용한 경험들을 쌓아나갔다. 1950년 12월부터는 베를린 주의회 의원으로도 활동했다. 이 와중에도 그는 언론활동을 중단하지 않았다. 1950~51년 사이 사민당의 『베를린 시보』 편집장으로 활동하면서 1950년 한 해에만 300여 편의 기사를 기고했다.

브란트는 1952년 베를린 주 의회 의장 선거에 처음 출마했으나 193대 96이라는 큰 표 차이로 패배했다. 재도전한 1954년엔 두 표 차이의 석패였다. 그러나 바로 이 선거에서 사민당은 제1당이 되어 기민당과 연정을 구성했고, 브란트는 주 의회 부의장직을 맡게 된다. 1953년 든든한 정치적 후견인이자 베를린 시장을 역임했던 로이터가 세상을 떠난 뒤, 홀로서기에 성공해야만 했던 브란트가 큰 슬픔을 이겨내고 절치부심하던 와중이었다. 그리고 1955년 그는 기어이 베를린 주 의회 의장에 당선된다.

브란트는 일찍부터 서독의 서구 편입정책을 주장했다. 이것은 사민당

내에서 인기가 별로 없던 주장이었지만, 브란트는 아랑곳하지 않았다. 그의 견해는 베를린의 위기상황에서 크게 돋보였고, 시간이 지나면서 사민당도 브란트의 주장에 점차 동조해갔다.

로이터의 뒤를 이어 베를린 시장을 맡았던 오토 주어가 1957년 8월에 사망했다. 브란트는 사민당 베를린 주 특별전당대회에서 226대 26이라는 압도적 지지를 받아 베를린 주 사민당 시장 후보로 지명되었고, 1957년 10월 3일 서베를린 시장으로 선출된다. 1958년 1월엔 그의 오랜 경쟁자였던 노이만을 164대 124로 꺾고, 베를린 주 사민당 의장에도 선출되었다. 망명지에서 돌아와 독일 국적을 회복한 지 10년 만의 일이었다.

앞서 1956년 브란트는 뮌헨에서 열린 전당대회에서 두 번째로 의장단에 출마했으나 패배했었다. 하지만 1958년 5월 슈트트가르트 전당대회에서 3차까지 이어진 투표 끝에 어렵게 의장단에 선출되었다. 베를린에서는 인기 있는 정치인이었지만, 오랫동안 변방인 취급을 받던 그가 드디어 중앙 정치무대에서도 주요인물로 부상하는 순간이었다.

슈트트가르트 전당대회에서 브란트와 함께 의장단에 선출된 인물 가운데 헤르베르트 베너(Herbert Wehner)가 있었다. 브란트보다 일곱 살 많은 그는 젊은 시절 무정부주의자를 거쳐 공산주의자로 전향했고, 1935년에는 히틀러의 탄압을 피해 소련으로 망명했었다. 그가 소련에서 한 행동을 두고 첩자 노릇을 했다는 설도 있었지만, 교수형에 처해지기 직전 살아남는 시련도 겪었다. 그는 1942년 독일공산당에서 제명당한 후, 공산주의와 결별하고 1946년 사민당에 입당했다.

브란트와 베너는 히틀러의 탄압, 망명, 좌파 사회주의 또는 공산주의라는 우회로를 거쳐 사민당에 복귀한 것 등 많은 부분에서 유사점을 지니고 있었다. 정치권에 들어온 후 과거 경력 때문에 혹독한 검증과정을 거친 점, 그리고 이런 시련을 극복하면서 사민당의 핵심권력에 접근한 점 등에서도 유사했다. 두 사람은 함께 의장단에 진출한 후 긴 시간 협력관

헤르베르트 베너

계를 유지했다. 베너는 과거 경력 때문에 자신이 권력의 정상에 오를 수
없다는 것을 일찍 인식하고, 자기 역할을 킹메이커에서 찾았다. 킹메이커
로서 그의 능력은 1969년 브란트를 총리로 만들 때 유감없이 발휘되었
다. 브란트의 총리 취임은 원내총무 베너의 도움 없이는 불가능했을 것이
라는 게 중론이다. 그러나 이 능력은 1974년 정반대로 브란트를 총리자
리에서 몰아내는 데도 쓰였다. 이래저래 베너는 1958년 이후 브란트의
생애에서 중요한 순간마다 빠짐없이 등장하는 인물 중 한 명으로 소환되
고 있다.

1958년 12월 7일 실시된 베를린의회 선거에서 사민당은 52.6퍼센트
의 득표율을 기록했다. 앞선 선거 때보다 8퍼센트나 증가한 득표율이었
다. 브란트가 베를린 시장과 베를린 주 사민당 대표를 맡고 처음 실시된
선거에서 대승을 거둔 것이었다. 그럼에도 브란트는 경쟁정당인 기민당
에 대연정을 제의한다. 그 배경에는 점점 고조되는 베를린 위기가 한 요
인으로 작용하고 있었다.

서베를린 시장, 냉전시대의 최전방 시장

브란트가 서베를린 시장으로 선출된 이듬해부터 서베를린에 새로운 위기
가 불어 닥쳤다. 1950년대 동독 및 동베를린으로부터 서독이나 서베를린
으로 이주해오는 사람들이 연간 25만 명가량 되었는데 소련과 동독은 이
이주민들에 대한 대책으로 다시 한 번 서베를린을 봉쇄하고 나섰다. 소련
은 1958년 베를린에서 서방군대 철수와 비무장화된 '자유도시'로서 서베
를린의 지위에 대한 협상을 요구했다. 도시는 두려움에 빠졌다. 1961년
동독을 빠져나온 망명자 수는 상반기에만 20만 명에 달했다. 7월에는 3만
명이 동독을 탈출했으며, 8월 12일 하루 동안 2,500명이 서베를린으로

넘어왔다. 동독과 소련은 8월 13일 서베를린으로부터 동베를린을 차단시키기 위해 시멘트로 기둥을 세우고 철조망을 치는 작업을 시작했으며, 8월 16일부터는 본격적으로 베를린장벽(Berlin Mauer) 설치에 나섰다. 이후 동독 땅의 고도古都 서베를린은 철조망과 콘크리트 벽, 자동격발장치로 둘러싸여 마치 '집단수용소'처럼 변해버렸다.[21] 이 장벽으로 동·서베를린 사이의 왕래가 끊겼고, 독일의 분단은 더욱 고착화되었다.

그러나 서베를린 시장 브란트는 이 비극적 상황을 그냥 지켜보고 있을 수밖에 없었다. 베를린장벽을 바라보며 베를린 사람들이 할 수 있는 일이란 게 고작해야 "장벽은 철폐되어야 한다"고 외치는 것뿐이었다.[22] 미국을 비롯한 동맹국들도 서베를린의 고립을 어쩔 수 없는 현실로 받아들였다. 장벽이 설치된 날은 베를린 사람들에게는 격앙의 날이었지만, 서방 진영은 오히려 객관적인 안심의 날로 받아들이는 것 같았다. 이는 역설적으로 연합국에게 소련이 서베를린을 침공하지 않을 것이라는 믿음을 준 사건이었기 때문이다.[23] 즉, 서방세계는 소련과 동독이 장벽을 설치한 것은 3년 전부터 서베를린을 서방세계와 완전히 단절시켜 아예 동독에 편입시키려는 계획을 포기했기 때문이라는 해석까지 내렸다. 브란트는 이 사건을 경험하면서 소련의 봉쇄조치뿐만 아니라 서방 동맹국들의 지나치리만큼 냉정한 태도로부터 큰 충격을 받았다. 브란트는 이 사건에서 독일문제에 대해 서방세계가 할 수 있는 것과 못하는 것의 한계를 명확하게 인식했다. 그의 동방정책은 이런 현실적 체험에 바탕을 두고 나왔다.[24]

서독은 1949년 새로운 공화국을 수립하면서 헌법 대신 기본법을 제정했다. 이것은 동·서독의 분할을 과도기 단계로 설정하려는 강한 의지의 표현이었다. 기본법은 "전全 독일민족은 자유로운 자결권으로 독일의 통일과 자유를 달성해야 한다"고 선언했다.[25] 아데나워 총리는 1955년 9월 22일 연방하원에서 행한 연설에서 서독이 전 독일민족에 대한 단독 대표

베를린장벽의 건설

권을 가지고 있다는 점을 강조했다. 서독은 이런 기조 하에 기민당과 기사당 그리고 연정 파트너인 자민당이 통치한 1960년대 후반까지 일관되게 독립된 국가로서 동독의 존재를 인정하지 않았다. 기민/기사당과 자민당 등 보수연정이 이끄는 서독의 목표는 동독에 대한 소련의 영향력을 약화시켜 민족의 실체를 보존하고, 동독 내에 자체적인 민족의식이 형성되는 것을 막으면서 장기적으로는 독일을 재통일시키는 것이었다.[26]

브란트는 장벽 설치 직후 독일의회 연설에서 베를린장벽의 설치는 기존의 동독 및 독일통일정책이 실패했다는 것을 의미한다고 주장하며 민족정책의 변화를 촉구했다. 그는 장벽의 설치를 범법행위로 규정하고 "베를린처럼 평화보장을 필요로 하는 도시도, 독일민족처럼 평화보장을 필요로 하는 민족도 없다"고 주장했다.[27] 그는 베를린장벽의 설치를 동독의 약점 감추기와 독일인들의 고통 증대라는 두 가지 관점에서 바라보았다. 브란트는 장벽을 설치한 공산주의자들의 비민주적·비인도적 행위에 분노함과 동시에, 이 사건에서 독일 내에 두 개의 국가가 실제로 존재한다는 것을 실감하고, 서로 동등한 차원에서 정부당국간 교섭을 진행해야 한다는 현실적 생각을 굳혔다. 그가 생각한 바람직한 해결 방향은 동독의 걱정을 덜어주고, 국경과 장벽으로 야기된 독일인들의 고통을 완화시키는 것이었다. 그는 현실을 존중했으며 또 현실을 현실로 수용하는 용기와 함께 이를 토대로 독일이 나가야 할 비전을 갖추고 있었다.[28]

브란트의 이런 생각을 이론적으로 잘 다듬어준 사람이 있었다. 바로 에곤 바르(Egon Bahr)였다. 그는 1959년 브란트 시장의 공보실장으로 발탁되면서 브란트와 운명적 인연을 맺었다. 두 사람의 인연은 처음에는 동료로 시작했지만, 나중에는 친구로 발전했다. 바르는 브란트의 정치 인생의 주요 고비마다 함께했다. 두 사람은 무엇보다 동방정책의 공동 추진자로서 역사에 이름을 올렸다. 바르는 1963년 브란트가 '개신교 정치인 아카데미 클럽'에서 연설할 때 토론자로 초청받았다. 바르는 이날 자신의

에곤 바르와 브란트

토론문 제목을 '접근을 통한 변화(Wandel durch Annäherung)'로 명명했고, 이것을 동행한 브란트에게 보여주었다. 브란트는 "좋다!"고 대답했다. 훗날 이 제목은 브란트의 동방정책의 의미를 함축하는 대표적인 표현이 되었다.[29]

1957년 총선거에서 기민/기사당은 50.2퍼센트를 얻어 과반수 의석을 확보했다. 전후 최초로 기민/기사당만으로 정부를 구성할 수 있는 성적이었다. 반면 사민당은 31.8퍼센트를 획득하는 데 그쳤다. 사민당 당원들 사이에서 이대로는 안 된다는 여론이 형성되었다. 연방의회 의원들 중 개혁세력이 결집했다. 카를로 슈미트, 프리츠 에를러, 헤르베르트 베너, 하인츠 퀸, 빌리 브란트, 헬무트 슈미트, 하인리히 다이스트, 발데마르 폰 크노에링겐 등이 개혁파 진영에 모였다. 1958년 슈트트가르트 전당대회에서 당 조직 개혁안이 만들어졌다. 크노에링겐과 베너가 부총재로 선출되었고, 브란트도 비록 3차 투표를 통해서이기는 했지만 당 의장단에 입성했다. 당은 전체 조직을 근대화하기 시작했다. 사민당은 당 역사상 처음으로 다음 선거에 출마할 총리 후보를 미리 지명하기로 결의했다. 개혁파로 여겨지는 카를로 슈미트와 빌리 브란트가 대안으로 제시되었는데, 당 최고기구는 젊고 대중적 인기가 높은 베를린 시장 브란트를 총리 후보로 선출했다.

사민당은 오래 전부터 실제로 대중정당이었고 민주사회주의 정당이었지만, 강령 상으로는 여전히 마르크스의 혁명적 사회주의 정당의 냄새를 풍겼다. 당의 개혁 작업은 최종적으로 당의 강령을 실제에 맞게 개정하는 것이었다. 이 작업은 1959년 바트 고데스베르크 당 대회에서 이루어졌다. 고데스베르크 강령은 여러 관점에서 하이델베르크 강령과 차이를 보였다. 이 강령은 마르크스주의의 혁명적 사회주의 노선을 포기하고, 대신 기독교와 휴머니즘 등 다양한 세계관을 수용했다. 사민당은 공식적으로 민주사회주의 노선을 천명하고 대중정당으로 변신했다. 경제정책 부분에서는

고데스베르크 전당대회에서 브란트와 헬무트 슈미트

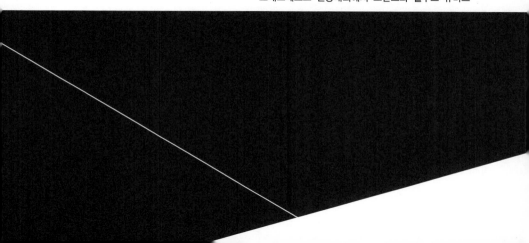

'가능한 만큼 시장, 필요한 만큼 계획'이라는 원칙을 표방했다. 다시 말해 사민당은 시장경제체제를 옹호했지만, 분명 계획을 완전히 포기하지는 않았다. 사민당에는 여전히 경제 권력에 대한 통제가 중요했다. 즉, 사민당은 경제민주화를 계속 당의 우선적 목표로 내세웠다. 당은 민주주의를 그 자체 목적으로 보았으며, 이 점에서 공산주의의 민주주의 개념과 뚜렷한 차이를 보였다. 결과적으로 고데스베르크 강령은 서구의 '합의 자본주의'에 대한 사민당의 동의를 의미했다.

고데스베르크 전당대회에서 채택된 새로운 강령은 이에 반대표를 던진 대의원이 단 16명에 불과할 만큼 절대 다수의 지지를 받았다. 볼프강 아벤드로트가 마르크스주의적 관점에서 새 강령을 신랄하게 비판했던 반면, 페터 폰 외르첸은 자신도 마르크스주의자이지만 이 강령을 토대로 계속 사민당 안에서 그리고 사민당을 위해서 일할 수 있다고 말했다.

4. 사민당 지도부 입성

사민당 총리 후보

브란트는 1960년 11월 사민당의 총리 후보로 선출되었다. 그러나 브란트를 총리 후보로 선출한 대의원들은 의장단 선거에서는 그를 서열 22위로 내몰았다. 전략 핵무기 운반체계를 갖춘 독일의 무장화 논의에서 이를 강력하게 반대한 올렌하우어 총재와 그를 따르는 대의원들이 브란트를 강하게 견제했기 때문이었다. 브란트를 총리 후보로 선출하면서 정작 당 지도부 선출에서는 강력한 견제를 가한 대의원들의 태도는 브란트에 대한 사민당의 분위기가 여전히 유동적이었음을 말해준다.

브란트가 사민당 총리 후보로 선출되자 야당은 브란트의 망명시절 행적과 관련하여 대대적인 공세에 나섰다. 1961년 2월 기사당 총재 프란츠 요제프 슈트라우스(Franz Josef Strauss)는 "브란트 씨에게 한 가지는 물어봐야 한다. 12년 동안 국외에서 무엇을 했는지. 우리는 우리가 무엇을 했는지 알고 있다" 아데나워 기민당 총리 후보도 브란트를 "프람이란 본명의 브란트 씨"라고 지칭하며 과거 행적에 대한 공세를 펼쳤다.

정치적 문제에 대한 공격만 있었던 것은 아니었다. 언론인 한스 프레데릭(Hans Frederik)은 연방의회 선거를 앞두고 『그때 한 여자도 있었다』는 선정적인 제목의 책을 출판하여 브란트와 수잔네 지버스(Susanne Sievers)의 관계를 파고들었다. 브란트가 그녀를 만난 것은 1950년대 초였다. 당시 『베스트팔렌 룬트샤우』에서 일하고 있던 그녀는 두 아이의 엄마이자 이혼녀로서 연방의회에서 비서로 일한 경력을 가지고 있었다. 그녀는 1952년 6월 동독에서 간첩혐의로 유죄판결을 받아 4년간 구금에 처해지게 된다. 이때 그녀는 브란트에게 도움을 요청하지만 브란트는 이를 거절해버렸고, 이에 불만을 품은 그녀는 주고받은 편지를 포함해 자신이 갖고 있던 브란트에 관한 모든 정보를 프레데릭에게 넘겨버린다. 프레데릭은 이를 토대로 1961년 브란트의 여성편력을 폭로하는 상기의 책을 출판해 선거를 앞둔 브란트를 공격했다. 비록 책은 판매 금지되었지만, 의도한 목표는 이미 달성된 것이나 마찬가지였다.

브란트는 평생 네 명의 여자와 결혼생활을 했다. 1945년 세 번째 여자인 여덟 살 연하의 루트 베르가우스트(Rut Bergaust)를 만났고, 카를로타와 이혼한 뒤인 1948년 그녀와 정식으로 결혼했다. 세 명의 자녀가 태어났던 이 결혼생활은 33년간 지속되었다. 루트는 브란트의 정치활동이 가장 절정이던 기간 내내 함께 살았다.

선거를 앞두고 터진 스캔들은 무엇보다 브란트의 가족에게 큰 상처로 남았다. 아내 루트는 당시를 이렇게 회고했다. "그것은 거의 참을 수 없는 것이었다. 나는 일기에 속마음을 털어놓았고, 나중에 내 생애에서 이토록 불운했던 적은 없다고 씌어진 것을 읽을 수 있었다." 그녀는 브란트도 걱정했지만 아이들을 더 걱정했다. 당시 큰 아들 페터는 열셋, 둘째 아들 라르스는 열 살이었다. 아이들이 이 일로 상처를 입었을 것은 자명했다. 게다가 루트는 셋째 아이를 임신 중이었다. 두 아이를 모두 제왕절개로 출산한 그녀가 마흔을 넘어 얻게 된 셋째는 출산을 준비하는 일만도 벅찼다. 남편을 둘러싼 추문에 아이들 걱정, 선거 걱정까지 모두 감내하며 '최고로 불행한 순간'을 통과하던 그녀는 셋째 역시 제왕절개로 출산한다. 그리고 이런 때 브란트는 미국에 가 있었다.[30]

루트와 그녀의 두 아들과 함께한 브란트

케네디 대통령의 서베를린 연설

제4대 연방의회 선거는 1961년 9월에 실시되었다. 사민당은 이 선거에서 36.2퍼센트를 획득했고, 이는 이전 선거의 득표율 31.8퍼센트보다 높았다. 1949년 이후 네 차례 실시된 선거 가운데 가장 좋은 성적이었다. 그럼에도 불구하고 집권의 길은 여전히 멀었다. 기민당보다 약간 앞선 성적이었지만, 기민당의 자매정당인 기독사회연합(CSU, 이하 기사당)의 득표율 9.5퍼센트와 기민당의 연정 파트너인 자민당의 득표율 12.8퍼센트를 합친 성적과 비교하면 크게 부족했다. 사민당은 결국 기민당/기사당과 자민당 연정을 극복하지 못했다. 수상 후보로서 브란트의 첫 번째 패배였다.

1963년 2월 17일 베를린의회 선거에서 사민당은 총 투표수 가운데 61.9퍼센트를 득표했다. 브란트가 자신의 선거구에서 얻은 득표율은 70퍼센트가 넘었다. 이 결과는 베를린 시민들이 1961년 베를린장벽 설치라는 위기상황을 경험하면서 브란트를 자신들의 강력한 지도자로 인식했음을 의미한다. 선거가 있고 4개월이 지난 1963년 6월말 서방 정상으로서는 처음으로 케네디 미국 대통령이 서베를린을 방문했다. 브란트는 케네디에게 베를린 시민증을 수여했고, 케네디는 쇠네베르크 시청 앞에 모인 베를린 시민들에게 자신을 베를린 시민이라 소개하며 큰 박수를 받았다. 이 방문은 베를린장벽 설치 후 불안에 빠진 서베를린 시민들에게 큰 위로가 되었다. 그러나 알다시피 케네디는 베를린 방문 뒤 5개월이 지난 11월말 암살당한다. 브란트는 그의 추모식에 참석했고, 쇠네베르크 시청 앞 광장은 '존 F. 케네디' 광장으로 개명되었다.

사민당 총재로 선출

1963년 12월 중순 사민당 총재 올렌하우어가 사망했다. 베너는 브란트에

게 편지를 보내 그를 당 총재로 선출할 계획을 밝혔다. 베너 자신도 부의
장직에 진출하겠다고 밝혔다. 베너가 기획한 대로 브란트는 1964년 2월
특별전당대회에서 당 총재로 선출되었다. 브란트는 이때부터 1987년까지
23년 동안 사민당 총재자리를 유지한다. 이로써 브란트는 총리 후보와
당 총재직을 함께 떠맡아 사민당의 희망으로 떠올랐다. 그러나 이런 영예
는 물론 당원들의 높은 기대감까지 브란트에겐 강한 압박으로 작용했다.
오랫동안 그의 비서 자리에 있었던 게르다 란더러는 브란트가 이 시기에
'주기적인 우울증'을 앓고 있었다고 말했다.

브란트는 사민당 총리 후보로 1965년 9월 9일에 치러진 연방의회 선
거에 다시 나섰다. 기민당의 총리 후보는 루트비히 에르하르트(Ludwig
Erhard)였다. 에르하르트는 아데나워 시대에 경제정책을 책임진 사람으로
서 '라인강의 기적'을 설계한 인물이었다. 그는 1963년 10월에 아데나워
의 뒤를 이어 총리로 선출되었으며, 높은 경제 성장률의 공적으로 국민들
로부터 많은 인기를 누리고 있었다.

선거가 시작되자 브란트에 대한 인신공격은 1961년 선거 때보다 더욱
심해졌다. 하지만 사민당이 획득한 표는 1961년보다 3퍼센트 이상 높았
고, 의석수도 190석에서 202석으로 늘어났다. 기민당은 196석, 기민당의
자매정당인 기사당은 49석, 자민당은 49석이었다. 사민당이 1953, 1957,
1961년 선거에서 모두 기민당에 뒤졌던 것과 비교할 때 선전한 것이었
다. 그러나 경쟁당인 기민당에게는 기사당이라는 형제당이 있었고, 캐스
팅보터 역할을 하는 자민당은 여전히 기민당을 연정 파트너로 생각했다.
브란트는 이번 선거에서도 집권에 실패했다. 브란트는 선거 패배 직후
기자회견을 통해 1969년 선거에서는 연방총리 후보로 더 이상 나서지
않겠다고 선언했다.

1966년 10월 어느 날 갑자기 브란트는 숨이 막힌 채 쓰러져 의식을
잃었다. 다행히 아들들과 가정부가 가까이 있었고, 바로 의사를 불러 생

명을 건질 수 있었다. 룀헬트증후군이었다. 느닷없이 나타나는 심장마비와 유사한 증상으로, 이 질환 때문에 그는 상당 기간 병석에 누워 있어야만 했다. 몇 년 후 그는 이때를 회상하면서 '삶으로부터 더 이상 삶이 아닌 것으로의 이동'을 느꼈다고 말했다.[31]

대연정의 외무장관 취임

기민/기사당과 자민당 연정은 기민/기사당이 하원에서 과반수를 획득한 1957~1961년 시기를 제외하고 1966년까지 13년간 지속되었다. 에르하르트는 총리로 취임한 이후 아데나워정부 밑에서 경제장관으로서 누렸던 인기를 그대로 이어가지 못했다. 총리 리더십에서는 좋은 평가를 받지 못한 것이다. 1966년 기민/기사당과 자민당은 1967년 예산안 편성 문제를 놓고 정면으로 대립했으며, 이는 연정 붕괴로 이어졌다. 사민당은 정권을 잡을 좋은 기회로 생각하고, 49석을 가진 자민당과 연정을 희망했다. 그러나 자민당의 거부로 사민당·자민당 연정은 성사되지 못했다. 자민당은 사민당과 연정을 수립할 경우 경제계로부터 지원이 끊길 것을 걱정했다. 기민/기사당이 의회에서 과반을 확보하기 위해서는 사민당이나 자민당의 도움이 필요했다. 자민당과의 연정이 깨진 상태에서 대안은 사민당밖에 없었다. 에르하르트가 사임한 후 새로 총리가 된 기민당 출신 키징거(Kurt Georg Kiesinger)는 결국 경쟁정당인 사민당에 대연정을 제의했다.

사민당 내에서 기민당과의 연정 문제를 놓고 치열한 논쟁이 벌어졌다. 만년 야당 신세에서 벗어나기 위해서는 집권 경험을 축적할 필요가 있다는 의견이 다수를 차지했다. 사민당은 강령 변경에 이어 또 다른 변신을 시도했다. 과거 같으면 상상하기 어려운 변화였다. 사민당 내에서 기민당

기민당과의 연정 시기 쿠르트 키징거 총리와 함께한 브란트

과 대연정에 적극적이었던 사람은 베너였다. 반면 올렌하우어 사망 이후 당 총재직을 맡고 있던 브란트는 이에 회의적이었다. 그는 대연정하에서 외무장관직을 맡는 데 주저했다. 그러나 베너는 브란트를 설득했고, 연정은 성사되었다. 사실 사민당 내에서도 대연정에 반대하는 세력의 저항은 만만치 않았다. 이 연정은 수립된 지 1년 반이 지나서야 1968년 뉘른베르크 전당대회에서 당내 사후 추인을 받는다. 격렬한 논쟁에 뒤이은 근소한 차이의 승인이었다.

1966년 수립된 대연정의 총리로는 기민당의 키징거가 선출되었다. 브란트는 부총리 겸 외무장관을 맡았다. 브란트가 처음에 외무장관이 아닌 교육과학부 장관을 염두에 두었다는 설이 있다. 하지만 그 사실여부를 떠나 사민당 내에서 외무장관 후보로 브란트만한 사람이 없었다. 그는 10년 이상을 외국에서 살았고, 또 거의 10년 동안 독일연방공화국 내에서 제2의 외무장관직에 해당하는 서베를린 시장을 역임했다. 브란트가 나중에 말한 대로 베를린에서의 정치활동은 일정 부분 외교정책과 연관되어 있었고, 그는 이 영역에서 많은 경험을 쌓았다. 그는 서베를린 시장으로 있는 동안 동독당국과 네 가지 통과협정을 체결하는 데 합의를 보았고, 1966년 3월까지 서베를린 시민들이 베를린장벽 건설 이후 다시 동베를린 지역을 방문할 수 있게 했다.

그의 정치무대는 베를린에서 본으로 옮겨졌다. 어린 시절부터 가정과 학교 그리고 정치무대에서까지 변방인이었던 그가 이제 드디어 독일정치의 중심부로 입성한 것이다. 그러나 변방에서 권력의 중심으로 이주할 당시 그의 모양새는 그다지 좋지 않았다. 아시다시피 그는 본으로 오기 전 연방총리직에 두 번이나 도전했으나 실패했었다. 그의 등장은 승자의 것이라기보다 1965년 선거의 패배자로서의 인상이 더 짙었다. 그는 앞으로 외무장관직에서 성과를 내며 자신의 능력을 입증해야 했다.

대연정은 사회적으로 뜨거운 주제였던 몇 가지 사안에서 성과를 냈다. 예를 들어 사회복지정책 영역에서는 치열한 토론 끝에 병가로 임금을 계속 지급하는 경우 노동자와 사무원을 동등하게 대우하는 데 합의를 이뤄냈다. 루르지역의 구조적 위기를 해결하기 위해 루르석탄공사를 설립하고, 광산의 채굴량을 축소 조정하기로 했다. '안정과 성장법' 제정을 통해 새로운 경제정책 수단을 강구했다. 형법전서가 전체적으로 정비되었다. 국가안보와 관련된 위기상황에 국가의 통치권을 강화는 '긴급조치법'도 제정했다. 이 법은 재난 발생 시 연방과 주의 모든 구제수단을 집결시키는 법적 근거가 되었을 뿐만 아니라 독일연방의 민주적 헌정질서를 위협하는 모든 위험에 대한 방어의 법적 근거가 되었다. 이 법은 의회에서 2/3의 찬성을 필요로 했기 때문에 이전 정부가 통과시키지 못했던 법안이었다.[32]

동방정책을 구상하다

키징거정부는 아데나워 및 에르하르트정부와는 달리 동독 및 동유럽 국가와의 관계에 좀 더 유연한 입장을 취했다. 사민당, 특히 브란트 외무장관과 공존하기 위해서는 이러한 태도가 불가피했다. 브란트는 외무장관 재임 시 출간한 저서 『유럽에서의 평화정책』에서 평화에 대한 의지는 독일 외교정책의 근본이라고 말했다. 그에게 외교란 민족의 이익을 위해 봉사하는 것으로, 이때 평화 및 주변 국가들의 협력과 유리된 민족의 이익은 존재하지 않는 것이었다.[33] 브란트는 1968년 6월 아이슬란드의 레이캬비크에서 개최된 북대서양조약기구 외무장관 회의에서 동독과 동등한 자격으로 회담을 갖자고 제안했고, 서독 공직자로서는 처음으로 독일 내 두 개의 국가를 언급했다.[34]

서독은 1967년 8월 3일 체코슬로바키아와 무역협정을 체결한 데 이어

루마니아와 국교 재개(1967), 유고슬라비아와 외교관계 재개(1968) 등을 단행했다.[35] 이로써 오랫동안 유지된 할슈타인원칙(Hallstein Doctrine)은 사실상 무력화되었다.[36] 1969년에 들어서 이 원칙에 대한 무력화 조치는 더 구체화되었다.

그러다 1969년 5월 8일 캄보디아가 동독을 승인하자 대연정 내에서 할슈타인원칙에 대한 격렬한 논쟁이 일어났다. 외무장관 브란트는 5월 30일 할슈타인원칙을 수정하는 데 앞장섰다. 서독은 제3국의 동독 승인을 비우호적인 행위로 간주하나, 그것 때문에 자동적으로 외교관계를 단절하지는 않겠다고 선언했다. 서독은 캄보디아에 대해 캄보디아 주재 서독대사를 소환하는 선에서 양국관계를 정리했다. 캄보디아가 서독과 외교관계를 정리해 사실상 서독·캄보디아 외교관계는 단절되었지만, 서독이 앞장서서 캄보디아와의 관계를 단절하지 않은 것은 곧 루마니아, 유고슬라비아와의 외교관계 회복에 이어 또 다시 할슈타인원칙의 포기를 확인한 것이었다.

이는 서독이 오랫동안 유지해 왔던 동독 고립화정책에 큰 변화가 시도되고 있음을 의미했다. 역사가들은 키징거정부 시대의 이런 유연한 정책을 일컬어 동방정책이라고 했다. 그러나 키징거 시대의 동독정책은 여전히 동독을 국가로 인정하지 않는 것이었다. 동독을 비롯한 동구권 국가와의 관계 역시 근본적 개선이 아닌 소극적 개선에 머물러 있었다. 동독 및 동구권 국가와의 본격적인 관계개선과 그 정상화는 브란트정부 시대에 비로소 시작되었다. 그래서 역사가들은 브란트시대의 동방정책을 키징거 시대의 그것과 구분하여 신동방정책이라고 부르기도 하지만, 대부분은 브란트시대의 동방정책을 그대로 동방정책이라고 부른다. 이 글에서도 동방정책은 브란트시대의 동방정책을 지칭한다.

외무장관 브란트는 베를린 시장 시절처럼 여행외교를 활발하게 전개했다. 그는 1968년과 1969년에만 각각 25회나 외국을 방문했다. 사민당 총재 자격이었던 건 제외한 숫자다. 그의 전임자 가운데 브란트만큼 자주 외국을 방문한 사람은 없었다. 브란트의 외국방문에서 특징적인 것은 제3세계에 대한 관심이었다. 그는 미래의 과제가 유럽이나 아프리카 단독이 아닌 공동해결 사안이라고 판단했다.

그의 순방외교는 스스로의 기질에 잘 부합했다. 그는 어린 시절부터 여행을 다녔고, 망명 시에도 많은 나라들을 방문했다. 앞서 이미 언급한 것처럼, 망명시절 브란트에게 여행은 세계를 이해하며, 세계주의자로서 자신의 정체성을 확립하게 만드는 중요한 계기가 되었다. 귀국 후 정치활동을 본격화한 후에도 그는 여행을 많이 했다. 때로는 공식적인 일정에 의해, 때로는 사적 일정을 만들어 세계 곳곳을 여행했다. 정치활동 내내 시련이 뒤따랐던 그에게 여행은 박해자, 시기하는 자, 적수, 무엇보다 자기 자신으로부터 도피하는 수단이 되었다.

언젠가 그는 아내 루트에게 자신은 키징거와 함께 있으면 정신적으로나 육체적으로나 아프다고 말했다. 실제로 그는 주기적으로 우울증을 앓고 있었다. 브란트 자신은 부정했지만 주위 사람들이 보기에 그랬다. 루트의 말에 따르면, 그는 자주 외부에는 독감을 앓고 있다고 알리고, 며칠 동안 또는 몇 주 동안 침대에 누워 지내는 경우도 있었다고 한다. 이럴 때 가족도 아닌 자신의 동료이자 친구였던 에곤 바르하고만 소통했다. 이런 그에게 여행은 하나의 탈출구일 수밖에 없었다.[37]

비교적 성공적으로 외무장관직을 수행했지만, 브란트에게는 서베를린 시장 시절이 훨씬 더 행복했다. 무엇인가 이뤄내며 역사에 참여할 수 있는 가능성을 지녔던 시장이란 직책은 그의 인생에서 가장 의미 있고 행복한 요소였다. 그러나 본에서의 생활은 그렇지 못했다. 브란트가 베를린을 떠나기 직전인 1964년 베를린 시민의 거의 90퍼센트가 그와 그의 정책에 만족해했다. 반면 본의 주류 정치인들은 베를린에만 머물렀던 변방인 브란트에게 직책을 맡기기는 했지만, 여전히 그를 불신의 눈초리로

어린 두 아들과 행복한 시간을 보내던 브란트(위)와 시위에 참가한 장남 페터(아래)

바라보았다. 이런 환경도 그로 하여금 베를린 시절을 더 그리워하게 만들었을 것이다.

베를린을 떠나는 일은 그의 아내 루트에게는 더욱 아쉬운 일이었다. 그녀는 베를린 시기가 가정에 가장 큰 안락함을 가져왔던 시기라고 말하곤 했다.³⁸ 브란트가 본으로 옮길 때 그의 가족 모두가 함께한 것은 아니었다. 대학입학자격시험까지 1년을 남겨두고 있던 큰 아들 페터는 베를린에 남았다. 이후 그는 베를린자유대학에서 역사학을 전공했고, 아버지처럼 일찍부터 적극적으로 정치활동에 참여했다. 열네 살에 '매파'에 가담했으며, 트로츠키 그룹이 발행하는 잡지 『새로운 붉은 탑』에서 일하면서 베를린 좌파 학생운동 지도자 루디 두취케(Rudi Dutschke)와도 접촉했다. 브란트는 아들의 정치적 입장이 자신의 청년시절보다 더 좌파적이라고 인식했으나 공산주의와는 구분 지었다. 부자간에 종종 마찰도 빚어졌으며, 이는 가끔 공개적으로 표출되기도 했다.

페터와 둘째 아들 라르스는 귄터 그라스의 소설 『고양이와 쥐』를 영화화 한 작품에 출연하기도 했다. 여기서 페터는 주인공 '말케' 역을 맡았고, 브란트는 두 아들의 영화 출연과 이에 대한 비판적 여론 때문에 큰 곤욕을 치렀다. 페터는 두 번의 불법 시위로 재판을 받기도 했다. 1968년 6월 6일 베를린 지방법원 판결문에는 "아버지는 사실상 자녀들의 교육에 신경 쓸 만한 여유가 없었을 것이다. 점점 더 자신의 정치활동으로 바빠졌기 때문이다. 특히 지적인 피고에게 아버지의 영향력이 적절한 방식으로 관철되었더라면 유용했을 것이다"라고 쓰어 있었다. 당 총재의 아들들의 행위에 대해 사민당 내에서도 논란이 일었고, 큰 아들 페터를 외국으로 보내라는 요구까지 나왔다.

그러나 브란트는 아들들의 정치행위에 우려를 표명하면서도 대체로 존중하는 입장이었다. 과거 자신의 경험에 비추어, 특정 연령대에서는 급진적인 사회주의 이념에의 경도가 정치적 성숙에 이르는 과정에서 거치게 되는 하나의 통과의례일 수 있음을 그는 잘 알고 있었기 때문이었다. 또 그는 가능한 한 아들들과의 충돌을 피하기 위해 아이들 문제를 아내의 판단에 맡기곤 했다.

제 2 장

김대중

빌리 브란트와 김대중

1. 섬 소년

하의도 소년

김대중이 태어난 곳은 전라남도 신안군 하의도 후광리다. 하의도는 목포에서 57킬로미터 정도 떨어진 섬으로 전남지역 섬 가운데 규모가 꽤 큰 편이다. 김대중이 하의도에서 살던 시절 하의도에서 목포까지는 배로 3시간가량 소요되었다.

김대중은 아버지 김운식과 어머니 장수금 사이에서 5남매 중 장남으로 태어났다. 사후 발간된 자서전 첫 권 첫머리에서 그는 어머니에 대해 이렇게 적었다. "아버지는 부인이 두 사람이었고, 내 어머니는 둘째 부인이었다.(…) 어머니는 큰집에 들어가지 않고 따로 살았다. 그 삶이 곤궁했다. 나는 큰집과 어머니 집을 오가며 자랐다."[1]

김대중의 모친은 생활력이 매우 강했다. 그녀는 큰집에 들어가지 않고 따로 살면서 독자적인 가계를 이끌었다. 그녀의 집 앞에는 넓은 염전이 있어서 사람들이 북적거렸고, 그녀는 마을 어귀 부둣가에서 밥집과 농사일을 병행했다. 김대중의 집안은 중농 정도였으며, 김대중은 자신의 집이 하의도에서 잘사는 축에 든 것은 순전히 모친 덕분이었다고 회고했다.

서자의 차별을 법적으로 금지한 것은 1894년 갑오개혁부터였다. 그러나 김대중이 태어나 소년시절을 보냈던 1920~40년대까지도 서자에 대한 주변의 시선은 그렇게 우호적이지 않았다. 소년 김대중은 그런 시선을 의식하며 자랐으며, 김대중이 정치를 시작하자 정적들 역시 그의 출생에 대해 집요하게 물고 늘어졌다. 그가 전국적으로 주목받는 정치인으로 성장하면서 그의 출생과 관련한 공격은 서자라는 차원을 넘어 그의 성이 김씨가 아니라는 식으로까지 번졌다. 그러나 김대중은 이런 신상 털기에 일체 대꾸하지 않았다. 그 이유를 그는 "평생 작은댁으로 사신 어머니의 명예를 지켜드리고 싶었기 때문"[2]이라고 기술했다. 브란트가 자신이 사생아로 태어나 청소년 시절을 힘들게 보냈다는 이야기를 마지막 자서전에서 토로한 것처럼, 김대중도 자신의 출생에 관한 이야기를 자서전에서 처음 털어놓았다.

김대중은 일곱 살 때부터 서당에 다녔다. 당시 하의도에는 아직 보통학교(지금의 초등학교)가 없었다. 그가 다닌 서당은 덕봉서당이었고, 훈장의 이름은 김연金鍊, 호는 초암草庵이었다. 사람들은 서당을 훈장의 호를 따 초암서당이라고 부르기도 했다. 초암선생은 한학에 조예가 깊어서 명성이 자자했고, 학생들은 진도, 무안, 해남, 흑산도, 나주 등 멀리서 배우러 왔다. 김대중은 서당에서 『천자문』, 『사자소학』, 『동몽선습』 등을 읽었다. 학생들 가운데 우수했고, 초암선생으로부터 자주 칭찬을 들었다. 김대중은 서당을 다닌 경력이 인정되어 1934년 4년제인 하의공립보통학교에 2학년으로 편입했다. 여기서도 그는 공부를 잘 했으며, 특히 역사 등 문과과목이 적성에 맞았다.

목포와 인연을 맺다

김대중의 가족은 그가 보통학교 4학년일 때 목포로 이사했다. 이는 그의 떼쓰기가 작용한 결과이기도 했다. 김대중은 틈만 나면 육지로 나가자고

목포공립제일보통학교 시절의 소년 김대중 (맨 뒷줄 오른쪽에서 네 번째, ⓒ 김대중평화센터)

목표공립상업학교 시절의 김대중 (ⓒ 김대중평화센터)

했고, 혼자 일본에 가서 공부하겠다고 했다. 여기에 부모가 귀를 기울이지 않자 단식으로 고집을 피웠다. 결국 어머니가 목포 이사를 결심한다. 자식들을 육지에서 공부시키고 싶은 마음이 작용했던 것이다. 작은댁이란 자신의 처지 역시 영향을 끼쳤을 것이다.

목포는 하의도를 포함한 서해안 섬 주민들의 주요한 생활거점이었다. 1914년 완공된 호남선의 남쪽 종착점이었고, 전북 김제평야와 전남 나주평야의 곡물을 일본으로 수송하는 식민지 수탈정책의 창구였다. 목포는 해방 전까지만 하더라도 부산, 인천과 함께 한국의 대표적인 항구도시였다. 도시 규모로는 서울, 부산, 대구 등과 함께 남북한을 합쳐 7대 도시 안에 들어갔다. 김대중의 부모는 이 도시에서 한참 계단을 따라 올라가야 하는 고지대에 위치한 여관을 운영했다. 당시 손님들에게 밥상도 차려주던 그곳의 이름은 영신여관이었다.

김대중은 6년제 목포공립제일보통학교(현 목포북초등학교) 4학년에 편입했다. 진학 첫해 성적이 전체 73명 가운데 2등이었고, 졸업 무렵에는 전교 1등을 차지했다. 김대중 기념관에는 그의 보통학교 시절 성적표, 상장 등이 수집, 보관되어 있다.

김대중은 보통학교를 졸업한 후 1939년 봄 목포공립상업학교(나중에 목포상업고등학교)[3]에 수석으로 입학했다. 목포는 큰 도시였지만 중등학교는 상업학교 하나뿐이었다. 목포상업학교는 전국에 알려진 명문학교였다. 조선학생과 일본학생을 반씩 뽑았다. 모두 164명이 입학했고, 그는 취업반 반장을 맡았다. 여전히 역사과목을 특히 좋아했다.

김대중은 식민지 학생으로 창씨개명의 굴욕도 경험했지만, 일본인 선생들과 비교적 좋은 관계를 유지했다. 교사들은 그를 인정하고 격려했다. 그에게 가장 큰 영향을 준 교사는 3학년 담임선생이었던 노구치 진로쿠였다. 그는 김대중에게 삶의 원칙을 확고히 지켜야 한다면서도 방법에서 유연하지 못하면 승리자가 되지 못한다고 가르쳤다. 이 가르침은 감수성이 예민한 청소년기의 김대중에게 큰 영향을 주었다. 그는 이때 원칙을 고수하면서도 실사구시의 삶을 사는 방법을 터득했다고 말했다.[4] 그가 정치를 하면서 항상 마음에 새겼던 '서생적 문제의식과 상인적 현실감각'의 철학과 일맥상통하는 가르침이었다.

김대중의 최종학력은 목포상고 졸업이다. 본래 1944년초 졸업 예정이었으나 전시 특별조치로 몇 달 앞당겨 1943년말에 졸업했다. 그는 애당초 고등학교 졸업에 머물 생각이 없었다. 3학년 때 진학반으로 옮기면서 더 넓은 곳으로 가서 공부하고 싶어 했다. 목표로 삼았던 곳은 당시 학생들에게 등록금은 물론 숙식까지 제공하던 만주 건국대학[5]이었다. 그러나 아쉽게도 그는 그 꿈을 이룰 수 없었다.

일본군은 1941년말 미국령 진주만 공격을 시작으로, 영국령인 홍콩, 버마, 프랑스령인 인도차이나반도, 네덜란드령인 인도네시아지역 등을 차례차례 점령해갔다. 그러다 김대중이 목포상고를 졸업할 무렵부터 전세는 일본에 불리하게 돌아갔고, 전쟁은 파국을 향해 치닫기 시작했다. 일본은 조선의 젊은이들을 대거 전선으로 끌고 갔고, 국내외 정세는 더욱 어수선해졌다. 1924년생인 김대중은 당시 만 19세의 나이였다. 김대중의 아버지는 아들의 징집을 늦추기 위해 생년월일을 1925년 12월 3일로 바꾸었고(실제 그의 생년월일은 1924년 1월 3일로, 사실상 출생 시기를 2년이나 늦춘 셈이었다), 덕분에 김대중은 군대에 끌려가지 않고 해방을 맞을 수 있었다.

그러나 그 사이 김대중은 대학진학을 포기할 수밖에 없었다. 당시 상황에서는 고등학교 졸업도 높은 학력임에 틀림없었으나 훗날 김대중은 대학교육을 받지 못했던 것이 항상 아쉬웠다고 말하곤 했다.

"사회생활을 하면서 나는 대학을 다니지 못한 것에 대해서 상당한 콤플렉스를 느껴왔습니다. 대학에 가는 것은 간절하게 원하기도 했던 일이라 가슴에 한이 되어 남아 있습니다."[6]

2. 사회 입문과 해방정국

결혼과 사회 입문

김대중은 해방 직전인 1945년 4월 차용애와 결혼했다. 김대중이 그녀를
만난 것은 1944년 여름이었다. 차용애는 그의 상업학교 친구 차원식의
동생이었다. 그는 그녀에게 첫눈에 반했다. 그녀는 아버지가 큰 인쇄소를
경영한 부유한 집안 출신 인텔리였다. 차용애는 일본 나가노 현의 이나(伊
那) 여학교에 다니다가 미군의 일본 본토 폭격이 심해지자 한국으로 돌아
왔다. 그녀의 조기 귀국이 결과적으로 그녀와 김대중의 만남을 가능하게
해주었다. 그녀가 친구의 여동생이라는 사실도 그녀와 김대중을 가깝게
만들어주었다.

　　김대중은 목포상고 졸업 후 일본인이 경영하던 해운회사인 전남기선
주식회사에 취직했다. 그곳에서 그는 회계서무 등의 업무를 맡았다. 그가
취직한 지 1년쯤 후 해방이 되었다. 일본인들과 사장은 일본으로 돌아갔
다. 일본인이 남기고 간 회사는 미 군정법령 제33호에 따라 조선군정청으
로 귀속되었고, 1948년 정부수립과 함께 새로운 귀속주체가 된 대한민국
정부로 이관되었다. 적산敵産은 이렇게 모두 국가로 귀속되는 게 대원칙
이었지만, 운영주체는 다를 수 있었다. 김대중이 근무했던 전남기선주식
회사는 조선인 노동자 20여 명이 운영을 떠맡았고, 김대중은 여기서 운영

차용애와 두 아들 홍일, 홍업

위원회 위원장을 맡게 된다. 그런데 서울의 유력인사가 미 군정청의 도움을 받아 회사 관리권을 빼앗아갔다. 당시에는 이런 경우가 허다했다. 해방 후 이런 방식으로 부를 축적한 사람들이 많았으며, 이중에는 친일파 인사들도 있었다. 김대중은 서울로 올라가 그 부당성을 지적했고, 경영권을 되찾아왔다. 종업원들 사이에서 그에 대한 신망이 더욱 높아졌다. 그의 이름이 알려지면서 목포에서 제일 큰 조선소인 대양조선공업의 종업원들이 그에게 회사경영을 요청해왔다. 이런 이유로 그는 한동안 대양조선공업 조선소를 운영하기도 했다.

해방정국

일본의 진주만 공격을 시작으로 태평양전쟁에 참여한 미국은 1945년 8월 6일 일본에 원자폭탄을 투하하고 전쟁을 종결지었다. 그런데 미국은 일본이 항복하기 6개월 전인 1945년 2월에 열린 얄타회담에서 소련에게 독일이 항복한 후 2~3개월 내에 태평양전쟁에 참여해줄 것을 요청했다. 태평양전쟁에서 일본을 상대로 홀로 싸우는 데 부담을 느꼈기 때문이다. 미국이 일본 영토에 원자폭탄을 투하한 이틀 후인 8월 8일 소련은 대일 선전포고를 했다. 한편 이 회담에서 미소는 한반도를 38선을 경계로 둘로 나누어 남쪽의 일본군은 미국이, 북쪽의 일본군은 소련이 담당하기로 했다. 이 합의에 따라 8월 15일 일본이 항복한 후 소련은 38선 이북을, 미국은 38선 이남을 점령했다. 전쟁을 일으켰고 또 전쟁에서 패배한 일본은 그대로 둔 채 엉뚱하게 한반도가 분단의 대상이 된 것이다. 뜻있는 사람들은 모두 미소 강대국의 횡포와 오판에 분노했다.

해방이 되자 다양한 정치세력들이 등장했다. 일제치하에서 서로 연대하지 못하고 분열되어 있던 민족운동세력은 해방 후에도 단합하지 못한

38선을 넘는 가족 (ⓒ 국가기록원)

채 대결에만 몰두했다. 김구를 중심으로 한 임시정부세력은 무조건 완전
독립을 목표로 한 것 외에 뚜렷한 비전을 제시하지 못했다. 게다가 이들
은 미군정이 그 지위를 인정하지 않아 큰 역량을 발휘하지도 못했다. 또
다른 우익세력인 이승만은 사회개혁과 통일국가 수립보다 미국의 지원을
받아 반공국가를 수립하는 데 몰두했다. 박헌영을 중심으로 한 공산당세
력은 미국과 소련 어느 쪽으로부터도 지지를 받지 못했다.[7]

미군과 소련군이 한반도에 진주하기 전에 한국인으로서 가장 빨리 활
동을 개시한 사람은 여운형이었다. 해방 전에 조선건국동맹을 조직하여
비밀활동을 해온 여운형은 1945년 해방이 되자 조선건국준비위원회(이하
건준)의 결성을 주도하고 위원장으로 활동했다. 그는 우파 민족주의 세력
들과 달리 반민족적 · 비민주적이라고 판단되는 조직에는 참여하지 않았
다. 또한 그는 좌익진영에 속하면서도 조선공산당과 달리 민족통일전선
의 범위를 매우 광범위하게 설정했다.[8]

건준 수립 후 그 이전까지 각 지방에서 다양한 명칭으로 존재했던 지
방조직들이 건준 지부로 개편되었다. 김대중은 1945년 해방 직후 여운형
이 주도하는 건준 목포지부에 가담했다. 여기에 참여한 사람들은 이데올
로기를 따지지 않았다. 해방 직후는 이념대립이 본격화되기 전이었고, 좌
우합작운동이 시도되고 있었기 때문이다. 김대중도 좌우익이 함께 참여
한 건준 목포지부에서 선전부 과장을 맡아 열심히 활동했다. 그는 건준이
인민위원회로 바뀐 후에도 한동안 거기에 남아 있었다.

1945년 12월 미국 · 영국 · 소련 3국은 모스크바에서 외무장관 회담을
열고, 한국에 임시민주정부를 수립하고 이 정부와 연합국이 협의하여 최
장 5년간 신탁통치를 실시한다고 발표했다. 이 안은 해방의 기쁨을 만끽
하고 있던 조선민족에게는 청천벽력과도 같은 소식이었다. 좌파 · 우파 ·
중도파 모두 신탁통치에 반대했다. 하지만 시간이 지나면서 국내정치세
력들 사이에 신탁통치에 대한 견해가 갈라졌다. 여운형 등 좌파세력들은

여운형 (ⓒ 국가기록원)

3국 외무장관 회담에 근거한 미소공동위원회 구성과 임시민주정부 수립을 지지했다. 반면 김구와 이승만 등 우파세력들은 신탁통치를 맹렬하게 반대했다. 신탁통치를 둘러싼 찬반대결은 한반도에서 좌익세력과 우익세력 간의 대결구도를 확고하게 만들었다. 한마디로 정치 지도자들과 민중모두 국제적 역학구도를 이해하지 못한 채 갈팡질팡했다.

김대중은 처음에는 신탁통치에 반대했다. 그러나 그는 무조건적인 반대론자는 아니었다. 그는 미국과 소련이 세계 곳곳에서 전후 처리문제를 놓고 첨예하게 대립하고 있었지만, 한반도 문제에 대해서는 이례적으로 신탁통치 실시라는 단일안에 합의한 점에 주목했다. 김대중은 신탁통치에 반대하면서도 다른 한편으로 신탁통치는 시한부이기 때문에 받아들여야 한다는 주장에도 일정 부분 공감했다. 이 문제를 놓고 우리가 미국과 소련 편으로 나뉘어 극단적으로 대립하기보다는 굴욕적이긴 해도 신탁통치를 받으며 하나로 뭉쳐 후일을 도모하는 것이 낫겠다는 생각도 했다.

> "일본에게 그렇게 당하고 이제 겨우 해방이 되었는데 이제 우리끼리
> 싸우다니 말이 되는가. 조금씩 양보하여 타협할 수는 없는가. 이렇게
> 싸우면 분단의 길로 가는데…" 9

김대중은 1946년 조선신민당에 입당했다. 조선신민당은 중국 연안에서 돌아온 '독립동맹' 참가자들이 만든 정당으로서 김두봉, 최창익 등이 주도했고, 북한지역을 중심으로 활동했다. 남쪽에서는 백남운 등이 중심이 되어 남조선신민당중앙위원회를 창설했는데 실제로는 북한지역의 조선신민당과 별개의 조직처럼 활동했다. 김대중이 가입한 것은 남쪽조직이었다. 신민당의 당 강령 및 정책은 친일파·반민주주의자를 제외하고 민족통일전선을 구축하여 조선민주공화국을 수립하고, 일제와 친일파로부터 몰수한 대기업을 국영화하며, 소작제를 폐지하는 것을 주 내용으로

삼고 있었다. 조선신민당의 노선은 좌익에 속했지만, 공산당보다는 덜 급진적이었다. 김대중이 조선신민당에 가입한 것은 이 정당이 좌우합작을 표방했기 때문이었다. 같은 시기에 이승만은 남한 단독 임시정부 수립 쪽으로 방향을 선회하고 있었다.

해방정국에서 김대중은 한반도는 하나의 국가로 유지되어야 한다는 생각을 가졌다. 그는 이 목표를 달성하기 위해 좌우가 함께해야 한다고 생각했다. 그러나 20대 젊은이의 순수한 생각이 수용되기에는 정치정세가 너무 복잡했다. 신탁통치를 둘러싼 찬반갈등이 너무 컸고, 소련을 추종하는 세력과 미국을 추종하는 세력 사이의 간격도 점점 더 벌어져만 갔다.

김대중은 해방 후 정치인들 가운데 여운형의 좌우합작운동을 지지했고, 서재필의 실사구시 정신을 흠모했다. 특히 그는 김구를 흠모했다. 그는 김구가 남쪽과 북쪽 민중들에게 가장 신뢰를 많이 받았던 인물이라고 평했다. 김구에 대해선 기대가 컸던 만큼 그의 정치행적에 대한 아쉬움도 컸다. 그는 김구가 '좌우합작' 논의에 참여하기를 바랐다. 또한 그는 무조건 신탁통치를 반대만 할 것이 아니라 시한부 신탁통치를 받아들여 3년이나 5년 후에 독립을 모색해야 했다고 평했다. 김대중은 김구가 5.10 총선에 참여하지 않은 것도 비판했다. 그는 김구가 선거에 참여했다면 총선의 결과가 달라졌을 것이고, 대통령을 국회가 선출했기 때문에 이승만의 집권도 막을 수 있었다고 주장했다.[10] 정치인은 최선이 아니면 차선을 선택하고, 상황이 나쁘면 최악을 피하기 위해 차악도 선택해야 한다는 그의 평소 철학[11]이 해방정국에서도 그대로 드러났다. 남북은 하나의 국가로 유지되어야 한다는 김대중의 생각은 훗날 남북화해와 평화통일에 최우선적인 목표를 두었던 그의 정치역정을 이해하는 데 소중한 단서가 되었다.

김대중은 건준과 조선신민당 조직에 참여한 후 일부 세력이 공산주의자들이고, 이 공산주의자들이 타협과 통합보다는 대립과 독점적 지위의 쟁취에 더 큰 비중을 두고 있다는 것을 알고선 그 관계를 끊어버렸다. 그가 이런 선택을 하게 된 배경에는 장인의 영향도 있었다. 그의 장인은 우익계열 한국민주당 목포지부 부지부장이었다. 그는 공산당에 매우 비판적이었다.

김대중이 공산당과 선을 그은 것은 그의 정치성향으로 보아 자연스러운 것이었다. 그는 원칙을 사수하는 개혁적 명분주의자이면서 동시에 현실적인 실용주의자였다. 그의 실용주의적 태도는 그가 즐겨 쓰는 휘호 '실사구시'에서 잘 드러난다. 김대중은 공산주의는 우리 실정에 맞지 않다고 생각했다.

김대중이 1955년 『사상계』 10월호에 투고한 「한국 노동운동의 진로」는 그가 30대 초반 젊은 시절에 공산주의에 대해 어떤 입장을 가졌는지를 분명하게 말해준다. 그는 이 논문에서 이북 공산도당이 자신들의 집단에 노동당이라는 간판을 갈아 붙여서 "순진한 노동자들의 눈을 현혹시키고 있다"고 비판했다. 그는 또 러시아를 위시한 각국의 노동자들이 스스로 낙원을 꿈꾸면서 갖은 희생을 돌보지 않고 지배계급을 타도해 공산독재를 실현시킨 결과가 "이리를 몰아내고 호랑이를 불러들인 것밖에는 아무런 소득도 없이 되었다"고 주장했다.[12] 이 글은 김대중이 젊은 시절 진보적 성향의 정당과 조직에 가담한 적은 있지만, 그가 공산주의에 대해서는 어떤 관심도 없었음을 잘 드러내주고 있다.

조봉암은 일제강점기에 공산당에 깊이 몸담았지만, 해방 후 공산당을 공개 비판한 후 좌익세력과 결별했다. 그는 초대 농림부 장관을 지냈고, 또 1956년 대통령 후보로 나서 선전했다. 김대중은 1955년 무렵 조봉암을 만난 자리에서 그가 공산당에도 가담했고 다시 민주진영에서 일하고 있으니 국민에게 왜 공산당이 나쁜지를 알리는 적임자 같다면서 "공정한 입장에서 왜 공산당을 그만두셨는지 국민들께 그 실상을 제대로 알리면

국회부의장 시절 연설하는 조봉암 (ⓒ 국가기록원)

지지도도 올라갈 것 같습니다"라고 말했다. 그러나 조봉암은 "김 동지 말이 맞긴 한데, 그럴 경우에 지지층이 이탈할 수도 있다고 우려하는 사람이 있습니다"라고 대답했다. 김대중은 조봉암의 이 말에 실망했다. 지도자라면, 적어도 조봉암 같은 큰 정치인이라면 국민을 위해 결단할 때 결단해야 한다고 생각했다. 자신에게 집결되는 표도 중요하지만, 그 표에 대해서 할 말은 하는 용기가 필요하다고 생각했다. 몇 년 후인 1959년 조봉암은 간첩혐의로 사형을 당한다. 김대중은 조봉암을 좋아했지만, 그가 난국을 돌파하는 요령이 부족한 것을 아쉬워했다.[13]

1946년 10월 1일 '대구 10.1사건'이 발생했다. 이 사건은 식량난이 심각한 상태에서 미군정이 친일관리를 고용하고 토지개혁을 지연시키면서 식량공출정책을 강압적으로 시행하자, 이에 불만을 가진 민간인과 일부 좌익세력이 파업을 감행하면서 시위군중과 경찰 및 행정당국 사이에 물리적 충돌이 일어나 희생자가 발생했던 사건이다. 이 사건을 도화선으로 좌익세력들이 전국에서 파업을 시도했고, 이 와중에 목포에서는 파출소가 습격당했다. 김대중은 사건 직후 우익세력들에게 파출소 습격자 가운데 한 사람으로 몰려 끌려갔고 심한 테러를 당했다. 하지만 파출소가 습격당했던 날 김대중은 딸을 낳은 아내 곁에 있었다. 지역사회에서 영향력이 있던 그의 장인이 파출소로 찾아가 이 사실을 설명한 덕분에 풀려날 수 있었다. 그러나 이 사건은 그가 건준과 조선신민당에 참여했던 경력과 함께 훗날 정적들이 그에게 색깔공세를 가하는 빌미가 되었다.

김대중은 조선신민당을 떠난 후 정치조직에는 관여하지 않고 사업으로 관심을 돌렸다. 조그만 배 한 척을 구입해 목포해운공사를 설립한 뒤, 운영위원장을 맡고 있던 전남기선주식회사 경영에선 손을 뗐다. 그가 거느린 배는 목포와 부산, 군산, 인천 등 연안 항구 화물들을 운송하면서 목포일대의 양곡 대부분을 실어 날랐다.

1950년 6월 25일 남북 간에 전쟁이 발발했다. 당시 그는 서울 출장

중이었고, 탈출 20여 일만에 도보로 어렵사리 목포에 도착했다. 그의 집은 이미 역산逆産가옥으로 지목되어 인민군에게 징발당한 상태였다. 그는 인민군들에게 붙잡혀, 목포형무소에 수감되었다. 인천상륙작전으로 퇴각할 상황이 되자 인민군은 형무소에 수감 중이던 사람들을 다수 처형했지만, 시간에 쫓겨 모두 처형하지 못한 채 철수했다. 김대중은 경비가 허술해진 틈을 타 다른 수감자들과 함께 감옥을 탈출했다. 이런 일련의 사건들을 통해 그는 전쟁의 비참함을 체험했고, 공산당에 대해 강한 거부감을 느끼기 시작했다. 그가 평생 민족의 화해와 전쟁 없는 세상을 꿈꾼 데는 이렇게 생사를 넘나들던 처절한 경험이 많은 영향을 미쳤다.

김대중은 인민군이 철수한 후 사업을 재개했다. 1950년 10월 목포일보사를 인수해 2년 정도 경영했으며, 전쟁 중 정부가 부산에 임시 거처를 마련하자 사업거점을 부산으로 옮겼다. 부산에서만 다섯 척의 배를 보유했고, 다른 회사의 배도 전세를 내어 십수 척을 함께 운영했다. 이 무렵 해운업에 종사하면서 그가 만난 사람들 중에는 훗날 유명인사가 된 이들이 많았다. 부산에서 그가 만난 가장 귀한 사람은 그의 동반자가 된 이희호였다.

3. 정치 입문과 시련

선거 출마와 연속된 패배

김대중은 1954년 목포에서 제3대 민의원 선거에 출마했다. 정계에 입문한 것이다. 그는 집권 여당인 자유당에 대해서는 처음부터 거리를 두고 있었고, 야당인 민주국민당에서는 공천을 주겠다고 했지만 그가 거절했다. 당시 목포에서 강력한 영향력을 갖고 있던 목포지구 노동조합이 무소속 출마를 조건으로 그를 지지하겠다고 약속했다. 노동조합원들과 가까운 관계를 유지하고 있던 그는 그 약속을 믿고 무소속을 택했다. 그러나 선거가 시작되자 여당 쪽에서 김대중을 지지하는 노동조합 지도자들을 탄압하기 시작하면서 그들의 손발을 묶어버렸다. 그 결과 김대중은 10명의 후보 가운데 5위에 머물렀다. 그는 이 선거를 통해 정치를 위해서는 정당에 가입해야 한다는 교훈을 얻는다.

김대중은 선거 이듬해인 1955년 목포를 떠나 서울로 이사했다. 서울에서는 사업 대신 사회운동 쪽으로 진로를 바꿨다. 한국노동문제연구소에 출근했고, 『동아일보』와 월간지 『사상계』 등에 노동문제에 관한 글들을 기고했다. 그가 이 무렵 쓴 글들 중에는 독재정치 비판과 노사상생의 길을 모색한 것이 많았다. 특히 그는 노동운동과 관련한 글에서 노동조합의 영역은 육체노동 분야뿐만 아니라 정신노동 분야로까지 확대되어야 하며, 양적·질적 확대가 중요하다고 주장했다.[14] 그는 또 '동양웅변전문학원'이라는 학원도 운영했다. 주 고객은 정치지망생들이었다. 김상현은 이때 만난 사람으로서 훗날 그의 정치적 동지가 되었다.

1956년 5월에 대통령 선거가 실시되었다. 여당에서는 이승만과 이기붕이 대통령과 부통령 후보로 나섰다. 그에 맞선 야당의 파트너는 신익희와 장면이었다. 유세 기간 신익희 후보가 서거한 이 선거에서 대통령에 이승만, 부통령에 장면이 당선되었다. 그러나 이승만은 야당의 유력 경쟁자가 사라졌음에도 불구하고, 유효표의 56퍼센트밖에 득표하지 못했다. 당시 헌법은 대통령 유고 시 부통령이 그 직무를 맡게 되어 있었다. 이승만의 나이가 이미 81세였음을 감안하면, 장면의 부통령 당선은 단순한 당선 이상의 의미를 가지고 있었다. 이 선거는 이승만과 자유당에 대한 국민의 지지가 한계에 도달했으며, 민주당이 정치적으로 부상하고 있다는 하나의 징표였다.[15]

이 무렵 김대중의 신상에 의미 있는 변화가 일어난다. 그가 1956년 6월 명동성당에서 영세를 받을 때, 이를 지켜본 그의 대부代父가 바로 장면 부통령이었다. 김대중은 5월 대선에서 신익희와 장면을 지지했지만, 아직 민주당 당원은 아니었다. 이런 그가 장면을 대부로 모셨다는 것은 정치지망생 김대중의 향후 정치행로와 관련하여 눈여겨볼 만한 대목이다. 그는 장면과의 인연으로 같은 해 9월 민주당에 입당했다. 민주당은 당시 구파와 신파로 나뉘어 경쟁했는데 김대중은 신파에 속했다. 신파의 주요 인물로는 장면 외에 박순천, 정일형 등이 있었다. 민주당과 신파를 택한 이유에 대해 김대중은 민주당, 그 중에서도 신파가 보다 진보적이고 개혁적이었기 때문이라고 설명했다.[16] 훗날 그의 경쟁자 김영삼은 구파 소속이었다.

1958년 봄 국회의원 선거가 있었다. 김대중의 고향인 목포에는 민주당 현역 국회의원 정중섭이 기득권을 가지고 있었다. 김대중은 고심 끝에 강원도 인제에서 출마하기로 했다. 아무런 연고도 없는 곳을 선택한 것은 이곳이 6.25전쟁 후 남한에 편입된 지역으로서 군인과 군속, 그 가족이 유권자의 80퍼센트를 차지하고 있었기 때문이다. 연고가 없지만 해볼 만하다고 생각했다.

당시 선거법상 후보로 등록하기 위해서는 선거인 100명 이상의 추천을 받도록 되어 있었다. 이중 추천은 금지되었고, 만일 이중 추천인이 있을 경우 나중에 등록한 후보의 추천인에서 해당 추천인을 삭제하도록 했다. 김대중은 나중에 등록한 후보였던 만큼 만일의 경우에 대비해 130명의 서명을 받아 등록했다. 그러나 자유당은 김대중의 후보등록을 무효화하기 위해 서명한 추천인들을 회유하여 자유당 후보의 추천인에도 참여하게 만들었다. 그 결과 이중 추천한 사람이 70명 이상이나 되었다. 김대중은 긴급히 추가 추천인 서명을 받는 작업에 들어갔고, 시간이 부족해 도장이 없는 사람들에게 호박으로 도장을 만들어 찍게 하기도 했다. 하지만 선거관리위원회는 추천서 전원의 도장을 가져오게 했고, 끝내 김대중의 후보등록을 무효화시켜버렸다. 이 사건은 당시 자유당이 어떤 방식으로 선거를 유린했는지를 잘 보여준다.

선거가 끝난 후 김대중은 후보등록 방해사건을 법원에 제소했고, 대법원은 1년 후인 1959년 3월 인제지역 선거는 무효라고 판결했다. 김대중은 6월에 실시된 보궐선거에 출마했다. 김대중의 탁월한 연설에 주민들이 움직였고, 더구나 자유당 독재에 대한 이들의 반감도 컸다. 그러나 자유당은 김대중을 그대로 놔두지 않았다. 목포 출신의 홍익선과 광양 출신의 이도선을 동원하여 색깔공세를 펼쳤다. 그들은 김대중을 공산당원이라고 선전했고, 남교동 파출소 습격의 주범이라고 비난했다. 최전방 인제에서 벌어진 색깔공세는 위력적일 수밖에 없었다. 유권자의 대다수를 차지하는 병사들은 사실상 공개투표를 강요당했다. 여기에 색깔공세 그리고 외지인이라는 핸디캡을 극복하기 어려웠다. 김대중은 선거에서 떨어졌다.

인제에서 국회의원에 출마한 김대중 (ⓒ 김대중평화센터)

1954년 목포, 1958년 인제, 1959년 인제 보궐 등 선거에서 세 차례나 연속 실패한 것이었다.

연이은 낙선을 거치며 청년실업가 김대중은 재산을 탕진했다. 사업은 곧 재개되었으나 이번에는 동업자가 사기를 쳤다. 보궐선거 낙선 두 달 후인 1959년 8월에는 부인 차용애까지 세상을 등진다. 가슴앓이 약을 먹었다가 혼수상태에 빠진 채 깨어나지 못한 것이었다. 상경 후 남편이 연거푸 낙선하며 가산을 탕진하자 미장원까지 운영하며 집안을 지킨 그녀였다. 그녀가 남긴 아들로 홍일, 홍업이 있다. 김대중은 부잣집에서 태어나 고생만 하다 떠난 아내에게 기회가 있을 때마다 미안함과 고마움을 표시했다.[17]

4.19혁명과 민주당정부

1960년 3월 15일 대한민국 제4대 정·부통령 선거가 실시되었다. 자유당의 대통령 후보는 또 이승만, 부통령 후보는 이기붕이었다. 이에 맞서는 민주당의 대통령 후보는 조병옥, 부통령 후보는 장면이었다. 그런데 이번에도 다시 야당 후보인 조병옥이 갑자기 사망해버린다. 야당엔 불운이 겹쳤고, 이승만의 대통령 당선은 기정사실화되었다. 하지만 자유당은 안심할 수 없었다. 자유당은 85세의 이승만이 대통령에 당선되더라도 부통령에 장면이 당선된다면, 그의 유고 시 장면이 대통령직을 계승할 수 있다는 점을 염려했다. 자유당은 이기붕의 당선을 위해 온갖 수단을 동원했다. 4할 사전투표, 3인조·5인조투표, 유권자명부 조작, 완장부대를 동원한 위협, 야당 참관인 축출, 투표함 바꿔치기, 투표계산서 조작 등 기상천외한 방법들이 사용되었다. 이렇게 하여 이승만은 92퍼센트, 이기붕은 78퍼센트의 득표율을 기록한다. 3.15부정선거의 전말이었다.

민주당은 3월 15일 오후 발표한 담화문에서 이 선거를 부정선거로 간주하고, 선거가 불법·무효임을 선언했다. 국민도 일어섰다. 선거 당일 가장 먼저 광주와 마산에서 부정선거 규탄시위가 있었다. 마산시위에는 학생들이 대거 참여했고, 경찰은 이들에게 최루탄과 총기를 난사하여 많은 사상자를 발생시켰다. 경찰의 위압에 밀렸던 마산시민들은 이날 시위에서 행방불명되었던 김주열이 4월 11일 눈에 최루탄을 맞고 사망한 채 마산 앞바다에서 참혹한 모습으로 떠오르자 다시 일어섰다. 마산시민들의 2차 시위는 전국으로 확대되었고, 마침내 4.19혁명으로 이어졌다.[18]

4.19혁명은 김대중에게 많은 영향을 주었다. 그는 민심의 분노를 뼈저리게 느꼈다. 국민들이 뭉치면 어떤 난관도 이겨낼 수 있다는 것도 깨달았다. 그것은 평범한 듯해도 변치 않는 진리였다. 이후에도 그는 4.19혁명을 떠올릴 때마다 국민의 마음을 얻는 일이란 게 어떤 것인지 자주 생각하게 된다고 회상하곤 했다.[19]

4.19혁명 후 개정된 제2공화국 헌법은 내각책임제를 선택했다. 양원제와 내각이 국정을 책임지는 권력구조였다. 대통령은 국회에서 뽑아 국가원수로서 상징적인 역할만 맡게 했다. 새 헌법에 따라 1960년 7월 제5대 민의원 선거와 제1대 참의원 선거가 실시되었다. 김대중은 다시 인제에서 민주당 후보로 출마했다. 민주당이 국민의 절대적 지지를 받고 있었기 때문에 김대중의 국회의원 당선도 그만큼 가능성이 높았다. 그러나 김대중에게 또다시 불운이 닥쳤다. 선거법이 개정되어 부재자 투표제도가 도입된 것이었다. 인제지역의 군인들이 부재자 투표를 실시했기 때문에 실제 투표자는 인제지역의 주민들로만 이루어졌다. 타지 출신이었던 김대중은 토박이 출신에게 1,000표 차이로 패배했다.

비록 김대중은 졌지만, 이번 선거에서 민주당의 성적표는 화려했다. 민주당은 총 233석의 민의원 의석 가운데 175석, 총 58석의 참의원 의석 가운데 31석을 차지했다.[20] 총선이 끝나자 내각책임제 하에서 행정책임

4.19혁명 당시 내무부 앞에서 벌어진 중앙대학교 학생들의 시위

자인 국무총리 지명에 관심이 쏠렸다. 민주당 신·구파는 대통령과 국무총리 선출문제를 두고 맹렬히 다투었고, 대통령에 구파인 윤보선을, 국무총리는 신파인 장면을 선출했다. 총리자리를 차지하지 못한 구파는 장면 총리에 맞서다가 의원수 86명의 '민주당 구파동지회'를 조직해 별도의 원내 교섭단체를 구성했고, 다시 신민당을 창당하여 완전히 야당으로 돌아섰다.

8월 23일 출범한 장면내각은 취임 직후부터 경제제일주의를 내세웠고, 인프라 조성사업으로 전력을 중시했으며, 중소기업 육성에 힘을 기울였다. 지방자치 선거가 실시되어 주민들이 면장까지 직접 뽑기 시작했다. 민주당정부는 계획성 있는 사업의 추진을 위해 1961년 4월 '경제개발 5개년 계획안'도 완성했다.[21]

4.19혁명의 주역인 학생들 중 일부는 '남북학생 판문점에서 만나자'라는 등의 구호를 내걸고 통일운동을 전개했다. 교원노조는 2대 악법(집회와 시위에 관한 법률과 반공을 위한 특별법)에 대한 반대 투쟁과 남북학생회담 개최 지지 등 정치적 행동으로 나섰다. 학생들과 함께 통일운동에 앞장 선 정치조직은 혁신계였다. 혁신계는 영세 중립화 통일, 선통일 후 중립화, 남북군대의 무장해제와 외국군 철수 등의 주장을 내세웠다. 민주당정부는 이와 같은 급진적 통일운동을 매우 부담스럽게 받아들였다.[22]

김대중은 장면정부에서 당 대변인을 맡았다. 원내가 아닌 원외 인사가 집권여당의 대변인을 맡은 건 상당히 이례적이었다. 장면 총리가 김대중을 그만큼 신뢰하고 있다는 표시였다.[23] 또 김대중은 1961년 5월 국회에 진출할 기회를 가졌다. 1960년 선거에서 김대중과 경쟁했던 인제 출신 국회의원이 3.15부정선거 당시 경찰서장으로서 부정선거에 개입한 혐의가 드러나 의원자격을 박탈당했기 때문이다. 김대중은 5월 13일 치러진 보궐선거에서 당선되었다. 1954년, 1958년, 1959년, 1960년 네 번에 걸친 패배 후 얻은 귀한 승리였다.

신임장관들에게 임명장을 수여하는 장면 총리 (ⓒ 국가기록원)

1961년 봄이 되자 사회는 차츰 질서를 되찾기 시작했다. 시위는 눈에 띄게 줄어들었다. 정치·사회적 환경이 안정 국면으로 접어들었다. 그런데 5월 16일 박정희 육군 소장이 이끄는 군부세력이 쿠데타를 일으킨다. 민주당정부와 기존 정치권을 부정부패 집단으로 내몰고, 반공을 국가의 최우선 정책으로 삼겠다는 것이 가장 큰 명분이었다. 그러나 이들의 비판은 핑계에 불과했다. 이들은 민주당정부가 들어선 직후인 1960년 9월에 이미 쿠데타 모의에 들어간 상태였다. 정권찬탈을 위해 어떻게든 민주당정부를 뒤엎기로 했다.

미국은 이 쿠데타에 반대하며 민주적으로 선출된 장면정부를 지지한다고 밝혔다. 그러나 민주당정부는 쿠데타에 맞설 능력과 의지를 갖추지 못했다. 내각 수반 장면은 쿠데타에 맞서기는커녕 수녀원으로 피신해 이틀 동안이나 모습을 드러내지 않았다. 군 통수권자 윤보선도 쿠데타 주역들이 군사행동을 승인받기 위해 방문했을 때 "올 것이 왔구나!"라는 애매한 말을 던지며 사실상 박정희 집단을 인정하는 태도를 취했다. 육군 참모총장과 야전사령관까지 애매한 태도로 일관하면서 쿠데타를 기정사실화해버렸다.[24] 총리, 대통령, 육군 참모총장 모두 무능하거나 정파적이거나 비겁했다.

쿠데타와 함께 국회가 해산되었다. 김대중은 국회에서 의원 선서도 하지 못한 채 5대 국회의원 임기를 끝냈다. 쿠데타세력은 혁명의 명분 가운데 하나로 부정부패 일소를 내세웠고, 정부 관리와 민주당 간부들은 대거 검거되었다. 김대중도 경찰과 검찰에 불려가 조사를 받았다. 그러나 그는 두 달 만에 무혐의 처분을 받아 풀려난다. 쿠데타세력은 또 '반공을 국시의 제일의로 삼는다'고 공언했다. 대대적인 반공몰이의 분위기가 엄습했다. 검거된 혁신계 인사들은 천여 명이 넘었다. 『민족일보』 조용수 사장을 비롯해 많은 인사들이 사형이나 중형을 선고받았다. 평화세력이 맞이했던 짧은 봄의 대가는 너무 혹독했다.

이희호와 결혼하다

김대중이 이희호를 처음 알게 된 것은 부산 피난시절이었다. 김대중은 해운업에 종사하고 있었고, 이희호는 서울대 사범대를 나와 부산에서 대한여자청년단의 국제부장으로 일하고 있었다. 그러나 이때의 만남은 말벗 그 이상도 이하도 아니었다. 이희호는 휴전 후 곧바로 미국유학을 떠났다. 그리고 이들이 다시 만난 건 이희호가 석사학위를 받고 귀국해 기독교여자청년회(이하 YWCA) 전국연합회 총무를 맡고 있던 1959년 여름무렵이었다.

김대중은 1962년 3월 이희호에게 청혼했다. 첫 번째 부인 차용애가 사망한 지 3년쯤 지난 후였다. 당시 그는 5.16군정 치하에서 정치정화법에 묶여 정치활동을 금지당한 상태였다. 생활도 매우 곤궁했다. 셋방에서 어머니, 여동생, 아들 둘과 함께 살았다. 하지만 이희호는 이런 그의 처지를 십분 이해했다. 무엇보다 둘은 정치적으로 대화가 잘 통했다. 그래서 김대중은 용기를 냈다.

> "나는 가진 것이라고는 아무것도 없습니다. 그러나 나에게는 원대한 꿈이 있습니다. 그것은 이 땅에 참된 민주주의를 꽃피우고 국민들에게 꿈과 희망을 심어주는 것입니다. 나는 당신을 필요로 하며 나와 아이들을 돌보아주기를 바랍니다. 당신을 사랑합니다." 25

이희호의 집안은 의사를 아버지로 둔 명문가였다. 김대중과의 결혼은 시작부터 강한 반대에 부닥쳤다. 그러나 아무도 이희호의 결심을 꺾지 못했다. 1962년 5월 10일 두 사람은 식을 올렸다. 김대중의 인생에서 가장 의미 있는 사건 가운데 하나가 되는 일이었다.

이희호는 김대중과의 결혼 이유를 두 가지 꼽았다. 첫 번째는 남자로

이희호와 혼인하다 (ⓒ 김대중평화센터)

서의 매력이었고, 이보다 더 큰 두 번째 이유는 그의 인물됨에 대한 이끌림이었다. 결혼 당시 김대중은 민주주의와 조국통일에 큰 꿈을 품었으되 모든 것을 잃고 나락으로 떨어진 처지였다. 이희호는 이 남자의 꿈을 그저 꿈으로 두게 해서는 안 되겠다고 생각했다. 이것이 그녀를 움직였다. "이 사람을 도우면 틀림없이 큰 꿈을 이루어낼 수 있을 것이라는 믿음이 들었지요."[26]

결혼식을 올리고 열흘째인 1962년 5월 20일 김대중은 '반혁명'의 죄목으로 중앙정보부에 끌려갔다. 옛 장면정권의 민주당 간부들이 모여 쿠데타를 모의했다는 것이었다. 군사정권에 짓밟혀 숨도 제대로 쉬지 못하는 사람들이 반란을 획책했다니 애당초 말이 되지 않는 일이었다. 이는 정치적 반대파를 '용공'이나 '반국가'로 몰아 탄압하는 조작극의 서막이었다. 김대중은 잡혀간 지 한 달 만에 집으로 돌아왔다. 아무리 뒤져도 나오는 것이 없었기 때문이다.

혼인 무렵 김대중이 살던 집은 서대문구 대신동의 전셋집이었다. 이희호가 들어간 그 집에는 홍일·홍업 두 아들 말고도 어머니와 아픈 누이동생이 있었다. 홍일은 배재중학교 2학년, 홍업은 이화여대부속중학교 1학년이었다. 두 아이가 새어머니와 가까워지는 데는 시간이 필요했다. 사춘기의 반발심이 작용했고, 그녀에게서 풍기는 세련된 지식인 느낌도 거리감을 만들었다. 장남 홍일은 당시를 이렇게 회상했다. "(새)어머니께서는 돌아가신 어머니와 여러 면에서 분위기가 달랐다. (…) 새어머니는 주로 영어로 된 책을 읽으시고, 신문도 영어로 된 것을 외부에서 구해 숙독하셨다. 그리고 당시 이화여대에서 강의도 하고 YWCA에서 일하고 계셨기 때문에 집에 계시기보다는 나가시는 때가 많았다. 어린 나에겐 이런 것도 괜히 낯설고 불만스러웠다." 성격이 활달한 홍업은 새어머니와 금세 친해지는 것 같았지만, 홍일은 새어머니와 함께 외출하는 일을 의식적으로 피했고, 눈길 마주치는 일도 가능한 한 피하려 했다고 한다. 대학에 들어

간 뒤에야 홍일의 입에서 '어머니'라는 말이 나왔다.[27]

결혼 이듬해 4월 이희호·김대중 부부는 마포구 동교동으로 이사했다. 그 시절 동교동은 서울의 변두리 지역이었다. 일대는 호박밭이었고 도로는 포장이 안 돼 비만 오면 땅이 질척거렸다. 장화 없이는 걷기도 어려울 지경이었다. 이사 온 집은 단층에 방을 세 개 들인 국민주택이었다. 처음에는 전세로 살다가 김대중이 국회의원에 당선된 이듬해 은행융자를 얻어 그 집을 사들였다. 이후 이희호와 김대중은 몇 년의 망명시절과 1990년 중반 일산에 살던 시절, 그리고 청와대시절을 빼고는 그 집을 떠나지 않았다. 군부독재시절 '동교동'은 정치인 김대중을 부르는 또 다른 이름이었다.

김대중은 집을 사서 수리한 다음 대문에 김대중과 이희호가 적힌 두 개의 문패를 걸었다. 남편이 집안의 주인이라고 생각하던 시절에 부부 문패가 걸린 대문은 낯선 풍경이었다. 그 이유를 김대중은 다음과 같이 설명했다. "아내에 대한 감사와 존경의 발로였다. 그런데 막상 그렇게 하고 나니 문패를 대할 때마다 아내에 대한 동지의식이 자라났다. 미처 생각하지 못한 감정이다." 부부의 이름이 새겨진 동교동 문패는 이희호와 김대중의 동반자 관계를 보여주는 상징물이 되었다. 여기서 드러나듯 김대중은 당대의 기준으로 보면 확실히 진보적인 여성관을 지닌 사람이었다. 그의 이런 시각은 여성운동가 이희호의 영향을 빼고는 설명하기 어렵다.[28]

동교동 자택 대문과 나란히 함께 걸려 있는
김대중·이희호 두 동반자의 문패
(ⓒ 김대중평화센터)

4. 정치적 기대주로 성장하다

국회 입성

2년 5개월 동안의 군정이 끝나고 1963년 10월 15일 대통령 선거가 실시되었다. 박정희가 공화당 후보로 대통령 선거에 출마했다. 김대중이 소속된 민주당은 후보를 선출하지 않고 민정당의 윤보선을 밀었다. 15만 6천여 표 차이로 박정희가 승리했다. 서울·경기·충청 등 중부지역에서는 윤보선이 앞섰고, 경상도와 전라도에서는 박정희가 앞섰다. 전라도에서 박정희가 획득한 표는 윤보선보다 35만 표나 많았다. 박정희는 경상도 고향표 외에 전라도에서의 득표를 바탕으로 대통령에 당선된 것이었다.

김대중은 1963년 11월 26일 실시된 제6대 국회의원 선거에 목포에서 민주당 후보로 출마했다. 1954년 목포 민의원 선거에 출마했다가 낙선한 지 9년 만이었다. 그동안 그는 민주당정부에서 집권여당의 대변인을 지냈고, 5.16쿠데타 직전 강원도 인제에서 치러진 국회의원 선거에 당선될 만큼 비중 있는 정치인으로 성장했다. 그는 목포 선거에서 큰 표 차이로 당선되었다.

김대중은 6대 국회에서 재정경제위원으로 활동했다. 재경위에는 경제학박사, 전직 경제관료 등 경제 분야의 권위자들이 많았다. '대학 콤플렉스가 있던 그는 재경위에서 활동하면서 이들 쟁쟁한 인사들과 함께 의정활동을 하는 데 상당한 부담을 느꼈다. 하지만 그는 이를 극복하기 위해 열심히 연구하고 충분히 준비했다. 확고한 자신감이 없으면 회의에 나가 발언도 하지 않으려 했다. 늘 핵심을 이야기했고, 선명한 대안을 제시하며 비판했다. 그의 이런 탄탄한 의정활동은 언론과 정치권의 주목을 받았다. 고려대 총장을 지내고 정치권에 입문한 유진오 민중당 총재 밑에서 정책위원회 의장을 맡았는데, 유진오도 그의 정책적 능력을 칭찬해주었다. 김대중은 이 일련의 과정을 거치며 자신감을 얻어갔고 대학 콤플렉스도 극복해냈다.[29]

김대중이 제6대 국회에서 활동하는 동안 떠오른 큰 이슈는 한일 국교정상화 문제였다. 박정희정권은 경제개발에 필요한 자금과 기술을 일본으로부터 들여오기 위해 한일회담에 적극적이었다. 소련·중국·북한의 3각 동맹에 맞서 미국·일본·남한의 3각 동맹을 구축하려 한 미국이 한일 국교정상화를 촉구한 것도 회담의 성사 배경 중 하나였다. 1964년 국교정상화를 위한 한일회담이 본격화되었고, 1965년에는 한일기본조약을 체결하여 국교를 정상화했다. 이 대가로 대한민국정부가 일본으로부터 받아낸 것은 대일청구권 자금 3억 달러, 정부차관 2억 달러, 상업차관 1억 달러였다. 어차피 해야 할 국교정상화였지만, 36년간 한반도를 지배한 대가치고는 너무 적은 액수였다. 일본 때문에 한반도가 둘로 갈라졌다는 것까지 생각하면 더욱 그랬다. 대학생들과 야당은 회담이 시작된 직후부터 굴욕적이라 비난하며 반대운동에 나섰다. 정부가 1964년과 1965년에 각각 계엄령과 대학 휴교령, 위수령을 내려야 할 만큼 운동은 격렬했다.

정치권에서는 제일야당인 민정당의 윤보선 총재가 한일회담 반대운동의 선두에 섰다. 윤보선은 박정희정부가 불과 3억 달러에 과거 침략과 식민지배의 책임을 면제해주고 '이승만 라인'을 팔아넘기려 한다고 비난

한일회담조인식(위)과 반대시위 행렬(아래) (ⓒ 국가기록원)

했다. 그러나 김대중과 그가 소속한 민주당 총재 박순천의 생각은 달랐다. 김대중은 국가의 이익을 위해 일본과의 관계정상화는 피할 수 없다고 생각했다. 그는 경제대국으로서 일본을 활용해야 한다고 생각했다. 그는 소련·중국·북한과 대립하고 있는 상황에서 일본까지 잠재적인 적으로 만들 수는 없다고 주장했다.

한일회담을 반대하는 측에서는 김대중의 이런 태도에 대해 곱지 않은 시선을 던졌다. '사쿠라'라는 말이 떠돌았다. 야당 국회의원이 이런 비난을 받는 것은 정치적으로 매우 위험한 것이었다. 그러나 김대중은 한일 국교정상화의 필요성에 대한 생각을 굽히지 않았다. 한일회담 반대운동은 1964년 6월 3일 학생과 시민 수만 명이 광화문에 모여 연좌시위를 벌이면서 최절정에 이르렀다. 윤보선은 시위대의 선봉에 서서 국교정상화를 막겠다고 말했다. 박정희정부는 시위대를 향해 무차별로 최루탄을 쏘아댔고, 서울 일원에 비상계엄령을 선포했다. 계엄령 선포와 함께 학생들의 시위와 야당의 기세는 크게 꺾였다.

한일기본조약은 1965년 2월 20일 가조인되었고, 6월 22일 정식 체결되었다. 해방 후 양국 간 최초의 조약이었다. 그런데 이 조약엔 한국 측에 매우 불리한 내용들이 담겨 있었다. 근본적으로 한국에 대한 일본의 침략과 지배를 명시하지 않았고, 따라서 반성과 사죄도 없었다. 대일청구권 자금의 성격과 액수 역시 공분을 사기에 충분했다. 배상금이 아닌 대일청구권 자금이라는 애매한 성격, 그리고 그 액수가 36년 동안 한반도를 약탈해온 죄과에 비추어 터무니없이 작았다. 독도문제에 대한 명쾌한 정리도 없었다.

김대중은 국회 한일조약특별위원회에 참여했다. 그는 협정내용을 보고 분노했다. 대일청구권 3억 달러는 역대 정부가 요구한 액수 가운데 최저였다. 이승만정부는 20억 달러를 요구했고, 장면정부는 28억 5천만 달러를 요구했었다. 김대중은 3억 달러를 받을 바에는 차라리 일본으로부터 단 한 푼도 받지 말고, 대신 일본으로부터 침략과 36년간의 지배에 대해 진정한 사과를 받는 게 낫다고 주장했다. 그는 종군위안부문제, 사할린교포 송환문제 등 숱한 비극적 사건에 대해 아무런 대책이 없는 것도 비판했다.

1965년 8월 14일 한일기본조약과 모든 협정이 국회를 통과했다. 야당은 전원 불참했다. 그 전에 윤보선 등 8명의 야당의원이 한일협정에 반대하며 의원직 사직서를 제출했다. 당시 야당은 국회의원 175석 중 65석을 차지하고 있었다. 김대중은 국회에서 한일협정의 문제점을 지적하는 데 앞장섰으나 의원직을 사퇴하지는 않았다. 그는 한일기본조약 그 자체를 반대하지는 않았기 때문이다. 김대중은 무조건적인 비판이 아니라 일본의 사과와 독도문제의 해결 등 구체적인 사안을 가지고 협상력을 높이는 방향에서 비판을 제기해야 한다는 입장이었다. 외교문제에 대한 그의 생각과 태도는 매우 실용주의적이었다.

1965년 미국은 한국에 베트남 파병을 요구했다. 파병을 거부하면 주한미군을 철수시키겠다는 소문도 함께 흘렀다. 정권안정이 급선무였던 박정희는 파병을 결정했다. 해병대인 청룡부대와 맹호·백마부대 등 보병 2개 사단이 파견되었다. 야당은 파병에 원칙적으로 반대했다. 김대중도 강력하게 반대했다. 그는 파병이 북한을 자극하여 한반도 긴장을 고조시킬 수 있다고 판단했다. 그리고 우리 병사들의 처우가 다른 나라 파병 군인들에 비해 형편없이 낮다는 점도 지적했다. 하지만 베트남 파병안은 야당의 반대에도 불구하고 국회를 통과했다. 김대중은 파병에는 반대했지만, 일단 대한민국 군인들이 베트남에 가서 고생하자 다른 야당 국회의원들과 함께 그곳을 찾아 파병 장병들을 위문했다. 여기서도 그의 실용주의적 사고가 드러난다.

베트남 파병 (ⓒ 국가기록원)

1967년 박정희와 대결하다

1967년 5월 제7대 대통령 선거에서 박정희가 윤보선을 누르고 대통령에 다시 당선되었다. 이어서 한달 후인 1967년 6월 8일 제7대 국회의원 선거가 실시되었다. 김대중은 목포에서 다시 출마했다. 제6대 국회에서 야당 대변인으로 활동했고, 의정활동도 돋보였기 때문에 당선 가능성이 높았다. 그런데 예상치 못한 변수가 생겼다. 박정희가 김대중을 떨어뜨리기 위해 특별작전을 꾸민 것이다. 김대중의 활발한 활동은 박정희에게 눈엣가시였다. 공화당이 내세운 사람은 육군 소장 출신으로 체신부장관을 지낸 김병삼 후보였다. 대통령의 선거지원은 선거법 위반행위였지만, 박정희는 목포에 내려와 대놓고 선거운동에 나섰다. 박정희는 목포역에서 1만 명의 청중을 동원해놓고 목포의 개발과 발전을 약속하면서 김병삼 후보지지를 호소했다. 박정희는 목포에서 국무회의를 주재하기도 했다. 국무회의의 주제는 '목포 개발'이었다. 목포로 내려온 모든 장관들이 김병삼 후보지원에 나섰다. 해방 후 크게 침체된 목포의 사정을 감안할 때 박정희의 유세와 지원 약속은 목포시민들의 표심을 흔들기에 충분했다.

김대중의 선거캠프는 전략을 새롭게 짰다. 김대중은 대결상대를 김병삼이 아니라 박정희로 바꾸었다. 김대중 선거캠프에서 목포시민들에게 은연 중 다음과 같은 말을 퍼트렸다. '김대중이 대통령감이니까 박정희가 미리 죽여 버리려는 것이다. 이번에만 당선시키면 다음에는 대통령이 된다. 목포에서 대통령을 만들자. 그러면 우리는 진짜로 덕을 본다.' 김대중도 선거유세에서 자신이 대통령이 될 능력을 갖추고 있다고 밝혔다.

> "나는 내게 이 정권을 맡겨주면, 내가 이 정권을 가지면 오늘의 독재와 부패와 특권경제를 타파하고, 이 나라의 내일을 위해서, 이 나라 국민 전체가 잘살 수 있는 경제체제를 위해서 내가 이 국정을 바로잡을 수

있는 소신과 포부와 확고한 계획을 가지고 있습니다."[30]

　　박 대통령의 목포방문에 맞추어 공무원들이 선거운동에 총동원되었다. 인구 17만의 목포에 천문학적 액수의 돈이 뿌려졌다. 목포시민들은 박정희의 달콤한 공약과 돈의 유혹에 흔들렸다. 그러나 목포시민들은 다른 한편으로 박정희정권의 과도한 선거개입에 분노했고, 김대중이라는 인물의 크기에 기대감을 표시했다. 부정선거가 진행될수록 김대중을 지켜내려는 목포시민들의 열기도 뜨겁게 달아올랐다. 김대중은 목포유세에서 박 정권이 부정선거에 혈안이 되어 있는 것은 3선 개헌을 위해서라고 예고했다.

　　선거 결과 총 유효표 52,017표, 김대중 29,279표, 김병삼 22,738표로서 김대중이 6천여 표차로 승리했다. 목포시민들은 관권의 회유와 물질적 유혹을 이겨내고 김대중이라는 인물을 선택한 것이다. 언론은 사실상 박정희와 경쟁하여 승리한 김대중을 크게 부각시켰다.[31] 김대중은 이 승리를 통해 전국적인 인물로 부상했다. 그러나 아쉽게도 제7대 총선은 민주공화당의 압승으로 마무리되었다. 민주공화당은 총 175석 중 129석을 차지하여 개헌 통과선인 2/3를 넘어섰다. 온갖 수단을 동원한 부정선거의 결과였다.

　　1968년 1월 21일 북한 게릴라 31명이 청와대 뒷산까지 침투했다. 김신조를 제외한 30명은 국군과 경찰에 의해 사살되었다. 1969년 4월에는 미군 정보기 EC-121기가 북한 전투기에 의해 격추되었다. 북한의 이런 도발행위는 국민들의 위기감을 자극했고, 박정희는 이를 이용해 장기집권을 구상하면서 3선 개헌작업에 착수했다. 목포유세에서 박정희의 3선 개헌시도를 폭로한 김대중의 예언이 그대로 적중한 셈이었다. 야당과 재야세력은 박정희의 3선 개헌음모를 저지하기 위해 전국을 돌며 개헌 반대운동에 나섰다. 서울 효창운동장에서 개최된 유세에선 청중들로 운동장이

대 국회위원 시절의 김대중 _ 목포 귀향의정보고 강연회(1967년, 위), 국회재경위 대정부질문(1968년, 아래) (ⓒ 김대중평화센터)

가득 찼다. 이때 김대중은 가장 인기 있는 연사였다.

　그러나 박정희는 야당과 국민들의 반대운동에 아랑곳하지 않았다. 효창운동장 집회 6일 후인 1969년 7월 25일 성명을 발표해 3선 개헌을 공식 선언한 뒤, 개헌안이 국민투표에서 부결될 경우 대통령과 내각에 대한 불신임으로 간주하고 대통령직을 사임하겠다는 배수진까지 쳤다. 대통령 사임을 무기로 국민을 협박한 것이다. 국회의석의 2/3 이상을 차지한 공화당은 야당의 강력한 반대를 피해 1969년 9월 14일 새벽 2시에 국회별관에서 공화당과 무소속 국회의원 122명을 동원해 3선 개헌안을 변칙 통과시켰다. 3선 개헌안은 국민투표에서도 쉽게 통과되었다. 국민투표는 19세기 프랑스에서 나폴레옹 3세가 독재권력을 합리화하기 위해 사용한 이후 독재자가 애용하는 통치수단 가운데 하나였다.

효창공원 3선 개헌 반대연설 (ⓒ 김대중평화센터)

제2부

브란트 총리 시대

제 3 장

브란트의 동방정책, 절반의 통일론

빌리 브란트와 김대중

1. 사민당정부의 탄생

1969년 총선승리

기민/기사당과 사민당이 대연정을 수립한지 2년 10개월 후인 1969년 9월 28일 총선이 실시되었다. 사민당은 근대적 개혁정당론을 내세웠다. "우리는 근대적인 독일을 창조합니다"가 선거구호 가운데 하나였다. "우리에게는 준비된 인재들이 있습니다"라는 슬로건도 있었다. 총리 후보로 거론되는 현직 외무장관 빌리 브란트, 인기 높은 현직 경제부장관 카를 실러, 헤르베르트 베너, 헬무트 슈미트, 게오르크 레버 등 명망 있는 인사들이 사민당의 '준비된 팀'이었다. 문화계 분야의 인기스타들과 귄터 그라스 등 유명 인사들도 사민당의 선거운동에 적극 참여했다. 귄터 그라스가 이끌던 작가·예술가 주축의 '사민당 지지 유권자 모임'은 총선승리에 큰 도움이 되었다. 선거에서 부각되었던 쟁점은 동방정책, 내정개혁, 그리고 마르크화의 평가절상 문제였다.

선거 결과 사민당은 지난 선거 때보다 3.4포인트 증가한 42.7퍼센트(224석)를 획득했다. 기민/기사당은 1.5포인트 줄어든 46.1퍼센트(242석)의 지지를 획득했으며 여전히 다수당의 지위를 유지했다. 자민당은 의회진출에 필요한 5퍼센트를 간신히 넘은 5.8퍼센트(30석)를 획득했다. 극우정당인 국민민주당(NPD)은 4.3퍼센트를 얻는 데 그쳐 의회진출이 좌절되었다.

귄터 그라스와 함께한 브란트

국민민주당의 의회진출 실패는 사민당에게 큰 기회였다. 사민당과의 관계가 가장 적대적인 국민민주당에 갈 수 있었던 의석이 기민당과 사민당, 자민당에 골고루 배정되었기 때문이다.

선거 직후 사민당과 기민/기사당 모두 자민당에 연정을 제안했다. 닉슨 미국 대통령은 기민당의 계속적인 집권을 믿고 키징거 총리에게 공개적으로 축하인사를 보냈다. 그러나 서독 정치권의 동향은 외부에서 보는 것과 조금 달랐다. 1961년과 1965년에 이어 세 번째 총리 후보로 입후보한 사민당의 브란트가 자민당과의 연정에 매우 적극적이었다. 정부의 향방에 대한 결정권을 가진 자민당의 발터 쉘(Walter Scheel) 총재도 기민당보다 사민당에 더 끌렸다. 자민당의 이런 변화는 자민당이 1966년 기민/기사당과의 연정에서 탈퇴할 때나 1969년 3월 대통령 선거에서 사민당 후보 구스타프 하이네만(Gustav Heinemann)을 지지할 때 어느 정도 예견된 일이었다. 사민당에 대한 자민당 지도부의 태도가 이렇게 우호적으로 변한 것은 국내정책과 외교정책 모두에서 변화가 필요하다고 느꼈기 때문이었다. 하이네만은 대통령에 당선된 후, 이 결과를 "부분적인 정권교체"라고 표현했다.

자민당 총재 쉘은 선거 직전 사민당과의 연정에 대한 기대감을 언론에 흘린다. 이는 브란트를 자민당과의 연정협상에 보다 적극적으로 임하게 만들었다. 쉘은 1953년부터 연방의원으로 활약하면서 1961년부터 1966년까지 연방경제협력국 장관으로 일한 인물이었다. 자민당 총재로 선출된 것은 1968년이었다. 그는 브란트와 비슷한 민족정책을 갖고 있었으며, 다양한 분파의 자민당 의원들을 새로운 외교정책이라는 목표 아래 사민당과의 연정에 동참하도록 이끌었다.

자민당은 선거가 있던 날 밤 한스-디트리히 겐셔(Hans-Dietrich Genscher)를 헬무트 콜 라인란트-팔츠 지사에게 보내 기민당의 의중을 살폈다. 콜은 겐셔에게 정부를 함께 꾸릴 것을 제의했다. 그런데 콜은 그 자리에서 쉘이 외무장관을 맡는 것은 안 된다고 말했다. 독일 외교정책을 놓고 변화가 필요하다고 판단한 자민당과 현재의 기조를 유지하려는 기민당 사이에 정책적 차이가 분명하게 드러나는 순간이었다. 이날 콜을 만난 겐셔는 이미 1961년 기민당과 기민/기사당·자민당 공동정부를 구성할 때 기민당에 외무장관 자리를 맡긴 것은 전략적 실수였다고 생각하는 사람이었다. 겐셔로부터 콜과의 대화내용을 전해들은 쉘 총재와 자민당 지도부는 사민당·자민당 연정을 출현시키기로 최종 결정했다.[1]

브란트는 1969년 10월 21일 총리선출에 필요한 최소한의 득표수보다 두 표 많은 251표를 얻어 전후 사민당 출신 최초의 서독총리가 되었다.[2] 개표 결과 자민당 의원 가운데 세 명의 이탈자가 있었지만, 사민당·자민당 연정을 출범시키는 데는 지장이 없었다. 전후 서독에서 일어난 최초의 수평적 정권교체였다. 게다가 브란트는 전임자들과 달리 망명투쟁을 통해 나치의 제3제국에 대한 저항을 몸소 실천한 인물이었다. 브란트의 당선은 서독이 최종적으로 히틀러를 극복한 것을 의미했다.

연정에서 자민당 총재 쉘은 부총리 겸 외무장관을 맡았다. 연정 탄생의 최대 기여자인 그는 브란트정부 내내 브란트와 호흡을 잘 맞추었으며, 브란트가 추진하는 동방정책의 최대 협력자가 되었다. 새로운 정부에서 사민당은 총리·경제장관·법무장관을 맡고, 자민당은 외무장관·재무장관·내무장관을 맡아 양당은 정부의 주요직책을 공평하게 배분했다.[3] 브란트의 당내 경쟁자인 헬무트 슈미트는 국방부장관을, 자민당 내 2인자인 한스-디트리히 겐셔는 내무장관을 맡았다. 보건대 총선에서 42.7퍼센트를 얻은 사민당이 5.8퍼센트를 얻은 자민당을 크게 배려했음을 알 수 있다. 브란트정부의 설계자 베너는 연방의회에서 사민당 총무를 맡았다. 독일역사에서 가장 오랫동안 각료생활을 한 겐셔는 30년 뒤 이 내각을 '지금까지 독일역사에서 가장 훌륭한 내각'이었다고 평가했다.

어떤 이들은 정치적으로 새로운 방향을 설정한 자유주의와 사회민주

'독일 역사상 가장 훌륭한 내각'의 두 장관 _ 사민당·자민당 연정으로 출범한 공동정부에서
각각 내무장관과 국방장관을 맡았던 겐셔(좌)와 슈미트(우)

주의의 연정을 '역사적 동맹'이라고 보았다. 사실 이런 동맹은 빌헬름제국 시기에는 불가능한 일이었고, 바이마르시대에도 아주 짧은 기간만 일정 역할을 했을 뿐이다. 사민당·자민당 공동정부의 출범과 함께 양 진영은 동방정책, 내정개혁 등을 주요 내용으로 하는 전체적인 개혁적 정치프로 그램에 합의했다. 이 연정은 바이마르공화국 시기 전체에 견줄 만한 기간 인 13년 동안 지속되었다. 양당 결합의 핵심 고리는 초기에 기민/기사당 의 강력한 반대를 받았던 동방정책이었다.4

새로운 비전, 더 많은 민주주의

브란트는 총리취임 직후인 1969년 10월 28일 의회에서 행한 연설에서 통치프로그램을 발표했다. 여기서 주목할 만한 문장 가운데 하나가 "우리 는 더 많은 민주주의를 시도하고자 합니다"이다. 브란트정부는 더 많은 민주주의의 실현을 위해 유권자 연령을 하향 조정하고, 정치프로세스에 투명성을 강화하며, 더 많은 사회적 참여를 추구했다. 새로운 '사업장노사 관계법'을 제정해 사업장평의회의 발언권을 강화했다. 기업경영결정제도 의 확립방안도 논의되었지만, 자민당의 반대로 바로 시행되지 못하고 1976년 슈미트 내각 때에 실현되었다.

'더 많은 민주주의'는 특히 사회경제적 영역에서 중시되었다. 브란트정 부가 집권한 1970년대 초는 사회복지국가의 확장기였다. 역사학자인 한 스 귄터 호게르츠(Hans Günter Hockerts)는 이때를 "사회복지국가 팽창의 최 대 가속화 시기"라고 지칭한다. 연금보장 생활권자의 범위가 대폭 확대되 었으며, 연금연령의 유연화가 시행되었고, 사회적 약자들에 유리한 분배 정책이 시행되었다. 교육개혁의 핵심은 교육에 접근하기 어려운 사회계 층에게도 교육기회를 제공하는 교육제도의 확충이었다. 교육제도 개혁은 연방정부의 권한이 미칠 수 있는 범위를 전체 교육제도의 구성과 대학 교육제도의 전체 틀 같은 분야로 제한하고 있음에도 불구하고 커다란 의미를 가졌다.[5]

브란트정부의 개혁정책 가운데 가장 많은 논란을 불러일으킨 것은 낙태처벌과 관련된 조항의 개정이었다. 태어나지 않은 생명의 보호와 자아실현의 차원에서 여성의 권리가 충돌했다. 수년에 걸친 논쟁 끝에 결국 사회적·의학적 근거가 되는 경우 낙태를 허용한다는 포괄적인 규정이 제정되었다. 도시개발과 토지사용권 문제도 개혁대상이었는데, 이 부분은 자민당의 제동으로 큰 진전을 보지는 못했다.

국내개혁과 관련하여 많은 논란과 비판에 직면했던 법안으로 '극단주의자 파면법'이 있다. 1972년 1월에 제정된 이 법은 급진좌파 소속원들의 공직취임을 막는 게 골자였다. 사실 이 법의 제정은 젊은이들에게 큰 실망과 혼란을 안겨주었다. '브란트가 어떻게 이런 법을!'이란 탄식이 그를 좋아했던 젊은이들의 대체적인 반응이었다. 브란트는 이 법에 대한 비판이 이렇게 거셀 줄은 몰랐다. 그는 억울함을 표현하면서, 파면은 주정부의 관할사항이며 연방내각과 자신은 단지 함께 추진했을 뿐이라고 스스로를 변호하기도 했다.

브란트가 이 법을 제정하게 된 배경에는 크게 두 가지가 있었다. 첫째는 점증하는 극단세력의 존재였다. 독일의 좌파세력은 1970년대에 더 커지고 강해졌을 뿐만 아니라 분파 간 경계가 모호해지면서 독단적이 되어갔다. 특히 1970년대 초 무장테러를 전개하던 '적군파(RAF)'가 문제였다. 프랑크푸르트백화점의 방화범으로 체포되었다가 석방된 안드레아스 바더와 목사의 딸 구드룬 엔슬린, 또 잠적한 저널리스트 울리케 마인호프와 변호사 호르스트 말러가 핵심 멤버였다. 적군파의 과격성은 브란트의 총리시절부터 그 징후를 보이며 심화되기 시작해 1977년 극에 달했다. 국내개혁의 방향을 '더 많은 민주주의'로 설정했던 브란트에게 극단주의자들과 테러로부터 민주주의를 방어하는 것은 매우 중요한 과제였다. 그리고 여기에 총리취임과 함께 동방정책이 본격적으로 가동됨으로써 야당에게 동구권에 대한 외교적 · 정책적 개방이 독일의 내적 안정에 하등의 위협도 초래하지 않는다는 사실을 보여주려 했던 두 번째 이유가 더해진다.[6]

1970년대 들어서 사민당은 좀 더 젊어진다. 1972년 입당한 새 당원의 3/4이 40세 미만이었다. 1968년 12월 뮌헨전국대회 이후 이 '청년사민당 (Jusos)'은 당 내부에서 기성세대와 대립되는 노선을 추구했다. 이들은 독일자본주의에 비판적 입장을 취했으며, 공화국의 정치제도도 비판했다. 물론 이들이 공산주의자의 입장을 취한 것은 아니었다. 이들은 브란트정부의 개혁이 충분하지 않다고 보았으며, 더 많은 체제 극복적 개혁이 필요하다고 주장했을 뿐이다.

반면 같은 시기 상당수의 대중에게서 개혁 피로감도 관찰되었다. 개혁이 자신들에게 불이익을 가져다준다고 판단한 자들의 저항은 날로 커졌다. 개혁에 필요한 재정염출로 갈등이 빚어졌고, 이 때문에 카를 실러와 알렉스 묄러 재무장관은 1971년과 1972년에 각각 장관직을 사퇴해야만 했다. 한 회기 동안 두 명의 사민당 소속 재무장관이 물러난 것이다. 브란트에게 정치개혁이 기대보다 훨씬 어려운 주제임을 일깨워주는 사건이었다.[7]

2. 동방정책

동독, 사실상의 국가

브란트시대를 가장 강하게 특징지으며, 또 가장 뜨거운 논쟁을 야기한 정책은 뭐니 뭐니 해도 동방정책이었다. 동방정책은 1969년 그가 총리에 취임한 직후 시행되었다. 그는 외무부 전문가들을 모두 총리실로 데려왔다. 브란트정부에서 외무장관을 맡은 자민당의 발터 쉘은 "총리를 포함해 처음부터 끝까지 모든 것이 외무부 출신 관리들로 구성되어 있었다. 정무장관, 직원, 개인 사무관 등 모두를 예외 없이 데리고 왔다. 이들은 브란트가 언제나 데리고 있던 사람들이었다"라며 불만을 토로하기도 했다. 향후 브란트 총리가 어디에 국정방향의 초점을 두게 될지 충분히 짐작되고도 남는 발언이었다.

브란트는 10월 28일 의회에서 행한 연설에서 독일에 두 개의 국가가 실제로 존재한다고 선언했다. 그는 동독에 자유를 이식한다는 생각이나 서독정부만이 전체 독일을 대표하는 합법정부라는 생각은 미·소 데탕트 시기에 접어든 국제정치의 현실과 동떨어진 것이라고 주장했다. 그는 동·서독이 서로 상대방의 정당성을 동등하게 인정한 연후에야 협상과 양보를 통해 독일 및 중부 유럽인들의 인권과 생활수준을 향상시킬 수 있다고 주장했다. 브란트는 협상에 앞서 동독이 변해야 한다는 종래의

발터 쉘과 함께한 브란트

요구를 접고, 먼저 변화를 일으키기 위한 수단으로 대화를 제의했다.[8] 그의 최측근 에곤 바르는 1970년부터 총리실 국무차관, 1972년부터는 특임장관을 지내면서 동독과의 협상을 주도했다. 당시 동독문제를 다룬 내독관계성은 외무부가 아닌 총리실에 소속되어 있었다.

닉슨 대통령의 안보보좌관 헨리 키신저는 브란트정부가 들어서자마자 브란트의 외교보좌관인 바르를 워싱턴에 초대했다. 키신저는 브란트정부가 들어서기 전부터 이미 동방정책에 대한 정보를 가지고 있었다. 서독이 소련을 비롯한 동유럽 국가들과 새로운 관계 설정을 도모하려는 시도는 미국에게 중요한 관심거리였다. 그것은 미국이 추진하고 있는 데탕트정책과 맥락을 같이한다는 점에서 환영할 만한 일이었지만 경계의 대상도 되었다. 다행스러운 것은 1961년 베를린장벽 설치 등을 전후하여 미국과 소련이 첨예하게 대치할 때 브란트가 서베를린 시장을 역임하면서 미국과 협력관계를 잘 유지했다는 점이다. 미국은 브란트가 미국과 사전 논의 없이 큰 결정을 내리지 않을 것으로 확신했다. 바르는 워싱턴에서 키신저를 만났을 때 동방정책을 놓고 미국과 큰 마찰을 일으키지는 않으리라는 예감을 느꼈다. 키신저가 바르에게 "당신들의 성공이 우리의 성공이요"라고 말한 것이다. 바르는 훗날 이 당시를 회고하면서 키신저가 없었다면 독일의 긴장완화 정책이 그렇게 순탄하게 전개되지 못했을 것이라고 말했다.[9]

브란트 총리는 동독을 실질적인 하나의 국가로 인정하고 통일을 미래의 과제로 설정하면서 독일인들이 추구해야 할 당면과제로 동·서독 간의 긴장완화를 들었다. 그는 긴장을 완화하고 민족적 동질성을 유지하는 것이 중요하며 이것은 민족의 통일을 보존하는 가장 현실적인 방안이라고 설명했다.[10] 브란트가 역점을 두려 한 것은 통일이 되지 않은 상태에서도 동·서독이 하나의 민족으로서 공존할 수 있는 방안이었다. 브란트정부에서는 통일이 아니라 민족과 평화가 독일 정책의 중심개념이 되었다.[11]

브란트는 히틀러정권에 의해 자행된 민족적 비극과 제2차 세계대전의 결과 독일에 떠맡겨진 책임들은 궁극적으로 유럽의 평화 질서 속에서만 해결되어질 수 있다고 주장했다.[12] 평화를 우선적 가치로 설정한 브란트는 독일문제의 해결을 크게 두 단계로 나누어 접근했다. 첫째는 평화 속에 민족의 동질성을 유지하는 것이었다. 이 단계에서 가장 시급한 민족 과제는 장벽과 철책으로 격리된 독일인들의 고통을 완화시켜 주는 것이었다. 브란트는 통일이 당면 목표가 아니라는 현실을 인정한 가운데 인적·물적 교류를 증진시켜 같은 민족 구성원으로서 동질감을 유지하게 만들고 통일에 대한 염원이 계속 살아 있게 하고자 했다. 둘째는 국가적 통일인데 이는 미래의 과제로 설정함과 동시에 그 통일마저 유럽의 평화에 기여하는 방향에서 가능할 것이라고 진단했다.

브란트는 총리 취임 후 독일분단 문제를 다루는 부서의 명칭을 바꾸었다. 그 이전까지의 명칭은 '전全독일문제부(Gesamtdeutsche Fragen)'이었는데, 브란트는 그것을 '독일내부관계부(혹은 내독성, Innerdeutsche Beziehungen)'로 고쳤다. 종전의 명칭인 '전독일문제부'는 유일하게 민주적으로 선출된 서독정부가 독재적이고 불법적인 동독공산당(SED)체제가 지배하고 있는 지역을 포함한 전체 독일을 독점적으로 대표하는 유일한 합법 정부라는 주장을 함축하고 있었다. 그러나 브란트는 부서의 명칭을 바꿈으로써 서독의 배타적 대표성을 포기하고 동독공산당체제를 외교교섭상의 합법적이고 대등한 파트너로 받아들였다.[13]

브란트는 국가와 민족을 분리해서 고찰했다. 브란트의 동방정책에서 표방된 민족개념은 독일이 두 개의 국가로 갈라져 있더라도 계속 변함없이 존재했다.[14] 브란트는 1970년 1월에 발표한 연두교서에서 독일이 동·서독으로 분할된 지 25년이 지난 상태에서 양자 간의 연결 고리를 형성하고 있는 것은 민족의 개념이라고 말했다. 그에 따르면 민족이라는 개념에는 역사적 실체와 정치적 의지가 결합되어 있다. 민족이라는 어휘

동 · 서독의 갈등 _ 1961년 8월 28일 동독 국경수비대가 물대포를 사용해 장벽 서쪽의 시위대를 해산시키고 있다.

는 공통의 언어와 문화, 국가와 사회체제 이상의 의미를 내포하고 있다. 또한 민족이라는 개념은 그 구성원들에 의해 공유되는 지속적인 소속감에 바탕을 두고 있다.[15] 이런 의미에서 브란트는 하나의 독일민족이 존재하고 있고 또 존재할 것이라는 사실을 아무도 부인할 수 없다고 말했다. 브란트가 동방정책을 시작할 당시에는 동독 역시 헌법에서 그 자체가 독일민족의 일부라고 선언하고 있었다. 브란트는 만약 민족의 상태가 논의되고 전체 독일인민을 위한 자결의 요구를 확실히 한다면, 그리고 독일인들이 이 요구를 포기하지 않을 정치적 의지를 갖게 되는 한 미래의 세대들은 하나의 독일 안에서, 그리고 독일인들이 완전히 협력할 수 있는 정치제도 안에서 살게 될 것이라고 주장했다.[16]

그러나 야당인 기민당은 두 개의 독일국가가 실제로 존재하고 있다는 브란트의 발언을 비판했다. 기민당은 브란트의 주장은 동독 주민들의 생활개선이라는 반대급부도 없이 오랫동안 지속된 대동독정책만 포기하는 것이라고 주장했다. 기민당과 밀접한 관계를 맺고 있었던 바이에른의 남작 카를 테오도르 구텐베르크(K. T. Gutenberg)는 "독일 국토 위에 두 개의 국가가 존재하거나 말거나 주권은 하나일 뿐이다. 그리고 그 주권은 독일인민에게 있다"고 말했다.[17]

그러나 사민당·자민당의 연립정부와 그 지지자들은 동독에 자유를 심는다는 생각이나 서독정부만이 전체 독일을 대표하는 합법정부라는 생각은 도발적이고, 미소 데탕트의 분위기 등 국제정치의 현실과도 동떨어진 것일 뿐만 아니라, 불리한 상황을 자초하는 발상이라고 믿었다. 그들은 오히려 서독이 동독의 체제를 변화시키려 한다거나 소련의 안보상의 권리를 부인할 생각이 전혀 없다는 것을 보여주는 것이 동서분열을 극복하는 단초가 될 수 있다고 주장했다. 그들은 서로 상대방의 정당성을 동등하게 인정한 연후에야 협상과 양보를 통해 중부 유럽인들의 인권과 생활수준 향상을 도와줄 수 있다고 생각했다. 브란트는 중요 사안에 대한 협상에 앞서 동독이 변해야 한다는 종래의 요구를 접고, 먼저 변화를 일으키기 위한 수단으로 대화를 제의한 것이다.[18]

1970년 1월의 연두교서에서 브란트는 독일 땅에는 지난 20년 이상 동안 두 국가와 두 체제가 존재하고 있다고 다시 한 번 말했다. 그는 독일이 분열되었을 뿐만 아니라 두개의 완전히 상이한 사회제도가 이 땅위에서 서로 마주 대하고 있는 현실을 인정해야 한다고 말했다. 또 그는 두 체제 사이에는 어떤 통합도, 어떤 불법적인 타협도 있을 수 없다는 점을 동독의 지도자 울브리히트(Walter Ulbricht)와 합의했다고 말했다. 브란트는 히틀러정권에 의해 자행된 제2차 세계대전과 민족적 대역죄로부터 야기된 문제들은 궁극적으로 유럽의 평화정착 상태에서만 대답되어질 수 있다고 말했다.[19]

기민/기사당은 브란트의 이런 생각이 독일민족의 분단을 고착화하고 통일을 영구히 불가능하게 만들 것이라고 비판했다. 그러나 브란트의 생각은 정반대였다. 그는 분단된 현실을 인정하지 않고, 또 동서냉전체제 하에서 서독인들의 의지만으로 통일을 이루는 것이 불가능하다는 것을 뻔히 알면서 그것을 부정하는 것은 오히려 동·서독 간의 대립만 심화시켜 결국 독일민족의 이익과 미래에 부정적 영향을 끼친다고 주장했다.

브란트는 당대 지도자들이 해야 할 가장 시급한 민족적 과제는 장벽과 철책으로 격리된 독일인들의 분단에 따른 고통을 완화시켜 주는 것이라고 생각했다. 또 시간이 지나면서 같은 민족이라는 생각이나 통일이라는 목표가 점점 더 의미를 잃어가고 있는 현실을 우려하고, 그 대안을 제시해주는 것이라고 주장했다. 참고로 알렌스바하(Allensbach) 연구소의 조사에 의하면, 1950년대부터 동방정책이 추진되기 직전까지 독일의 당면과제로 통일을 꼽는 사람의 비율은 약 20퍼센트 수준에 머물렀다. 서독에서 통일을 당면과제라고 생각하는 사람은 소수에 불과했던 것이다.[20]

브란트는 이런 현실을 과감하게 인정했다. 통일이 당면 목표가 아니라는 현실을 인정한 가운데 통일에 대한 대안으로 그가 제시한 것은 인적·물적 교류를 증진시켜 같은 민족원으로서 동질감을 유지하고 통일에 대한 염원이 계속 살아 있게 하는 것이었다. 좀 더 구체적으로 말하면, 분단의 고착화와 영구적인 분리 그리고 더 나아가서 민족적 유대의식까지도 끊어버리고자 하는 동독을 다독거려 민족적 동질성을 유지시켜 나가는 것이 긴급한 과제였다. 브란트가 생각할 때 그것은 미래의 독일통일을 위한 포석이 될 수도 있고, 민족적 동질성을 유지하는 것 자체로서 의미를 가질 수도 있다. 그는 현실을 존중했으며, 또 현실을 현실로 수용하는 비전을 갖고 있었다.[21]

민족문제를 둘러싼 논쟁

마이네케(Friedrich Meinecke)는 민족을 '국가민족(Staatsnation)'과 '문화민족(Kulturnation)'으로 구분했다. 여기서 국가민족은 공동의 정치적 역사와 헌법이 발휘하는 통합적 힘에 근거한다. 그것은 민족의 자결권과 주권, 즉 자신들의 헌법을 스스로 제정하고 정치적 운명을 스스로 주도하고자 하는 국가민족의 자결권과 주권에 관한 사상으로부터 나온다.[22] 국가민족은 또한 동일한 국가단체 속에서 이루어지는 정치적 공동생활과 하나의 점진적이고도 세속적인 성장을 통해서 형성되었다.

이에 반해 문화민족은 공동으로 체험된 그 어떤 문화유산 위에 근거한다. 공동의 언어, 공동의 문학, 공동의 종교는 하나의 문화민족을 이룩하고 결합시키는 가장 중요하고도 강력한 문화적 자산들이다. 따라서 문화민족은 개인이 특정 국가에의 소속을 자의적으로 선택하여 형성된 공동체가 아니라 역사적·자연발생적으로 결정되는 공동체를 의미한다.[23]

마이네케의 분류법에 따르면, 브란트의 민족관은 국가민족이 아니라

문화민족 개념이었다. 브란트의 대동독정책은 이산가족 등 분단으로 고통 받고 있는 사람들의 상처를 완화하고 교류를 촉진하여 민족의 동질성을 유지하는 데 우선적 비중을 두었다. 브란트와 바르는 동독 거주 독일인들의 생활여건을 인도주의적으로 개선함으로써 문화민족으로 나아가는 것을 추구했고, 그런 개선은 동독에 자금을 빌려준다든지, 동독에 유리한 조건으로 제품을 구입해준다든지, 데탕트의 분위기를 조성함으로써 가능할 것이라 생각했다.[24] 브란트는 동독과의 협상에서도 동독 지도부에게 대립적인 내용보다는 분단의 잔인성을 강조하고, 그것을 완화하는 것이 일차적 목표라고 주장했다.[25]

브란트는 만약 서독이 동독의 국가지위를 인정하는 데 동의한다면, 독일분할의 충격을 완화하는 데 기여할 수 있다고 보았다. 특별히 이 완화에는 두 국가 시민들 사이의 보다 많은 접촉이 포함될 수 있다. 즉 서독인들이 동독 내 친척들을 방문하고, 거꾸로 동독인이 서독 내 친척을 방문하는 것, 확대된 여행, 스포츠 및 문화교류의 확대, 보다 많은 교역 등이 분단의 충격과 피해를 완화시킬 수 있었다. 분할에 의해 야기되거나 더 복잡해진 정치적·행정적 과제, 그리고 교통 및 환경문제에 대한 정례적인 논의도 중요했다. 브란트에 따르면 이러한 접촉들은 모두 긴장을 완화시키는 데 중요했다. 이러한 접촉과 협력은 중장기적으로 양쪽 독일인들에게 비록 하나의 국가는 아니더라도 한 민족의 일부라는 느낌을 갖도록 해줄 수 있다. 그리하여 민족의 실체를 유지하면서 문화적 통일과 통일의식을 촉진시킬 수 있다.[26]

그러나 기민/기사당은 국가민족론의 입장에서 민족문제를 바라보았다. 그들은 1871년 비스마르크제국의 건설에 의해서 독일 국가민족이 형성된 것으로 보았다. 현재의 독일인이 독일인이라는 소속감을 느끼고 있는 것은 1871년 제국건설이라는 사건 때문이며, 이 제국은 독일 민족국가의 유일한 형태라는 것이었다. 그들에 따르면 이때 형성된 독일제국은

독일제국 선포식 _ 1871년 1월 18일 베르사유궁전에서 독일 제후들에게 추대되는 형태로 프로이센 국왕 빌헬름 1세가 황제로 즉위함으로써 독일제국을 선포한다. 그림 중앙의 흰 옷을 입은 이가 철혈재상 비스마르크다.

바이마르공화국의 탄생과 나치 지배체제의 붕괴, 1949년 서독과 동독의 탄생에도 불구하고 법적으로 지속되고 있는바 서독은 독일제국의 법적 후계자였다. 그들은 법적으로만 존재하는 제국을 현실로 재건하는 것을 독일 외교정책의 목표로 삼았다. 모든 민족은 자신의 민족국가를 가지며, 독일민족은 자결권을 행사하여 자신의 민족국가를 건설할 권리를 가진다는 것이다.

기민/기사당의 이와 같은 법적 개념 중심의 국가민족론은 민족과 자유의 불가분성론에 의하여 보완되었다. 이러한 민족개념은 다른 국가와 영토적 역사적으로 뚜렷이 구별되는 일정한 국가영역과 함께 공동체의 내부질서를 포함한다. 민족국가적 독일통일의 재건은 민족적 자결과 불가분 연계되었다. 정치적 자유는 민족국가적 통일의 전제인바, 이 전제는 절대로 포기되어서는 안 되는 것으로 간주되었다. 이러한 민족개념에 설 때, 동독에서의 부자유는 반드시 언급되어야 했다. 따라서 국가민족적 입장에서 볼 때 통일이란 이러한 전통적 민족국가를 재건하는 것과 등치되며, 독일인의 자결권의 행사와도 동일시되었다.[27]

기민/기사당이 법리적 입장에서 국가민족론을 주장한 데 반하여 사민당·자민당 연정은 역사적 측면과 의식적 측면을 강조했다. 사민당·자민당 연정의 민족개념은 기민/기사당의 관념과 대립했다기보다는 그 강조점이 달랐다고 할 수 있다. 사민당·자민당 연정은 국가민족적 틀을 갖춘 통일을 독일 및 동방정책의 장기목표로 간주했으며, 독일제국의 법적 존속성의 명제도 거부하지 않았다. 사민당·자민당 연정의 비스마르크제국 비판은 법적·영토적 차원보다는 역사적·정치적 차원에서 이루어졌다. 사민당·자민당 연정에게는 비스마르크제국 수립 이전의 역사도 독일역사이며, 독일이 25년 동안 두 국가로 분단되었다고 독일민족의 역사가 끝난 것은 아니었다. 독일민족은 공통의 경계 안에서 민족국가를 형성하여 존재했던 기간보다 훨씬 오랫동안 과도적 상태와 파편들로 존재했다는 것이다.

이런 입장에서 사민당은 통일된 독일 민족국가의 존재 없이도 독일민족은 역사상 그리고 현재에도 현실로 존재한다고 보았다. 그들이 생각하건대 기민／기사당의 국가민족 개념은 전체 독일 관련 문제를 국가법적 국제법상의 문제로 단순화시켰다. 법리적으로 독일제국을 존속시켜 독일민족의 가상적 국가를 만들어 놓았지만, 그럼에도 불구하고 독일민족의 국가적 통일은 사실상 존재하지 않았다. 그래서 사민당·자민당 연정의 독일민족 개념은 국가와 민족을 분리해서 고찰했다. 국가는 분리되어 있지만, 독일민족에의 소속감은 독일인의 의식을 규정짓고 있는 현존하고 생동하는 현실이라는 것이다. 이러한 비국가적 의미에서의 민족개념은 두 독일국가를 묶어놓은 개념적 도구였다.[28]

사민당·자민당 연정은 국가민족이라는 개념을 포기하지 않았지만, 그것을 달성하는 것을 현실 정책의 목표로 설정하지도 않았다. 민족정책적 과제는 국가통일까지 과도기 동안 서방과 동방의 독일인들의 민족적 소속감을 유지시키는 것이었다. 브란트는 '민족이란 의식과 의지의 문제'라고 주장했다. 공통의 언어, 문화, 전통과 역사가 민족을 이룰 수 있는 기초이기는 하지만, 여러 구성 부분들 사이에 민족 내 소속감이 없다면, 민족은 성립하지 않는다. 민족의 존속여부에 핵심적인 것은 이러한 소속감인데, 두 독일에서 바로 이 소속감이 소멸될 위험에 처해 있는 현실을 사민당·자민당 연정은 걱정했다.[29]

기민／기사당은 일단 사민당·자민당의 대동독정책은 실천적 및 인도주의적 조치들로서 독일분단으로 야기된 부정적 문제들을 완화시키는 데 기여할 것이라고 보았다. 그러나 기민／기사당의 관점에서 볼 때 그러한 조치들은 바른 해결책은 아니었다. 그들은 비록 동방정책은 브란트와 그의 보좌관 바르가 희망하는 것처럼 민족적 형제애와 연대감을 촉진시킬 수 있겠지만 그 자체로 독일통일을 성립시키지는 못한다고 보았다. 동방정책이 민족의 실체를 보존하는 데는 기여하겠지만 서독의 전통적 목표 즉 참된 민족적 통일을 대체하지는 못한다는 것이다. 그들이 보기에 실질적인 통일은 독일 국민을 두 개의 국가로 분리시킨 현재의 분단을 종료시킴으로서만 달성될 수 있었다. 그런데 기민/기사당이 추측건대 브란트와 바르는 통일을 통해 비자발적으로 분리된 현재의 상태를 종식시키려는 목표를 포기하고 있었다. 그들의 눈에 사민당과 자민당이 추진한 동방정책은 민족의 실체만 이야기할 뿐 재통일을 중요시하지 않았다. 그것은 국가통일(단일 국가 내의 통일)을 목표로 하는 것을 거부했고 민족 자결의 목표를 약화시키는 것이었다. 결과적으로 동방정책이 독일의 분열을 공고화하거나 혹은 보다 깊게 하게 될 것이라는 것이 기민/기사당의 생각이었다.[30]

　　브란트는 자신이 독일의 통일에 대해서 부정적으로 발언했다는 기민/기사당의 주장에 대해 반론을 제기했다. 자신의 민족개념은 통일을 포기한 것이 아니라 미래의 통일을 더 확실히 하기 위해 그 문화적 동질성을 유지시키려는 것이라고 주장했다.[31] 브란트는 평화와 화해정책이란 서로 간에 상대방에 대한 두려움을 줄이는 것이며, 몇 년 동안 서로 볼 수 없었던 사람들을 서로 만나게 하는 것이고, 더 나아가 사랑하는 사람끼리 결혼도 하게 하는 것이라고 설명했다.[32] 브란트가 생각하는 평화란 전쟁으로부터의 해방일 뿐만 아니라 일상적 삶을 보다 풍족하게 해주는 것이었다.

3. 유럽평화 속의 독일정책

서방국가들과의 동맹문제

브란트는 동·서독의 분단과 베를린의 비극은 히틀러정권이 제2차 세계 대전을 일으키고 유럽의 평화를 깨뜨린 데서부터 시작되었다고 보았다. 그는 독일의 새로운 역사는 과거사에 대한 반성으로부터 시작되어야 하며 분단을 현실로 받아들어야 한다고 주장했다. 그가 느끼기에 베를린장벽 은 단순히 양 독일간의 경계선이 아니었다. 그것은 서방 자본주의 세계와 동유럽 공산세계의 경계선이었다. 자연히 독일문제는 독일인들만의 문제 가 아니라 전 유럽의 문제였고 더 나아가 전 세계의 문제였다. 따라서 브란트의 결론은 독일문제는 당연히 전 유럽적인 차원에서 접근해야 하며 궁극적으로 유럽의 평화질서 속에서 해법을 찾을 수 있다고 보았다.[33] 나치는 전쟁의 방식으로 유럽을 독일화하려 했지만 지금은 평화적으로 독일을 유럽화하는 것이 필요하다는 게 브란트의 주장이었다.[34]

브란트는 유럽평화 속의 독일정책의 첫 번째 단계로 서방 동맹국가들 과의 우호 및 협력강화를 꼽았다. 우선적인 대상은 미국이었다. 브란트는 서베를린에서 정치를 하면서 미국과의 협력이 얼마나 중요한지를 잘 인식 했다. 브란트는 1948년 6월부터 1949년 5월까지 11개월 동안 지속된 소련의 베를린 봉쇄와 이에 맞선 미국 등 서방국가들의 공수작전을 지켜

보았다. 브란트는 또 서베를린 시장으로 재임하던 1961년 베를린장벽이 설치되었을 때 서독정부가 할 수 있는 일은 거의 없으며, 케네디 대통령이 서베를린을 방문하여 수호의지를 천명함으로써 비로소 서베를린 시민들의 동요가 진정되는 것을 지켜보았다. 그래서 브란트는 기회가 있을 때마다 미국과의 우호관계는 독일 외교정책의 기본 토대라고 말했다.[35]

서방국가들과의 우호 및 협력관계에서 미국 못지않게 중요한 나라는 프랑스였다. 두 나라는 20세기에 들어서 두 차례나 전쟁을 치렀고, 그때마다 프랑스에 많은 인적·물적 피해를 안긴 독일의 처지에서 프랑스와의 우호협력 없이 평화를 이야기하기는 어려웠다. 브란트는 그가 목표로 하는 유럽공동체 건설 역시 프랑스와의 협력 없이는 불가능하다고 보았다.[36] 브란트는 프랑스와의 협력증진 및 유럽공동체 건설을 통해 독일·프랑스 사이의 관계사를 근본적으로 바꾸려 했다.

영국은 1963년과 1967년 두 차례나 유럽경제공동체(이하 EEC) 가입을 거절당했다. 미소 양극체제 하에서 유럽의 독자적인 진로를 모색하고 있던 프랑스 대통령 드골(Charles De Gaulle)이 미국과 특수한 관계를 맺고 있는 영국의 가입을 거부한 때문이었다. 그러나 브란트는 영국의 EEC 가입을 지지했다. 브란트의 입장에서 영국이 빠진 유럽공동체는 상상할 수 없었다. 그는 영국 및 가입의사가 있는 다른 국가들 모두 공동시장 및 유럽공동체에서 함께해야 한다고 주장했다.[37] 1969년 드골이 정계를 은퇴했고, 영국은 다시 가입신청을 했다. 브란트는 영국의 가입을 적극 지지했고, 영국은 1972년 마침내 EEC에 가입했다.

미국 및 서유럽 국가들과의 우호 및 협력관계는 1949년부터 1969년까지 서독을 통치한 기민/기사당정부가 먼저 그 기반을 다졌다. 미국 및 서유럽과의 긴밀한 협조관계는 전후 서독의 국제적 위상 및 안전을 보장받는 데 기여했다. 그런데 1950~60년대 서구의 협력 및 통합운동은 일정 부분 냉전논리와 연결되어 있었다. 서유럽 협력의 주요 목표 및 이유가 동유럽 공산진영과의 대결을 위한 서구진영 강화였던 것이다. 브란트가 생각하기에 서구의 이런 유럽 정책은 방어적이고 너무나 협소한 혹은 부정적 내용을 담고 있었다.[38]

브란트는 시각의 변화를 요구했다. 그는 영국을 포함한 서구, 즉 확대된 공동체는 결코 동구에 대항하는 블록이 아니며, 또 아니어야 한다고 주장했다. 오히려 그는 서구의 강화된 공동체는 균형 잡힌 유럽 안보체제를 수립하는 데 긍정적 기여를 해야 한다고 생각했다. 내적으로 굳건한 단결은 외부를 향한 보다 큰 개방성과 모순되지 않는다는 것이 브란트의 신념이었다.[39] 브란트는 이렇게 미국 및 서유럽과의 협력관계를 중시했지만 그 중시의 배경과 의미는 이전 정부와 달랐다. 기민당정부 시절 서방 동맹국들과의 협력관계는 동유럽 공산권 국가와의 대결적 기반이 된 반면 브란트정부의 경우 동유럽 국가들로 협력관계를 확대시키는 초석 역할을 하기 때문이다.

동유럽 국가들과의 협력

'유럽평화 속의 독일'을 위한 첫 번째 단계가 서구 동맹들과의 협력이었다면 두 번째 단계는 소련, 폴란드, 체코슬로바키아 등 동유럽 국가들과의 긴장완화 및 협력증진이었다. 이런 정책을 추진하는 데 있어서 미국의 이해·협조를 얻어내는 것은 중요했다. 동방정책을 추진한 동력 가운데 하나는 서방국가와의 긴밀한 우호관계였고 그 핵심이 미국과의 관계였기 때문이다. 브란트는 미국과 서독 사이에 특별한 불일치는 없을 것으로 예측했다. 케네디정부 때 이미 데탕트정책이 시작되었고, 닉슨 대통령이 키신저의 충고에 따라 소련에 대한 그의 정책을 '대립 대신 협력'의 방향으로 결정했기 때문이다.[40] 브란트의 말을 빌리면, 미국정부는 브란트정

데탕트__ 1973년 소련 공산당 서기장 브레즈네프가 미국을 방문해 닉슨 대통령을 만나면서 동서 긴장완화의 분위기가 무르익어갔다.

부가 서방과의 협력에서 이탈할 것이라고는 꿈에도 생각하지 않으며, 결코 그렇게 할 수도 없다는 것을 잘 알고 있었다.[41]

브란트는 1937년 스페인내전을 취재하면서 소련과 공산주의자들의 횡포를 경험했다. 또한 1939년의 독소불가침조약, 1956년의 헝가리 자유화운동 억압, 1961년의 베를린장벽 설치 등을 경험했다. 브란트가 소련과 공산주의에 대해 갖는 거부감은 매우 컸다. 그가 서구 동맹국과의 연대를 세계정책의 초석으로 삼으려 한 것은 그의 이런 과거 경험과 연결되어 있다. 그는 서유럽의 휴머니즘, 민주주의, 사회민주주의에서 정신적 · 정치적 비전과 희망을 찾았다.

그러나 이런 철학과는 별개로 브란트는 외교를 이념보다는 실용주의적 관점에서 접근했다. 브란트는 동부유럽의 강대국인 소련의 협조 없이 독일과 유럽에서 평화를 기대할 수 없다고 생각했다. 브란트가 생각하기에 소련과의 관계개선은 독일과 유럽의 평화에 필수적인 사항이었다. 이런 관점에서 브란트정부는 소련과의 관계개선에 적극 나섰다. 그 결과가 1970년 8월 체결된 모스크바조약이었다. 1970년 12월 서독과 폴란드 사이의 바르샤바조약도 같은 맥락에서 이해할 수 있다.

유럽평화를 달성하기 위해서는 긴장완화와 군비감축이 필수적이었다. 브란트는 무력포기는 모든 국가가 준수하는 하나의 법률이 되어야 한다고 주장했다. 그래야 동서 블록을 넘어서 유럽의 평화체제에 도달할 수 있다고 생각했다. 당연히 미국이나 소련의 동의와 참여가 필수적이었다. 제네바 군축위원회(Conference of Disarmament)는 긍정적 신호로서 1960년대 이래 10년 동안 많은 성과를 만들었다. 군축회의 주도로 체결된 국제 협약으로는 1963년 부분 핵실험금지조약(PTBT), 1968년 핵무기비확산조약(NPT), 1971년 해저 핵무기금지조약(Seabed Treaty), 1972년 생물무기금지조약(BWC) 등이 있다. 이를 지켜 본 사람들은 군축문제가 어려운 과제라는 것을 알면서도 희망을 발견하게 되었다. 초강대국들과 그 밖의 국가들

은 많은 차이점에도 불구하고 평화보장에 있어서 일부 공통의 이해관계를 발견했다.[42]

소련은 1950년대부터 유럽안보협력회의 같은 조직체의 창설을 주장했다. 그러나 소련은 이 협의체에 미국을 제외하려 했고 이런 소련의 의도는 서방세계에 의해 부정적으로 인식되었다. 그러나 브란트는 일찍부터 어떤 형태로든 유럽안보협력회의가 필요하다는 인식을 가졌다. 그는 유럽의 평화와 긴장완화를 위해서는 집단안보협력체제를 구축하여 군축과 공동의 평화를 함께 논의해야 한다는 생각이었다. 브란트는 유럽문제에 가장 큰 영향력을 가진 미·소가 책임 있는 유럽의 평화정책을 구현해야 하며, 미·소가 함께 참여하는 유럽안보협력회의(Conference on Security and Cooperation Europe, CSCE)가 필요하다고 보았다. 1975년 헬싱키에서 결성된 유럽안보협력회의는 기본적으로 미·소간의 데탕트 합의가 주요 배경이기는 했으나 서독의 노력도 그 배경 중 하나였다.[43] 브란트는 안보에서는 공동의 안보개념이 무엇보다 중요하며 유럽통합의 전제조건도 자신의 안보가 다른 사람과 싸움에서의 승리라는 생각에서 벗어나는 것이라고 주장했다.[44]

유럽공동체 구상

브란트는 군사적·외교적 의미의 평화 외에 경제적 빈곤으로부터 벗어나 공동번영을 이루는 것 역시 평화를 위해 중요하다고 생각했다. 비록 동서 진영 간에 이념대립에 의한 경계가 설정되어 있고, 또 앞으로도 그럴 것이지만 블록의 범위를 넘어서서 국가 간에 의미 있는 협조를 이룩할 영역이 많으며, 이런 방식의 협력을 브란트는 소위 분쟁의 변형으로 이해했다. 그는 이런 방식을 통해 신뢰가 쌓이면, 그것은 다시 장기화된 문제들을

해결하는 새로운 기반이 될 수 있다고 보았다.[45]

위와 같은 맥락에서 브란트는 서유럽공동체를 결코 세계 도처를 향해 보루를 쌓는 내성으로 이해하지 않았다. 그는 EEC 초기 여섯 나라로 구성된 서유럽은, 그리고 확대된 서유럽은 동유럽 국가들에 적대적일 필요가 없으며, 동유럽 국가들과 경제적 협력을 목표로 하는 데 앞장서야 한다고 주장했다.[46] 브란트는 사민당 총재 취임 초기인 1964년 5월 뉴욕에서 행한 한 연설에서 서방세계가 동유럽 국민들에게 공통의 프로젝트를 제안해야 하며, 우리는 그들의 생활수준이 우리와 동등해지는 것을 두려워하는 것이 아니라 같게 되도록 노력해야 한다고 주장했다. 그는 이것이 마셜플랜(Marshall Plan)의 본래의 이념과도 일치한다고 주장했다.

브란트는 굶주림 역시 전쟁과 마찬가지이며[47] 평화의 부재라고 생각했다. 그에게 진정한 평화란 전쟁으로부터의 해방일 뿐만 아니라 일상적 삶을 보다 풍족하게 해주는 것이었다. 그는 서유럽이 철의 장막을 넘어 동서유럽을 한 묶음으로 결합할 수 있는 실제적인 프로젝트를 추진해야 한다고 주장했다.[48] 예컨대 그는 1971년 노벨평화상 시상식에서 유럽이 경제, 기술 및 과학적 협력의 새로운 형태를 발전시키고, 전체 유럽의 사회시설을 확장해가야 할 시점이라고 주장했다. 그는 이런 주장의 논거를 과거의 역사에서 찾기도 했다. 유럽은 과거부터 문화공동체로서 성장해왔으며, 과거에 그랬던 것처럼 다시 그래야 한다는 것이다.[49] 이처럼 브란트에게 유럽의 경제적·정치적 통일은 세계적으로 확장된 평화를 위한 본질적 요소였다.[50] 이런 역사관을 토대로 브란트는 대륙을 하나의 전체로 취급하고 외교와 교역, 그리고 인간적 접촉을 통해 평화적 변화를 증진시켜야 한다고 주장했다. 그는 이것이야말로 미소 양극체제를 극복하고 독일과 유럽의 정치적 선택권을 확대시키는 방법이라고 생각했다.[51]

브란트의 유럽공동체 혹은 유럽연방주의 사상은 젊은 시절 망명지에서 이미 싹트기 시작했다. 그는 망명지에서 반 나치투쟁을 전개할 때 나치집권의 근본 원인을 민족주의에서 찾았고, 민족주의를 극복하는 방책으로 초국가주의적 유럽통합 사상에 깊은 관심을 가졌다. 그는 유럽통합운동을 유럽의 민족주의, 제국주의 그리고 파시즘에 대한 반성의 산물로 인식했다.[52] 그는 젊은 시절부터 오랫동안 꿈꾸어 왔던 유럽 연방국가라는 비전을 총리 재임 때 동방정책을 통해 현실화하려 했다.

브란트는 "동방을 지향하든 서방을 지향하든, 내 생각으로는 동쪽으로든 서쪽으로든 균형을 취하지 않으면, 독일은 다시 일어서지 못할 것이며 스스로를 지탱할 수 없을 것이다. 그리고 어느 한 강대국에 고착된 숙명정책(Verhängnipolitik)을 추구하게 될 것이다"라고 주장했다.[53] 이 발언은 브란트가 서방 동맹국의 단단한 동맹에 이어 전체 유럽을 하나의 공동체로 묶으려는 의도를 잘 드러내준다. 브란트는 소련도 독일문제에서 서구 동맹국가에 못지않게 중요한 비중을 갖는 국가라고 인식하고 있었다. 그런데 독일이 기존의 진영논리에 묶일 경우 독일과 소련의 관계는 계속 갈등과 대립관계를 지속하게 될 것이고, 그랬을 때 냉전의 최전선으로서 동·서독 문제는 풀릴 수 없다고 보았다. 브란트의 동방정책은 따라서 동유럽 국가들과의 관계개선을 통해 유럽을 하나의 공동체로 엮고, 그속에서 독일의 선택권을 넓혀 궁극적으로 통일까지 모색하려는 매우 원대한 구상이었다. 브란트가 젊은 시절부터 정치적 원숙기까지 일관되게 구상했던 유럽연방주의적 시각[54]이 이를 잘 대변해준다.[55]

4. 동방정책의 성과

동 · 서독 정상회담

브란트는 1970년 1월 22일 동독 총리(각료회의 의장)인 빌리 슈토프(Willi Stoph)에게 편지를 썼다. 그는 편지에서 슈토프 총리에게 무력 단념과 실질적인 문제에 대한 협상을 제안했다. 슈토프는 이에 대한 대답으로 2월에 브란트를 동베를린으로 초대했다. 동독은 브란트가 동독에 올 때 비행기를 타고 올 것을 조건으로 내세웠다. 그러나 브란트는 철도를 이용하고 싶어 했고, 서베를린을 거쳐 가고자 했다. 양측은 논의 끝에 타협안을 도출했다. 양 정상이 튀빙겐의 에르푸르트에서 만나기로 한 것이다. 교통편은 기차를 이용하기로 했다.

드디어 1970년 3월 서독 총리 브란트와 동독 총리 슈토프가 동독 땅 에르푸르트에서 만났다. 브란트와 그의 일행이 탄 특별열차는 본을 떠나 3월 19일 아침 9시 30분 에르푸르트에 도착했다. 브란트는 특별열차에 오르기 전에 자기 스스로에게 '정치는 인류와 평화에 기여할 때에만 의미가 있다'고 다짐했다. 슈토프 동독 총리가 역에서 브란트를 기다렸고, 두 사람은 회담장인 시청 앞 광장의 호텔로 이동했다. 시청 앞 광장에 시민들의 접근이 금지되어 있었으나 브란트를 보기 위해 사람들이 하나 둘씩 호텔 주변으로 모여들었다. 호텔 안에 있는 브란트의 귀에 브란트의 이름

슈토프와 브란트의 만남

을 외치는 사람들의 목소리가 들렸다. 브란트는 그 요구에 즉시 반응하지 않았다. 그는 환호에 호응하기 보다는 오히려 자제시킬 필요성을 느꼈다. 그는 자기의 이름을 외치며 환호하는 동독 사람들의 운명이 걱정되었다. 그는 격한 감동과 그들에 대한 걱정이라는 이중적인 감정을 느끼며 창밖으로 가서 그들에게 손짓으로 자제를 당부했다.[56]

전후 최초의 동·서독 정상회담이 열렸다. 브란트의 대화상대는 동독의 최고 실력자인 울브리히트 공산당 서기장이 아니라 슈토프 총리였지만, 동·서독 총리가 함께 만나 동·서독 문제를 상의한 그 자체는 세계적인 뉴스거리가 되기에 충분했다. 브란트의 동독방문은 서독정부가 '다른 쪽 독일'의 존재를 대외적으로 공식 인정했다는 것을 의미한다. 회담에서 브란트는 서독정부가 동독을 무력으로 넘어뜨릴 의사가 없다는 것을 분명히 했다. 그는 한 걸음 더 나아가 "우리는 각각 독자적으로 행동한다. 대외적으로 누가 누구를 대표한다는 것도 있을 수 없다. (…) 어느 한쪽이 다른 쪽을 복속시키는 것도 있을 수 없다"고 말했다.[57] 이것은 서독이 동독의 주권을 위협하는 것으로 간주되는 일체의 행동을 하지 않겠다는 것을 선언한 것이었다.[58]

동독의 슈토프는 회담 의제로 7개항을 제의했다. 국제법에 기초한 서독과 동독의 외교관계 수립, 상대방 국가의 외교정책에 대한 불간섭과 할슈타인원칙의 포기, 유엔헌장에 의한 무력행사 포기와 군사비 삭감, 동독에 대한 서독의 1천억 마르크 지불이행 등이었다. 여기서 1천억 마르크 지불요구는 1961년 베를린장벽이 세워지기 전까지 서독이 동독의 내정에 간섭했다면서 이에 대한 손해배상으로 청구한다는 것이었다. 이런 요구사항과는 별개로 슈토프는 동·서독 간 무역의 순조로운 발전에 대해서 큰 관심을 표명했다. 서독이 지원하여 관철된 동독의 유럽공동시장 진출은 다른 동구권 국가들의 질시를 받을 만큼 동독의 경제발전에 큰 이득이 되었다. 슈토프는 이런 성격의 경제협력에 대한 서독의 계속적이고 더 적극적인 협조를 요청했다.

브란트는 동독이 요구한 국제법상의 승인을 받아들일 수 없었다. 그는 동독을 사실상의 국가로 인정한다고 선언했지만, 국제법적인 승인문제는 다른 차원의 문제였다. 브란트는 총리 취임 직후 분명하게 서독과 동독은 서로 간에 외국이 아니며, 따라서 우리가 동독을 국제법상으로 인정하는 것은 불가능하다고 말했다.

그러나 동독 지도부의 생각은 달랐다. 그들은 서독과의 관계개선을 통해 가능한 많은 경제적 이익을 획득하려 했지만, 독립된 국가로서의 정치적 승인도 중요한 관심사였다. 특히 후자는 소련과의 관계를 고려해서라도 소홀히 취급할 수 없었다.[59] 동독은 이미 브란트정부가 출범한 직후인 1969년 12월 18일 서독정부에 "동등한 관계의 정립에 관한" 조약 초안을 보내왔다. 이 초안은 두 개의 독일국가를 상정하기는 했지만, 세상의 다른 주권국가들과 더도 덜도 없이 똑같은 평범한 국가 간의 관계로 가져가자는 것이었다.[60] 결국 서독의 긴장완화 정책의 핵심요소로서 초국적(transnationalität)인 개념과 동독의 국제법상 주권에 대한 요구가 기본조약 체결에서 근본적 충돌점이었다.[61]

에르푸르트 회담은 동독에 대한 국제법적인 승인문제로 교착상태에 빠졌고, 구체적인 성과를 얻지 못한 채 끝났다. 그래도 다행스러운 것은 서독의 카셀에서 양 정상이 다시 만나는 데 합의했다는 점이었다. 차기 회담을 약속함으로써 역사상 첫 번째로 이루어진 회담이 완전히 실패했다는 인상을 희석시킬 수 있었다.

제2차 정상회담은 1970년 5월 21일 서독의 카셀에서 개최되었다. 1차 때와 마찬가지로 동독의 대화 파트너는 슈토프 총리였다. 이번 회담은 지난 번 브란트가 에르푸르트를 방문한 데 대한 답방의 형태를 띠었다. 브란트는 양국 간 조약의 기초로 20개항을 제의했다. 브란트가 제안한 20개항 중 주요 내용을 소개하면 다음과 같다.

카셀회담

1. 서독(BRD)과 동독(DDR)은 두 개 독일국가 간 관계를 정리하고 접촉을 개선하기 위한 조약을 체결한다.
3. 양국은 (…) 인권, 평등, 평화공존을 기초로 관계를 정립한다.
4. 양측은 (…) 어떠한 무력 사용이나 위협도 자제한다.
5. 양측은 각자의 국내주권 관련 사안에 있어서의 독립성과 별개의 지위를 존중한다.
6. 두 개의 독일국가 중 누구도 상대를 대표하지 않는다.
7. 양측은 독일영토 내에서의 전쟁재발에 반대 입장을 천명한다.
8. 양측은 평화공존을 교란시킬 우려가 있는 일체의 행동을 자제할 책임을 진다.
9. 양측은 유럽의 안보증진을 위한 군비축소와 통제에 총력을 기울인다.
10. 조약은 제2차 세계대전의 결과와 독일의 특수상황 및 두 나라에 나누어져 살고 있지만 여전히 같은 민족이라는 인식으로부터 비롯되어야 한다.
14. 조약을 통해 (…) 이동의 자유 (…)를 확대한다.
15. 이산가족대책이 마련되어야 한다.
17. 양국은 교통, 우편, 통신, 정보교환, 과학, 교육, 문화, 환경문제, 스포츠 등 분야에서 착실하게 협력을 확대해 간다.
19. 양측은 장관급 특명전권대사를 임명하고 상주대표부를 설치한다.
20. BRD와 DDR은 국제기구 가입과 협력을 조정한다.[62]

브란트가 제시한 20개 조항에 대한 동독의 반응은 싸늘했다. 동독은 제1차 회담에서와 마찬가지로 동독에 대한 전면적인 외교적 승인이 회담의 전제조건이라는 주장을 되풀이 했다. 동독과 슈토프의 이런 태도를 브란트는 다음과 같이 꼬집었다. "귀하는 전부 아니면 전무 방식을 고집하고 있습니다. 귀하는 우리 민족과 두 독일국가의 인민을 위해 어떤 긍정적인 성과를 제시해줄 것인가에 대해서는 한 마디도 하지 않았습니다. (…) 독일인민들이 겪는 분단의 고통에 대해서도 한 마디 말도 없었습니다."[63]

결국 1970년 두 차례의 정상회담이 역사적 의의를 가지고 있었음에도 불구하고, 뚜렷한 성과를 얻지 못한 것은 바로 민족문제에 대한 동·서독 간의 현격한 입장 차이 때문이었다. 동독은 국가 수립 후 약 10여 년 동안 현상 인정에 바탕을 둔 2개의 국가와 국가연합에 의한 통일방안을 내세웠다. 그러나 시간이 지나면서 서독과의 체제경쟁에서 열세에 놓이자 동독은 서독체제의 영향력을 최소화하기 위해 차단정책을 강화한다. 동독은 서방세계로부터, 특히 서독으로부터 독일의 분할과 동독정권의 정통성을 인정받아 동독정권을 안정화시키고 합법화하는 것을 우선적 목표로 삼았다. 더 나아가서 동독은 서베를린에서 서독의 압박을 종료시켜 미래에 서베를린이 동독에 의해 흡수된 상태에서의 자주적인 정치적 통일을 목표로 했다.[64]

이것은 브란트의 동방정책이 발표된 후에도 마찬가지였다. 그들의 눈에 동방정책은 결코 동독을 위한 완전한 보호책이 되지 못했다. 예컨대 동독은 1971년 제8차 동독공산당 전당대회에서 동독과 서독은 물과 불의 관계라고 주장하면서 통일불가를 선언했다. 특히 브란트의 '의식민족' 또는 '문화민족' 개념에 대응하여 1976년 제9차 전당대회에서는 당 강령 중 통독조항을 삭제하면서 '사회주의적 독일민족'의 고유성을 강조하고, 서독민족을 '자본주의적 민족'으로 차별화함으로써 2민족 2국가체제를 선언했다. 이처럼 호네커(Erich Honecker)가 통일정책을 포기한 것은 소련의 2개의 독일 원칙과 레오니드 브레즈네프(Leonid Brezhnev) 독트린에 적극 호응함으로써 계속적인 소련의 지원을 획득하고 동·서독 간에 기본조약을 체결하여 2민족 2국가론에서 이론적 바탕을 마련하고자 한 것으로 보인다.[65]

모스크바조약

소련은 독일통일은 물론이요, 당면과제인 동독 및 동유럽 국가들과의 긴장완화 및 관계개선에 결정적 키를 쥐고 있는 국가였다. 브란트는 동독과의 협상이 교착상태에 빠지자 일단 동독과의 관계정상화는 뒤로 미루고 소련과의 관계증진에 우선적 노력을 기울이기로 했다. 소련과의 관계개선 및 정상화는 '유럽평화 속의 독일정책'을 추진한 브란트에게 그 자체가 중요한 과제였다. 거기에 덧붙여 브란트는 동독과 두 차례 정상회담을 가지면서 소련을 움직이지 않고는 동독과 관계개선을 도모하기가 어렵다는 것을 간파했다.

서독과 소련은 1969년 12월에 모스크바에서 무력행사 포기와 관계개선을 위한 예비회담을 시작했다. 브란트는 모스크바에 측근인 총리실 차관 바르를 파견했다. 브란트는 바르에게 협상권을 완전히 위임했다. 바르는 브란트의 입장을 잘 대변했고, 소련은 브란트에 대해 우호적 입장을 취하고 있었다.

바르는 소련과의 관계개선 여부는 향후 동방정책의 성패를 결정하는 바로미터가 될 것으로 보았다. 그는 그로미코(Andrej Gromyko) 장관과 1970년 1월부터 5월까지 총 14차례 회담했다. 이 접촉에서 소련은 서독에게 동독을 외교적으로 승인하라고 요구했다. 그러나 바르는 동독의 현실을 받아들일 준비는 되어 있으나 국제법상 동독을 인정할 수는 없다고 말했다. 그는 동독의 국제법상 승인은 서독의 기본헌법에 어긋날 뿐만 아니라 사민당·자민당 연정이 의회에서 근소하게 과반을 차지하고 있는 상황에서 인준을 받기도 어렵다고 했다. 또한 독일 전체에 관한 최종 결정은 4대 강국에 의해 결정된다는 점도 지적했다. 대화과정에서 소련은 서독이 동독을 외교적으로 공식 승인하기가 어렵다는 점을 이해했다.

이 문제에 대한 이해가 이루어지자 회담은 크게 진전되었고 회담결과는 10개항으로 요약되었다. '바르문서(Bahr Paper)'로 불리는 이 문서는 셸 외무장관과 그로미코 장관이 공식회담의 기초자료로 활용하기 위해 작성된 실무 문서였다. 이 문서는 국제평화와 긴장완화를 위한 무력포기 및 경계선의 인정문제, 동독·체코·폴란드와 체결할 조약도 모스크바조약에 상응하도록 한다는 데 합의했다. 문서에는 동·서독의 유엔 가입문제, 경제·과학·기술적 관계 및 유럽안보회의 문제 등에서 협력한다는 내용 등도 포함되었다.

그런데 예상치 못한 사고가 발생했다. '바르문서'가 양국 간의 외무장관 회담이 열리기 전에 서독 언론매체 『퀵』지에 보도된 것이다. 바르는 2013년에 발간한 책에서 비밀누설의 출처는 오늘날까지 알려져 있지 않다고 말했다. 그로미코 소련 외무장관은 10개항이 서로 합의한 기밀인데도 세상에 알려졌기 때문에, 그 텍스트는 소련연방을 위해 더 이상 협의될 수 없다고 천명했다. 양국 외무장관 사이의 협상은 2주 동안 한 걸음도 나아가지 못했다. 결국 내용을 수정한 후에야 최종 합의에 도달했다. 이렇게 우여곡절을 겪은 '모스크바조약'은 8월 12일 브란트 총리와 소련의 코시긴 총리가 서명하고 셸 외무장관과 그로미코 외무장관이 부서副署함으로써 최종 확정되었다.[66]

모스크바조약은 전문과 5개 조항으로 구성되었다. 조약의 제1조는 두 나라가 "국제적 평화를 유지하고 긴장완화를 이룩하는 것을 정책의 가장 중요한 목표로 삼는다"고 천명했다. 제2조는 두 나라가 분쟁문제를 유엔헌장에 명기된 목표와 원칙에 따라 "오로지 평화적인 수단을 통하여 해결할 것"이라고 밝혔다. 제3조는 두 나라가 "유럽의 평화는 아무도 현재의 국경선을 침해하지 않을 때에만 유지된다는 인식에 완전 의견일치를 보았다"고 천명했다.[67] 이 조항은 특별히 독일·폴란드 국경선을 염두에 두고 작성되었다.

모스크바조약 서명 후 브레즈네프 소련 공산당 서기장은 모스크바조

소련 공산당 서기장 브레즈네프와의 만남_브란트(중앙)는 브레즈네프와 1973년 5월 서독 본에서 만난다.

약이 가능한 빠른 시일 내에 서독의회에서 비준되기를 희망했다. 이에 대해 브란트 총리는 서독과 서베를린의 자유로운 왕래를 보장하는 베를린 협정이 체결되고 동독과 서독 사이의 관계개선도 이루어져야 의회에서 비준이 가능하다고 대답했다. 이와 함께 브란트는 동독과의 대화의 어려움을 토로하고 소련이 동독에 영향력을 행사해줄 것을 부탁했다. 브란트가 이렇게 모스크바조약 비준의 전제조건으로 베를린협정 체결과 동·서독 관계개선을 제기한 것은 향후 두 조약의 체결에 긍정적으로 작용했음이 얼마 후 두 조약의 체결과정에서 밝혀졌다.

브란트는 1970년 9월 중순 연방의회에서 이렇게 말했다.

> "(모스크바)조약은 기존의 현실적인 상황에서 출발했다. 그것은 국경이 침해받지 않으며 눈앞에 있는 문제들이 평화적으로 해결되어야만 한다는 것을 확고히 했다. 그것은 소련 및 동유럽 국가들과의 보다 나은 협력을 위한 전제조건을 만들어낸다. 그것은 우리를 나토(NATO)에 있는 우리의 동맹국들로부터 분리하지 않으며 지속적으로 서유럽의 통합을 방해하지 않는다. 그것은 베를린에 도움이 되어야 한다. 그것은 마지막으로 유럽에서의 평화 상태에 도달하는 길을 열어놓는다. 이러한 평화 상태에서 독일의 문제 역시 자결권의 근거 위에서 올바르고 지속적인 해결책을 발견할 수 있다."[68]

모스크바조약과는 별개로 소련과 서독 사이에는 경제교류를 활성화하기 위한 협의가 진행되었다. 그 성과가 모스크바조약에 앞서 나타났다. 첫 성과는 소련에서 서독까지 파이프라인을 통해 석유와 가스를 공급하는 경제협정이었다. 이를 통해 소련은 향후 20년간 520억 세제곱미터의 천연가스를 서독의 루르가스사에 1970년 가격기준으로 25억 마르크에 공급하기로 했다. 가스는 시베리아로부터 오스트리아-헝가리 국경 인근의 다뉴브 강 유역에 위치한 브라티슬라바까지 기존의 파이프라인을 연장하여 공급하기로 했다. 인도 시기는 1973년부터였다.

이 파이프라인 협상과 병행하여 서독의 만네스만그룹은 소련에 1970~72년에 걸쳐 120만 톤의 대형 강철파이프와 소요자재를 공급하기로 했다. 도이체방크 등 17개 서독은행 컨소시엄은 소련의 가스공급 개시 후 11년 이내에 되돌려 받기로 하고, 소련 수출입은행에 대해 파이프 판매대금 전액에 해당하는 12억 마르크의 차관을 승인했다. 이 차관은 서독정부가 지불보증을 선 만큼 결국 서독 납세자들이 보증한 것과 마찬가지였다. 1972년 7월에는 만네스만사가 소련에 120만 톤의 대형 파이프를 1972~75년에 추가로 공급하는 두 번째 소련·서독협정을 맺었다. 이 협정도 1970년의 협정과 마찬가지로 도이체방크가 이끄는 서독은행 컨소시엄이 12억 마르크의 차관을 1983년까지 갚는다는 조건으로 제공했다.

바르샤바조약

제2차 세계대전은 1939년 9월 1일 독일이 폴란드 영토를 침공하면서 시작되었다. 제1차 세계대전에 이어 제2차 세계대전 때도 폴란드가 독일로 인해 큰 피해를 입었다. 독일군에 의한 유태인 학살의 상징적 장소인 아우슈비츠 수용소도 폴란드 땅에 위치한다. 전쟁이 끝나고 옛 독일 영토였던 프로이센과 포메른, 슐레지엔지역 등이 폴란드 영토에 편입되었다. 동독과 폴란드는 1950년 괴를리츠조약(Görlitz Vertrag)을 통해 오데르-나이세 강을 사이로 동독과 폴란드의 국경선을 획정하는 데 합의했다. 그러나 서독과 폴란드는 전후 이 문제에 대한 어떠한 논의도 행하지 않았다. 기민/기사당정부는 오데르-나이세 강을 경계로 한 국경선을 인정하는 것은 통일을 포기하는 것이라는 입장을 견지했다. 폴란드는 독일의 입장에서 그리고 브란트정부의 입장에서 상대하기가 가장 껄끄러운 국가였다.

브란트정부는 폴란드와의 관계개선 없이 소련 및 다른 동유럽 국가들과의 관계개선은 불가능하다고 판단했다. 모스크바조약에는 "현재의 국경선을 침해하지 않을 것"이라는 조항이 있었는데, 이 내용은 서독과 폴란드 사이에도 똑같이 적용되었다. 브란트정부는 1970년 2월부터 폴란드와 양국 간의 관계정상화를 위한 협상을 시작했다. 브란트정부는 폴란드와의 협상에서 폴란드가 가장 역점을 두는 국경선 문제를 폴란드가 원하는 방향에서 해결해주기로 했다. 양국의 대화에서는 폴란드 거주 독일인의 서독이주문제도 중요하게 다루어졌다. 제2차 세계대전이 종료하면서 폴란드 거주 독일인들의 동·서독이주가 많이 이루어졌지만, 여전히 폴란드에는 독일인들이 많이 남아 있었으며 이들의 독일 이주문제는 양국 간의 주요 현안으로 남아 있었다. 서독은 독일인의 자유로운 이주를 주장한 반면, 폴란드는 숙련된 독일 노동자를 놓치고 싶지 않아 신중하게 접근했다. 원만한 회담을 위해 이 문제는 양국 적십자 회담에 넘기기로 하는 선에서 해법을 찾았다.

바르샤바조약은 1970년 12월 7일 바르샤바에서 두 나라 총리와 외무장관에 의해 서명되었다. 조약 1조에서 양국은 "현존하는 오데르-나이세 경계선이 폴란드 인민공화국의 서부 국경선을 형성한다는 데 견해가 일치했음을 확인"했으며, "현재나 미래에 현 국경선의 불가침성과 상호 그들의 영토적 통합을 무제한 존중할 것이고", "상호 어떠한 영토요구도 하지 않을 것이며, 앞으로도 그러한 요구를 제기하지 않을 것"임을 확인했다고 명기했다.[69]

바르샤바조약은 그 이전에 서명이 가능했지만 모스크바조약 다음에 체결하기로 일정이 조정된 까닭에 모스크바조약보다 4개월 후에 체결되었다. 폴란드인들은 이 점을 못마땅하게 생각했다. 그들은 서독이 소련이 아닌 폴란드와 먼저 국경선 문제에 합의를 보는 게 순리라고 생각했다. 폴란드인들은 비록 자신들이 현재 소련의 영향권 아래에 있지만, 자신들이 러시아의 속국으로 다루어지기를 원치 않았다. 폴란드인들은 서독이 자신들의 국경선 문제를 소련과 먼저 논의하여 조약화한 데 불만을 표명했다.

브란트는 1970년 12월 7일 조약의 서명을 위해 셸 외무장관과 함께 바르샤바를 방문했다. 그는 바르샤바로 오면서 많은 심적 부담을 느꼈다. 평화를 모든 판단의 최우선 순위로 삼고 있었던 그에게 폴란드 국민처럼 심하게 고통 받은 민족은 세계 어느 곳에도 없었다. 그런데 그 고통의 대부분이 독일로 인해 야기되었으니 브란트의 폴란드인들에 대한 미안함이 얼마나 컸겠는가.

브란트의 바르샤바 방문일정에는 도착 다음날 두 번의 헌화가 계획되어 있었다. 첫 번째 헌화는 무명용사 묘에 바쳐졌다. 이 날 묘소 앞에는 서독 및 폴란드 인사들, 그리고 전 세계에서 몰려든 기자들로 북적거렸다. 브란트는 참배를 위해 마련된 묘소 제단 앞에서 무릎을 꿇었다. 참배객 행렬 뒤에 서 있는 사람들은 브란트가 갑자기 시야에서 사라져 버린 데 대해 어리둥절해 했다. 브란트가 무릎 꿇는 장면은 신문과 텔레비전을 통해 폴란드는 물론이요 전 세계로 전파되었다. 그는 이 행위에 대해 당시도, 그 이후에도 수많은 사람들로부터 그 제스처가 무었을 의도한 것이었느냐는 질문을 받았다. 사전에 계획한 것이었느냐는 질문도 있었다. 그러나 그것은 사전에 계획한 것이 아니었다. 폴란드인들에 대한 미안함이 갑작스럽게 브란트의 마음을 움직인 결과일 뿐이었다. 묘역 앞에 서니 "어쩐지 그렇게 하는 것이 도리일 것 같았다"는 그의 말이 가장 적합한 설명이 될 것 같다.[70] 여하튼 브란트가 폴란드 무명용사 묘 앞에서 무릎을 꿇으며 참배한 장면은 원하든 원하지 않던 브란트의 동방정책을 상징하는 장면 중 하나가 되었다. 또한 세계역사에서 잘못된

폴란드 바르샤바 무명용사 묘 헌

과거사를 반성하고 정리하는 가장 모범적인 사죄방식의 하나로 평가받게
되었다.

베를린협정

베를린은 현대 독일의 중심지일 뿐만 아니라 유럽의 중심지이기도 하다.
제2차 세계대전 후 4대 강국에 의해 나라가 분할 점령되었듯이, 이 도시
도 서베를린과 동베를린으로 나뉘어 각각 관리되었다. 1949년 동독과 서
독국가가 수립될 당시 베를린의 인구는 약 280만 명이었고, 1970년에는
약 320만 명으로 증가했다. 베를린은 한 도시에서 함께 살던 친인척들이
어느 날 갑자기 동서로 구분된 별개의 지역에 살면서 상호 왕래도 제한당
하거나 완전히 저지당한 비극의 도시였다.

베를린은 또한 1948~49년의 베를린 봉쇄, 1961년의 베를린장벽 구축
등에서 드러나듯 서방 자본주의 진영과 동유럽 공산주의 진영이 각자의
최전선에서 대척점을 이루는 도시였다. 케네디 등 미국 대통령들은 서독
을 방문할 때면 대개는 서베를린을 방문했다. 이것은 서베를린에 사는
독일인들의 안전에 대한 미국의 보장을 확약하기 위한 의도에서였을 뿐만
아니라 동유럽 공산국가에게 서방세계의 단결을 과시하는 제스처의 일환
으로서였다. 베를린은 실제로 서독과 동독의 실효적 지배지역이었지만,
형식상으로는 4대 강국에 의해 관리되는 지역이었고 또 베를린문제가 해
결되려면 4대 강국의 협력과 동의가 필수적이었다.

1960년대에도 동독당국이 서독과 서베를린 사이를 오고가는 사람들에
게 이런 저런 방식으로 통행을 제한하는 경우가 많았다. 국경선 통로에는
승용차와 화물차가 동독영토를 통행할 수 있는 비자를 받기 위해 늘 장사
진을 치곤했다. 동독 측이 일부러 입국심사를 지연시켜 비자를 받는 데

케네디와 브란트의 만남

하루나 이틀이 걸리는 경우도 있었다. 외국 번호판을 부착한 사람들은 여행기간 중 동독 번호판으로 갈아붙여야 하는 불편함도 감수해야 했다. 자동차 안을 샅샅이 뒤지는 것은 일상적인 상황이었다.

서베를린 시장을 역임한 브란트는 모스크바조약 체결 후 베를린문제의 해법 찾기에 본격 나섰다. 그런데 베를린문제의 해결은 모스크바조약이나 바르샤바조약 때처럼 특정 국가 간의 협상만으로 되지 않는, 훨씬 복잡한 문제였다. 다행히 독일의 인접 국가이고 양차 대전 때 독일의 침공을 받아 많은 피해를 입었던 프랑스가 전후 양국 간의 협력과 우호정책에 힘입어 서독 및 서베를린의 현안들을 푸는 데 적극 협력해주었다. 미국은 서독의 대소련 화해정책에 우려를 표하면서도 기본적으로는 브란트의 동방정책을 지지해주었다. 1960~70년대 미국과 소련이 추구한 데탕트정책과 브란트의 동방정책이 맥락을 같이하고 있기 때문이었다. 사실 미국과 소련의 데탕트정책은 동·서독 문제의 해결 없이는 불가능한 일이었다. 영국 역시 브란트의 동방정책을 반대할 특별한 이유는 없었다.

4대 점령국이 베를린협정 문제를 본격적으로 논의하기 시작한 것은 1970년 3월부터였다. 협상에 임한 소련 측의 입장은 다음과 같았다. 첫째, 베를린은 주권국인 동독의 수도이다. 서베를린은 동독의 영토 내에 있는 하나의 독립된 정치적 단위이다. 둘째, 서독에서 서베를린으로의 통로는 완전히 동독의 관할권에 속한다. 셋째, 서베를린에서의 서방 3대 강국의 권리는 아무런 문제가 없지만, 서베를린에서 동독의 승인이 없는 서독의 어떠한 존재도 동독의 주권에 대한 위배로서 '비합법적'이다.

이에 대한 서방측의 입장은 다음과 같았다. 첫째, 베를린(전체)은 4대 연합국의 관할권에 속한다. 둘째, 서독에서 서베를린으로의 방해받지 않는 통로는 국제법상 이론의 여지가 없는 원래의 권한사항이고, 소련은 그것을 보장할 책임이 있다. 셋째, 서방 3대 강국의 점령지였던 서베를린은 모든 분야에서 서독과의 결속을 가질 수 있다.

여기에서 양측의 입장을 정리하면 다음과 같다. 첫째, 서방측은 베를린을 전체로 보려고 한 데 비해, 소련은 서베를린만을 따로 떼어 다루려고 했다. 둘째, 서방측은 통로문제에 대해 소련에 그 책임을 맡겨 자유로운 통행을 보장받으려고 한 데 비해, 소련은 그것을 동독에 맡겨 통제하려고 했다. 셋째, 서방측은 될 수 있는 한 서베를린과 서독과의 결속을 강화하려고 한 데 비해, 소련은 그것을 제한하려고 했다.

베를린문제는 1970년 3월부터 7월까지 아무런 진전이 없다가 8월 12일 모스크바조약이 체결됨에 따라 돌파구가 마련되었다. 모스크바조약을 체결할 당시 서독은 이 조약의 서독의회 비준은 베를린문제가 해결된 이후에야 가능하다고 못 박았고, 이는 베를린문제의 해결에 긍정적으로 작용했다. 1971년 2월 서방 3국은 협정 초안을 마련하여 소련 측에 전달했다.[71] 이 초안에서 서방측은 "전체 베를린 지역에서의 실제적인 개선, 통로분야에서의 구체적인 규정, 서베를린 시민의 동베를린 내지 동독의 친지방문 여부, 서베를린과 서독과의 결속문제 등을 거론했다. 이 중에서도 가장 역점을 둔 것은 통로의 편리화였다.

1971년 5월에 동독의 강경파인 울브리히트 공산당 서기장이 해임되고, 실용파인 호네커가 새로 서기장에 취임했다. 드디어 1971년 9월 3일 '베를린협정'이 체결되었다. 이 조약에서 4대국 정부는 "해당 지역에서 긴장제거와 분규방지를 위해 노력할 것이며, 이 지역에서 무력사용이나 무력위협을 하지 않으며, 분쟁은 오로지 평화적 수단으로 해결한다"고 약속했다.

소련은 "동독영토를 통해 서베를린과 서독 사이를 왕래하는 민간인과 물자의 도로, 철도 및 수로에 의한 통과교통이 방해를 받지 않으며, 또한 이 교통은 그것이 가장 간편하고 신속히 이루어질 수 있도록 편리화되어야 할 것이고, 그것은 유리한 조건에서 보호를 받을 것"이라고 약속했다. 프랑스, 영국, 미국은 "베를린의 서방측 관할구역이 종전과 같이 서독의 구성부분이 아니며, 또한 앞으로도 계속하여 서독의 통치를 받지 않는 다"고 밝혔다. 소련은 "서베를린과 그 접경지역, 또 서베를린과 동독 내에 있는 지역 간의 교통이 개선될 것"이라고 약속했다. 소련은 "서베를린의 영주자들은 인도적·가족적·종교적·문화적·상업적인 이유들이나 또는 여행자로서 이 지역을 여행하고 방문할 수 있으며, 그 조건은 이 지역을 방문하는 다른 사람들을 위해 적용하는 규정과 유사하다"고 규정했다.[72]

브란트는 1971년 베를린협정이 유럽의 평화에 기여할 것이며, 대결에서 협력으로 이행하는 새로운 출발점이 될 것이라고 설명했다. 그는 "앞으로 가까운 시기에 실천적 정치활동의 목표는 독일의 두 지역 사이의 긴장을 완화함으로써 민족의 통일체를 유지하는 것이다"고 말했다. 그는 동·서독이 상호간에 그리고 유럽에서 평화를 확실하게 해야 할 공통의 책임과 임무를 가지고 있다고 주장했다.[73]

5. 영광과 시련

브란트에 대한 불신임안 투표

브란트는 주변국과의 관계개선, 모스크바조약, 바르샤바조약, 그리고 베를린조약 등 일련의 조약으로 유럽의 평화에 기여한 공로를 인정받아 1971년 노벨평화상을 수상했다. 10월 20일 노벨평화상 수상소식이 전해지자 카이 우베 폰 하셀 연방의회 의장은 예산안 심의를 중단하고 의원들에게 이 소식을 알렸다. 여당 측 의원들은 기립박수를 보냈다. 그러나 야당 측 의원들은 대부분 그대로 앉아 있었다. 그날 저녁 브란트의 노벨상 수상 축하파티에는 야당 정치인 중에 단 한 명만 참석했다.

　야당인 기민/기사당은 브란트가 노벨평화상을 수상한 후에도 브란트의 동방정책을 계속 비판했다. 물론 기민당 내에는 모스크바조약과 바르샤바조약에 대해 보다 신중한 의견을 가진 사람들도 있었다. 폰 바이체커(Richard von Weizsaecker, 1984년 연방대통령에 선출됨)와 헬무트 콜 등 개혁파들이 그랬다. 그들은 협상과정이 조급하고 허술했지만, 그렇다고 조약들이 치유 불가능할 정도로 나쁜 것은 아니라고 보았다. 그들은 조약에 전면적 비판을 가할 경우 기민/기사당이 국내외적으로 고립될 가능성이 있다고 보았다.[74] 그러나 이들 개혁파들은 당내에서 소수파였다. 기민/기사당 지도부가 조약의 비준여부를 놓고 진퇴양난에 빠진 것은 이들 개혁파들이 아닌 주변 국가들 때문이었다. 닉슨 미국 대통령은 외교정책에 대한 연례 보고서에서 유럽에서의 동서협력에 대한 희망을 피력했다. 프랑스는 비준이 바람직하다고 선언했고, 영국과 덴마크도 조약들이 무산되면 데탕트에 문제가 생길 것이라고 예상했다. 소련은 조약 비준안 부결이 독·소 관계에 중대한 영향을 미칠 것이라고 경고했다.[75]

이 진퇴양난의 상황에서 새로 기민당 총리 후보로 선출된 라이너 바르첼(Rainer Barzel)은 브란트 불신임과 자신의 총리 취임에서 해법을 찾고자 했다. 브란트를 총리직에서 끌어내고 자신이 총리의 지위에 올라 주변 국가들과 재협상을 하여 조약의 내용을 변경하면, 정권교체는 물론이요 대외문제까지도 해결할 수 있다고 보았다. 때마침 연방의회 의석수가 그들에게 유리하게 바뀌고 있었다.

먼저 자민당 내에는 사민당·자민당 연정에 반대하는 세력이 1969년 연정수립 때부터 존재했다. 전임 총재인 멘데(Eric Mende)가 그 중심에 있었다. 1970년 당 대회에서 당의 노선을 변경시키는 데 실패한 멘데는 1970년 10월에 지크프리트 초글만(Siegfried Zoglmann)과 하인츠 슈타르케(Heinz Starke) 등 두 사람과 함께 자민당을 탈당하여 당적을 기민당으로 옮겼다. 이들 세 사람이 자민당을 탈당한 것은 쉘이 이끄는 자민당이 좌경화되고 있다는 생각 때문이었다. 그들은 자민당의 좌경화가 유권자들의 신뢰를 잃어 자민당이 연방의회에서 사라질지 모른다고 우려했다.[76] 1971년 사민당에서도 탈당 의원이 나타났다. 헤르베르트 후프카(Herbert Hupka)가 그 주인공이었다. 슐레지엔 출신인 후프카는 브란트가 이끄는 정부가 폴란드와 소련의 농간에 놀아나고 있다고 생각했다. 크누트 퀼만-슈톰(Knut von Kuehlmann-Stumm)과 게르하르트 킨바움(Gerharg Kienbaum) 등 두 사람의 자민당 의원은 탈당하지는 않았지만, 브란트에 대한 불신임안이 제출되면 기민당의 바르첼을 지지하겠다고 말했다. 니더작센 출신의 자민당 의원 빌헬름 헬름즈(Wilhelm Helms)도 기민당으로 당적을 옮기겠다고 발표했다. 사민당 의원인 뮌헨 출신의 권터 뮐러(Guenter Mueller)도 동요를 보였다. 이렇게 자민당과 사민당에서 기민당으로 당적을 옮긴 사람들과 불신임안 투표에서 바르첼을 지지하겠다고 말한 사람들을 합하면 바르첼 지지자는 의석수 과반을 넘긴 250표나 되었다.

기민/기사당은 1972년 4월 24일 불신임안을 제출했다. 불신임안은 "연방하원은 빌리 브란트 총리를 불신임하고 라이너 바르첼 의원을 연방총리로 선출할 것을 동의합니다. 연방대통령은 빌리 브란트 총리를 해임하시기 바랍니다"로 되어 있다. 1969년 연방대통령 선거에서 패배했던 온건파 지도자인 폰 바이체커와 게르하르트 슈톨텐베르크(Gerhard Stoltenberg) 등이 불신임안 제출에 반대했지만, 기민/기사당 최고회의는 불신임안 제출을 강행하기로 결정했다.

기민당 지도자 중 한 사람인 폰 바이체커가 기민/기사당의 불신임안 제출에 반대한 주요 이유는 대외적 측면이었다. 그가 생각할 때 제2차 세계대전 승전국들은 서독정부의 긴장완화 정책을 지지했다. 이것은 미·소·영·프 등 4개국이 체결한 1971년 베를린협정으로 증명되었다. 이런 상황에서 브란트가 불신임되어 총리직에서 물러난다면 어떻게 될까? 바이체커는 서독이 소련, 폴란드 등과 맺은 조약들은 모두 브란트정부가 서명했고, 소련과 폴란드는 이에 기초를 두고 외교정책을 펼쳤다는 점을 중시했다. 그는 불신임안이 통과될 경우 서독은 외교적 고립을 피하기 어려울 것이라고 생각했다. 그는 불신임안 상정은 큰 실수이며, 불신임안이 부결되어야 한다고 주장했다.[77]

국민들 중에는 브란트와 동방정책을 지지하는 사람들이 더 많았다. 1972년 실시된 여론조사 결과 전체 국민의 82퍼센트가 동방정책을 지지하는 것으로 나타났다. 기민/기사당은 이런 여론을 의식하여 조기총선 대신 불신임안 제도를 활용하기로 했다. 조기총선을 할 경우 승리를 장담할 수 없기 때문이었다. 불신임안이 제출되자 사민당 당원들은 물론이요,

노동계와 학생운동 조직 등이 강력하게 반발하고 나섰다. 이들은 브란트 지지시위를 벌였고, 특히 노조는 불신임안이 통과되면 총파업에 나서겠다고 선언했다. 유럽 전역의 주요 미디어들도 브란트를 지지하면서 바르첼과 기민/기사당의 불신임안 제출을 비판했다. 총리를 브란트에서 바르첼로 바꾸는 행위는 서독 기본법에 근거한 합헌적인 정치행위였지만, 국민들은 선거를 실시하지 않고 의회에서 의원들만의 힘으로 총리를 교체하는 행위를 낯설어 했다. 불신임안 반대자들은 기민/기사당의 행위를, 고매한 인격의 지도자를 저급하고 비루하며 불순한 동기로 뒤집어엎으려는 행위로 바라보았다.[78]

기민/기사당은 건설적 불신임안의 통과에 필요한 과반수 249표는 최소한 확보했다고 자신했다. 사민당·민주당 연정이 동방정책 문제로 인해 붕괴 직전의 위기를 맞이했다. 투표가 있기 전날까지 주요 언론은 모두 브란트의 실각과 기민당 대표 바르첼의 총리 취임을 기정사실화했다. 마침내 4월 27일 불신임안 투표가 실시되었다. 전 세계의 이목이 본에 집중되었다. 사민당과 자민당에는 비관주의가 팽배했다.

그런데 놀랄 만한 상황이 발생했다. 개표 결과 바르첼을 총리로 선출하는 데 필요한 과반수에서 2표가 부족하게 된 것이다. 바르첼과 기민/기사당 의원들, 불신임안 가결을 기정사실화했던 모든 언론 등은 반신반의했다. 분명히 기민/기사당 의원에 자민당 및 사민당 탈당파 의원, 자민당에 남아 있지만 투표에서 바르첼을 지지하겠다고 선언한 의원 숫자가 250명이나 되었기 때문이다. 바르첼은 250표를 염두에 두었고, 249표를 필요로 했는데 247표를 얻었다.[79] 불신임안이 부결된 것은 결국 기민/기사당 의원 및 바르첼을 지지하겠다고 공언한 의원 중에 최소한 2명이 불신임안에 반대표를 던졌다는 이야기가 된다. 의회에서 불신임안이 부결되고 한참 동안 정치권 안팎에는 표결 결과에 대한 다양한 추측과 루머가 떠돌았다. 기민당 의원이 매수되었다는 소문도 나돌았다.

불신임투표에서 바르첼과 기민/기사당이 뜻을 이루지 못했지만, 브란트도 불신임투표에서 살아남은 바로 다음날 의회에서 연방총리 예산안을 통과시키지 못했다. 표결에서 예산안이 247대 247로 과반을 얻지 못해 부결된 것이었다. 브란트는 과반을 확보하지 못한 의회에서 모스크바조약 등을 안전하게 비준 받을 자신이 없었다.

브란트와 바르첼 모두 타협이 필요했다. 바르첼은 브란트에게 기민/기사당의 주요한 우려를 불식시켜준다면 조약비준을 무산시키지 않겠다고 약속했다. 브란트는 이를 수용해 조약에 대한 표결을 몇 주 연기하고 바르첼 및 다른 기민/기사당 지도자들과 협상을 시작했다. 양측은 소련에 보낼 외교서한과 여야 모두 수용 가능한 조약해석을 담을 의회 공동결의문을 채택하기로 했다. 사민당과 기민당 공동위원회가 구성되었고, 양자의 논의에 소련 측도 의견을 제시했다. 기사당의 슈트라우스도 논의에 참여했다. 이런 과정을 거쳐 기민/기사당과 사민당이 공동결의안을 도출하는 데 성공했다. 공동결의문은 "베를린과 전 독일에 대한 4개 국가의 권한과 책임은 변함이 없으며, 모스크바조약과 바르샤바조약은 평화통일을 달성하려는 서독의 노력과 어긋나지 않는다"고 했다.[80] 이제 모두들 조약은 절대 다수의 지지를 받아 통과될 것이라고 예측했다.[81]

그러나 공동결의안 채택에 합의한 후 기민/기사당에 후폭풍이 몰아닥쳤다. 동방정책에 반대한 강경파들이 조약의 비준에 맹렬히 반대하면서 기민/기사당 지도부까지 비판하고 나선 것이다. 기민/기사당은 결국 의회에서 기권이라는 절충안을 선택했다. 기민/기사당은 공동결의문에 만장일치로 찬성했으나 모스크바조약에는 찬성 248대 반대 10, 기권 238명이었고, 바르샤바조약에는 찬성 248대 반대 17, 기권 231명이었다. 공동결의문은 기민/기사당으로 하여금 반대에서 기권까지 변화하도록 하는 데는 성공했지만, 찬성까지는 가게 하지 못했다. 대신 기민/기사당은 그들이 다수를 차지하는 상원 표결에서 기권함으로써 조약들이 통과되는

데 협조했다.[82]

또 다른 중요 조약인 베를린협정은 형식상 4대 강국간의 조약이기 때문에 서독의회에서 비준할 필요는 없었다. 1972년 5월 26일에는 서독과 동독 사이에 통행조약(Verkehrsvertrag)이 체결되었다. 베를린협정에 토대를 둔 양독 사이에 맺어진 후속조치였다. 이 조약은 33개항으로 되어 있으며, 도로, 철도 및 수로를 통한 양국 사이의 상호 교역 및 통행에 관한 자세한 내용을 담고 있다. 양측은 이 조약에서 두 개의 독일 간 '상호 통행'을 허용함으로써 정상적인 선린관계를 증진해나갈 것을 다짐했다.[83] 이 조약은 서독이 동독을 독립된 국가로 인정하면서 맺어진 최초의 문건이라는 데 의미가 있으며, 동독은 이 점을 널리 홍보했다. 기민/기사당은 조약비준에 찬성표를 던졌다.

불신임안 투표에서 어렵게 살아났지만 문제가 해결된 것은 아니었다. 브란트는 불안한 지위를 만회하기 위해 임기를 1년 남기고 조기총선을 구상하기 시작했다. 독일 기본법 아래서 조기총선은 두 가지 경우에 가능했다: 하나는 총리가 사임한 후 연방하원의 다수당이 2주일 이내에 후보를 내지 못하는 경우이다. 또 다른 경우는 현직 총리가 연방하원에 자신에 대한 신임을 물었는데 그 신임안이 부결되는 경우이다. 기민당은 전자에 의한 조기총선을 주장했지만 브란트는 후자의 방식을 선택했다. 전자의 방식은 브란트 스스로가 여당의 실패를 자인하는 형태였기 때문에 브란트의 입장에서 받아들일 수 없었다. 브란트는 국민들의 동방정책에 대한 지지가 높다는 점을 고려하여 조기총선에서 승리를 자신했다. 브란트는 9월 20일 자신에 대한 신임안을 연방하원에 제출했다. 여당은 신임안이 확실하게 부결되도록 하기 위해 정부각료들은 표결에 참여하지 않도록 했다. 표결 결과 신임안은 248대 233으로 부결되었다.

동·서독 기본조약이 가조인된 직후인 1972년 11월 19일 총선거가 실시되었다. 기민/기사당이 1972년 4월에 제출한 건설적 불신임안 표결에서 브란트가 간신히 살아난 장면을 지켜 본 그의 지지자들이 11월 총선에서 단결했다. 젊은 유권자들의 지지도가 특히 높았다. 처음 투표권을 얻은 젊은 유권자의 60퍼센트가 사민당에 투표했다. 브란트는 동·서독 기본조약의 공식 서명을 선거 뒤로 미룸으로써 총선을 자신의 외교정책에 대한 신임투표로 연결시키는 작전을 펼쳤다. 바르첼은 동방정책이 선거 이슈로 부각되는 것을 원치 않았지만, 동방정책은 인플레이션과 사회개혁을 제치고 선거에서 가장 큰 쟁점으로 떠올랐다.[84]

선거 분위기는 좋았지만 정작 선거의 당사자인 브란트에게는 선거 기간 내내 육체적으로나 정신적으로 심각한 위기 징후들이 나타났다. 만성이 되다시피 한 성대질환은 선거운동 기간 악화되어 종양으로 변했다. 브란트는 자신이 암에 걸렸다고 생각했다. 우울증이 악화되었다. 주치의 발터 벡커 교수는 그에게 선거유세를 줄이거나 유세 자체를 취소할 것과 술을 절제하도록 조언했다. 40년 동안 줄담배를 피운 그에게 흡연금지라는 처방도 내려졌다. 브란트에게는 최악의 처방책이었다. 체중이 늘어났고 정신적 고통이 컸다.

선거 결과 사민당은 45.8퍼센트의 득표율을 기록했고, 의석은 224석(1969년)에서 230석으로 6석 증가했다. 자민당은 8.4퍼센트의 득표율과 함께 1969년보다 11석이 늘어난 41석을 배정받았다. 양당의 의석은 과반수보다 22석이 더 많았다. 사민당과 자민당 연정의 승리였다. 사람들은 이 선거를 '빌리의 선거'라고 불렀다.[85] 브란트는 12월 중순에 있었던 총리선거에서 찬성 269, 반대 233, 무효 1표로 당선되었다. 1969년 총리선거 때 251표를 얻었던 것과 비교할 때 여유 있는 당선이었다.

그러나 선거가 끝나고 브란트의 두 번째 내각을 구성할 무렵 브란트는 병원에 있었다. 그의 정부는 브란트 없이 구성되었다. 내각제와 연립정부의 성격상 이것은 브란트에게 매우 불리한 상황이 아닐 수 없었다. 사민당 내 인사들에 대한 자리배치는 물론이요, 연정 파트너인 자민당과의

협상 등 중요 사안들이 브란트의 손을 떠나 그의 당내 경쟁자였던 베너와 슈미트 등에 의해 요리되었다. 슈미트는 재정부와 경제부를 모두 맡는 초강력 장관이 되었다. 반면에 브란트의 측근들은 중요한 지위에서 배제되었다. 수상실의 에곤 바르 총리실 정무장관, 호르스트 엠케 비서실장, 대변인 알러스 등의 직책이 모두 바뀌었다. 제2기 임기를 시작한 브란트의 미래가 어떤 방향으로 흘러갈지 대충 짐작하게 하는 대목이었다. 『슈피겔』의 표현에 따르면, 병원에서 퇴원하여 집으로 돌아가는 브란트의 심정은 분노로 가득 차 있었다. 브란트는 자서전의 '권력투쟁'란에서 이 장면을 서술하면서 "승리가 사라졌다"고 한탄했다.

동 · 서독 기본조약

브란트는 모스크바조약을 통해 소련과의 관계정상화에 합의한 후 동독과의 관계정상화에 박차를 가했다. 동 · 서독 대표들은 1972년 6월 예비회담을 거쳐 8월 9일 정식협상에 들어갔다. 선거를 11일 앞둔 11월 8일 동 · 서독 기본조약이 가조인되고 선거가 끝난 지 한 달가량 지난 12월 21일 정식으로 체결되었다. 동서독 기본조약의 가조인은 11월 19일의 총선거에 유리하게 작용했다. 소련이 영향력을 발휘하여 강경파인 울브리히트를 실각시키고 호네커를 새로 동독공산당 서기장으로 내세운 것은 동 · 서독 기본조약의 체결에 유리하게 작용했다. 브란트는 1970년 두 차례나 동 · 서독 정상회담을 하고도 성과를 내지 못한 후, 소련과의 관계정상화를 우선적 목표로 삼는 우회전략을 썼다. 결과적으로 이 전략은 잘한 선택이었다.

조약을 통해 서독과 동독은 "동등한 권리의 토대 위에서 정상화된 선린관계를 발전"시키기로 했으며 "양독 간에 존재하는 경계선의 불가침"

을 강조했다. 또 양국은 그들의 분쟁문제를 오로지 평화적 수단을 통해서 해결할 것이며, 무력의 위협이나 사용을 포기한다고 선언했다. 양국은 또 양측의 이익을 위하여 "경제, 과학 및 기술, 교통, 법률부문의 교류, 우편 및 전화, 보건, 문화, 스포츠, 환경보호 및 여타 분야에서 공동협력을 촉진"하기로 했다. 양국은 특히 상주대표부를 교환하기로 했으며, 대표부는 각기 상대방의 소재지에 설치하기로 했다. 동독은 대표부가 아닌 대사관으로 하자고 주장했지만, 서독이 완강하게 반대하여 뜻을 이루지 못했다.

동·서독 기본조약의 체결은 동·서독이 상대방을 각각 실질적으로 인정한 가운데 경제, 문화 등 광범위한 교류를 실시하여 하나의 민족으로서 동질성을 유지하는 방식에 동의한 것이었다. 이는 브란트와 동방정책의 최대 성과였다.[86] 동독은 상주대표부를 외무부에 소속시키자고 제안했지만, 서독은 내독관계성 소속을 주장했고, 협상 끝에 양국 재량에 맡기기로 했다. 이에 따라 서독은 총리실 소속으로, 동독은 외무성 소속으로 각각 절충했다.

1973년 5월 9~11일 연방의회에서 기본조약 비준에 대한 토의가 있었다. 기민/기사당은 연방정부가 동독의 불법 정권을 정당화하고 있으며, 통일에 대한 국제법적인 요구를 무력화시키고, 강화조약이나 베를린에 관해서도 전 독일에 관한 4국의 권한과 책임을 약화시켰다고 비판했다. 그러나 연방정부는 기본조약을 체결했다고 해서 독일분단을 인정하는 것은 아니라고 주장하면서 기민/기사당의 주장을 반박했다. 기민/기사당은 동·서독 기본조약의 내용을 비판하기는 했지만, 대놓고 반대표를 던지는 데는 부담을 느꼈다. 모스크바조약과 바르샤바조약의 비준 때 그랬던 것처럼, 기민/기사당은 동·서독 기본조약을 놓고도 내부논쟁과 분열을 겪었다. 기민/기사당은 반대 입장을 모호하게 유지한 가운데 탈출구로 비준이 된 후 연방헌법재판소에 기본조약의 정당성문제를 물어보는 것으로 가닥을 잡았다. 동·서독 기본조약은 결국 5월 11일 연방의회에서 기민/기사당의 애매한 반대 속에 비준되었고, 5월 25일에는 연방상원에서도 비준되었다. 상원에서 기본조약은 사민당과 민주당의 찬성만으로 비준되었다.

브란트는 기민/기사당의 이런 비판과 반대에 대해 다음과 같이 반응했다.

> "우리의 전체 국민을 위해서 평화를 더욱 확실하게 하는 것, 그것이 아무것도 아니란 말인가? 서구와 남과 북의 민족들과 우애에 신뢰와 화해를, 그리고 또한 동구의 민족들과의 우애를 첨가하는 것, 이것이 아무것도 아니란 말인가? 그리고 그것에 따라서 독일이 그 자체에 더 많은 안보와 더욱 개선된 평화를 갖게 되지 않는가? 그의 국민이, 개인이 그것으로부터 이익을 얻게 되지 않는가?" [87]

동·서독 기본조약이 통과된 직후 바이에른 주정부는 1973년 5월 28일 연방헌법재판소에 기본법의 저촉여부를 묻는 위헌심사요청서를 제출했다. 기민당의 자매정당인 기사당이 지배하는 바이에른 주는 위헌심사청구서에서 조약이 독일 기본법에서 벗어나 "독일의 민족적 통일을 부정하고, 동독을 독립된 국가로 인정하고, 독일 내 경계선을 국경으로 인정함으로써 독일의 분열을 영구화시켰다"고 주장했다. 바이에른 주정부는 또한 판결이 끝날 때까지 정부가 조약을 발표시키지 못하도록 법원에 효력정지 가처분신청을 냈다. 그러나 1973년 7월 31일 연방헌법재판소는 바이에른 주정부의 신청을 기각하고, 조약이 재통일 추구라는 기본법 정신을 위반하지 않는다고 판결했다. [88]

체코슬로바키아와의 협정

브란트정부는 다시 체코슬로바키아와의 관계개선을 추진했다. 체코슬로바키아는 영토 중 절반가량이 독일 및 오스트리아와 국경을 접하고 있다. 또 이 지역은 오랫동안 과거 오스트리아를 지배한 합스부르크왕가의 영향권 아래 있었다. 때문에 독일과 오스트리아에 인접한 쥬데텐 지역에는 독일인들이 많이 살고 있었다. 히틀러는 1938년 체코슬로바키아 내의 독일인 거주지역인 쥬데텐의 병합을 요구했다. 이 문제를 논의하기 위해 1938년 9월 29일 영국, 프랑스, 이탈리아 등이 독일과 함께 모였고, 그 결과 '뮌헨협정'이 체결되었다. 이 과정에서 서유럽 국가들은 제1차 세계대전의 상흔을 상기하며 어떻게든 전쟁을 피해보려 했다. 이런 태도는 서방 국가들의 유약함으로 비쳐졌고, 히틀러로 하여금 오히려 전쟁도발의 의지를 강화하게 만드는 계기를 제공했다. 히틀러는 서방 국가들에 전쟁의지가 전혀 없는 것을 확인하고, 쥬데텐 지역의 범위를 넘어 1939년 3월 체코슬로바키아 전체를 병합해버렸다.

과거 역사에 대한 반성을 토대로 서독과 체코슬로바키아는 1973년 6월 20일 본에서 현안문제를 타결했다. 양국은 조약에서 1938년의 뮌헨협정을 무효로 간주했을 뿐만 아니라, 이로 인해 발생한 제반문제들을 해소하는 일련의 조치들을 취했다. 양국 외무장관이 프라하조약에 가서명했고, 12월 11일 브란트 총리와 체코의 스트루갈(Lubomir Strougal) 총리가 정식으로 서명했다. 양국은 조약 외에 체코슬로바키아에 거주하는 독일인의 서독이주문제와 서독에 거주하는 체코슬로바키아인의 가족 결합문제는 두 나라 적십자사에 의해 추진하기로 합의했다.

동 · 서독 교류의 활성화

분단 후에도 통일의 의지를 버리지 않은 서독정부가 미래의 통일을 위해 가장 역점을 두어 추진한 것은 민족의 동질성 유지였다. 동 · 서독 교류협력은 이를 위한 가장 실질적인 조치였다. 동 · 서독 교류에서 가장 우선적인 대상은 분단으로 고통을 받고 있는 이산가족 간의 교류였다. 분단의 상징적 도시인 베를린의 경우 280만 명(1949년 기준)의 주민들이 함께 살던 가족 · 친지들과 생이별을 해야 했다. 역대 서독정부는 이 비극적 상황을 개선하기 위해 이산가족의 교류를 포함하여 동 · 서독간의 인적 교류에 많은 노력을 기울였지만, 키를 쥐고 있는 쪽은 동독이었다.

1952년 5월 동독이 서독과의 국경을 차단해버린 후, 서베를린 시민에게는 동베를린 방문만 허용되고 동독방문은 불허되었다. 1961년 베를린 장벽 설치 후에는 이것마저도 축소되었다. 동독은 서베를린 시민의 동베를린 방문을 불허했고, 오로지 서독인에 한하여 딱 하루 동베를린 방문을 허용했다. 당시 서베를린 시장이었던 브란트는 이 문제를 개선하기 위해 동독과 협상했고, 1963년 12월 17일 '통과사증협정'을 체결한다. 이 협정 체결 이후 서베를린 시민은 1963년 성탄절과 새해 연휴기간에 동베를린에 살고 있는 친척들을 방문할 수 있었다. 이 조치로 서베를린 시민 약 70만 명이 혜택을 보았다.

동독 측은 처음에 인적 교류가 가져올 파급효과를 우려하여 1년에 한 번 4주 간의 체류기간을 정해 동독에 친척이 있는 경우에만 방문을 허용했다. 여기서 친척의 범위는 조부모, 부모, 자식, 형제 · 자매, 이복형제 · 자매 등이었다.[89] 통과사증협정은 이후 매년 갱신되었으나 1966년 12월 동독이 협정의 갱신을 거부하여 긴급한 가사문제 외에는 서베를린 시민의 동베를린 방문이 중단되었다.

동 · 서독인들 및 동서베를린 사이의 인적 교류가 다시 활성화된 것은

1971년 베를린협정과 그 후속조치인 1971년 12월의 동·서독 '통과협정' 및 '동독과 서베를린 시의회의 여행 및 방문교류 완화와 개선에 관한 합의서'가 체결되면서부터였다. 1973년 동독과 동베를린을 방문한 서독인들의 수는 약 228만이었는데, 이는 1971년 약 127만 명보다 101만 명이 증가한 숫자이다.

동독은 1964년부터 서독인 또는 외국인이 동독을 여행할 경우 여행일수에 따라 동독화폐를 의무적으로 환전·구입해야 하는 제도를 시행했다. '최저환전제도'는 연금수령자와 어린이를 제외한 모든 방문객에게 강제 적용되었고, 이들은 동독방문 1일에 5마르크를 1대 1의 환율로 교환해야 했다. 1968년에는 최저 환전금액을 2배나 인상하여 10마르크로 했다. 최저환전제도는 서독인의 동독방문을 제한하는 효과와 함께 동독의 외화수입을 증가시켰다.

동독정부는 통과협정과 합의서 체결 후 서독과 서베를린 시민들의 동독 및 동베를린 방문이 크게 증가하자 다시 1973년 11월 15일 최저 환전금액을 이전보다 2배나 올렸다. 1일 10마르크에서 20마르크로 인상한 것이다. 또한 그 이전까지 환전대상에서 제외되었던 연금수령자도 환전하도록 했다. 최저 환전금액 인상은 서독인의 동독방문 기회를 제한했다. 최저 환전금액 인상으로 당장 서독인의 동독과 동베를린 방문숫자는 192만 명으로, 서베를린 시민의 동베를린과 동독 방문숫자는 256만 명으로 감소했다. 이에 서독은 동독에 차관이라는 당근을 제공하며 최저 환전금액의 인하를 설득했다. 1974년 슈미트정부가 들어선 후 차관의 효과가 나타나 동독은 최저 환전금액을 1일 20마르크에서 13마르크로 낮추었다. 또 연금수령자는 환전대상에서 과거처럼 제외시켜주었다. 그러자 1974년에 줄어들었던 동독 방문자가 1975년부터 다시 증가하기 시작했다.

서독인들의 동독 및 동베를린 방문과 달리 동독인들의 서독 및 서베를린 방문은 극히 제한적이었다. 1972년 이전만 하더라도 동독인의 서독방문은 연금수령자에 한해서였다. 그러다가 1971년 9월의 베를린협정과 12월의 통과협정이 체결된 후 동독인들의 서독방문이 다소 완화되었다. 연금생활자들은 1년에 여러 번 전체 30일의 범위 안에서 서독과 서베를린을 방문할 수 있게 했다. 연금수령자 외에 '긴급한 가사家事문제'로 인한 방문도 가능해졌다. 긴급한 가사문제란 서독에 살고 있는 가족과 친척들의 출생, 세례, 견진성사, 생일, 결혼, 중병, 또는 사망하는 경우 등을 말한다. 여행허가 신청자격이 있는 친척의 범위는 조부모, 부모, 자식, 형제·자매간, 이복형제·자매간이었다. 그러나 이 문제로 인한 서독방문은 1970년대 내내 30~40명대를 넘지 않았다. 전반적으로 동독인들의 서독방문 숫자는 베를린협정 체결 이후에도 눈에 띌 만큼 증가하지는 않았다.

서독 연방정부는 동독지역으로부터 오는 여행·방문자에 대하여 재정수단(예산)을 통한 각종 지원조치를 취함으로써 동독 주민들의 서독여행을 장려하여 양독 주민들 간의 접촉을 증대시키고 상호이해를 촉진시켜 분단에도 불구하고 민족의 동질성을 회복시키고자 노력했다. 연방정부는 이런 지침을 1972년 7월 1일 마련했고, 재정지원 범위도 점차 확대시켰다. 연방정부가 동독여행객들에게 제공한 지원조치로는 환영금(현금), 여행경비, 의료비, 서독여행 도중 사망 시 지원금 등이 있었다.[90]

동·서독간의 인적 교류 중에서 가장 진전된 분야는 전화통화였다. 서베를린과 동베를린 사이의 직접 통화는 1952년 끊어진 지 19년 만인 1971년 1월 31일 재개되었다. 그 이전 19년 동안에는 교환을 통한 통화가 이루어졌는데, 통화 자체도 어려웠지만 중개 때문에 시간도 많이 소요되어 매우 불편했다. 1971년 9월 '우편과 통신 개선에 관한 의정서'가 체결된 후 전화통화가 보다 용이해졌다. 서독은 동독에 전화시설 개선비용으로 2억 5천만 마르크를 지원했다. 그 결과 동독은 전화선을 46회선 추가 설치하고, 전보의 자동화, 텔렉스 회선 증설, 편지와 소포의 배달시간 단축 등을 시행했다. 1975년 4월에는 240회선의 전화선이 개통되어

서베를린과 동베를린 사이의 전화는 완전 자동화되었다. 교환을 거쳐야만 통화가 가능했던 통화 횟수는 1970년 70만회에서 자동화된 1975년에는 970만회로 증가했다.

서독과 동독 사이의 교역은 동·서독으로 분단된 직후부터 꾸준히 이뤄졌다. 서독은 동·서독 교역을 외국과의 무역과 구분하여 내독무역(Innerdeutscher Handel)으로 규정했다. 서독은 동독과 무역을 하면서 수출이나 수입이라는 용어 대신에 '공급(lieferungen)'과 '구입(Bezüge)'이라는 용어를 사용했다. 이는 동독과의 무역이 외국과의 거래가 아닌 독일 내부거래임을 강조하기 위한 것이었다. 이는 분단을 공식적으로 인정하지 않고 통일을 지향하는 전체적 흐름과 맥락을 같이 하고 있다. 다른 한편으로 동독상품은 내독무역의 특수성을 대외적으로 인정받아 다른 동유럽 국가들과는 달리 유럽경제공동체 회원국이나 서방국가에 관세면제나 관세완화를 통해 유리한 조건으로 상품을 수출할 수 있게 했다. 이런 관례가 기민/기사당정부 때부터 시작된 것으로 미루어 기민/기사당정부도 동독을 국가로 인정하지는 않지만, 동·서독 간의 인적·물적 교류의 중요성에 대해서는 부정하지 않았다고 볼 수 있다. 내독무역의 이런 관례는 1972년의 동·서독 기본조약에서 다시 확인되었다.[91]

동·서독 간의 교류에 매우 중요한 영향을 미친 것으로 텔레비전 시청을 빼놓을 수 없다. 동독정부는 1950년대에 동독인의 서독방송 및 텔레비전 시청을 금지해왔다. 1953년 6월의 동베를린 인민 봉기가 서독 라디오 방송의 영향을 받았다고 생각했기 때문이다. 그러나 동독정부가 동독인들의 서독 텔레비전 시청을 전면적으로 금지할 수는 없었다. 서독방송국들이 베를린이라는 특수 지역과 동독국경에 위치한 송출시설을 통해 동독 지역으로 얼마든지 전파를 내보낼 수 있기 때문이었다. 이로 인해 동독 주민들은 서독의 라디오방송과 텔레비전을 얼마든지 청취·시청할 수가 있었다.

1961년 베를린장벽이 건설된 후 방송은 동·서독인들을 연결하는 가장 영향력 있는 수단이었다. 동독정부는 결국 서독방송의 수신 억제정책을 포기하고 공공기관이 아닌 가정 등에서 개별적으로 시청하는 것은 묵인하는 정책으로 전환했다. 1973년 5월에 호네커 서기장이 당중앙위원회 9차 회의에서 "동독방송이나 서독방송을 선택적으로 시청하는 것은 동독인민의 권리이다"고 천명한 것이 이를 입증해준다.[92] 이것이 계기가 되어 1980년대가 되면 동독인들의 서독방송 청취는 더욱 활성화된다. 1980년대에 동독지역의 서독 텔레비전 가시청권역은 80퍼센트 대에 이르렀다.[93] 동독정부가 이렇게 서독 텔레비전 시청에 유연하게 대응한 것은 청취를 막는 것 자체가 기술적으로 불가능하다는 점 외에도 서독 텔레비전 방송이 자본주의사회의 어두운 면을 가감 없이 전달하여 서독사회의 모순을 알게 만들면 오히려 동독체제 유지에 도움이 될 것이라는 판단 때문이었다.[94] 동독정부가 동독체제의 우월성에 대해 오판한 결과였다.

1961년 베를린장벽 설치 후에도 동독에서 서독 및 서베를린으로 탈출한 사람은 많았다. 1961년부터 1988년 사이 동독탈출에 성공한 사람은 약 20만 명이나 되었다. 같은 기간 동독을 탈출하려다 동독국경수비대에 의해 사살된 동독인도 175명이나 되었다. 동·서독이 관계정상화와 접촉 확대에 성과를 낼수록 동독의 서독에 대한 경계심은 커졌다. 동독은 서독과 큰 차이가 있다고 주장하면서 완전히 다른 주권을 가진 2개의 독립국가가 존재하고 있음을 강조했다.

분계(Abgrenzung)정책이란 말하자면 연방공화국은 제국주의적 서방진영의 일부로서 동독을 뒤집어엎으려 하고 있기 때문에 동독의 국가이익을 지키기 위해서는 특단의 경계와 보호방책을 유지해야 한다는 것이었다. 반체제인사들을 탄압한 것도 같은 맥락에서였다. 불충 혹은 이단적인 행위에 대해서는 해고나 지위 박탈 및 투옥을 포함하여 가혹한 제재를 가했다. 국경경계를 강화하고, 동독을 탈출하려는 사람들에게 가혹한 처벌을

에리히 호네커

내렸다. 1973년 동·서독 기본조약 체결 후 9명이 사살되었다. 동독을 탈출하려다 붙잡힌 사람들, 동독체제에 불만을 품고 저항하거나 비판 혹은 비판자로 분류되어 정치범수용소에 수용되어 있는 사람도 많았다. 1975년 당시 동독인구 1,670만 명 중 정치범의 숫자가 6,500명 정도 되는 것으로 추정되었다.[95]

서독은 이들 정치범들을 서독으로 데려오는 정책을 펼쳤다. 이런 정책은 1963년부터 시작했으며 최초의 입안자는 내독성 장관을 지낸 기민당의 라이너 바르첼이었다. 동·서독정부 사이에서 동독 정치범 석방의 중재자 역할을 한 대표적인 사람으로는 볼프강 포겔(Wolfgang Vogel) 변호사를 들 수 있다. 그는 동독의 인도주의사업 담당 특명전권대사라는 직책을 갖고 있었는데 사실상 중개인이었다.

기욤사건과 불명예 퇴진

브란트의 지지자인 권터 그라스는 1970년 3월 브란트에게 편지를 보내 "상대적으로 성공적이었던 시작단계가 지나면 동방정책과 독일정책은 정체될 수도 있다. 그러면 대중의 관심은 국내정치로 향할 것이다"고 말하고 그런 상황에 미리 대비해야 한다고 조언했다.[96] 권터의 조언은 몇 년 후 그대로 들어맞았다. 동방정책을 통한 브란트의 화려한 외교적 성과는 1972년 동·서독 기본조약 체결을 정점으로 대중의 관심사에서 후순위로 밀려났다. 그리고 국내정치와 경제문제가 정책에서 우선순위로 올라섰다.

1973년 가을부터 중동전쟁과 오일쇼크로 경제가 어려움에 처했다. 산유량의 감소와 원유가격의 급등은 과거에는 전혀 상상할 수 없는 일들을 발생시켰다. 네 번째 일요일마다 거리에 보행자, 자전거 타는 사람, 말을 타는 사람들이 등장했다. 한 달에 한 번씩 실시되는 '운전금지' 조치의 결과였다. 6개월 동안 고속도로와 국도에서 속도제한 조치도 실시되었다. 외적 요인에 의해 야기된 경제적 어려움이었지만, 그 최종적인 책임은 총리인 브란트에게로 돌려졌다. 『슈피겔』지는 브란트를 경제 초년병이라고 냉소적으로 평했다.

노동계의 파업도 거세었다. 여행 성수기인 7, 8월에 1,600명의 항공 관계자들이 준법투쟁 형태로 파업을 벌여 5백만여 명이 피해를 입었다. 공공부문 노조의 파업이 뒤를 이었고, 전국적으로 확대되었다. 공공부문·운송·교통 노조와의 협상에서 임금인상이 두 자리 수인 11퍼센트로 결정되었는데 이는 정부가 노조의 파업에 굴복한 것이나 다름없었다. 이 협상 책임자는 내무장관인 자민당 출신 겐서였으나 최종 책임은 브란트가 짊어져야 했다. 두 자리 수의 임금인상은 브란트정부에 대한 신뢰에 크게 손상을 입혔다.

1972년 4월 브란트에 대한 불신임안이 의회에서 부결된 직후 기민당 의원이 매수되었다는 소문이 나돌았으나 시간이 지나면서 그 문제는 대중의 관심사에서 한동안 사라지는 것 같았다. 그러던 중 1973년 기민당 소속의 율리우스 슈타이너(Julius Steiner)가 자신이 사민당 소속 연방하원 의원총회 서기였던 카를 비난트(Karl Wienand)로부터 불신임안에 기권하는 대가로 5만 마르크를 받았다고 털어놓는 사건이 발생했다.97 그러나 슈타이너의 말 이외에 다른 증거는 없었다. 국회조사위원회가 구성되어 이 사건을 조사했으나 아무것도 밝혀내지 못했다. 다만 슈타이너를 매수한 인물로 지목된 비난트가 의원직과 사민당 의원총회 서기직을 모두 내놓아 그가 의원 매수 사실을 간접적으로 시인했다고 해석할 수 있는 여지는 있었다. 이 사건이 발생한 후 8년이 지난 1980년 사민당의 원내총무 베너(Herbert Wehner)는 브란트정권과 동방정책을 지키기 위해 '매수행위'가 있었음을 시인했다.98 브란트의 총리직 유지에 안도한 사민당 사람들 중 일부는 자민당과 사민당 의원들을 기민당으로 당적을 옮기게 한 행위 역시 일종의 매수행위에 의한 것 아니냐면서 사민당의 의원 매수행위를 변호했다.

다행스러운 것은 대부분의 사람들이 브란트가 이 매수사건에 관여하거나 이를 알고 있었으리라고 의심하지 않았다는 사실이었다. 심지어 1972년 불신임 작전의 총 기획자인 기민당의 라이너 바르첼마저 브란트 총리는 이런 작전을 수행할 음모적 여력을 갖고 있지 않았다면서 그가 이 일에 개입하지 않았을 것이라고 말했다. 그의 정적까지도 브란트의 정직성을 믿고 있었던 것이다. 덕분에 이 사건으로 인해 브란트정권이 직접적인 위기에 처하지는 않았다. 그러나 슈타이너 의원의 폭로사건이 브란트 총리의 대내외 이미지에 크게 손상을 입힌 것은 어쩔 수 없는 일이었다. 이 일은 브란트정부의 도덕성에 의문을 제기했고, 어려운 처지에 있던 브란트의 정치적 위상에 또 하나의 타격을 가했다.

1974년 봄의 여론조사 결과는 이런 제반사정을 반영했다. 사민당의 지지도는 34퍼센트로 떨어졌고, 기민/기사당의 지지도는 52퍼센트로 높아졌다. 1974년 3월 4일 사민당의 아성인 함부르크 선거에서 사민당의 득표율은 55.3퍼센트에서 44.9퍼센트로 떨어졌다. 자연히 1974년 무렵 브란트의 정치적 입지가 흔들렸다. 상황이 브란트에게 불리하게 돌아가자 사민당 내의 경쟁자들이 움직였다. 브란트의 오랜 경쟁자이면서 사민당 권력의 삼각 축을 이루고 있던 원내총무 베너와 경제재정부 장관 슈미트가 브란트에 대한 공격을 노골화했다.

이렇게 정치적 어려움이 가중되고 있는 상황에서 설상가상으로 귄터 기욤(Günter Guillaume) 사건이 터졌다. 기욤은 1956년 그의 아내와 함께 동독 피난민 자격으로 서독에 넘어온 사람이다. 그는 처음에는 서베를린에, 다음에는 프랑크푸르트에 와서 살았다. 1957년부터 사민당에 관여했으며, 1970년 1월 본으로 이사온 몇 달 후부터 총리실 직원으로, 그리고 1972년 가을부터는 브란트 총리의 개인 사무실에서 일하게 되었다.

기욤은 1972년 가을부터 브란트의 집에도 출입했으며, 1973년 브란트 부부가 노르웨이 별장에 머무를 때 함께 머물렀다. 이런 기욤이 서독 정보기관에 의해 의심을 받기 시작한 것은 1973년초부터였다. 바르 등 브란트의 측근들은 처음에는 기욤사건을 단순한 화젯거리나 스캔들로 여겼을 뿐 위협적이거나 위기로 생각하지 않았다. 그러나 기욤은 1년여의 조사기간을 거쳐 1974년 정보기관에 의해 동독의 스파이로 확정 발표되었다. 기욤이 동독 스파이로 판명되면서 브란트의 정치생명이 위협받았다. 브란트의 동방정책으로 큰 혜택을 본 동독이 브란트의 지근거리에 스파이를 파견했다는 사실은 브란트는 물론이요 서독정계를 떠들썩하게 만들기에 충분했다. 브란트는 기욤이 서독정부의 주요 문서에 접근하지 않았다고 생각했고, 연방의회에서 이를 분명히 했다. 그러나 이런 설명만으로는 위기를 극복하기에 역부족이었다. 문제는 기욤사건 그 자체가 아니라 브란트의 총리직을 둘러싼 정치적 음모가 복잡하게 얽혀 있었기 때문이다.[99]

야당과 보수언론은 일제히 브란트와 동방정책을 비난하고 조롱했다. 서독 언론매체들은 총리실 직원의 간첩혐의 사건을 계기로 마치 서독 전체가 동독 첩보원들에 의해 파괴당하고 있는 것처럼 부풀려 보도했다. 예를 들어 『슈피겔』은 정부 관계자의 말을 빌려 11,000명의 동독간첩이 서독체제를 전복시키기 위해 활동하고 있는 것처럼 보도했다. 브란트의 반대자들은 이 사건으로 공산주의자들과의 협상과 공존이 얼마나 허망한 것인지 여실히 증명되었다고 주장하며 브란트의 사임을 요구했다.

언론의 주장이 어느 정도 사실인지는 정확히 알 수 없지만, 실제로 서독에는 동독에 정보를 제공해주는 첩보원들이 많이 거주했다. 동독은 많은 동독인들이 서독으로 탈출을 시도했기 때문에 이를 방지하기 위해 동·서독간 인적 교류가 활발해진 다음, 오히려 서독에서의 첩보활동을 강화했다. 동독 첩보기관은 합법이주를 희망하는 사람들에게 이주를 허용

권터 기욤_동독 스파이로 밝혀져 브란트 사임을 촉발시켰다.

하는 조건으로 서독에서 정보 수집 활동을 강요한 사례가 많았다. 특히 정치적 이유를 내걸며 서독으로 탈출한 사람들 중에도 서독에서 장기간 다른 일에 종사하다가 나중에 대공당국의 관심이 없어질 즈음 애초에 의도했던 임무를 수행하는, 소위 장기전을 펴는 간첩들이 있었다. 기욤의 경우도 이에 해당되었다. 동독 첩보원 혹은 간첩들 중에는 동독 정치범의 석방기회를 활용하여 서독으로 옮겨온 사람도 있었다. 서독정부의 입장에서는 이들 동독 첩보원 혹은 간첩들을 단속하기가 쉽지 않았다. 기본법에 따라 모든 독일인에게 완전 자유왕래를 보장했으며, 기본조약체결 이후 양독 주민들 간의 인적 교류를 적극 장려했기 때문에 동독간첩의 침투와 왕래는 어느 정도 각오할 수밖에 없었다.[100]

이런 제반사정을 감안할 때, 그리고 기욤의 신원을 조사하고 간첩을 적발할 책임을 가진 부서가 따로 있는 상황에서 이 사건의 책임을 물어 브란트를 실각시키려 한 시도는 정치적 음모의 성격이 강했다. 브란트도 처음에는 자신이 사임할 만큼 잘못한 일이 없다고 생각했다. 자민당 총재이자 외무장관인 쉘과 자민당은 브란트의 편이었다. 그러나 야당과 보수언론의 공세가 심했다. 동방정책에 대해 비판적이었던 그들은 이 기회에 브란트를 실각시키고 동방정책에도 상처를 가하려 했다.

이런 상황에서 브란트가 총리직에 그대로 머물러 있으려면 그가 속한 사민당의 절대적인 지지가 필요했다. 그러나 불행하게도 1974년 당시 사민당 내에는 원군보다는 적이 더 많았다. 1968년 이래 브란트, 슈미트와 함께 당내에서 트로이카를 형성했던[101] 원내총무 베너가 브란트에 대한 공격을 주도했다. 그는 당이 가능한 신속하고 피해 없이 이 사건에서 벗어나 정부를 이끌어야 한다고 생각했다. 베너는 이를 위해 현직 사민당 출신 총리가 희생물로서 필요하다면 그렇게 되어야 한다고 생각했다.[102] 브란트는 베너의 이런 정치적 성향을 잘 알고 있었다. 그가 결코 자신의 퇴임작전을 멈추지 않으리라고 생각했다. 당내 경쟁자는 브란트의 여성중 또 다른 동독 스파이가 있다고 하면서 브란트를 위협했다. 이 부분에서 브란트는 더 이상 버티는 것이 힘들다고 판단했다. 브란트는 총리직보다 그의 명예를 우선순위로 택했다.

브란트의 측근 바르는 기욤사건을 가리켜 베너가 동독의 호네커와 공모하여 브란트 실각작전을 펼쳤고, 기욤사건은 이런 음모의 결과물이라고 해석했다.[103] 그 해석에 동의하건 하지 않건 간에 한 가지 분명한 것은 브란트와 베너의 관계만큼 애증관계가 깊은 경우도 찾기가 쉽지 않다는 점이다. 베너는 변방인 브란트를 정치의 중심인 본 정치에서 성공하게 만든 일등공신이었다. 브란트가 1964년 사민당 총재로 선출될 때, 1966년 기민당과 대연정을 수립하면서 부총리 겸 외무장관을 맡을 때, 1972년 총리 불신임 투표에서 2표 차이로 위기를 모면할 때 이를 기획하고 실천에 앞장 선 사람이 바로 그였다. 다른 한편으로 총리 브란트를 가끔씩 무력하게 만드는 일에, 그리고 1974년 브란트로 하여금 총리자리에서 물러나게 만든 결정적 역할을 한 사람도 그였다. 어떤 사람은 베너가 기욤사건의 기획자라고 말하고, 어떤 사람은 베너가 브란트의 총리직 사임을 만류하지 않음으로써 결과적으로 브란트의 사임에 큰 책임을 져야 한다고 말한다. 두 사람 사이의 긴장과 대립은 브란트가 총리직에서 물러난 이후에도 계속되었다. 두 사람의 경쟁관계는 베너가 의원직과 교섭단체장을 그만둔 1983년까지 계속되었다.[104] 브란트가 사민당 총재직을 그만둔 것이 1987년이니 베너가 먼저 지쳐 물러난 셈이다.

건강이 좋지 않았던 브란트는 기욤사건이 터진 후 탈진한 채 1974년 5월 6일 총리직을 사임한다. 그는 연방대통령에게 보낸 사직서에 자신의 퇴임사유를 기욤 스파이사건 관련 '부주의에 대한 책임의식'이라고 썼다. 부총리 셀에게 보낸 편지에서는 자신의 태만함도 여기에 포함된다고 밝혔다. 그가 밝힌 태만함이란 기욤사건이 처음 드러난 후 사임이 결정될 때까지 1년 가까이 이를 사소한 문제로 치부하며 걱정할 것 없다고 한 주변의 조언만 믿고 사태를 가벼이 여겨버린 것을 의미했다. 사민당 의원총회에서 브란트는 자신의 퇴임사유 가운데 하나를 자신의 "개인적 · 정치적 성실함을 손상시키고 싶지 않아서"라고 꼽았다.[105]

그러나 퇴임의 변이 무엇이든 간에 브란트의 퇴진은 불명예스러운 것이었다. 노벨평화상을 수상했고, 2년 전 총선에서 큰 승리를 거두었으며, 임기를 아직 2년이나 남겨둔 상태에서 행해진 퇴진은 그가 누린 영광만큼이나 충격적이었다. 그는 자신의 퇴임이 결코 강요된 것이 아니라고 말했고, 책임의식에서 나온, 솔직히 자신이 책임져야 했던 것보다 훨씬 많은 책임을 지고 물러난다고 언급했지만,[106] 마음속으로는 큰 충격을 받은 것이 사실이었다. 그는 이 불운한 사건 앞에 좌절하며, 비록 바로 찢어버리기는 했지만, 가족에게 유서까지 썼다고 한다.[107]

제 4 장

퇴임 후의 브란트와 계승자들

빌리 브란트와 김대중

1. 퇴임 후 제2의 전성시대

브란트 총재와 슈미트 총리의 관계

브란트는 총리직을 사임하기 직전 비서실장 엠케에게 만일 자신이 총리직에서 물러난다면 후임 총리는 슈미트가 맡아야 한다고 말했다.[1] 브란트의 말대로 슈미트는 1974년 5월 16일 브란트의 불명예 퇴진 덕분(?)에 연방정부 총리직에 올랐다. 브란트가 1974년 국내경제의 어려움과 흔들리는 정치적 리더십 등으로 어려운 처지에 빠진 것은 사실이었지만, 기욤사건을 겪지 않았더라면 슈미트에게 총리의 기회는 주어지지 않았을지도 모른다. 브란트가 총리직에서 물러난 이후에도 13년 동안 사민당 총재자리를 계속 고수할 만큼 그의 당내 입지가 튼튼했다는 사실이 그런 가정을 뒷받침한다.

슈미트는 브란트, 베너와 함께 1970~80년대에 사민당을 이끈 핵심 지도자 가운데 한 사람이었다. 브란트가 대연정 하에서 부총리 겸 외무장관을 지낼 때 슈미트는 사민당 원내총무를 역임했다. 그는 브란트정부에서는 국방장관, 경제장관, 재무장관을 차례로 맡았다. 당내 우파의 중심인물이었고, 특히 1972년 재무장관을 맡으면서 브란트내각에서 최고 실력자(Superminister)로 통했다.[2]

브란트는 총리직에서 물러났지만, 사민당 총재자리는 그 후로도 13년 동안 계속 유지했다. 오래 전부터 당 안팎으로 많은 경쟁자와 적이 있었지만, 기옴사건 이후에도 사민당 총재로서 그의 위상은 확고부동했다. 새로 총리직을 물려받은 슈미트도 브란트에게 총재자리에 그대로 있으라고 권유했다.[3] 총리직에서 물러나기 1년 전인 1973년 4월 하노버 전당대회에서 브란트는 428명의 대의원 중 404표의 지지를 받았다. 1970~80년대 사민당 내에서 당내 좌·우파 사이의 경쟁과 불화를 아우르며 당을 통합시킬 사람으로 그만한 인물이 없었다. 확고한 그의 위상은 총리직에서 물러나고 1년 후에 개최된 1975년 11월 만하임 전당대회에서 다시 한번 확인되었다. 슈미트가 브란트에게 총재직에 그대로 머물러 있으라고 권유한 배경에는 이런 현실적인 요인이 작용했다.

내각제 하에서 집권당의 총재는 정부정책에 일정하게 관여하며 영향력을 행사할 수 있는 자리였다. 브란트는 총리직을 수행할 때에도 당의 총재자리를 겸했지만, 총리업무 때문에 당 총재로서의 활동은 부차적인 것으로 밀려나 있었다. 총리직에서 물러난 그는 이제 당의 업무에 보다 적극적으로 임할 수 있었고, 또 실제로 그렇게 했다. 브란트는 총리직에서 물러난 후에도 회의 등을 통해 정부업무를 자주 보고받았다. 슈미트 총리는 중요한 외교문서를 브란트에게 빠짐없이 보내주었고, 그 중에는 비밀보고도 있었다.[4] 이렇게 두 사람은 한편으로는 경쟁하면서 다른 한편으로는 역할분담을 행하며 정부와 당을 이끌었다. 이상주의자인 브란트는 당내 진보적 인사를 대변했고, 실용주의자인 슈미트는 당내 온건세력을 대변했다. 사민당 총재는 정권이 바뀌어도 당이 살아남도록 튼튼하게 해야 했고, 총리는 연방정부를 이끄는 책임자이면서 다음에 있을 연방의회 선거도 유념해야 했다.

브란트는 총리 퇴임 후 자주 기옴사건에 대해 언급했고, 총리직 사임을 후회하는 듯한 발언을 하기도 했다. 퇴임은 불필요했으며 객관적으로 피할 수 있었지만, 책임감 때문에 그런 것이라고 자위했다.[5] 당 내외에서

헬무트 슈미트

지속된 명성과 왕성한 활동은 그로 하여금 총리직에서 물러난 이후에도 트레이드마크인 동방정책이 지속되게 하는 데 기여했으며, 그 역시 이런 데서 나름대로 만족감을 느꼈다.

사민당 내의 삼두마차인 베너와 브란트, 그리고 슈미트. 세 사람의 출생연도는 차례대로 1906년, 1913년, 1918년이었다. 세 사람은 당내에서 사민당의 권력장악과 유지를 위해 긴밀하게 협력했으면서도, 내적으로는 치열하게 경쟁했다. 브란트와 베너의 관계는 슈미트와의 관계보다 애증의 폭이 훨씬 깊었다. 베너는 브란트를 총리로 만들어준 일등공신이면서 동시에, 5년 후 그를 총리자리에서 끌어낼 때 또 다른 방식으로 최고의 책임을 진 사람이었다. 이에 비한다면 브란트와 슈미트의 관계는 내용 면에서 훨씬 치열한 경쟁관계를 맺었으면서도 상호절제를 통해 극단적인 대립을 피하려 노력한 관계였다.

세 사람 중 정계를 가장 일찍 떠난 사람은 베너였다. 그는 1983년 아이와 질병을 이유로 의회에서 퇴진했고, 교섭단체장도 사임했다. 슈미트는 1982년 총리직에서 물러난 후 한 회기 동안 의회에 머물러 있다가 당내 주요 활동에서 멀어졌다. 결국 삼두마차 중 맨 마지막까지 정계에 남아 사망하는 순간까지 왕성한 활동을 한 사람은 브란트였다. 그는 1987년 사민당 총재직을 물러난 후에도 명예총재로서 일정한 역할을 했고, 1992년 사망할 때까지 세계 최대의 정당연합체인 사회주의인터내셔널(Socialist Internationale, SI) 의장직을 유지했다.

슈미트는 1982년 총리자리에서 강제로 물러나면서 1974년에 총재직을 맡지 않은 것을 후회하는 듯한 발언을 했다. 만일 자신이 총재자리를 겸했더라면 상황이 달라졌을지 모른다는 생각이었다. 실제로 그는 잠깐이라도 자기 당의 총재직을 맡지 않은 유일한 연방총리였다. 슈미트가 당 총재직을 맡고 싶었다 하더라도 1974년 그에게 그런 기회가 주어졌을지, 또 그때 그가 당 총재직을 맡았다면 당을 결속시킬 수 있었을지는 알 수 없는 일이다.

그러나 확실한 건 당시 브란트만큼 당을 통합시킬 수 있는 인물이 없었다는 사실이다. 브란트는 당내 좌파와 실용주의파가 대립하고 있는 상황에서 양쪽을 아우를 수 있는 거의 유일한 인물이었다. 그는 당내의 상황을 완전히 꿰뚫고 있었다. 그리하여 브란트는 슈미트가 총재자리에 대해 후회스런 발언을 하자, 그때 자신의 도움이 없었다면 도리어 그의 총리임기가 더 단축되었거나 임기를 채웠더라도 별 성과 없이 직책이나 유지하고 있었을 것이라고 담담하게 응대할 수 있었다.[6] 두 인물의 이런 회고는 양자의 관계나 역할분담이 최선의 상황은 아니었음을 시사해 준다.[7]

브란트가 회고록을 집필한다는 소식을 들은 슈미트는 1988년 12월 어느 날 브란트의 생일을 미리 축하하는 편지를 보내면서 화해의 메시지를 함께 전달했다. 그는 이 편지에서 공직으로부터 떠나 있는 시간이 길어질수록 지난 15년 동안 서로가 일치하지 않았다는 생각이 점점 없어진다고 고백했다. 그러자 브란트는 회고록에 슈미트와 경쟁하려는 생각은 전혀 없었으며, 또한 1974년 기욤사건으로 총리직을 사직하려고 했을 때 슈미트가 만류했다고 서술함으로써 슈미트가 내민 이 화해의 손길을 받아들였다. 또한 총리직 사임을 최종 결정했을 때 슈미트가 자신에게 당 총재직은 반드시 계속 맡아야 한다고 했던 구절까지 덧붙이기도 했다.[8]

브란트와 슈미트는 프리드리히 에버트 재단이 1991년 11월 중순 베를린 겟세마네 교회에서 개최한 율리우스 레버의 탄생 100주년 기념행사에 함께 초대되었다. 두 사람 모두 이 행사에서 연설을 했으며, 행사 도중 개별적으로 만나 긴 대화를 나누었다. 홀거 뵈르너(Holger Börner)가 두 사람의 만남을 주선했다. 이런 식으로 두 사람은 인생의 마무리 단계에서 서로 화해했다.

두 사람이 경쟁하면서도 비교적 원만한 관계를 유지했다는 사실은 브란트와 슈미트정부에서 연속하여 장관을 지낸 자민당 총재 겐셔의 발언에서도 확인된다. 겐셔는 브란트가 슈미트를 비판적으로 이야기하는 것을 들어본 적이 없었다면서, 브란트는 분명하게 그의 후임자인 슈미트가 성공하기를 바랐다고 기술했다.[9] 브란트의 최측근이면서 슈미트정부에서 경제협력부장관을 맡았던 바르는 브란트와 슈미트 사이의 관계를 가장 정확히 알고 있는 사람이다. 그는 두 사람이 가끔씩 정책문제를 놓고 견해 차이를 드러내기는 했지만, 갈등관계였다고 평할 수준은 아니었다고 말했다.[10] 그 둘의 관계가 서로 경쟁자라기보다는 오히려 협력자로서 더 큰 의미를 가졌다는 게 겐셔와 바르의 공통된 입장인 셈이다.

왕성한 국제활동

총리직에서 불명예 퇴진했음에도 불구하고 노벨평화상 수상자로서 브란트의 국제적 위상은 조금도 흔들리지 않았다. 도리어 국제적인 활동은 더 왕성해졌다. 브란트는 1976년부터 세계 최대 규모의 정당연합체인 '사회주의인터내셔널(SI)'의 의장을 맡았다. 그를 의장으로 추천한 사람은 스웨덴 총리 올로프 팔메(Olof Palme)와 오스트리아 총리이자 망명시절의 동지인 브루노 크라이스키 같은 저명인사들이었다. 브란트까지 포함하여 위 세 사람은 사회주의인터내셔널의 핵심인사로서 상호 협력자이면서 때로는 치열한 경쟁관계를 이루었다. 크라이스키는 1974년과 1981년 사이에 야세르 아라파트 팔레스타인 의장과 여섯 차례의 회담을 가지면서 중동평화를 위한 중재자 역할을 했다. 1981년부터 1995년까지 프랑스 대통령을 지낸 프랑수와 미테랑도 이 단체 안에서 선의의 협력자이면서 경쟁자였다.

사회주의인터내셔널 의장 시절의 브란트

사회주의인터내셔널의 기원은 1864년 영국 런던에서 조직된 제1인터내셔널에 그 뿌리를 두고 있다. 각국에서 활동하기 시작한 사회주의자들을 회원으로 한 단체로, 중간에 활동이 중단되었다가 1889년 제2차 인터내셔널로 재탄생했다. 1차와 2차 인터내셔널 모두 마르크스주의를 주요 노선으로 삼고 있었으며, 독일 사민당은 제2차 인터내셔널의 지도정당이었다.

그러나 제2차 인터내셔널은 1914년 발발한 제1차 세계대전에 대한 인식차이로 분열했다. 이후 제1차 세계대전을 제국주의 전쟁으로 규정하고 혁명에 의한 사회주의 건설을 주장하는 공산주의자들은 새로운 인터내셔널을 창설하는데, 이를 흔히 공산주의인터내셔널(제3인터내셔널)이라고 불렀다. 공산주의인터내셔널과 달리 민주사회주의자들의 모임체는 특별한 활동을 하지 않다가 제2차 세계대전이 끝나고 새로이 조직재건에 나섰으며, 그 중요한 출발점이 1951년 프랑크푸르트 대회였다. 프랑크푸르트 대회는 사회주의인터내셔널을 재건하고 '민주사회주의의 목적과 임무'라는 강령을 채택하여 소련중심의 공산주의를 변질된 사회주의라고 비판하고 민주적 방식에 기초한 사회주의 건설을 주창했다.

사회주의인터내셔널엔 전 세계 60여 개 이상의 사회주의 계열 정당들이 회원으로 가입했다. 당의 규모와 상관없이 각 정당마다 투표권을 행사하나 실제로는 유럽 국가들의 정당이 주요 발언권을 행사하고 있다. 브란트는 의장을 맡아 지금까지의 이런 관행을 교정하려 했다. 그는 인터내셔널의 유럽중심주의를 극복하기 위해 지속적인 노력을 기울였다. 그는 유럽 밖의 세계, 특히 라틴아메리카의 회원들을 인터내셔널의 활동에 끌어들이기 위해 노력했다. 또 브란트가 총재로 있는 독일 사민당은 마리오 수아레즈(Mario Soares)를 의장으로 하는 포르투갈 사회당과 펠리페 곤잘레스(Felipe Gonzáles)를 수반으로 하는 스페인 사회주의 노동당 탄생의 산파 역할을 했다. 포르투갈과 스페인은 오랫동안 독재국가로 있다가 1976년 민주정부로 전환했는데, 이때 스페인 정부를 인수하여 민주화를 성공적으로 이끈 정당이 각각 포르투갈 사회당 및 스페인 사회주의 노동당이었다. 브란트가 이끄는 독일사민당과 사회주의인터내셔널은 포르투갈과 스페인의 사회주의 정당을 재정적으로 지원하면서 든든한 후원자가 되었다. 이런 인연으로 마리오 수아레즈와 펠리페 곤잘레스는 브란트의 열렬한 지지자가 되었다.[11] 브란트는 1992년 사망 직전까지 사회주의인터내셔널의 의장직을 맡아 국제사회에서 왕성한 활동을 이어갔다.

브란트는 매우 일찍이 남반구에 시선을 돌리고 거기서 째깍거리는 '시한폭탄'을 인식한 몇 안 되는 유력 정치인에 속한다. 베를린 시장 시절부터 남반구지역을 자주 여행한 덕분이었다. 그는 1962년에 이미 오스트리아의 브루노 크라이스키와 공동발의로 '개발문제연구소'를 창립했다. 이 조직의 목적은 지구상의 최빈국들에 대한 재정적 지원이었다. 사회주의인터내셔널의 의장을 맡으면서 브란트의 제3세계에 대한 관심은 더 커져갔다.

때마침 세계은행 이사인 로버트 S. 맥나마라가 북반구에서 남반구문제를 확실하게 대변할 수 있는 지도자를 찾고 있었다. 그는 이 역할을 수행할 최적의 인물로 브란트를 떠올렸다. 브란트는 1977년 9월 뉴욕에서 기자회견을 통해 국제개발문제를 위한 독립위원회를 창설하려는 맥나마라의 계획을 수용하고, 자신이 '국제개발문제독립위원회(Independent Commission on International Development Issues)'의 의장직을 맡았다고 발표했다. 그 3년간의 활동보고서는 1980년 유엔에 『남과 북, 생존을 위한 전략』이란 제목으로 제출되었다.

'브란트보고서'로 더 많이 알려진 이 300쪽짜리 보고서는 '인류의 연대'에 기초한 새로운 세계질서의 구축을 목표로 삼고 있었다. 이것은 또한 남반구의 위기와 그 원인에 대한 가차 없는 현장보도였다. "여기서는 모든 것이 연관된다. 영양실조, 문맹, 질병, 높은 출생률, 실업과 저소득,

이 모든 것이 가능한 출구를 봉쇄하는 데 함께 작용한다."[12] 이런 노력에 대한 공로를 인정받아 브란트는 1985년 4월 유엔으로부터 '제3세계 재단상'을 받는다. 하지만 이 보고서에 제시되었던 정책들은 이해 당사국들의 비협조로 거의 빛을 보지 못했다.

브란트의 사생활

브란트는 총리직 사임 이후 건강이 허락하는 한 전 세계를 쉴 새 없이 여행했다. 그의 여행은 사회주의인터내셔널 의장으로서, 당 총재로서, 나중에는 '남북위원회' 위원장의 자격으로 이루어졌다. 그는 총리일 때 22개국을 총 39회 공식 여행했다. 사임 후엔 재임 시보다 더 많은 여행을 했다. 1978년에만 아프리카와 북아메리카를 각각 두 차례씩 방문했고, 스위스 세 번, 벨기에 · 프랑스 · 헝가리 · 핀란드 · 불가리아 · 루마니아 · 덴마크 · 유고슬라비아 · 스웨덴 · 포르투갈은 각각 두 번씩 방문했다. 비슷한 시기에 아시아의 일본과 인도, 아프리카의 모리셔스 · 탄자니아 · 잠비아를 방문했다. 심지어 사망하기 1년 전인 1991년에도 일본, 오스트레일리아, 터키를 방문했다.

브란트는 청소년 시절부터 여행을 많이 다녔고, 이는 그에게 세계와 소통하고 견문을 넓히는 창구로 기여했다. 정치를 시작한 이후에도 그 횟수는 줄지 않았다. 정치적 변방인 베를린에서 정치의 중심지인 본으로 옮겨와 외무장관과 총리를 지낼 때엔 도피성 여행도 많았다. 그의 현실도피는 나이가 들수록, 직무가 부담이 될수록, 패배가 더 부담스러워질수록 어김없이 등장했다. 물론 이러한 여행이 그가 현실을 외면했음을 의미하지만은 않는다. 그에게 여행은 걱정을 뒤로 하고 새것을 받아들이며, 낡은 과제에 보다 강력히 집중하거나 종종 새로운 과제에 몰두하려는 시도였다. 글쓰기와 여행이라는 이중전략을 통해 다른 사람들이라면 좌절했을 삶을 견뎌냈다는 것이 그를 지켜본 대다수의 평가다.[13]

브란트는 1978년 10월말부터 11월 초까지 뉴욕에서 워싱턴을 거쳐 밴쿠버로 향하던 길에 가벼운 경련을 일으켰다. 병원에 들른 그는 심각한 수준의 심근경색이라는 진단을 받고, 응급치료 후 인근 에레에 위치한 요양소에서 치료를 받았다. 그러나 병에서 회복된 후 1979년 4월 곧장 다시 직무상 국외여행을 떠나는 수순이었다. 그런데 1978년경부터 그가 국외여행을 할 때면 항상 동행하는 여성이 있었다. 에레에서 요양할 때에도 그 여성이 그의 곁을 지켰다. 바로 브란트의 개인비서였던 브리기테 제바허(Brigitte Seebacher)였다. 1946년생인 제바허는 역사학과 독문학을 전공했고, 브레멘방송과 자유베를린방송에서 일했으며 베를린 사민당 대변인으로 잠깐 일한 뒤 1973년부터는 『베를린소리』의 편집장으로 일하면서 브란트의 이목을 끌게 되었다.

제바허에 앞서 세 번째 여자이자 두 번째 아내인 루트는 브란트가 베를린 시장, 외무장관, 총리를 역임한 정치인생의 절정기에 함께했다. 그녀는 브란트의 네 자녀 중 페터, 마티아스, 라르스 등 세 아들을 낳았다. 루트는 베를린 시절에 이어 본 시절에도 매우 인기 있는 여성이었다. 그는 총리 부인으로서 사랑을 받았을 뿐만 아니라 개인적으로도 능력 있는 여성으로 인정받았다. 본으로 옮겨온 후 브란트의 집에는 정치인들을 비롯하여 화가, 연극인, 학자, 작가, 저널리스트 등 많은 사람들이 전국에서 찾아왔다. 이는 일차적으로 브란트의 인기 때문이었겠지만, 루트의 내조와 개인적인 인기도 한몫을 한 결과였다.

그러나 브란트의 여성편력은 루트와의 33년 결혼생활에 파국을 가져왔다. 루트는 남편이 요양하는 동안 늘 어떤 여자와 함께했다는 사실을 알게 된 후 브란트에게 이혼하고 싶다고 말했다. 언론보도를 통해 이혼소식이 들려온 것은 그로부터 얼마 지나지 않고서였다. 둘은 1980년 정식으로 이혼한다. 루트는 이별 후에도 브란트의 주변사람들로부터 사랑을 받았던 것 같다. 1972년까지 총리실 비서였고 나중에 청소년가족보건부 장관이 된 카타리나 폭케는 루트가 90살이 되었을 때 그녀에게 편지를 보내 독일 수상의 아내가 매우 아름답고, 영리하며, 다정하고, 매력적이며, 분위기가 있고, 어느 상황에서나 여유 있고 위엄이 있었다고 말했다. 헬무트 슈미트 전 총리는 2000년 1월 루트의 생일날 그녀를 두고 한 마디로 "우리 독일인에게 모범이며 동시에 행운"이라고 표현했다.[14]

브란트는 루트와 이혼한지 3년 후 그의 개인비서인 제바허와 결혼했다. 브란트를 아끼는 사람들 중에는 그보다 35세 연하인 그녀와의 결혼이 브란트의 명예에 손상을 줄 수 있다고 우려했다. 그러나 브란트의 고집을 꺾을 사람은 없었다. 브란트는 자기 뜻대로 제바허와 결혼했고, 그녀는 브란트가 생을 마감하는 1992년까지 그의 곁을 지켰다.

브란트는 함께 산 네 명의 여성 외에도 끊임없이 다른 여성들의 주목을 받았다. 매력적인 외모에 덧붙여 그의 불우했던 삶과 그에 대한 극복과 성장의 이색적인 경력이 여성들의 특별한 관심을 끈 것으로 평해진다. 브란트의 전기를 쓴 아르눌프 바링(Arnulf Baring)은 이 부분을 다음과 같이 해석했다.

> "여성은 브란트에게 항상 매우 중요했다. 여성은 그에게 단순한 쾌락이 아니라 훨씬 많은 것을 의미했다. 여성은 그에게 비밀스러운 것, 비합리적인 것, 삶의 신화적인 것, 즉 존재의 근원이었다. 그는 가끔씩 감당하기 어려울 만큼 강한 고독감이 밀려올 때마다 여성에게서 도피처를 찾았다. 또한 여성에게서 진정한 친절함과 인간적인 확신, 그리고 세계에 대한 확신과 자기믿음에 대한 지속적인 열망을 찾았다. 항상 새롭게, 항상 다시, 부단히, 그리고 헛되이."[15]

루트 브란테(위)와 브리기테 제바허(아래)

한마디로 브란트의 다양한 여성편력은 고단한 삶으로부터의 도피처 역할을 맡기도 했지만, 종종 큰 시련의 요인이 되기도 했다. 1961년 사민당 수상후보로 나섰을 때, 1974년 동독간첩 기용사건 때 그의 정적들은 그의 여성편력을 들이대며 위협했고,[16] 결과적으로 후자는 그를 총리직에서 불명예 퇴진하게 만들었다.

위기극복의 방법으로서 글쓰기

총리직에서 물러날 때 큰 좌절을 겪었던 브란트가 곧바로 다시 일어나 왕성한 활동을 재개하고 사민당 총재직을 13년 동안이나 더 유지했다는 것은 보통의 시각에서 보면 상상을 넘어선 일이었다. 특히 그가 1974년 이전에도 숱한 위기와 좌절의 순간을 겪은 인물이라는 점에서 더욱 그러했다. 그에게는 분명 위기를 극복하는 나름대로의 비법이 있었다. 그 중 하나가 글쓰기였다.

브란트는 정치적으로 큰 시련을 겪은 후에는 거의 어김없이 책을 썼다. 예를 들면 사민당 베를린 주 의장직과 연방의장단에 입후보했다가 실패한 후인 1960년에 비망록『베를린으로 가는 길』을 출간했다. 두 번째 총리 후보로 나섰다가 좌절한 후인 1966년엔 망명시기에 쓴 저술들을 모아『밖에서』를 출간했다. 1974년 5월 6일 총리직 사임 후에는 8년 동안 방대한 분량의 회고록들을 출간했다. 그 중 첫 번째 책인『만남과 통찰』은 사임 3주 후 착수한 저술이다. 이 책은 1960년부터 총리 사임까지 시기를 다루었으며, 두 번째 책은 1960년 이전까지를 다루었다.『만남과 통찰』은 1976년에, 두 번째 책은 계획보다 4년이 더 늦어진 1982년에『좌파와 자유』라는 제목으로 출간되었다. 그리고 나서 사민당 총재직을 사퇴한 2년 후인 1987년 마지막『회고록』을 출간한다.

브란트는 1974년 7월까지 리틀브라운엔컴퍼니사와 미국판권 계약을, 호프만운트캄페사와 독일판권 계약을 맺는다. 첫 번째 부인이자 두 번째 여인이었던 카를로타 프람의 중개로 노르웨이, 스웨덴, 핀란드 출판사들과 판권계약을 맺은 것도 같은 해였다. 이후에도 순차적으로 프랑스, 이탈리아, 스페인, 네덜란드, 영국 및 영연방 국가의 출판사들과 판권계약을 맺었고, 독일 문고판에 대한 계약도 체결했다. 카를로타는 오슬로에서 카를로타프람에이전시를 운영하면서 수년 전부터 브란트의 출판물에 대한 스칸디나비아 및 영어판 권리를 보유하고 있었다. 브란트가 회고록 출간에 대해 가장 먼저 상의한 사람도 그녀였다. 카를로타는 브란트와의 사이에 태어난 딸 닌야 때문이기도 했지만, 사업상으로도 브란트와 자주 접촉하고 있었다.

브란트의 삶에서 글쓰기란 중대한 패배 뒤에 다시 그를 일어서게 하는 방법 가운데 하나였다. 그는 자서전 외에도 수십 권의 책을 썼다. 프리드리히 에버트(Friedrich Ebert) 재단이 작성한 서지에 따르면, 1928년에서 1989년까지 그의 저술은 3,500편에 달한다. 독일 정치인들 가운데 그만큼 많은 저술활동을 한 사람은 없다는 것이 대체적인 평가다. 일찍부터 항상 '역사 속에 존재하는 자신'을 염두에 두고 있던 그의 모습에서 이런 다작의 심리적 배경을 유추해내는 사람도 있다. 그가 자신만의 고유한 수단으로 '다음 세대'를 위한 표상을 그리려 했다는 것이다.[17]

실제로 브란트로 하여금 어려움을 이겨내고 다시 일어서게 만든 중요한 요인 중 하나는 그의 강렬한 역사의식이었다. 그는 항상 미래의 역사가 자신을 어떻게 평가해줄 것인지 자문자답하면서 정치활동을 했다. 1964년 10월 브란트는 정치가로서는 처음으로 독일역사학대회에 모인 학자들 앞에 섰다. 그는 이 자리에서 자신이 어떻게 '20년 뒤' 자기업적에 대해 적절한 평가를 상상할 수 있는지 설명했다. 그는 자기 자신과 자신의 우군들에 대해 "이들은 기본원칙이 있으며 목표가 있다. 이들은 기본

대중에 둘러 싸여 있는 브란트

원칙이 결코 안식처라고 생각하지 않는다. 그리고 거대한 목표는 오늘이나 내일 누군가에 의해 요구되는 행동을 하지 않는 데 대한 그 어떤 변명도 될 수 없다"고 말했다. 그리고 "아무것도 하지 않으면 그 어떤 것도 해결할 수 없다"고 덧붙였다.

2. 슈미트 총리 시대의 동방정책

실용주의적 외교정책

1974년 브란트 총리의 사퇴라는 엄청난 사건이 발생했음에도 불구하고 정치권은 의외로 담담했다. 집권당인 사민당·자민당 정부는 이 사건으로 인해 동·서독 관계가 손상을 입어서는 안 된다고 생각했다. 야당 역시 이 문제를 더 이상 확대시키려 하지 않았다.

소련공산당 서기장 브레즈네프는 호네커 동독공산당 서기장이 소련과 서독의 관계가 개선된 후 스파이문제—기욤사건—를 일으킨 것을 거의 개인적인 모욕 수준으로 받아들였다. 그는 브란트 실각 직후 전화로 호네커를 심하게 질책했다. 이 사건으로 자신이 유럽 국가들과 쌓아온 신뢰가 후퇴할까 걱정한 것이었다.[18] 소련 역시 서독정부가 브란트의 실각과 상관없이 동서독 화해정책을 계속 추구하기를 바랐다.

브란트정부에서 국방장관, 경제장관과 재무장관을 맡은 경력이 말해주듯 슈미트는 안보·통상 전문가였다. 그는 서방과의 관계를 중시했고, 특히 프랑스와의 관계증진에 최우선적 비중을 두었다. 반면 동방정책에 대해서는 브란트보다 더 신중하게 접근했다. 그러나 슈미트가 연방정부 총리로 재임한 8년 동안 그의 정책이 브란트시대의 정책으로부터 크게 벗어난 적은 없었다. 슈미트가 1974년 5월 17일 연방의회에서 발표한 취임연설문의 제목은 '연속성과 집중성'이었다.[19] 연속성의 대표적인 사례는 유럽의 평화와 동·서독 화해정책이었다. 그것은 브란트나 슈미트의 개성에 관한 것이 아닌, 사민당의 기본 노선이었다. 동방정책은 이미 브란트한 개인이 아닌 사민당의 상징적 정책이 되어 있었다.

슈미트가 총리로 재임하는 동안 연정 파트너인 자민당 지도부도 교체되었다. 쉘이 명예총재로 추대되고 겐셔가 자민당총재 및 외무장관 자리를 맡았다. 지도부가 교체된 자민당도 동방정책에 충실했다. 외무장관을 맡은 겐셔는 1969년 사민당·자민당 연정협상 당시 서독의 외교정책이 바뀌어야 한다고 느끼고, 사민당·자민당 연정을 강하게 주장했던 인물이다. 그는 1961년 기민당·자민당 연정 때 기민당에 외무장관을 맡긴 것이 잘못이었다고 생각했다.[20] 브란트정부에서 내무장관으로 재직하고 있을 때 동방정책의 속도조절을 주장한 적은 있었지만, 외무장관으로서 그는 브란트·쉘정부가 추진한 동유럽과의 화해·협력정책 및 유럽통합정책을 충실히 계승했다.[21]

1972년 브란트정부 때 체결된 육로 및 수상 운송협정은 1975년, 1978년, 1980년에 보완조치가 취해지면서 더욱 확대되었다. 1978년에는 함부르크와 서베를린 사이를 연결하는 새로운 고속도로 개설이 합의되었고, 1982년 개통되었다. 새로운 고속도로의 건설은 1972년 기본조약 체결후 동·서독 사이에 이루어진 가장 큰 성과였다. 건설비용은 서독정부가 담당하나 고속도로의 건설과 유지는 동독정부가 맡기로 했다.[22]

1976년 10월에 연방의회 선거가 실시되었다. 사민당 총리 후보로는 슈미트가, 기민당 총리 후보로는 헬무트 콜이 나섰다. 선거에서 사민당은 214석, 자민당은 39석, 기민/기사당은 243석을 얻었다. 사민당·자민당 연정이 과반을 차지하기는 했지만, 사실상 사민당이 패배하고 기민/기사당이 승리한 선거였다. 1976년 12월 15일 총리선거가 실시되었는데 슈미트가 획득한 표는 총리가 되기에 필요한 표보다 겨우 1표 더 많았다. 사민당·자민당의 의석수는 과반수보다 3표가 더 많았으나 2명의 의원이 슈미트에게 반란표를 던진 것이다. 비록 총리로 다시 선출되기는 했지만 슈미트의 자존심은 크게 손상되었다.

슈미트정부 시기에 인적 교류가 다시 활성화되었다. 1973년 서독 및 서베를린에 거주하는 약 450만 명의 서독인들이 동독 및 동베를린을 방문했는데, 1976년에는 800만 명으로 증가했다. 슈미트는 의원들에게 이 두 가지 현상은 동·서독 간의 조약들이 실질적임을 입증한다면서 동·서독 사이의 물적·인적 교류에 만족감을 표시했다. 또한 1975년에는 동독 주민 130만 명이 서독을 방문했다. 이 숫자는 1980년에 150만 명대로 증가해 1986년까지 그 규모가 유지되었다.

전화선의 증설은 슈미트정부 시기에 눈에 띄게 개선되었다. 서베를린과 동베를린 사이의 전화가 완전 자동화된 것이다. 서독(서베를린 포함)에서 동독(동베를린 포함)으로의 전화통화는 1972년 70만 회에서 1982년에 2,300만 회로 증가했다.[23] 슈미트정부 때 무역액의 증가도 두드러졌다. 내독무역이 시작된 지 20년 만인 1970년의 무역액은 45억 5천만 마르크였으며, 1975년 약 74억 마르크, 1978년 약 88억 마르크, 1980년 약 117억 마르크, 1982년 140억 마르크로 증가했다.

슈미트는 1975년 헬싱키의 유럽안보협력회의에 참석하면서 동독의 호네커와 쌍무회담을 열었다. 슈미트 총리와 동독 호네커 서기장의 회담은 두 차례 있었고, 이 회담에서 경제협력, 상호방문, 이산가족의 결합과 재회문제 등이 논의되었다. 이 회담 후 동독은 1975년 두 차례에 걸쳐 각각 86명과 200명의 정치범을 석방했다. 동독을 탈출하다 체포된 자들이었다. 이런 식으로 동독에서 서독으로 이주한 동독의 정치범은 1983년까지 2만여 명에 이르렀다. 이들은 모두 돈을 주고 데려온 사람들로, 이들을 데려오는 데 서독정부가 부담한 금액은 9억 4천 9백만 달러에 달했다.[24]

1979년 12월 27일 소련군이 동서 양 진영의 어느 쪽에도 속하지 않던

헬싱키에서 만난 동·서독의 수장, 호네커와 슈미트

아프가니스탄을 침공했다. 카터 대통령은 소련의 아프가니스탄 침공에 대한 보복조치로 첨단기술 제품의 소련수출을 금지시켰다. 나아가 미국은 1980년 여름 개최예정이던 모스크바 하계올림픽에도 불참하기로 했다. 그러나 슈미트는 소련의 아프가니스탄 침공에도 불구하고 유럽에서 화해와 양보정책 말고는 대안이 없다는 입장이었다. 1981년 11월 20일 서독의 루르가스사는 소련산 천연가스를 25년간 도입하기로 소련과 합의했다고 발표했다. 이에 미국은 경제와 전략 및 윤리적 측면에서 몇 가지 문제를 제기했다. 미국은 소련으로부터의 에너지 추가도입이 서독의 대소 의존도를 한층 높일 것이라고 우려했다. 그러나 서독정부는 레이건행정부의 이러한 우려에도 불구하고 루르가스사의 대소 천연가스 도입계획에 대한 지지를 천명했다.[25]

1980년 폴란드에서 바웬사(Lech Walesa)를 지도자로 하는 자유노조가 결성되었다. 폴란드정부는 1981년 12월 계엄령을 선포하고 바웬사를 비롯한 자유노조 간부들을 체포했다. 폴란드에 계엄령이 선포된 직후인 1981년 12월 29일 레이건 대통령은 소련에 대한 경제제재조치를 선언했다. 미국정부는 1982년 1월 초 워싱턴을 방문한 슈미트에게 소련과 폴란드에 대한 무역금수조치에 가담할 것을 요구했다. 그러나 슈미트는 미국 행정부의 그런 의견에 동의하지 않았다. 그는 폴란드와 독일의 화해를 원했다. 과거 독일이 폴란드에 끼친 잘못된 행위에 대한 진심어린 반성이 빌리 브란트와 슈미트 자신의 동방정책을 이끌어낸 결정적 동기였기 때문이다.

서독정부는 폴란드의 공산정권을 현실로 받아들였다. 서독이 폴란드를 인민과 정부로 나눈 다음 인민들과는 우호적으로 지내고 정부에 대해서는 적대적인 입장을 취한다면, 그 정책은 실패할 수밖에 없다고 보았다. 슈미트는 서독이 폴란드정부에 대해 적대적인 입장을 취할 경우 공산주의 선전기구들은 이를 당장 독일의 '실지탈환 복수작전'으로 몰아붙일 것이라 예측했다. 결국 미국이 주장하는 경제제재는 폴란드에서 공산당 고위 간부들이 아닌 오로지 힘없는 사람들만 못살게 만들 것이라는 게 슈미트의 생각이었다. 그는 워싱턴 방문길에 미국언론들과의 대담에서 이러한 입장을 분명하게 표명했다.[26]

많은 사람들은 슈미트가 집권하면서 브란트의 '유럽의 평화질서'에 대한 기대감을 하향시켰다고 비판했다. 하지만 브란트정부와 슈미트정부의 차이는 본질적인 것보다는 스타일이나 기질상의 차이로 이해하는 게 보다 합리적이다. 슈미트도 브란트가 택한 노선을 계승했지만, 거창한 목표를 내걸거나 야단스럽게 일을 진행하지 않고, 조용하고 실용적인 방식으로 진행했을 뿐이다.[27]

1980년은 총선이 있는 해였다. 슈미트에 맞설 기민/기사당의 총리 후보는 기사당의 슈트라우스로 결정되었다. 슈미트와 사민당은 '평화 대 전쟁'의 표어를 가지고 선거에 임했다. 이에 맞서 기민/기사당과 슈트라우스는 '사민당 국가 반대-사회주의 정지'라는 표어를 내세웠다.[28] 이 선거에서 사민당은 0.3포인트 증가한 42.9퍼센트를 얻으며 의석 4석을 추가했다. 기민/기사당은 1976년보다 4.1포인트 줄어든 44.5퍼센트를 얻었고, 17석의 의석을 잃었다. 자민당은 지난 선거 때보다 2.7포인트 많은 10.6퍼센트를 얻고, 14석을 추가로 획득했다. 연방의회 선거에 처음 참여한 녹색당은 1.5퍼센트를 획득했다. 선거 결과 사민당·자민당 연립정부가 성공한 선거였다.

1979년 1월 프랑스령 카리브 해에 위치한 과들루프에서 미국, 영국, 프랑스, 서독 등 4개국 정상이 만났다. 독일 총리가 제2차 세계대전 승전국이었던 미국, 영국, 프랑스 지도자들과 한 테이블에 동등한 자격으로 앉은 것은 이례적이었다. 이 자리에서 4개국 정상들은 소련의 SS-20 중거리핵미사일에 대한 서방측의 대응책을 논의했다. 카터는 1983년부터 독일에 현대식 중거리미사일을 배치하자고 제안했다. 슈미트는 이 신무기를 독일 땅에만 배치할 것이 아니라 다른 유럽 국가에도 배치해달라고 요청했다. "위험을 분산하자"는 이 제안은 참가 지도자들의 동의를 받았다. 재무장을 동구권과의 협상과 연계시켰기 때문에 이 계획은 '이중결정(Doppelbeschluss)'으로 불렸다. 슈미트는 SS-20을 감축하는 협상이 성공하면 재무장을 숙고하거나 제한할 준비가 되어 있음을 소련에 알렸다. 그러나 소련은 서방측이 재무장 계획을 철회해야만 협상하겠다는 주장을 반복했다.

서독에 현대식 중거리미사일을 배치하기로 결정한 이중결정은 서독 내에서 큰 비판을 받았다. 특히 사민당 내 좌파의 반발이 가장 컸다. 중거리미사일 배치결정은 슈미트의 원자력발전 옹호론과 겹쳐져 친환경주의자 및 평화주의자들의 집중적인 공격을 받았다. 이 사건으로 사민당을 지지한 좌파 일부가 새로 등장한 녹색당으로 이동했다. 슈미트의 결정을 비판한 사람 중에는 브란트 총재도 포함되었다. 처음부터 브란트는 나토의 이 결의에 회의적인 입장이었다. 그는 이 문제로 사민당·자민당 연정이 붕괴되는 한이 있더라도 단호하게 반대해야 한다는 입장을 피력했다. 1981년 10월 10일 본에서 개최된 대규모 시위 참가자 25만 명 중에는 사민당 출신의 많은 유명 인사들이 포함되어 있었다. 예를 들면 에르하르트 에플러도 있었다.

슈미트는 분노했다. 그는 1982년 1월 14일 의회연설에서 "독일을 겨냥하고 있는 현행 소련의 SS-20이 아직 독일에 배치되지도 않은 미국의 미사일보다 덜 위험한 것처럼" 행동해서는 안 된다고 말했다. 슈미트의 이 발언은 사민당 내의 이중결정 비판자들을 겨냥한 것이었으며, 특히 브란트를 염두에 두고 한 말이었다.[29] 1983년 11월 19일 쾰른 특별전당대회에서 브란트 총재를 포함한 대의원 절대다수는 '나토 이중결의'에 반대했다. 찬성한 사람은 슈미트를 포함한 단지 14명에 불과했다. 이때는 슈미트가 총리에서 물러난 후였기 때문에 브란트와 사민당은 이중결정에 대해 좀 더 자유롭게 당론을 결정할 수 있었다. 브란트와 슈미트가 사민당 의장단에 선출된 지 25년이 되도록 두 사람은 사민당 내의 지도적 위치를 점하면서 협력과 경쟁을 반복했는데, 1981~83년 사이에 전개된 이중결정문제는 두 사람의 관계를 최악으로 몰아갔다.

사민당 · 자민당 연정의 붕괴

1980년대에 국내정치는 슈미트에게 갈수록 불리하게 돌아갔다. 사민당 · 자민당 간의 견해 차이는 양독문제나 대외문제가 아닌 국내문제에서 야기되었다. 슈미트 총리와 겐셔 자민당 총재 겸 외무장관 사이의 개인적 신뢰에 금이 간데 이어 경제정책을 둘러싼 갈등이 커졌다. 이런 분위기에서 1982년 6월 6일 함부르크 주 선거가 실시되었다. 이 선거에서 사민당의 득표율은 51.5퍼센트에서 43.2퍼센트로 8.3포인트나 줄어들었다. 자민당의 득표율은 6.6퍼센트에서 4.9퍼센트로 떨어지면서 주 의회 진출에서 배제되는 수모를 겪었다. 자민당은 함부르크 주 의회선거 패배 후 연정 파트너를 사민당에서 기민당으로 바꾸는 작업을 구체화했다.[30] 같은 시기에 사민당과 자민당은 1983년 예산안편성을 놓고 갈등을 벌였다. 노조는 증가하는 실업자문제를 해결하기 위해 국가의 투자를 확대하라고 요구했다. 사민당은 실업자문제를 해결하기 위해 부가가치세를 인상하여 재원을 확보하려 했다. 그러나 자민당은 어떤 종류의 세금인상에도 반대했다. 자민당 소속 경제부장관 오토 그라프 람프스도르프는 사회복지를 대폭 축소하고 세금을 내리고 투자여건을 개선하자는 보고서를 제출했다. 슈미트는 이 제안이 사민당에 대한 경제적 · 정치적 선전포고라고 생각했다.

　이 상황에서 슈미트가 고려할 수 있는 방법 중 하나는 의회를 해산하고 조기총선을 실시하는 것이었다. 그러나 총선을 실시한다고 해서 사민당이 다수당이 된다는 보장이 없었다. 자민당이 이 안을 받아들일 리도 없었다. 또 총선이 실시되더라도 자민당을 배신정당으로 낙인찍어 5퍼센트 이하로 패배시킬 방법도 없었다. 무엇보다 총리가 물러나거나 실각되거나 의회의 신임투표에서 과반수를 얻지 못하면 의회가 새로운 과반수를 구성할 능력이 있는 인물을 총리로 선출하는 규정이 있었다. 기민당과 자민당이 새로 연정구성에 합의할 경우 총선을 실시하지 않고도 기민당의 헬무트 콜을 새로운 총리로 선출할 수 있었다.[31]

3. 콜 총리와 동방정책

헬무트 콜정부의 등장

1980년 선거를 승리로 이끈 슈미트 총리의 임기는 1984년까지였다. 그러나 1982년 슈미트 총리와 겐셔 외무장관 사이의 갈등이 심화되면서 양자 모두 사민당·자민당의 사회자유주의적 연정을 끝내기로 마음먹었다. 기민당의 콜 총재와 자민당의 겐셔 총재는 여름에 만나 1982년 9월이나 10월에 새로운 정부를 구성하기로 합의했다. 기민당의 자매정당인 기사당의 슈트라우스는 처음에는 총선거를 통하지 않은 방식의 정부교체에 동의하지 않았으나 나중에 생각을 바꾸었다.

1982년 10월 1일 의회에서 건설적 불신임안이 찬성 256표, 반대 235표, 기권 4표로 가결되었다. 1980년 총선에 의한 의석수가 기민당 174석, 기사당 52석, 자민당 53석으로서 3당의 총 의석수가 279석임을 감안할 때 자민당에서 상당수가 이탈했음을 말해준다. 연정 파트너 교체여부를 놓고 자민당 내부에서 격렬한 논쟁이 있었고, 투표 결과에 그런 모습이 그대로 반영되었다.[32] 그러나 어쨌든 간에 1969년 이래 13년 동안 지속되어온 사민당·자민당 연정이 깨지고 기민/기사당과 자민당 연정이 새롭게 탄생했다. 기민당은 1972년에도 브란트에 대한 불신임안을 제출했지만, 그때는 2표 차이로 뜻을 이루지 못했다. 그로부터 8년이 지난 1982

년 기민당은 마침내 선거를 치루지 않고 정권을 잡는 데 성공했다. 자민당은 새 내각에서 외무장관, 경제장관, 농업장관, 법무장관을 배정받았다. 겐셔는 계속 외무장관을 맡았다.

서독 총리를 헬무트 슈미트에서 헬무트 콜로 바꾼 건설적 불신임제도는 내각제하에서 야기되는 빈번한 정권교체와 이로 인한 정치적 혼란을 예방하기 위해서 도입된 제도이다. 바이마르정부 때 빈번한 정권교체로 정치적 혼란을 경험한 독일 기본법 제정자들은 야당이 후임 총리에 대한 대안도 없이 사사건건 정부정책을 반대하여 정부를 혼란 상태로 몰고 가는 것을 예방하기 위해 총리를 해임하기에 앞서 후임 총리를 먼저 선출하도록 만들었다.

서독의 새로운 총리로 선출된 헬무트 콜은 1969부터 1976년까지 라인란트-팔츠 주지사를 역임했다. 1973년부터 기민당 총재를 겸했으며, 1976년부터는 연방의회에 진출했다. 콜 총리는 아데나워와 마찬가지로 서독을 서구와 나토에 편입시키고, 국내적으로는 경제와 정치적 자유를 중시한다는 입장이었다.

콜이 총리로 선출된 5개월 후인 1983년 3월 6일 조기총선이 실시되었다. 기민/기사당의 콜 총리에 맞설 상대는 사민당의 한스-요헨 포겔(Hans-Jochen Vogel)이었다. 선거에서 가장 중요한 주제는 경제문제였다. 당시 서독은 실업률 10.4퍼센트, 실업인구 250만 명으로 전후 최악이었다. 경제문제 외에 국방문제도 뜨거운 이슈가 되었다. 포겔은 미국과 소련이 군비통제문제에서 타협점을 찾아야 한다고 주장했다. 전임 총리 슈미트는 유럽에서 중거리핵미사일의 전면철수를 의미하는 '제로옵션'33을 지지하고 나섰다. 반면 기민당은 나토의 이중궤도 결정을 군축을 위한 이정표라고 주장하면서 사민당의 주장은 서독을 나토에서 이탈시키려는 것이라고 반박했다. 기사당의 슈트라우스는 사민당과 녹색당이 연정을 하게 되면, 서독과 미국의 관계단절은 시간문제가 될 것이라고 비판했다.

기민/기사당과 사민당 모두 비록 선거용이기는 했지만, 상대방의 국방·외교정책의 위험성을 과도하게 부풀려 해석했다.

선거 결과 기민당/기사당은 48.8퍼센트를 획득했다. 1957년 이래 최고의 성적이었다. 반면 사민당의 득표율은 40퍼센트 이하로 떨어졌다. 녹색당은 5퍼센트 득표율을 넘어 최초로 의회에 진출했다. 녹색당의 선전은 사민당에게 진보진영의 분산을 의미했다. 연정 파트너를 사민당에서 기민당으로 바꾼 자민당의 득표율은 1980년의 10.9퍼센트에서 6.5퍼센트로 크게 떨어졌다.

콜 총리, 동방정책을 계승하다

기민/기사당은 야당 시절 브란트의 동방정책을 맹렬하게 비판했다. 콜 총리도 그 시절 동방정책에 대해 비판적이었다. 1970년 모스크바조약과 바르샤바조약이 체결될 당시 라인란트-팔츠 주지사로서 연방 상원의원을 겸하고 있던 그는 모스크바조약과 바르샤바조약의 비준토론에 참여했었다. 사민당·자민당이 기초를 잡은 조약내용이 애매모호하다고 봤으며, 나아가 1973년 체결된 동·서독 기본조약에 대해서도 비판적이었다. 기본조약은 연방정부가 임시적 성격의 정부이며, 정식정부는 통일을 통해 달성되어진다는 기본적 원칙을 훼손했다고 주장했다.[34]

그러나 콜은 동방정책을 비판하면서도 기민/기사당 내에서 이 정책에 상대적으로 온건한 입장을 취한 개혁파에 속했다. 그는 취임 후 독일통일에 강한 의지를 표명하면서도 민족통일이 내독정책의 최우선적 목표가 되어야 한다는 기민당의 전통적 노선을 철회했다. 그리하여 동방정책에 대한 전면적 비판을 삼가고, 이산가족상봉과 양독 국민들 간의 상호방문 확대에서 나타난 여러 가지 완화조치에 긍정적 평가를 내렸다.[35]

콜과 함께한 브란트

동독을 사실상의 국가로 인정함으로써 독일통일을 사실상 포기했다는 해석과 동·서독 간의 인적 교류를 활발하게 함으로써 민족동질성 회복에 기여했다는 해석은 동방정책에 대한 콜의 평가가 복합적임을 말해준다. 이는 그가 1982년 집권 후 대동독정책을 펼치는 데도 그대로 투영되었다. 전임자들의 동·서독정책과 비교해 볼 때 그의 정책은 연속성과 변화의 특성 모두를 지니고 있었다.[36]

콜은 브란트와 슈미트 총리가 연방의회 내 민주정당들의 전폭적인 지원으로 많은 인적 교류를 이룩했다고 평가하고, 자신 또한 동독 주민들을 위해 그 같은 인간적 고통 완화정책을 버리지 않겠다고 선언했다. 그러나 이런 인도적 지원은 사실 아데나워, 에르하르트, 키징거로 이어지는 기민당 정권들이 길을 터놓은 것이라고 언급하면서 자신의 정부가 그런 정책을 계승하는 것은 자연스러운 일이라고 덧붙였다. 또 정치범을 돈으로 사서 자유의 몸으로 만들어준 것, 그리고 양독 국민들 간의 상호방문 허가를 확대한 것 역시 연속성 측면에서 이해할 수 있다고 말했다.[37]

하지만 콜은 사민당정부와의 차별성도 분명히 지적했다. 그것은 기본법 속에 들어 있는 통일의지였다. 그는 이를 강조하기 위해 총리 취임 후 '민족이 처해 있는 상황보고'라는 표현 대신 '분단 독일의 민족이 처해 있는 상황보고'라는 개념을 다시 쓰기 시작했다.[38] 그는 1983년 6월 23일 연례 국정보고에서 자신은 사민당·자민당 연정시대의 무조건 동독 달래기에서 벗어나 보다 터프하고, 현실적인 방향으로 민족정책을 펼칠 것이라고 말했다.

인적 교류의 활성화

콜 총리는 취임 직후인 1982년 11월 29일 동독공산당 서기장 호네커에게 보낸 편지에서 "새로운 정부는 독일민주공화국과의 관계에 큰 중요성을 두고 있으며", "양국 사이에 체결된 기본조약 및 협약, 협정, 규정 등은 관계발전을 위한 토대"로서 그것을 존중하고 계승할 것임을 분명히 했다. 콜 총리는 호네커에게 "독일에서 어떠한 전쟁도 다시 일어나지 않을 것이라는 신념을 당신과 같이하고 싶다"고 말했다

콜 총리는 1983년 6월 23일 의회연설에서 동독이 동·서독 간의 인적 교류에 소극적인 점을 비판했다. 그는 동베를린 및 동독으로 여행한 사람의 숫자가 과거 8백만여 명에서 1982년 5백만여 명으로 감소되었다고 지적하고, 이는 동독이 최소 환전금액을 인상하고 확대한 때문이라고 주장했다. 콜은 인적 교류를 확대하는 방법으로 동독정부의 어려운 경제상황을 활용했다. 동독에 경제지원을 해주는 대신 인적 교류를 확대하는 반대급부를 챙긴 것이다. 서독은 1983년 6월 정부의 보증 아래 동독에 매우 유리한 조건으로 약 11억 마르크의 차관을 주선해주었다. 동독은 차관제공의 대가로 이산가족 재회조건을 완화했다. 즉, 동독은 서독인의 동독방문 때 14세 미만에게는 방문에 따른 강제 환전의무를 폐지했다. 또 14~15세에게는 강제 환전금액을 7.5마르크로 인하했다.

콜정부는 1984년 7월에도 동독에 9억 5천만 마르크의 차관을 제공했다. 그 보답으로 동독은 서독 연금수령자의 방문 때 환전금액을 25마르크에서 15마르크로 내리고, 방문가능 일수를 연간 30일에서 45일로 확대하는 조치를 취했다. 이와 같은 조치로 서독인의 동독 방문이 다시 늘어나기 시작하여 1985년에는 562만 명으로, 1986년에는 674만 명으로 늘어났다. 다른 한편 1980년대 초까지만 하더라도 정년퇴직자들을 제외하면 수만 명에 불과하던 서독 방문 동독인 숫자가 1986년에 이르러서는 20만 명을 넘어서게 되었다. 1987년엔 동독의 호네커 서기장이 서독을 방문했다. '독일-독일의 해'였던 이때 동·서독 간의 인적 교류는 더욱 증가했다. 1987년 서독을 찾은 동독방문객 숫자는 약 정년퇴직자까

지 모두 합하여 5백만 명에 달했다.[39] 이런 기조는 1988년에도 이어졌다. 수백만 명의 동독인들이 서독을 방문하여 직접 서독의 상황을 알게 되었고, 이러한 체험은 그들이 동독 공산정권의 서독 및 자본주의사회에 대한 왜곡된 선전을 극복하게 만들었다. 또한 양독 방문을 통해 동·서독인들 간에 형성·발전된 상호관계는 독일은 한 민족이라는 의식을 강화시켰다.

동독의 정치범을 돈을 주고 서독으로 데려오는 일은 콜정부 때도 계속되었다. 1984년 가을 서독정부가 돈을 주고 동독에서 서독으로 데려온 정치범의 숫자는 1,710명에 달했고, 1985년에는 2,500명 이상으로 늘어났다. 전에 없는 기록이었다. 1988년에는 저명한 작곡가 겸 인권운동가도 석방되었다. 그는 순교한 마르크스주의자인 로자 룩셈부르크(Rosa Luxemburg)를 자신의 운동에 활용해 동독공산당의 미움을 샀던 인물이었다.[40] 서독이 정치범을 인도받는 장소는 서독의 기센이었고, 이런 교환이 있기 2주 전에 그 몸값이 서방에 있는 동독계좌로 입금되어야 했다. 공식적으로는 비밀이었다.

1980년대 당시 동독으로부터 거주이전의 기본권을 부여받기 위해 한 사람당 지불한 평균 몸값은 5만 마르크였다. 자금의 출처는 내독관계부가 만든 '전체 독일을 위한 특별지원 진흥기금'이었다. 통일이 될 때까지 33,755명의 정치범과 부모가 서독에 살고 있는 2천 명의 어린이들에 대한 몸값으로 서독정부가 지불한 금액은 약 35억 마르크에 달했다. 이 사실은 통일이 된 후에야 공개되었다.[41]

이와는 다른 성격이지만, 동독은 1970년대부터 노령연금의 부담을 덜기 위해 은퇴한 노인들의 서독이주를 허용했다. 1983년 동독에서 서독으로 이주한 사람은 8천 명이었는데, 1984년에는 4만 명으로 증가했다. 1989년 첫 3개월 동안 15,300명이 서독으로 이주했다. 1989년 9월 동·서독 국경이 붕괴된 이후와는 비교되지 않지만, 동독인들의 서독이주는

이런 저런 명목으로 이전부터 꾸준히 진행되고 있었다.[42]

1987년 9월말 서독의 실링(Schwarz Schilling) 우편·통신부 장관은 동독을 방문해 동독 체신부 장관과 우편물 분실 및 반송문제, 전화선 증가 및 자동전화 확대 등에 관해 협의하고, 동독의 우편·전화시설을 둘러보았다. 그 결과 1987년 12월 15일부터 서독에서 동독의 108개 전화국으로 자동전화가 가능해졌다. 이와 같은 서독의 꾸준한 노력 덕택에 1987년 12월말 서독과 동독(동베를린 포함) 사이에 860회선, 서베를린과 동독(동베를린 포함) 사이에 669회선 등 모두 1,529회선의 전화선이 개통되었다. 이로 인해 서독에서 동독의 1,221개 전화국(동독 전체 전화국은 1,470개)의 거주자에게 교환을 거치지 않고 직접 전화를 할 수 있게 되었다. 그리고 동베를린에서 서베를린, 뮌헨, 함부르크와 프랑크푸르트 등 서독의 주요 도시 거주자에게 자동전화가 가능했다.

동·서독 간의 무역도 증가했다. 콜정부가 출범한 1982년 동·서독 간의 무역거래 총액은 140억 마르크였으나 1985년에는 167억 마르크로 증가했다. 다만 1986년부터 증가가 멈추고 약간씩 줄어들어 1989년에는 153억 마르크를 기록했다. 국제유가와 원자재 가격이 하락하고, 서방시장에서 동독상품의 경쟁력이 약화되어 수출이 줄어들었기 때문이었다.

호네커의 서독방문으로 이루어진 1987년 양국 정상회담에서는 다양한 주제에 걸쳐 논의가 이루어졌다. 동·서독의 인적 교류 개선, 철도요금 할인, 관광교류, 청소년교류, 도시 자매결연, 문화·체육교류는 물론, 무역과 경제교류 강화, 서베를린을 오가는 교통수단의 개선, 우편과 전화소통 개선 등 논의의 범위가 한층 넓어졌다.

특히 두 사람은 이 회담에서 전쟁반대, 평화정착을 강조했으며, 나아가 환경보호, 방사능안전, 과학·기술협력 문제들에 대해 서로 의견을 교환한 뒤, 양국 장관 명의의 협정을 체결하기도 했다.[43] 호네커 서기장의 이번 방문결과를 접하고서 크비진스키 소련 대사는 "동독이 이제 더 이상 빠져나올 수 없는 황금바늘을 삼켜버렸다"고 판단한 것으로 알려진다.[44] 이런 맥락에서 역사가들은 콜정부가 브란트의 동방정책을 슈미트정부 때보다 사실상 더 적극적으로 계승했다고 평가하기도 한다.

4. 독일통일과 브란트

사민당 총재직 사임

브란트가 당 총재를 맡고 있던 1980년대 사민당의 사정은 좋지 않았다. 포겔이 총리 후보로 나선 1983년 선거에서 사민당은 38.2퍼센트의 득표율에 머물렀고, 라우(Johannes Rau)가 총리 후보로 나선 1987년 선거에서는 37퍼센트를 얻는 데 그쳤다. 녹색당의 등장으로 좌파의 표가 분산되었다는 것을 감안하더라도 경쟁정당인 기민/기사당이 두 번의 선거에서 46.8퍼센트와 44.3퍼센트를 획득한 것과 비교할 때 너무 저조한 성적이었다.

당 총재였기에 브란트는 이 초라한 결과로부터 자유로울 수 없었다. 선거결과도 그렇지만, 사민당의 미래와 관련해 무엇보다 염려되는 것은 젊은 당원의 급격한 감소였다. 35세 이하의 당원비율이 1974년 30퍼센트 수준에서 1989년 무렵에는 20퍼센트 이하로 떨어졌다. 녹색당의 출현 등 정치전선의 변화와도 관련 있는 일이었지만, 이 모두가 당 총재의 인기와 무관할 수 없었다. 결국 1986년 8월 뉘른베르크 전당대회에서는 브란트의 사임을 요구하는 목소리가 공개적으로 표출되었다. 브란트는 이런 분위기를 감지하고 스스로 물러날 날짜를 고민하기 시작했다. 그는 그 목표를 1987년으로 잡았다.

브란트의 총재사임 고별연설

브란트는 1987년 6월 14일 본에서 개최된 특별전당대회에서 총재직을 사임했다. 총재직에 오른 지 23년 만이었다. 그의 총재 재임기간은 독일 사회민주주의 역사에서 전설적 인물로 통하는 아우구스트 베벨의 임기보다 2년이나 더 긴 것이었다. 그는 총재직을 사임하기로 결심한 상태에서 내심 라퐁텐(Oskar Lafontaine)을 후계자로 생각하고 있었다. 1943년생인 라퐁텐은 1976년부터 1985년까지 자르브뤼켄 시장을 지냈으며 그 이후로는 자르란트 주지사를 맡았다. 그러나 브란트는 이를 바로 실행에 옮기지는 않았다. 후임 총재는 한스-요헨 포겔이 맡았고, 브란트는 명예총재가 되었다.

총재직에서 물러난 브란트는 정치적 고비마다 행했던 방식을 따라 또다시 집필활동에 들어갔다. 이번에는 1960년 이후 다섯 번째 시리즈인 『회고록』이었다. 이 책은 그의 인생 최후의 저술이자 최종적 정리의 성격을 지닌 저술이었다. 총 7장으로 구성된 이 회고록은 '민족'이란 주제를 별도로 다루지 않고(심지어 40개의 소주제 중에서도 민족이란 단어는 발견되지 않는다), 대신 '자유'와 '평화'를 비중 있는 주제로 다룬다는 점이 특징적이다(망명에서 돌아온 뒤 베를린에서의 정치활동과 베를린 시장으로 재직하던 시절을 다룬 제1장의 제목이 '자유로의 귀환'이며, 총리시절의 동방정책을 내용으로 삼은 제3장의 제목이 '종착점인 평화'다).

평화가 브란트의 사상과 정치활동의 키워드였음은 너무나 분명하므로 구태여 설명을 덧붙일 필요가 없겠다. 이 평화만큼 브란트의 삶에서 중요한 또 하나의 키워드는 바로 자유였다. 그는 총재직을 사임하던 고별사에서 이렇게 말했다. "평화를 제외하고 다른 무엇보다 내게 소중한 것을 말해야 한다면, 나의 대답은 어떤 가정이나 주저함도 없이 '자유'라고 말할 것이다. 그저 소수를 위한 자유가 아니라 다수를 위한 자유, 양심과 의견의 자유, 빈곤과 두려움으로부터의 자유." 청소년기 히틀러에 대항해 투쟁하다 망명을 떠나야 했고, 공산세계에 맞선 자유의 상징도시 베를린에서 정치를 시작했으며, 사회민주주의의 핵심가치로 자유를 상정한 고데스베르크 강령의 채택에 앞장섰던 그의 모든 과거는 그가 자유라는 가치에 헌신했음을 보여주는 명확한 증거들이다. 그가 제3세계의 가난을 해결하려 노력한 것도 자유를 향한 헌신의 일환이었다. 그의 자유 개념 속에는 빈곤으로부터의 해방도 포함되어 있었다.

베를린장벽의 붕괴

1985년 미하일 고르바초프(Mihail Gorbatschov)가 소련 공산당 서기장에 취임하면서 소련에 개혁의 바람이 불었다. 고르바초프의 페레스트로이카 정책은 전통적인 사회주의체제에 대한 혁명적 개혁이었다. 중요 산업은 국유화하여 공유의 형태를 취하지만, 시장경제 논리를 대폭 받아들여 자본주의와 사회주의의 혼합을 꾀하고, 정치적으로는 개인의 자유를 대폭 허용함으로써 대의제 민주주의를 수용했다. 사실상 서구식 사회민주주의나 다름없었다.

고르바초프는 냉전종식과 함께 동유럽 국가들에 대한 불개입정책을 통해 각 나라 집권당의 독자성을 인정하고, 동유럽에서 합법적인 개혁세력의 등장을 격려하며, 소련을 국제사회에 신뢰받는 파트너로 복원시키기를 원했다.[45] 그는 자본주의, 사회주의 및 공산주의국가들이 두 적대적인 진영에 얽매이지 않고 경계선 없이 공존하는 유럽을 꿈꾸었다. 또한 그는 사회주의에 이르는 길은 하나뿐이 아니라고 주장했다.[46] 공산주의 종주국 소련에서 불어온 변화의 바람은 자연스럽게 동유럽 공산주의국가들로 향했다. 거의 모든 공산권 국가에 정치적·경제적 변화의 바람이 불었다.

이러한 변화의 분위기 속에서 브란트는 고르바초프가 추진한 개혁·

미하일 고르바초프

개방정책의 성격을 일찍 간파했다. 1988년말 「세기의 증인」이란 텔레비전 다큐멘터리에서 통일의 가능성에 대한 질문을 받았을 때, 독일이 혼자서 통일방법을 찾기는 어려우며, 그것은 오로지 유럽의 평화질서 내에서만 생각할 수 있다고 답한 이유가 여기에 있었다. 나아가 그는 옛 개념의 민족국가로의 회귀가 반드시 문제가 되는 것은 아니라고도 덧붙였다.[47]

아니나 다를까. 고르바초프는 열렬한 환영 속에 1989년 6월 서독을 방문하여 콜 총리와 회담한다. 그는 콜 총리와의 대화에서 동독이 정치혁신, 경제개혁 그리고 사회주의국가의 독자성 등 모든 부문에서 긍정적인 변화가 있기를 기대한다고 말했다. 그의 이런 생각은 콜 총리가 발표한 공동성명에도 반영되었다. "모든 국가는 스스로 정치·사회체제를 선택할 수 있는 권리를 갖는다"는 점을 분명히 밝힌 것이다.[48]

브란트는 이 대목을 가볍게 넘기지 않았다. 그는 고르바초프가 서독을 떠난 다음날인 6월 16일 연방의회에서 "사람들, 특히 한 민족 내의 사람들을 강제로 분리시킨 것을 깨뜨릴" 시기가 가까이 다가왔다고 선언한다. 이 선언은 단순히 고르바초프와 콜이 발표한 공동성명을 보고 떠올려낸 것이 아니었다. 브란트는 방문 중인 고르바초프를 개별적으로 만나 긴 대화를 나누었고, 그 대화에서 공동성명의 내용과 유사한 내용을 들은 바 있었다. 더구나 그는 1년 전인 1988년 4월 모스크바 방문 시 고르바초프를 접견하며 소련이 동독문제에 대해 과거와 다른 접근을 하고 있다는 사실을 간파했었다.[49] 브란트는 서독 내에서 고르바초프와 가장 많은 대화를 나눈 사람들 가운데 한 명으로, 그 둘은 서로 크게 신뢰하는 사이였다.

그러나 동독을 지배했던 호네커는 고르바초프의 개혁정책을 못마땅해했다. 그는 폴란드나 헝가리 등에서 진행되고 있는 개혁 작업을 외면하고 전통적인 방식으로 동독을 통치하려 했다. 그러나 시대흐름에 역행하는 통제방식으로는 변화의 물결을 막아낼 수 없었다. 먼저 1989년 여름 헝가리, 체코슬로바키아, 폴란드 등으로 휴가를 갔던 동독인들 중 일부가 돌아오지 않고 해당 국가의 서독대사관에 망명신청을 하면서 동독체제를 흔들기 시작했다. 여기에 형제국가라 여겨온 헝가리가 망명객들을 되돌려 보내지 않고, 오히려 오스트리아를 거쳐 서독으로 보내는 데 적극 협조하고 나섰다. 1989년 여름부터 헝가리에서 오스트리아를 거쳐 서독으로 망명한 이들의 숫자는 10만 명에 이르렀다. 프라하 주재 서독대사관과 바르샤바 주재 서독대사관에도 동독 망명객들이 몰려들었다.

동독 내 분위기도 심상치 않게 돌아갔다. 1989년 여름 동독에서 비판세력들이 점차 조직화되었다. 이 운동에는 신학자와 목사, 문화계 인사와 지식인 그룹이 앞장섰다. 이들 가운데 가장 영향력이 있던 조직이 바로 1989년 9월 11일 목사와 재야 민주운동가들이 창설한 '노이에스 포럼(Neues Forum)'이었다. 이와 비슷한 성격의 단체로는 '지금 민주주의(Demokratie Jetzt)', '민주주의 출발(Demokratische Aufbruch)' 등이 있었다.

1989년 가을 동독에서 재야 운동세력의 조직화와 정치세력화가 이루어지는 과정에서 동독사회민주당(SPD, Sozialdemokratische partei der DDR)이 등장했다. 마르틴 구차이트(Martin Gutzeit)와 마르쿠스 메켈(Markus Meckel)이 1989년초부터 창당을 구상하기 시작해, 8월말부터 이에 대한 의사를 공개적으로 표명하고 나섰다. 처음에는 당명을 'SDP'로 정했으나 1990년 1월 서독사민당과 같이 'SPD'로 변경했다. 이들은 다른 재야세력들이 동독의 현실에 대한 공개적인 대화나 특정 분야의 권리를 주장했던 것과 달리 의식적으로 정당의 창당을 이야기했다. 이는 사실상 체제문제를 제기하는 것이어서 동독공산당에겐 엄청난 도전으로 다가왔다.

10월 4일 '노이에스 포럼', '지금 민주주의', '민주주의 출발', 사민당 등 7개 야당단체의 대표들이 모였다. 이들은 참여와 인권, 무엇보다 표현·집회·단결의 권리, 그리고 국가와 사회의 민주주의적·법치주의적 변형을 요구하는 성명서를 발표했다. 1989년 가을 다양한 성격의 야당단

1989년 동베를린을 방문한 고르바초프와 무너진 베를린장벽에 씌어진 그에게 바쳐진 헌사, '고마워요, 고르비!'

체들은 비록 구체적 내용에서 차이를 보였지만, 민주적 권리의 요구 등 원칙적인 내용에서는 하나였다.[50]

1989년 10월 7일 동베를린에서 동독수립 40주년 기념식이 개최되었다. 고르바초프도 이 행사에 참석했다. 이날 전국의 주요 도시 곳곳에서 시위가 발생했다. 드레스덴, 카를마르크스슈타트, 할레, 에르푸르트, 포츠담 등에서 수만 명의 동독 국민들이 거리로 뛰쳐나와 변화를 요구했다. 그들은 "우리는 여기 있겠다"고 외치며 동독의 자유화에 대한 의지를 불태웠다.[51]

10월 9일 월요일 라이프치히 시위는 역사적인 날이라는 말이 나올 정도로 거대했다. 시위는 니콜라이교회와 도시 중심부의 교회 세 곳에서 기도회가 끝나고 시작되었다. 약 7만 명의 시민들은 도시 중심부를 행진하면서 "우리는 자유를 원한다!", "민주주의!", "우리는 머무르고 싶다!", "고르비(Gorby)!", "페레스트로이카!", "우리가 인민이다! 우리가 다수다!" 등의 구호를 외쳤다.[52] 동베를린에서도 약 2천여 명의 시민들이 게트제마네교회 주변에서 시위를 벌였다. 동독당국은 미리 예고되었던 9일의 시위를 무력으로 진압할 계획을 세웠지만, 실행에 옮기지는 않았다. 물리력으로 진압하기에는 너무 큰 규모였고, 무력을 동원할 경우 걷잡을 수 없는 유혈사태가 발생할 수 있었기 때문이다. 이날 집회에서 물리적 진압을 포기한 것은 동독당국이 민주화세력과 일정한 타협을 하지 않을 수 없는 상황을 공개적으로 인정한 것이나 다름없었다.

공산당 지도부는 10월 18일 당 정치국회의를 열고 위기타개의 일환으로 지도부를 교체했다. 호네커를 퇴진시키고 새로운 서기장으로 크렌츠(Egon Krenz)를 선출한 것이다. 인민의회는 10월 24일 크렌츠를 국가위원회 위원장(국가원수)으로 선출했다. 크렌츠는 11월 1일 모스크바를 방문했고, 고르바초프는 그에게 개혁을 촉구했다.

10월 23일 라이프치히 시위에 20~30만 명의 시민이 참여했다. 그들은 "우리가 인민이다"라는 구호를 외쳤고, 베를린장벽의 제거와 자유선거를 요구했다. 10월 25일부터는 시위가 하루도 끊이지 않았다. 예나에서는 민주주의의 즉각 실시를 요구했고, "크렌츠 물러나라", "자유선거" 같은 구호도 등장했다.

민주화운동이 전개되는 중에도 동독 탈출행렬은 계속되었다. 11월 1일에는 체코국경이 개방되었다. 11월 3일에 6천여 명이 프라하 서독대사관으로 몰려들었다. 11월 5일 저녁엔 15,000명 이상이 체코를 거쳐 서독으로 향했다. 11월초 서독정부는 10월 31일까지 102,000명의 동독인이 합법적으로 동독을 출국했고, 약 65,000명이 비합법적으로 동독을 탈출했다고 발표했다.

11월 4일 동베를린 알렉산더광장에서 50만에서 1백만 명에 이르는 군중이 참가한 시위가 벌어졌다. 그들은 동베를린과 독일 전역에서 모여든 사람들이었다. 이 집회는 사전 신고를 통해 당국으로부터 허가를 받은 집회였다. 시위에 참여한 사람들은 표현의 자유, 출판의 자유, 집회의 자유를 요구했다. 이들은 자유선거를 포함해 '노이에스 포럼'과 다른 야당의 허용을 요구했다. 공산당의 지도적 역할에 대한 종식도 요구했다.[53]

동독공산당 지도부는 연이은 대규모 시위에 대한 대책으로 빌리 슈토프 총리(장관평의회 의장)를 포함한 정부 각료들의 교체를 선택했다. 11월 7일 슈토프가 44명의 각료들과 함께 사퇴했다. 슈토프의 후임에는 드레스덴공산당 서기장 한스 모드로우가 선출되었다. 그는 공산당 간부들 가운데 비교적 개혁적 사고를 가진 사람이었고, 동독 국민들도 그렇게 인식하고 있었다. 그의 총리 취임은 동독의 변화를 위한 긍정적 신호였지만, 너무 늦은 감이 있었다.

새로 개편된 공산당 정치국과 내각이 가장 심각하게 여겼던 것은 동독으로부터의 탈출행렬이었다. 그에 대한 소식이 서독 텔레비전을 통해 동독인에게 그대로 전달되었다. 이러한 대량이주는 안팎의 사람들에게 심리적으로 동독정권의 붕괴를 연상시켰다. 이 행렬은 또한 시위의 수위를 높였으며, 시위대의 요구를 더 과감하게 만들었다. 전문 인력의 대량 유출은 동독경제에도 큰 타격을 입혔다.

새로운 동독 지도부는 이에 대한 대책으로 획기적인 여행자유화 조치를 마련했다. 새로운 여행법을 신속히 제정하기로 했으며, 법 발효 이전에 가능한 임시조치도 취해놓았다. 임시조치의 발효시점은 11월 10일로 정했다. 크렌츠 서기장의 지시로 당 대변인 샤보브스키가 11월 9일 오후 7시 경에 기자회견을 열고, 모든 국경과 베를린장벽의 개방을 포함한 여행자유화 조치를 발표했다. 그런데 여행자유화 조치를 결정한 회의에 직접 참석하지 않았던 샤보브스키는 이 조치가 언제부터 발효되느냐는 기자의 질문에 "바로 즉시"라고 답해버렸다. 내각회의가 결정한 발효시점인 11월 10일이라는 날짜를 까먹어버린 것이었다.[54]

이 소식은 즉각 라디오와 텔레비전 등을 통해 동독 국민들에게 전해졌다. 동독인들은 여행자유화 조치를 환영하면서도 반신반의했다. 텔레비전을 통해 혹은 주변 사람으로부터 여행자유화 조치가 발표되었다는 소식을 들은 수많은 사람들이 거리로 뛰쳐나왔다. 많은 사람들이 반신반의하며 동·서독 분단의 상징적 장소인 브란덴부르크 문 앞으로 몰려들었다. 여행자유화 조치의 진위를 확인할 수 있는 장소가 바로 이곳이었기 때문이다. 브란덴부르크 문 앞을 지키던 국경수비대는 처음에는 영문도 모른채 몰려드는 군중들을 지켜보고만 있었다. 동독 사람들이 동서베를린을 가로막고 있던 철문을 밀기 시작했고, 이에 대해 통보받지 못한 국경수비대는 엉겁결에 문을 열어버렸다.

동독의 여행자유화 조치는 서독 국민들에게도 즉각 알려졌다. 서독 연방의회는 베를린으로부터 날아온 소식에 8시 20분경 회의를 중단했다. 총리실의 자이터스(Rudolf Seiters) 실장은 연방의회의 휴회시간을 이용하여 폴란드를 방문 중인 콜 총리에게 이 소식을 전했다. 서베를린 사람들도

장벽이 무너지던 날, 브란덴부르크 문

이 소식을 듣고 기쁨을 함께하기 위해 대거 브란덴부르크 문 앞으로 몰려들었다. 동베를린 사람들은 브란덴부르크 문이 열리자마자 저 너머에 서베를린 사람들이 나와 있는 것을 발견했다. 동·서독에서 몰려든 1만여 명의 군중이 기쁨에 겨워 너나할 것 없이 눈물을 흘리며 서로를 부둥켜안았다. 샴페인을 터뜨리는 사람들도 있었고, 옆 사람들에게 꽃을 선물하는 이들도 있었다. 일부 사람들이 장벽 위로 올라갔고, 망치로 벽을 쪼아대기도 했다. 설치 28년 만에, 그리고 동·서독 분단 44년 만에 베를린장벽 붕괴라는 역사적 장면이 연출되었다. 이 장면은 텔레비전을 통해 전 세계인들에게 생생하게 중계되었다.

11월 10일 오후 쇠네베르크 광장에서 베를린장벽 붕괴를 기념하는 집회가 열렸다. 폴란드를 방문 중인 콜 총리도 서둘러 귀국해 이 집회에 참석했다. 연단 위에는 겐셔 외무장관, 빌리 브란트 전 총리, 한스-요헨 포겔 사민당 총재, 발터 몸퍼 베를린 시장 등이 자리 잡고 있었다. 몸퍼 시장의 뒤를 이어 브란트 전 총리가 연설했다. 그는 브란덴부르크 문이 열렸다는 소식을 들은 직후 영국 군용기를 타고 베를린에 도착해 있었다. 베를린장벽이 설치될 당시 서베를린 시장을 지낸 인연으로 베를린 시민의 사랑을 한 몸에 받고 있던 그였다.

브란트는 쇠네베르크 광장에서 "긴 항해 뒤, 아름다운 날"이라고 운을 떼며, "우리는 이제부터 함께 자라서 함께 어우러졌던 위치에 있게 되었다"고 말했다. 베를린장벽의 붕괴는 "반자연적인 독일의 분단이 결코 지속되지 못한다"는 사실을 확인시켜 주었으며, 그러나 "우리는 단지 중간역에 와 있을 뿐, 가야 할 목적지에 아직 다다르지 못했다"고 연설했다. "베를린은 살아나게 될 것이며, 방벽은 허물어질 것"이라는 데서 청중은 환호로 보답했다.55 이어 콜 총리는 "독일문제는 분기점에 서 있습니다. 이제 통일과 권리, 자유가 가장 중요합니다. 자유 독일 만세! 자유 통일 유럽 만세!"라고 외쳤다. 그리고 나서 동독인들을 향해 "여러분은 혼자가

아닙니다. 우리가 여러분 편에 있습니다. 우리는 하나의 민족입니다"라고 선언했다.[56]

베를린장벽 붕괴와 함께 분명해진 것은 동독이 더 이상 예전과 같을 수 없다는 것이었다. 그러나 동독이 가야 할 길, 즉 근본적인 개혁을 시행하되 여전히 사회주의적인 경제질서와 정치질서를 갖춘 독립국가로 머물 것인지 아니면 어떤 형태로든 서독과 통합하고 동독 자체와 사회주의를 폐기처분할 것인지는 아직 정해지지 않았다. 그 방향은 1989년 11월 10일에서 1990년 3월 18일에 이르는 제2 전환국면에 동독 내부의 것들과 동·서독 관계와 연관된 것들, 그리고 국제정치적으로 관련된 여러 요인·정책·사건들의 복잡한 상호작용 속에서 정해질 것이었다.[57]

콜 총리의 통일논의 주도와 사민당의 혼선

1987년 이래 기민당은 연방의회 선거와 주지사 선거에서 연패했다. 이어 군복무 기간 연장문제에서 갈팡질팡하면서 콜 총리의 인기는 바닥으로 떨어졌다. 당 기부금 스캔들이 터지면서 그는 온갖 조롱의 대상이 되었다. 시사만평에서 그만큼 훌륭한 개그소재가 없었다. 경제정책에서도 좋은 점수를 받지 못했다. 1989년 당시 콜 총리가 건설적 불신임이 가능한 시점인 1990년말에도 총리직을 계속 유지할 거라고 믿는 사람은 거의 없었다.[58]

그러나 콜 총리에게 아무도 예상하지 못한 기회가 찾아왔다. 1989년 여름부터 불어 닥친 동독인들의 대량탈출 사태가 그것이다. 콜 총리는 동독의 변화에 주목하면서 모두들 주저하는 분위기 속에서 통일논의를 공론화하는 데 앞장섰다. 그는 구체적인 조치로 1989년 11월 28일 연방하원에서 "독일과 유럽정책에서 새로운 기회와 새로운 도전, 10개항 프로

그램"을 제시했다. 그는 여기서 독일통일을 크게 3단계로 설정했다. '계약 공동체'로 시작하여 '국가연합'을 거친 다음 최종적으로 '연방국가'로 넘어가는 안이었다. 10개항 프로그램을 발표하면서 통일과 관련된 구체적 일정을 확정하는 것은 의식적으로 피했다. 한편으로는 스스로의 행동반경을 좁히고 싶지 않았고, 다른 한편으로는 베를린장벽 붕괴 후 흥분해 있는 분위기를 자극하고 싶지 않았기 때문이다. 일정을 구체적으로 확정하는 것 또한 불가능하다고 판단했다. 그는 내심으로 독일통일은 3년이나 4년 후, 그리고 유럽 공동시장이 완성된 후에나 올 것으로 생각했다.[59]

정치 지도자는 여론 주도자다. 콜 총리는 이 연설을 통해 그때까지 금기시되었던 통일논의를 공식화했고, 독일통일에 이르는 국제적·국내적 경로를 분명히 했다. 그것은 아데나워 시절의 '힘을 통한 변화'로 돌아가면서도 '유럽 속의 독일'과 평화질서 등 기존 동방정책의 용어와 개념을 모두 살렸다. 점진적이고 단계적인 과정인 것처럼 보이면서도 결국 동독의 모드로우가 제안한 '조약 공동체'를 깔아뭉개고, 최근 부상하기 시작한 '국가연합'의 발상을 넘어서서 곧바로 통일에 이르는 길을 지향하고 있었다. 여러 방향에서 제기되는 우려를 완화시키기 위해 통일이라는 목표를 애매한 문구에 가려놓았지만, 그 궁극적 지향점이 통일이라는 것은 분명했다. 콜의 연설은 막연하나마 뭔가 지향점을 찾던 동독 주민들의 마음속에 방향을 제시해주었다. 콜은 10개항 프로그램을 통해 통일 지도자로 부상했다.[60] "전쟁 중에는 장수를 바꾸지 않는다"는 말은 1989년의 콜 총리를 두고 하는 말 같았다.

콜 총리가 통일에 대한 비전을 제시하며 주도권을 잡아가고 있을 때 사민당은 명확한 입장을 정리하지 못한 채 우왕좌왕했다. 기존의 사민당 노선은 서독과 동독의 공존과 발전, 그리고 장기적으로는 통합된 유럽을 건설하면서 독일통일도 모색하는 것이었다. 그러나 동독정권에 위기가 닥치자 사민당 내에서 동독을 바라보는 시각과 동·서독 재통일에 대해 다양한 견해가 표출되었다.

먼저 사민당평의회 위원장인 노베르트 간젤(Nobert Gansel)은 동독의 승인과 공존이라는 기존 정책의 변화를 주장하고 나섰다. 사민당의 외교정책 담당 대변인인 보이크트(Karsten Voigt)는 콜 총리의 10개항 프로그램에 대한 지지성명을 발표했다. 그러나 보이크트의 지지는 당내에서 격렬한 비판에 직면했다. 11월 29일 소집된 특별회의는 콜 총리의 10개항 프로그램이 사민당의 실질적인 요구사항, 예컨대 폴란드 서부 국경선의 승인과 동독인들의 자결권을 포함하지 않은 것에 대해 비판했다. 자르란트 주지사이면서 차기 사민당 연방정부 총리 후보인 라퐁텐은 콜 총리의 10개항에 대한 보이크트의 지지성명이 자신의 선거전략에 차질을 초래한다고 비판했다. 사민당은 이렇게 통일정책을 놓고 심각한 혼선에 빠져갔으며, 갈수록 '통일문제에 대한 불일치'를 드러냈다.[61]

동독과의 공존을 계속 추구해야 한다고 주장하는 측에서는 재통일의 개념을 매우 불신했다. 재통일에 가장 강력하게 회의적 시각을 드러낸 사람은 라퐁텐이었다. 라퐁텐은 당내 좌파의 젊은 기수이자 68세대의 정치적 중심인물로서, 브란트의 총애를 많이 받은 손자뻘 정치인이었다. 1989년 라퐁텐의 정치적 지향점은 국제주의, 산업사회의 생태학적 재건, 노동시간 단축, 여성의 평등권 보장 등이었다. 헬무트 콜이 민족국가와 유럽을 강조하는 반면, 라퐁텐은 민족에 대한 관심을 전혀 갖지 않았으며, 민족국가와 단호히 단절된 유럽연합을 변호했다. 라퐁텐은 미국이 포함된 서구동맹에 대한 의무의식이 없었으며, 완전히 포스트모던적 사고를 가진 정치인으로서 동독 및 재통일과의 실제적인 관계에 사로잡히지 않았다.[62]

반면 사민당 내에는 재통일을 적극 지지한 그룹들도 있었다. 당내 원로 그룹들이 이런 분위기를 주도했다. 이 분위기를 이끈 사람은 서독 사민당의 위대한 노老정객 빌리 브란트였다. 동방정책의 주인공인 브란트는

1989년 이래 동독에서 일어나고 있는 변화를 긍정적으로 생각했다. 공산주의의 종말은 그 권위주의적인 정당 지배체제와 계획경제체제와 함께 돌이킬 수 없는 현상으로 보였다. 그는 동독의 자유화운동을, 동독 주민들이 시민으로서 존중받고 국가나 당에 의해 마음대로 조정 받지 않으려는 자아의 발견운동으로 이해했다. 그들은 우선 현실성 있는 정보와 자유로운 행동, 그리고 자유로운 결산에 대한 권리와 적절한 경제적 이익에 대한 권리를 요구했다. 그의 눈에 동독 주민들은 자기 운명을 스스로 책임지겠다고 나선 것처럼 보였다.

브란트는 1970년대에 이미 '보다 큰 유럽'의 비전을 제시했던 사람이다. 그는 미래의 독일과 유럽이 하나의 공동체로 발전할 수 있다고 보고, 동·서독만의 미래가 아닌 유럽 속의 독일통일을 기대했다. 그는 1989년 베를린장벽의 붕괴를 통해 독일의 통일, 그리고 유럽 속의 독일통일의 기회가 왔다고 보았다. 그는 이 붕괴로 통일이 아래로부터 그 형상을 갖추어가고 있다고 생각했다. 브란트는 동방정책을 통해 동서독인들이 교류하고 협력하며 민족동질성을 유지하는 절반의 통일을 먼저 이루고, 나머지 절반인 정치적 통일은 역사에 맡기자고 했던 사람이다. 이제 나머지 절반의 통일, 즉 정치적 통일의 시기가 찾아왔다고 그는 생각했다. 그러하여 이제는 동방정책의 중요 전략이었던 '작은 발걸음'이 아니라 큰 보폭의 정치가 필요하다고 생각했다.

브란트는 11월 10일 쇠네베르크 집회에서 연설하면서 "동독의 다른 한쪽(동독)에서 이제는 아무것도 이전에 그랬던 것처럼 다시 되지 않으리라"라고 말했다. 그는 유럽 위를 지나는 변화의 바람이 독일을 그대로 넘어서 지나갈 수는 없다고 판단했다. 콘크리트로 만들어진 분단, 가시철망과 사형으로 존속하는 분단은 역사의 흐름에 역행하는 것이라는 게 그의 신념이었다.[63] 이날 그는 내용적으로는 당내 동료 몸퍼보다는 오히려 콜과 더 가까운 입장에 있었다.[64]

브란트는 동독에서 일어나고 있는 자유의 물결은 과거처럼 부당한 권력과 무력에 의해 무산되도록 해서는 안 된다고 했다. 베를린장벽 붕괴로 상징되는 동·서독의 '하나 되기' 운동이 동독 공산정권이나 다른 외세에 의해 결코 없었던 일로 되돌아가게 해서는 안 된다고 했다. 그는 보다 확대된 하나의 민족국가를 건설하는 것은 결코 기본법의 규정에서 벗어나는 것이 아니라고 보았다. 독일인들은 헌법 창시자들로부터 자기 결정에 의한 통일을 위임받았다는 게 그의 생각이었다. 그 임무를 수행하는 데는 한 가지 이상의 길이 있으며, 그 임무를 게을리 한다면 책임자들은 이에 대해 민족의 그리고 유럽의 기대에 미치지 못했다고 책망을 듣게 될 것이라고 했다.[65] 그는 고르바초프가 동베를린에서 행한 말도 상기시켰다. "너무 늦게 오는 사람은 인생으로부터 징계를 받게 될 것이다."[66]

그러나 정작 고르바초프는 통일에 대한 브란트의 이런 적극적인 태도에 놀라움을 감추지 못했다.[67] 고르바초프는 변화를 지지했고 독일의 통일을 피할 수 없는 과정으로 이해하면서도 그 과정이 점진적이고 동독지역에서 소련의 이익을 최대한 유지하면서 이루어지기를 바랐기 때문이다.

콜 총리는 보수적 정치인이었지만, 고르바초프, 미테랑, 브란트 등 유럽 좌파 지도자들과 긴밀한 관계를 유지했다. 서로 경쟁정당의 지도자로서 콜과 브란트가 정책문제에서 대립하는 것은 자연스러운 현상이었다. 그렇지만 브란트에게 콜은 직접적인 경쟁자는 아니었으며, 인간적으로 크게 대립할 이유가 없었다. 두 사람은 자주 그리고 규칙적으로 만났다. 베를린장벽이 무너진 이후에도 브란트는 콜에게 자신의 경험에서 우러나온 충고를 제공했고, 이따금씩 공개적으로 콜의 정책에 공감을 표시했다. 두 사람의 관계는 다음과 같은 콜의 언급에 의해 뒷받침된다. "우리 두 사람은 인간으로서 서로에게 매우 공감했다." 콜은 17살이나 더 많은 브란트에게 인간적으로 매료되어 있었다.[68]

콜 총리에 앞서 서독 총리를 지낸 슈미트 전 총리도 베를린장벽 붕괴

고르바초프와 함께한 콜

이후 진행된 통일과정에 지지를 보냈다. 그는 콜 총리의 10개항에 대해서도 원칙적으로 지지했다. 다만 브란트와는 달리 독일통일이 좀 더 점진적인 방식으로 이루어져야 한다고 주장했다. 그는 1990년 3월에 행한 연설에서 자르란트 지역을 서독에 통합시키는 데 4년이 걸렸다는 점을 상기시키면서 동·서독통일도 최소한 그 정도는 걸릴 것이며, 게다가 국제사회의 테두리 안에서 추진되어야 한다는 점까지 고려할 때 자르란트 지역을 편입시킬 때와는 비교도 안 될 만큼 힘든 과정이 될 것이라고 보았다.[69] 그는 이런 어려움을 고려하여 통일을 점진적으로, 그리고 단계적으로 추진해야 한다고 주장했다.

당 총재인 포겔(Hans-Jochen Vogel)은 사민당이 19세기 민족국가 개념으로 회귀하는 것은 있을 수 없다고 주장하면서도 동독의 변화에 능동적으로 대처하기 위해 당을 중간에서 단결시키려 했었지만, 뚜렷한 성과는 얻지 못했다. 이렇게 통일에 대한 견해 차이 때문에 사민당은 통일과정에서 어떤 영향력도 행사하지 못했다. 동독과의 화폐동맹은 본래 사민당에서 제기한 것이었으나 정작 중요한 순간에 사민당은 통일에 대한 주도권을 전혀 발휘하지 못했다.[70]

동독의 자유선거와 브란트

베를린장벽 및 독일 내 경계선이 붕괴된 후 동독공산당의 지배권은 사실상 붕괴되었다. 동독정권에게는 이제 국민적 지지도가 높았던 모드로우 총리가 유일한 희망이 되었다. 그의 부임 후 얼마 지나지 않아 시민운동권과 야권을 중심으로 동독의 변화를 이끌 중요한 회합들이 있었다. 11월 26일 동독의 5개 정당과 '노이에스 포럼' 그리고 '민주주의 지금' 등 7개 저항그룹이 동독의 장래를 협의하기 위한 원탁회의를 열었다. 그들은 12

월 7일 동베를린의 한 교회에서 모임을 갖고, 1990년 5월 6일 자유선거를 실시한다고 발표했다.

1989년 7월말부터 창당을 준비했던 동독 사민당 창당 발기인들은 권력분립, 복수정당제, 여행의 자유, 사법부의 독립 등에 토대를 둔 민주국가의 건설을 목표로 했다. 또한 긴장완화, 군축, 환경보호 등에 대한 중시를 선언했다. 서독 사민당은 동독 사민당의 창당을 환영했으며, 동독에서 민주주의와 복수정당제의 발달은 강력한 사회민주주의 정당 없이는 불가능하다고 천명했다.[71] 1990년 1월 동독 사민당은 SDP 대신, 서독 사민당과 같은 SPD로 당명을 변경했다. 그들은 제3의 길을 꿈꾸지 않았으며 오히려 서방의 인권, 시민권, 특히 사회민주주의적 전통을 중시했다. 기본적으로 그들은 서독 사민당 출신으로 서독 총리를 지낸 브란트와 슈미트의 사민당을 모델로 삼았다. 브란트는 베를린장벽 철폐 축하를 위해 베를린을 방문하는 길에 동독 사민당 당원들을 방문해 그들의 창당 작업을 격려했다.

동독선거를 채 한 달도 남겨놓지 않은 1990년 2월 22일 동독 사민당은 라이프치히에서 전당대회를 열고 공식 창당했다. 이 날은 동독정권 수립 40주년 기념일이었다. 동독의 근본적인 변혁을 원하는 시민들 가운데 지금껏 시민운동이 추구했던 목표가 불충분하다고 생각한 이들이 주로 사민당에 가담했다.[72] 당 기본 강령이 채택되었으며, 이브라힘 뵈메(Ibrahim Böhme)가 당 총재로 선출되었다. 서독 사민당의 브란트는 명예총재로 추대되었다.

1990년 3월 18일 동독에서 최초로 자유선거가 실시되었다. 당초 5월 6일로 계획했던 선거일정을 동독의 급박한 정치상황을 고려해 2개월 가까이 앞당긴 것이었다. 20여 개가 넘는 정당들 중 가장 규모가 크고 선거준비가 잘 된 정당은 사민당이었다. 사민당은 '노이에스 포럼' 등과 함께 동독의 자유화운동의 중심적 역할을 해왔다. 또한 서독 사민당과도 1월초

인민의회 선거에서 긴밀히 협력하기로 합의를 보았다.

드 메지에르가 이끄는 동독 기민당이 있었지만, 이 당은 과거 사회주의통일당의 들러리 역할에 불과했기 때문에 초반에는 별다른 주목을 받지 못했다. 공산당은 기존 명칭으로는 승산이 없다고 판단, 1989년 12월 당명을 '사회주의 통일-민주 사회주의당'으로 바꾸었다가 이듬해 1월에 다시 민주사회주의당(민사당, PDS)로 바꾸었다. 라이프치히에서 발족한 독일사회동맹(DSU)은 한스 빌헬름 에벨링 목사와 페터 미하엘 디스터 변호사가 주도한 정당으로서 서독의 기사당과 협력관계를 맺었다. 자유민주연합(DFD)은 서독의 자민당과 유사한 성격을 지녔다.

3월 선거에 30여 개 이상의 정당들이 참여했다. 이들의 성패는 자체능력보다는 서독의 거대정당인 기민/기사당과 사민당, 자민당과의 협력관계, 즉 그들의 지원을 얼마나 받을 수 있느냐에 달려 있었다. 이런 점에서 동독 기민당과 서독 기민당의 결합은 선거전의 최대변수로 작용했다. 두 정당의 결합에는 드 메지에르 동독 기민당 대표의 적극적인 구애작전이 주효했다. 사민당과 달리 동독에 마땅한 자매정당이 없던 서독 기민당은 동독 기민당과 협력하기로 했다. 그러나 동독 기민당의 부정적인 과거 이미지 등을 고려할 때 그들의 힘만으로는 선거에서 좋은 성적을 얻지 못할 것이라고 예상했다. 그래서 드 메지에르에게 동독의 또 다른 정당인 민주주의궐기(DA), 독일포럼당 그리고 서독 기사당의 자매정당인 독일사회동맹까지 포함하여 선거연합체를 구성하라고 조언했다. 서독 기민당은 다른 정당들에게도 똑같이 조언했다. 이 조언대로 2월초 독일포럼당을 제외한 3개 정당이 각 당마다 각자의 독자성을 유지한 채 '독일동맹'이라는 선거연합체를 결성하는 데 합의했다.[73]

서독 사민당이 동독 사민당과 선거동맹을 맺을 당시 동독의 민주사회주의 정당(민사당)이 강하게 이의를 제기했다. 과거 서독 사민당과 사회주의통일당의 좋은 관계로 보나 양당 모두 사회주의 이념을 추구한다는 점에서 서독 사민당은 자신들과 협력하는 게 합리적이라는 것이었다. 그러나 서독 사민당은 민주사회주의 정당의 요구를 뿌리치고 동독 사민당과 제휴를 계속하기로 했다.

선거는 처음부터 서독 거대정당들의 대리전 양상을 보였다. 동독의 기민당과 독일동맹은 새로운 헌법을 제정할 필요 없이 서독 기본법 제23조에 의해 동독이 서독에 편입하는 방법으로 조속히 통일하자고 주장했다. 당시 독일 기본법 제23조는 기본법의 효력범위로 서베를린을 포함한 서독 11개주를 나열하고, "독일의 다른 부분은 그들이 편입한 후에 효력이 발생한다"라고 명시했다. 서독은 이 기본법에 따라 1957년 1월 자를란트 주를 해당 주의 주민투표를 거쳐 서독에 편입시킨 바 있다.[74] 양독의 기민당은 동독의 주들도 별도의 헌법을 제정하지 말고 자를란트의 경우처럼 독일연방공화국에 신속히 편입시키자고 주장했다.

동독 사민당은 창당을 준비할 때만 하더라도 동독의 개혁을 목표로 했다. 그런데 베를린장벽이 붕괴되었고 통일문제가 현안으로 부상했다. 동독 사민당은 통일문제에 대해 어떻게 대처해야 할지 고민에 빠졌다. 통일을 지지했지만 서독과 동독이 대등한 처지에서 통일을 이루기를 원했다. 선거가 시작되자 동독 사민당은 서독 기본법 제146조를 들고 나왔다. 이는 기본법의 효력정지를 명기한 조항으로서 "독일민족의 자유로운 결정에 의해 새로운 헌법이 발생하게 되는 날, 이 기본법은 그 효력을 상실한다"고 정하고 있다. 동독 사민당 총재 뵈메는 이에 따라 동독의회와 서독의회가 동등한 자격으로 제헌의회를 구성하고, 여기서 새로운 헌법을 제정하는 절차를 따르는 점진적 통일방안을 주장했다. 이러한 방식을 따라야 동독 주민들의 자존심이 존중 받을 수 있으며, 동독체제가 갖고 있는 장점을 살리면서 새로운 국가가 건설됨으로써 통일의 효과를 극대화할 수 있다고 주장했다.[75]

선거 한 달 전인 2월 동독에서 실시된 한 여론조사에 의하면, 기민당은

11퍼센트, 민주사회주의당은 13퍼센트, '노이에스 포럼'은 4퍼센트에 불과했다. 대부분의 사람들은 사민당의 압승을 예상했고, 이것은 동독이 사회주의국가였고 노동자들의 성향이 사회주의적 경향을 띠고 있다는 점에서 자연스러운 현상으로 이해했다.[76]

선거가 있던 1990년 3월은 동·서독이 여전히 분리되어 있는 시점이었다. 그럼에도 동독에서 치러진 선거운동의 주역들은 동독 정치인들이 아닌 서독 정치인들이었다. 동독 기민당은 서독 기민당 총재이자 현직 서독 총리인 콜과 서독 기민당 당원들이 주도했다. 마찬가지로 동독 사민당 선거는 서베를린 시장과 서독 총리를 역임했고 사민당 명예총재인 빌리 브란트와 현직 사민당 총재인 라퐁텐 등 서독 사민당 지도자들이 주도했다.

아직 동·서독이 분단된 상태에서 현직에 있는 콜 총리와 브란트 전 총리 등이 동독지역을 돌며 선거 지원유세를 할 수 있었던 것은 동·서독이 이미 정치적으로 하나가 되어가고 있음을 보여주는 징표였다. 콜 총리는 '우리 모두의 번영을 위해' 기민당을 찍어달라는 표어가 나붙은 플래카드를 앞세우고 동독의 여러 도시를 누비며 지원유세를 벌였다. 콜 총리는 동독인들에게 5년 내에 번영의 시기가 찾아올 것이라고 약속했다. 그는 또 이러한 번영은 세금인상 없이 달성될 것이라고 주장했다.[77] 동독 사민당의 대표적인 지원유세자는 브란트 전 서독 총리였다. '빌리![78] 우리는 당신을 환영합니다'라고 적힌 피켓을 흔드는 동독 청중들 앞에서 브란트는 특유의 쉰 듯하면서도 우렁차고 가슴에 와 닿는 연설을 통해 사민당에 대한 지지를 호소했다. 그는 콜이 추진한 통일정책에 대해 큰 틀에서 지지를 보내면서도 통일은 다른 방식으로 행해져야 한다고 주장했다. 그는 미국, 영국, 프랑스 군정사령관에 의해 승인받은 기본법이 아니라 40년 뒤 자유시민들에 의해 만들어진 자유헌법이라는 민주적 정당성에 바탕을 둔 통일이 이루어져야 한다고 주장했다.[79]

선거가 시작되기 전 지지도에서 크게 뒤졌던 동독 기민당과 독일동맹은 조속한 통일을 선거의 중점공약으로 삼았다. 동독이 서독의 기본법을 수용하면 빠른 시일 내에 통일을 이룰 수 있다고 주장했다. 이런 가운데 콜 총리는 2월 7일 모드로우 동독정부에게 가치가 떨어진 동독화폐 대신에 서독 마르크를 받아들이라는 제안을 했고, 나아가 서독 마르크와 동독 마르크의 교환비율을 1:1로 하겠다고 선언했다. 그가 1:1 비율의 교환율을 선택한 것은 전적으로 정치적인 사유였다. 그는 동독인들이 서독으로 이주하는 것을 막기 위해 통일에 대한 공세적인 전략을 구사했고,[80] 화폐통합이라는 폭발성 있는 주제를 제시한 것이었다.

서독 사민당은 화폐통합과 성급한 정치통합은 서독경제에 큰 부담이 될 것이라고 주장했다. 화폐통합보다는 먼저 서독이 동독을 떠받쳐줄 수 있는 신속한 재정원조를 제공하는 것이 순서라고 주장했다. 사민당은 콜과 동독 기민당이 동독 유권자들의 환심을 사기 위해서 통화통합과 정치통합을 약속하는 무책임한 득표공작을 벌이고 있다고 비난했다. 라퐁텐으로 대변된 사민당 좌파는 통일은 동독 사회주의가 갖는 장점도 수용하면서 점진적으로 추진해야 한다고 주장했다. 그들은 과속통일에는 워낙 비용이 많이 들기 때문에 서독 납세자들에게 너무 큰 부담이 되며, 인플레, 실업, 빈곤에다 사회적 불만이 야기될 것이라고 주장했다. 그러나 라퐁텐의 주장은 조속한 통일을 바라는 동독 주민들의 생각과 많은 거리가 있었다. 그의 주장은 오랫동안 그의 정치적 후원자 역할을 했던 브란트의 생각과도 거리가 있었다.

브란트는 동독 사회주의체제는 존속의 가치가 없고 존속의 능력도 없으며 이번 기회에 반드시 독일통일이 이루어져야 한다는 입장이었다. 그는 콜이 제안한 10개항 통일프로그램에 대해서도 원칙적으로 공감했다.[81] 그는 다만 서독의 경제사정과 고르바초프의 입장을 고려하면서 점진적인 통일과정을 선호했을 뿐이다. 브란트는 77세의 나이에도 불구하고 직접 동독 유권자들 앞에 나서서 동독 사민당을 지원했다. 그러나 그는 자신이 매우 총애했던 좌파계열 후계자 라퐁텐을 설득하지 못했다. 그는 선거기간 동안 라퐁텐의 통일관에 대해 매우 화가 났지만 어쩔 수가 없었다.[82]

사민당 좌파의 주장에 일리가 없는 건 아니었다. 동독은 동유럽 공산권국가 중에서 경제수준이 가장 앞서 있었다. 정치적 자유가 없고, 경제의 질적·양적 수준 모두 서독에 크게 뒤진 것은 사실이었지만, 45년 동안 실험된 사회주의 경험에서 얻어진 것이 전혀 없을 리 없었다. 서독 같은 자본주의국가나 동독 같은 공산주의국가가 아닌 제3의 길을 걷고자 하는 그들의 열망도 상당한 설득력을 가졌다. 게다가 통일 직후 곧바로 알게 되었지만, 통일비용은 콜정부가 당초 예상했던 것보다 훨씬 많았다. 통일 후 상당 기간 동독인들이 겪은 2등 국민의식도 심각한 수준이었다. 사민당의 점진적인 통일방식도 귀담아들어야 할 내용이었다.

그러나 선거에서는 논리적인 측면이 아닌 감성적 요소가 큰 영향력을 발휘한다. 콜과 기민당의 통일론과 사민당의 통일론이 모두 나름대로 합리성과 설득력을 지녔지만, 감성적 측면에서는 콜 총리와 기민당의 통일론이 더 큰 위력을 발휘했다. 즉, 콜 총리의 신속한 통일론과 화폐통합, 그리고 서독 마르크와 동독 마르크의 1:1 교환은 모든 논쟁을 집어삼켰다.

1990년 3월 18일 드디어 선거가 실시되었다. 총 1,238만 명 유권자 가운데 93.22퍼센트가 선거에 참여했다. 투표율은 과거보다 조금 낮아졌지만, 자발적 열기는 그 어느 때보다 높았다. 투표가 종료되고 몇 분이나 지났을까. 오후 6시가 조금 지난 시각, 텔레비전화면에 선거결과 예측방송이 시작되었고, 모두가 놀랄 만한 결과가 나왔다. 기민당과 독일동맹이 압도적으로 승리한 것이다. 기민당의 득표는 경쟁정당이자 모두가 승리정당이 될 것으로 예측했던 사민당을 더블스코어로 앞섰다.

이날 최종 득표율을 보면, 기민당 40.82퍼센트(163석), 독일사회동맹 6.31퍼센트(25석), 민주부활당 0.92퍼센트(4석) 등 독일동맹 소속 정당들이 총 48.04퍼센트(192석)를 얻었다. 이에 반해 사회민주당은 21.88퍼센트(88석)에 그쳤다. 민사당은 16.40퍼센트(66석)이었다. 그 외에 자유민주연합 5.28퍼센트(21석), 연합90 2.91퍼센트(12석), 녹색/여성 1.97퍼센트(8석), 민주농민당 2.18퍼센트(9석) 등이었다.

독일 총선결과는 기민당의 대승, 사민당의 참패, 그리고 민사당의 선전으로 요약할 수 있다. 사민당의 참패는 민사당의 선전과도 관련이 있었다. 민사당은 동독경제의 파탄과 동독붕괴에 일차적 책임이 있는 정당이었음에도 불구하고, 16.4퍼센트의 지지를 얻었다. 이는 동독에 여전히 공산주의체제의 유지를 바라는 세력, 동독의 자존심을 지키고 싶은 세력이 상당수 존재한다는 것을 의미했다. 민사당의 대체정당으로 지목된 사민당이 통일 정책을 놓고 혼선을 일으키면서 몰락한 공산주의를 대체할 비전과 능력을 보여주지 못한 것도 민사당의 선전을 가능하게 했을 것이다.

동독 기민당의 승리는 곧 서독 콜 총리의 승리였다. 선거초반 기민당의 절대적 열세를 만회하고, 나아가 당을 승리로 이끈 가장 큰 원동력은 콜 총리가 전면에 나서서 신속한 통일과 동독인들에게 절대적으로 유리한 조건의 화폐통합을 내세운 데 있었다. 동독인들은 동독 기민당이 아닌 서독의 콜 총리를 보고 기민당에 투표를 했다고 해도 과언이 아니었다.

브란트는 선거결과에 크게 실망했다. 그는 동독지역을 누비면서 자신이 명예총재로 있는 동독 사민당의 승리를 위해 노력했다. 선거기간 동독인들이 자신을 열렬히 환호하는 것도 목격했다. 그는 이런 환대를 자신의 당에 대한 지지로 이해했었다. 그런데 선거결과는 전혀 딴판이었다. 비록 유권자들이 브란트가 아니라 통일문제에 소극적이던 사민당에게 패배를 안겨준 것이긴 했지만, 브란트는 이 선거결과에 큰 충격을 받았다. 이것은 그의 정치인생 전체, 나아가 그의 인생 전체에서 마지막 패배였다.

이렇게 브란트와 사민당은 1989~1990년 독일사의 격변기를 맞아 소원해진다. 명예총재 브란트는 변함없이 당에 대해 깊은 연대감을 느꼈지만, 당원들이 그를 따르는 것을 점점 주저했다. 이런 경향은 통일문제에서 두드러지게 나타났다. 현역 지도자들을 비롯하여 많은 사민당원들이 통일문제에 대해 유보적 태도를 취했고, 심지어 브란트가 자신의 후계자로 지목한 라퐁텐은 거부의 태도까지 취했다. 1990년 3월 18일 동독 사민당의 패배는 사민당이 자초했다고 볼 수도 있다.

선거가 끝나고 2주일 후인 4월 5일 동베를린 공화국 궁전에서 인민의회가 개회되었다. 기민당의 베르크만—폴(Sabine Bergmann-Phol)이 인민의회 의장으로 선출되었다. 폴은 동독의 임시 국가원수직도 겸했다. 기민당 총재인 드 메지에르가 총리로 지명되었다. 기민당과 독일동맹이 큰 승리를 거두기는 했지만, 그들이 획득한 총의석은 193석으로서 400석의 과반에 미치지 못했다. 의회에서 과반을 차지하기 위해서는, 그리고 통일이라는 큰 과업을 원만하게 수행하기 위해서는 안정적인 정치지형이 필요했다. 드 메지에르는 콜 총리와 상의를 거쳐 사민당을 포함한 대연정을 구성했다. 기민당의 드 메지에르 총재가 새 총리로 선출되었고, 신임각료는 기민당 12명, 사민당 6명, 자유당 3명, 독일사회동맹 2명, 민주부활당 1명, 무소속 2명으로 배분되었다.[83]

통일독일의 탄생

독일통일을 위한 전제는 두 개의 국가조약에 의해 만들어졌다. 그 첫 번째가 화폐·경제와 사회동맹조약이고, 두 번째가 통일조약이었다. 그 외에 선거조약 및 '2+4조약'이 있었다.[84] 5월 18일 동·서독 대표들은 '화폐·경제와 사회동맹에 관한 국가조약'에 서명했다. 이 조약은 동·서독이 서독 마르크화를 유일한 공식화폐로 정하고, 모든 통화관리는 서독 중앙은행이 맡도록 했다. 선거조약은 1990년 8월 3일에 체결되었는데, 통일 2개월 후인 12월 2일에 치러질 통일독일의 첫 총선원칙이 이에 따라 결정되었다.

통일 이후 이행해야 할 내용들을 준비하고, 발생할지 모를 문제들을 예방하기 위해 통일조약도 체결되었다. 조약 체결과정에서 통일독일의 수도문제, 재산권문제, 낙태문제 등 여러 가지 어려운 과제들이 협상팀 앞에 놓여 있었다. 그러나 양측은 어려운 과제들을 통일 이후로 미루고, 8월 31일 통일조약에 서명했다. 정식 명칭은 '독일통일 완수에 관한 독일연방공화국과 독일민주공화국 간의 조약'이었다. 이 조약의 출현으로 10월 3일 이후 하나가 될 통일독일에 대한 법적 근거가 마련되었다. 이 조약의 제1조에서 브란덴부르크, 메클렌부르크-포아포메른, 작센-안할트, 작센, 그리고 튀링겐 주는 기본법 제23조에 따라 1990년 10월 3일자로 독일연방공화국에 추가된다고 공표되었다. 제2조는 독일의 수도가 베를린이며, 의회와 정부의 소재지는 통일 후에 결정하기로 했음을 밝혔다. 아울러 10월 3일을 독일통일의 날로 정했다.

화폐·경제와 사회동맹조약, 선거조약, 통일조약을 통해 통일을 위한 독일 내부의 준비는 완료되었다. 그러나 독일통일은 동·서독인들만의 결정으로 완성될 수 없었다. 베를린은 여전히 제2차 세계대전 승전국가인 미국, 영국, 프랑스, 소련 등 4대 강국에 의해 관리되고 있었다. 서독에는 미군을 비롯한 나토군이, 동독에는 소련군이 진주해 있었다. 동독정부는 여전히 소련의 영향권 하에 있었다. 독일의 통일은 4대 강국과 폴란드 등 주변 국가들의 동의와 협력 없이는 어려운 게 사실이었다.

결국 최종적으로 독일의 운명을 결정지은 곳은 국제 정치무대였다. 독일분단이 냉전의 결과였듯이, 독일통일이 가능하려면 독일을 둘러싼 냉전종식이 선행되어야 했다. 소련의 고르바초프가 독일통일에 대해 유연하고 긍정적으로 임한 것은 독일인들에게 큰 행운이었다. 미국은 독일의 통일과 콜 총리의 통일방식을 처음부터 적극 지지해주었다. 프랑스와 영국은 처음에는 부정적 혹은 소극적 자세로 임했는데 나중에 적극적 지지로 방향을 선회했다. 이는 과거사에 대한 서독의 진솔한 반성과 수십 년 동안 주변 국가들과 쌓아온 신뢰와 긴밀한 협조 덕분이었다.

1990년 동·서독과 미국, 소련, 영국, 프랑스로 구성된 '2+4회담'에서 독일통일에 대한 국제적 동의가 이루어졌다. 이것은 브란트가 시작하고 슈미트와 콜정부가 계승한 '유럽평화 속의 독일정책'이 성공했다는 것을 의미했다. 이 회담에서 가장 쟁점이 되었던 통일독일의 나토 잔류문제에 대해 브란트는 이미 1990년 1월에 "두 독일국가는 하나의 유럽공동체에 가입할 수 있지만 하나의 독일국가는 두 동맹에 가입할 수 없다"고 했다. 콜 총리가 아직 통일독일의 국제적 위상과 동맹문제에 대해 명확한 구상을 하기 전에 이미 브란트는 '2+4회담'의 결론을 명확히 제시하고 있었다.

통일기념식은 1990년 10월 2일 밤 11시 55분 제국의회 의사당 앞에서 폰 바이체커 대통령, 콜 총리, 그리고 드 메지에르 동독 총리 등을 비롯하여 약 100만 명의 시민이 참석한 가운데 열렸다. 독일국가가 울려 퍼지고, 검정·빨강·노랑의 독일국기도 게양되었다. 폰 바이체커 대통령은 "오늘 우리는 하나의 독일을 이룩했다"며 독일이 통일되었음을 선포했다.

공식으로 1990년 10월 3일 0시를 기해 통일독일이 탄생했다. 콜 총리는 "10월 3일은 감사와 희망의 날입니다. 지금 독일의 젊은 세대들은 앞선 세대와는 달리 평화와 자유 속에서 생활할 것입니다. 독일은 우리의 조국이며 우리 미래의 통일된 유럽입니다"라고 했다.[85] 폰 바이체커 대통령은 "독일통일은 모든 세계민족의 자유와 이 대륙의 새로운 평화질서를 지향하는 유럽역사 발전과정의 한 부분입니다. 우리 독일인들은 앞으로 이러한 목표가치에 도달하는 데 기여할 것입니다. 독일통일은 유럽의 역사에 기여할 것입니다"라고 말하면서 통일독일이 유럽 속의 독일이 될 것이라고 약속했다.[86]

'2+4조약' 협의를 위한 라운드테이블 첫 만남

10월 4일 제국의회 의사당에서는 인민의회 의원 144명을 포함한 통일된 독일의 첫 연방하원 회의가 열렸다. 콜 총리는 이 회의에서 미국, 영국, 프랑스, 소련 등 4개국의 협력으로 통일을 완수할 수 있었다며, 특히 소련 고르바초프 대통령에게 고마움을 표시했다. 또한 지난 20세기에 독일인들이 저지른 죄를 잊지 않고 과거를 인정함으로써 자유와 통일을 얻을 수 있었다고 말했다. 다시 한 번 그는 독일인이 저지른 죄악과 어두운 역사로 고통을 받았던 여러 국가의 국민, 특히 유태인에게 사죄했다. 그리고 동독재건을 위해 500억 마르크의 투자계획을 밝혔다.

한편 통일에 대한 사민당의 소극적 태도는 동독 총선패배 이후에도 바뀌지 않았다. 사민당의 총리 후보 라퐁텐은 통일과정에서 동독의 서독마르크화 도입과 소위 첫 번째 국가조약, 즉 화폐·경제 및 사회동맹조약에 반대했다. 이런 태도로 인해 사민당은 또다시 1990년 12월 2일 통일독일 총선에서 참패하고 만다. 통일 후 최초로 실시된 연방의회 선거에서 사민당의 득표율은 33.5퍼센트로서 1950년대 수준에 머물렀다.

브란트가 총재직에서 물러난 후 사민당 총재자리는 포겔과 비요른 엥홀름(Björn Engholm), 루돌프 샤핑(Rudolf Scharping) 등이 맡았다. 이 기간 총재직에는 오르지 않았지만 총리 후보로 나선 바 있는 라퐁텐까지 합하면, 브란트의 손자세대 정치인들이 사민당을 책임졌고, 끝내 빛을 보지 못한 채 사라지고 말았다. 브란트는 이 기간 당을 직접 책임진 것은 아니었지만, 이들 모두가 그가 총재직에 머무른 동안 정치수업을 받았다는 점에서 그는 후계자를 키우지 않았다는 지적에서 자유로울 수 없었다.

운명

브란트는 1991년 10월초 췌장암 진단을 받았다. 쾰른대학에서 수술을 받은 그는 이듬해 3월 마드리드에서 개최된 사회주의인터내셔널 회의에 참석한 뒤, 독일연방의회 연설로 자신의 정치행위를 마무리했다. 그는 고별사에서 건강상의 이유로 더 이상 선거에 나설 수 없음을 밝히고, 망명객으로서, 베를린 시장으로서, 외무장관으로서, 그리고 총리로서 보낸 굴곡진 삶에 대해 회고했다.

1992년 병은 더 악화되었고, 회복가능성도 사라져버렸다. 아내 제바허가 병든 그를 극진히 간호했다. 그는 모르핀주사로 고통을 덜어내야만 했고, 9월초부터는 음식물도 섭취할 수 없을 지경이 되었다. 많은 사람들이 그를 문병했다. 그의 오랜 경쟁자 슈미트, 폰 바이체커 대통령, 콜 총리, 곤잘레스 스페인 전 총리 등도 그 멤버에 속해 있었다. 소련 서기장에서 물러난 고르바초프도 그를 찾아왔다. 브란트는 병석에서 특별히 콜 총리에게 대화를 희망한다는 전갈을 보냈고, 콜 총리가 거기에 응해 그의 집을 방문했다. 브란트는 "나의 총리가 오는데 침대에 있을 수는 없지요"라며, 앉아서 그와 대화를 나누었다.

브란트는 1992년 10월 8일 라인 강변의 운켈에 있는 자신의 집에서 운명했다. 그리고 10월 16일 쇠네베르크 시청 앞에서 그의 변함없는 정치적 지지자들인 베를린 시민들과 작별했다. 이튿날 수많은 외국인들이 참석한 가운데 국장이 치러졌다. 미망인 브리기테 제바허와 네 자녀인 닌야, 페터, 라르스, 마티아스가 그의 마지막 길에 함께했다. 그와 30여 년을 함께 살았으며 세 자녀의 친모였던 루트는 장례식에 초대되지 않았다. 가십거리로 다뤄질 것을 염려한 처사였다. 루트도 세 자녀도 그 결정에 이의를 제기하지 않았다.

빌리 브란트가 영면한 곳

제 3 부

대통령 김대중

제 5 장

대통령직을 향한 도전과 시련

빌리 브란트와 김대중

1. 박정희 대 김대중

1971년 대통령 선거

1971년 봄에 제7대 대통령 선거가 예정되어 있었다. 야당인 신민당은 박정희에 맞설 대통령 후보를 선출하기 위해 분주히 움직였다. 가장 유력한 후보는 유진오 총재였다. 그런데 유진오가 1969년말 갑자기 뇌동맥경련증으로 쓰러지고, 당은 1970년 1월초 임시전당대회에서 유진산을 후임 총재로 선출한다. 유진산은 정치력은 있었지만 '사쿠라'라고 불릴 정도로 야당성을 의심받고 있는 인물이었다. 특히 대중성이 약했다. 이런 분위기 속에 당내에서 40대 기수론이 일어났다. 김영삼, 이철승, 김대중이 그 주인공들이었다. 유진산은 자신이 대통령 후보로 나서기 어려운 사정을 감안하여 자기 사람을 후보로 내세우려는 전략을 세웠다. 그는 세 사람을 불러 자신에게 후보 지명권을 달라고 했다. 김영삼, 이철승은 이를 수용했지만, 김대중은 거절했다. 김대중은 유진산이 김영삼을 지명하려 한다고 생각했다.

신민당 대통령 후보지명 전당대회는 1970년 9월로 정해졌다. 김대중은 1월 일찌감치 후보 지명전에 나설 것을 공식 선언했고, 약 8개월 동안 전국을 누비며 대의원들과 접촉했다. 1967년 총선에서 박정희와 간접 대결하여 승리한 경력, 자신이 내세운 비전과 정책, 뛰어난 웅변과 설득력

등은 그의 큰 장점이자 무기였다.

유진산을 비롯한 상층 지도부는 김영삼을 지지했고, 정일형 등 중진 일부는 김대중을 지지했다. 전당대회 직전까지 모든 언론은 김영삼의 승리를 예고했다. 이런 상황에서 이철승이 1차 투표를 앞두고 사퇴를 선언했다. 김대중과 함께 민주당 신파에 속했던 이철승계는 이철승이 중도에 사퇴하거나 2차 투표에 진출하지 못할 경우 김대중을 지지하기로 약속했다. 1차 투표결과는 김영삼 421표, 김대중 382표, 무효 82표였다. 과반수 득표자가 없어 2차 투표에 들어갔다. 2차 투표를 앞두고 이철승계는 약속대로 김대중을 지지하기로 했다. 결선투표 결과는 김대중 458표, 김영삼 410표, 무효 16표로 김대중의 승리였다. 한 편의 대역전 드라마였다. 김대중의 정치인생에 '영광과 시련'으로 상징되는 새로운 장이 열리는 순간이었다.

1970년 10월 16일 김대중은 신민당 대통령 후보 자격으로 기자회견을 했다. 박정희와 공화당에 대한 공격이 아니라 대통령이 된다면 하고 싶은 정책과 비전을 제시하는 데 초점을 둔 회견이었다. 그는 향토예비군 폐지, 대중경제, 미·중·소·일 4대 강국의 한반도 전쟁억제 보장책(4대국 안전보장론), 남북한의 화해·평화통일론, 공산권 국가들과의 관계개선과 교류, 초·중등학교의 육성회비 폐지, 이중곡가제 실시 등을 제시했다. 하나하나가 큰 파급력을 지닌 정책들이었다. 국민의 관심이 증폭되었고, 그만큼 박정희와 공화당의 비판도 거셌다.

향토예비군은 김신조 일당의 청와대 습격사건 후 북한침략에 대한 방위목적으로 창설되었다. 그러나 부작용이 많았다. 국민들이 생업에서 느끼는 불편함에 비해 효과는 미지수였다. 돈을 주고 훈련에 빠지거나 대리참석하는 경우도 많았고, 관권선거와 군사문화 확산의 도구로 활용되기까지 했다. 김대중의 예비군 폐지공약은 국민들에게 큰 환영을 받았다. 박정권은 당황했다. 김대중을 안보의식이 결여된, 위험하고 무책임한 정치

1970년 신민당 대통령후보 지명전에서 역전승한 뒤 환호하는 김대중 (ⓒ 김대중평화센터)

인으로 몰아갔다.

4대국 안전보장론과 남북한의 화해·평화통일론은 냉전체제 하에서 남북한이 전쟁이 아닌 평화롭게 살 수 있는 방안을 찾자는 시도이다. 한반도를 둘러싼 4대 강국에게서 남과 북을 부추겨 전쟁을 일으키지 않겠다는 약속을 받아내고, 이를 통해 남북한의 평화공존을 모색한다는 것이었다. 이는 남북문제는 남북한만의 문제가 아니라 동북아 평화라는 보다 거시적인 관점에서 그 해법을 찾아야 한다는 논리에 토대를 두고 있었다.

4대국 안전보장론은 1969년 집권한 브란트 서독 총리가 독일문제는 유럽의 평화 속에서만 해결 가능하다고 주장한 논리와 비슷했다. 실제로 독일에서는 미국, 영국, 프랑스, 소련 등 4대 강국이 1970년 3월부터 논의를 시작해 이듬해 9월 3일 '베를린협정'으로 이어졌다. 세계 최대 분쟁지인 베를린에서 체결된 이 협정엔 "4대 강국이 해당 지역의 긴장제거와 분규방지를 위해 노력할 것이며, 이 지역에서 무력사용이나 무력위협을 하지 않으며, 분쟁은 오로지 평화적 수단으로 해결한다"는 약속이 담겨 있었다. 향후 동서독의 평화적 공존의 중요한 토대가 된 협정이었다.[1] 한반도 주변이 미·일·남한과 중·소·북한으로 갈라져 첨예하게 대립하고 있는 상황에서 김대중의 4대국 안전보장론은 많은 사람들에게 신선함과 충격을 동시에 안겨주었다.

김대중이 평화통일론을 제창한 1971년 당시는 '통일'이라는 단어만 사용해도 경우에 따라 '빨갱이'로 몰리던 시절이었다.[2] 상대측이 가만히 있을 리 없었다. 정부여당은 4대국 안전보장론은 실현 가능성이 전혀 없는 망상이며, 우리나라의 국방을 외국에 맡기려는 사대주의적 발상이라고 비판했다. 선거유세에서 박정희는 소련과 중공에 자국의 안보를 맡기자는 것은 국가의 기본인 반공에 정면으로 위배되는 주장이라고 공격했다.

김대중의 대중경제론도 주목을 받았다. 이는 1969년 『신동아』에 기고한 「대중경제론을 주창하다」에서 그 골격이 선보였다. 지향점은 근로

제7대 대통령 선거 김대중 후보 포스터 ⓒ 김대중평화센터

제7대 대통령 선거 당시 김대중의 연설을 듣기 위해 모여든 시민들

대중으로 하여금 경제사회의 발전에서 주도적 역할을 담당하게 하는 동시에, 그들의 공헌이 정당하게 평가되고 보상받는 복지사회의 실현이었다.[3] 한자는 달랐지만 한글로 (김)대중이라는 그의 이름과 겹쳐 이 정책은 유권자들의 머릿속에 보다 쉽게 각인되었다.

대중경제론은 1971년 대통령 선거 당시 『김대중 씨의 대중경제 100문 100답』이라는 제목의 책으로 출간되기도 했다. 여기서 언급된 "대중에 의한"이란 표현은 지식인·민족자본가·근로자·농민 할 것 없이 사회 각계각층의 수중에 있는 자본을 산업자본으로 동원하여 기업을 대중화하자는 것이다. "대중을 위한"이란 표현 역시 생산된 과실이 대중의 생활향상을 위해 공정하게 분배됨을 의미한다. 구체적인 방법으로 조세정책과 근로자의 경영참여 그리고 참여자본에 대한 이익배당이 제시되었다.[4] 김대중의 이런 주장은 시장경제를 모토로 하면서 대중의 경영참여와 부의 균질한 분배를 지향하는 매우 진보적인 경제정책이었다.

김대중의 정책선거는 박정희정권에 염증을 느끼던 국민들에게 신선하게 다가왔다. 선거를 열흘 앞둔 1971년 4월 18일 장충단공원에서 김대중의 유세가 있었다. 정부여당은 예비군 비상소집, 공무원 야유회, 박물관 등 공공시설 무료개방 등 다양한 방식으로 시민들의 유세참여를 방해했다. 그럼에도 불구하고 장충단공원은 물론이요 인근 차도까지 100만 인파가 몰려들었다. 그는 이 자리에서 중앙정보부 폐지, 지방자치제 실시, 향토예비군 폐지, 육성회비 폐지, 대중경제 실시, 4대국 안전보장론 등을 역설했다. 국민들의 귀를 솔깃하게 만드는 파격적인 정책들과 그의 빼어난 언변이 결합되어 유세장은 청중들의 환호로 뒤덮였다. 김대중은 이 자리에서 박정희는 3선을 넘어서 영구집권을 꿈꾸고 있으며, 이번에 3선을 저지하지 못하면 우리나라는 총통제의 나라로 전락할 것이라고 주장했다. 1972년 유신체제를 예고한 것이었다.

박정희정권은 이에 부정·불법선거로 대응했다. 선거기간 중에 김대중 후보의 집 마당에서 폭발물이 터졌고, 정일형 선거 사무장의 자택에 화재가 발생해 선거서류 등이 불태워졌다. 모두 정보기관이 저지른 행위였다. 나아가 정권은 전국 곳곳에서 각종 공공사업을 벌였다. 표를 모으기 위한 선심행정의 일환이었다. 선거인명부를 조작해 야당을 지지하는 주민들의 선거권을 박탈하고, 대신 친여성향 주민들은 이중삼중으로 등록시켰다. 지역감정을 조장하기도 했다. 4월 27일 선거 당일엔 투표용지 분실, 중복투표, 대리투표 등 각종 부정행위가 저질러졌다. 김대중 후보 부부의 표는 선거관리위원장의 도장이 찍히지 않았다는 이유로 무효 처리되기까지 했다.

4월 29일 최종결과가 발표되었다. 김대중은 서울·경기 등 수도권에서 승리했다. 서울에서 김대중 대 박정희의 득표율은 60대 40이었다. 김대중은 경기도에서도 승리했다. 김대중은 부산에서도 44퍼센트의 득표율을 기록했다. 그러나 경북 등지에서 박정희 몰표가 나왔다. 영남지역에서 박정희는 김대중보다 1,586,006표가 앞선 반면, 전라도에서 김대중은 박정희보다 621,906표 앞섰다. 경상도와 전라도지역을 제외한 전국 득표수에서는 김대중이 박정희보다 17,171표 앞섰다. 영호남을 제외할 경우 김대중이 승리한 셈이었다. 게다가 박정희측은 온갖 부정행위를 자행했고, 나아가 개표부정까지 저질렀다. 이런 상황에 95만 표 차이로 패배한 김대중을 가리켜 사람들은, 김대중이 선거에서는 이기고 개표에서는 졌다고 평했다.

대통령 선거가 끝나고 채 한 달도 지나지 않은 5월 25일 국회의원 선거가 실시되었다. 김대중은 전국을 누비며 야당 후보들의 선거운동을 도왔다. 그를 대하는 유권자들의 열기는 대통령 선거 때 못지않았다. 선거결과는 야당의 약진이었다. 신민당은 204석 가운데 89석을 차지했다. 정당 득표율도 공화당 48.7퍼센트, 신민당 44.3퍼센트로 박빙이었다. 신민당은 대도시 의석을 거의 싹쓸이했다. 신민당은 서울의 19개 선거구

중 18개 선거구, 부산의 8개 선거구 중 6개 선거구, 대구의 5개 선거구 중 4개 선거구를 차지했다. 대구에서 경상도정권을 외치며 지역감정을 조장했던 이효상 국회의장도 낙선했다. 야당의 승리는 곧 김대중의 승리였다.

국회의원 선거기간 중에 김대중을 태운 차가 서울 선거유세를 위해 목포에서 광주로 가는 도중 화물트럭이 김대중을 태운 승용차로 돌진한 사건이 있었다. 트럭에 뒷부분을 크게 부딪친 차는 전복되어 논바닥으로 굴러 떨어졌고, 김대중의 차 바로 뒤를 따르던 택시는 트럭과 정면충돌하여 운전기사를 포함해 2명이 사망하고 3명이 크게 다쳤다. 김대중은 이 사고로 팔의 동맥이 두 군데 잘렸고 다리에도 부상을 입었다. 이후 그가 다리를 절게 된 것은 이날 교통사고의 후유증 때문이었다. 김대중은 이 교통사고가 단순사고가 아닌, 집권여당에 의해 기획된 테러사건이라고 주장했다.

선거가 끝난 후 신민당 전당대회가 열렸다. 국민과 당원은 강력한 야당을 요구했고, 김대중이 그 역할을 해주기를 기대했다. 김대중은 국민들의 이런 기대에 부응하기 위해 신민당 전당대회에 출마했다. 그러나 유진산과 김대중의 경쟁자들이 반 김대중 전선을 형성해 그에 맞섰다. 박정희 정권도 정보기관을 동원해 김대중의 총재선출을 방해했다. 김대중은 국회의원 선거승리의 일등공신이었음에도 불구하고 당 총재가 되는 데는 실패했다.

유신체제와 정치적 망명

1970년대로 들어서자 국제사회 곳곳에서 냉전체제가 붕괴되는 징후들이 나타났다. 미국의 닉슨 대통령은 1970년 2월 18일 닉슨독트린을 발표함으로써 데탕트의 분위기를 조성했다. 이듬해 미국의 탁구선수가 중국을 방문했고, 이어 1972년 2월에는 닉슨 대통령이 중국을 방문했다. 독일에서는 1969년 집권한 사민당의 빌리 브란트가 동·서독 화해협력정책인 동방정책을 펼치기 시작했다.

박정희는 국내의 민심이반과 국제적인 해빙 분위기에 맞춰 국면전환을 시도했다. 그는 1972년에 이후락 중앙정보부장을 북한에 보냈다. 방북일정을 마치고 되돌아온 이후락은 기자회견을 열고, 자신과 김영주 북한 노동당 조직부장이 서명한 '7.4남북공동성명'을 발표했다. 북한에서도 같은 시각에 똑같은 내용이 발표되었다. 이 성명은 통일의 원칙으로 자주·평화·민족대단결을 천명했다. 구체적으로는 상호 중상·비방·무력도발 금지, 남북한 간 제반교류 실시, 적십자사 회담협조, 남북 간 직통전화 개설, 남북조절위원회의 구성과 운영, 합의사항의 성실한 이행 등을 명기했다.

김대중은 1971년 대통령 선거에서 박정희가 3선에 성공하면 총통제를 실시할 것이라고 주장했고, 이에 당황한 박정희는 유세에서 이번 선거출마가 마지막이라고 변명했었다. 그로부터 2년이 지나 박정희가 7.4남북공동성명을 발표하자 김대중은 원칙적으로 이를 환영하면서도 박정희가 남북문제를 자신의 영구집권에 이용하는 것은 아닌지 의심했다.[5]

불행하게도 김대중의 의심은 몇 개월 후 사실로 판명되었다. 7.4남북공동성명이 발표된 3개월 후인 10월 17일 박정희는 초헌법적인 국가긴급권을 발동하여 국회를 해산하고 정치활동을 금지하는 동시에 전국적인 비상계엄을 선포했다. 그는 또 새로운 헌법을 제정하여 대통령을 통일주체국민회의에서 선출하고, 임기제한을 없애 영구집권을 가능하게 했다. 국회의원도 1/3은 사실상 대통령이 지명하도록 하여 국회를 무력화시켰다. 긴급조치권 등을 통해 개인의 권리도 철저히 제한했다. 이른바 '10월 유신'은 5.16에 이은 제2의 쿠데타였다.

박정희는 이에 대한 명분으로 남북문제를 악용했다. 즉, 민족의 지상과제인 조국의 평화통일을 뒷받침하기 위해 우리의 정치체제를 개혁한다고 변명했던 것이다. 북한도 마찬가지였다. 박정희처럼 남북공동성명을 구실로 민족문제를 악용했다. 예컨대 성명에 따른 조치로 신설한 '국가주석제' 등은 그저 김일성의 권력을 강화하는 데 활용되었을 뿐이다.

김대중은 교통사고 후유증 치료차 일본을 방문하곤 했다. 다리를 치료하기 위해 다시 찾은 일본에서 그는 박정희가 유신체제를 선포했다는 소식을 들어야만 했다. 망명이냐 귀국이냐를 놓고 고민이 거듭되었고, 그는 결국 망명을 선택했다. 박정희 독재체제 하에서는 국내로 돌아가도 할일이 없겠다는 판단 때문이었다. 유신선포 이튿날인 10월 18일 그는 일본에서 유신체제를 비판하는 성명서를 발표했다. 박정희가 통일을 말하지만 실제로는 자신의 영구집권을 목표로 반민주적 조치를 강행했다는 취지였다. 10월 27일에 발표한 성명서에서는, 유신헌법은 일종의 총통제 헌법이며 반드시 자유를 사랑하는 국민의 준엄한 심판이 있을 것이라고 주장했다. 그는 일본 신문들에 이와 같은 입장을 기고하면서 박정희정권에 맞섰다.

이후 김대중은 일본을 떠나 망명지를 미국으로 옮겼다. 그곳에서 에드윈 라이샤워(Edwin O. Reicschauer) 교수, 에드워드 케네디(Edward Kennedy) 상원의원 등 유력인사들을 만나 박정희정권의 독재를 알리고 협조를 구했다. 그는 미국의 여러 대학들에서 강연하면서 유신체제의 반민주적 성격을 고발하고 박정권을 비판했다. 중간에 일본도 방문하여 일본의 국회의원과 유력인사들에게 한국에 대한 일본인들의 잘못된 정보를 시정해주고, 그들의 인식을 바로 잡으려 노력했다.

박정희는 12월 23일 통일주체국민회의에서 제8대 대통령으로 선출되었다. 서울 장충체육관에서 진행된 선거 결과 참석 대의원 2,359명 가운데 찬성 2,357표, 무효 2표가 나왔다. 선거가 아니라 그냥 박정희를 추대하는 행사였다. 북한의 찬반투표와 다름없었다.

미국으로 돌아간 김대중은 1973년 7월 '한국민주회복통일촉진국민회의(한민통)'를 결성했다. 해외에서 민주화운동을 보다 조직적으로 하기 위해서였다. 이 모임에는 김상돈, 문명자, 임창영 전 유엔대사 등이 참여했다. 그는 이 모임을 결성하면서 '대한민국 절대지지'와 '선 민주, 후 통일' 원칙을 분명히 했다. 이 원칙은 그의 일관된 생각이기도 했지만, 혹시라도 박정희정권에게 한민통에 대한 탄압의 빌미를 제공하지 않기 위해서이기도 했다. 그는 이 원칙을 확실하게 지켜나갔다.

한민통 결성 직후 그는 다시 일본으로 돌아왔다. 한민통 일본본부를 결성하기 위해서였다. 그는 재일한국인들을 만나 결성계획을 알리고 독재정권 타도와 민주주의 회복운동에 함께해달라고 호소했다. 많은 사람들이 참여를 약속했다. 한민통 창립대회는 1973년 8월 15일로 예정되어 있었다. 그는 한민통을 캐나다에서도 결성하려고 했다. 한민통을 세계적인 기구로 만들려는 구상에서였다.

일본에서 납치되다

박정희정권은 김대중의 이런 해외활동에 예민하게 반응했다. 해외에 파견된 정보기관을 통해 김대중의 행동을 일거수일투족 감시했다. 그를 납치하려 한다는 첩보도 들어왔다. 김대중은 만일의 경우에 대비해 경호를 강화하고 체류호텔을 거의 매일 옮겼다.

1973년 8월 8일 일본을 방문 중인 양일동 민주통일당 총재를 만나러 그랜드팔레스 호텔에 갔을 때였다. 김대중은 양일동과 함께 일본에 온 김경인 의원과 셋이서 점심을 먹은 후 자민당의 기무라 토시오 의원을 만나기 위해 호텔방을 나선 참이었다. 김경인이 따라 나왔다. 그때 건장한 남자 대여섯 명이 김대중을 에워쌌다. 백주대낮의 호텔복도에서였다. 김대중은 옆방으로 끌려가 마취를 당한 채 밖으로 끌려나왔다. 그러고는 승용차에 실려 항구로 옮겨졌다. 거기선 다시 두 손과 두 다리가 묶인 채 보트에 태워졌고, 이후 큰 배로 옮겨 실렸다. 재차 밧줄로 꽁꽁 묶인 뒤 손목에 돌이나 쇳덩이 같은 것이 매달렸다. 그를 바다에 빠트려 죽이려는 속셈임에 틀림없었다. 죽음의 순간이 다고오고 있었다.

이렇게 죽음 직전까지 갔던 상황에서 기적 같은 일이 일어났다. 비행기소리 같은 것이 들렸다. 이후 납치자들이 김대중을 대하는 태도가 바뀌었다. 그들은 김대중을 묶었던 밧줄을 풀어주었다. 그는 배 안에서 이틀 정도 더 머문 다음 한국의 어느 항구에서 자동차로 옮겨졌다. 마지막으로 8월 13일 동교동 자택근처에 내려졌다. 동경의 호텔에서 납치된 지 5일이 지난 후였다.

김대중을 납치했던 방에서 주일 한국대사관 김동운 1등서기관의 지문과 그가 구입한 배낭이 발견되었다. 한국 중앙정보부가 김대중을 납치한 것이 틀림없었다. 양일동이 김대중을 만날 예정이라는 것을 알고, 사전에 납치계획을 세워 실행에 옮긴 것이었다. 이 소식은 약 1시간 정도 지나 외부에 알려졌고, 언론에도 보도되기 시작했다. 미국이 김대중의 행방을 수소문하기 시작했다. 미국 중앙정보국(CIA)이 하비브(Philip C. Habib) 주한 미국대사에게 이 사실을 알렸고, 하비브 대사는 곧바로 한국정부에 김대중 납치에 대한 강력한 경고와 함께 원상회복을 요구했다. 미국 중앙정보국은 일본정부에도 신속하게 정보를 제공하며 구출작전에 나서도록 요구했다.

김대중을 납치한 주역은 이후락 중앙정보부장이었다. 그는 박정희로부터 김대중을 조치하라는 지시를 받고 납치사건을 일으켰다. 김대중은 이 사건을 '김대중 살해미수사건'이라고 주장했다. 일본정부는 범행현장에서 김동운 1등서기관의 지문이 나왔다고 밝히고, 김대중 납치사건에

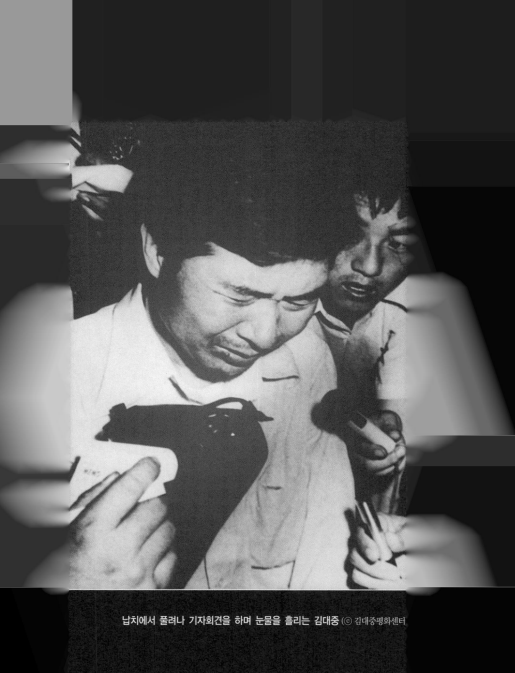

납치에서 풀려나 기자회견을 하며 눈물을 흘리는 김대중 (ⓒ 김대중평화센터)

한국정부가 개입한 것을 공식화했다. 그러고는 한국정부에 진상을 규명하고, 김대중을 다시 일본으로 보내며, 공식사과를 하라고 요구했다. 가을로 예정된 한일 각료회의도 무기한 연기했다. 11월 1일 김용식 외무장관은 김동운 1등서기관을 면직처분하고, 사건 발생 전 일본과 미국에서 행한 김대중의 언행에 대해서는 문제 삼지 않으며, 박정희가 사과한다는 등의 내용을 발표했다. 박정희의 사과는 총리 김종필이 일본을 방문해 유감을 표명한 박정희의 친서를 전달하는 형태를 취했다. 박정희는 이 사건의 책임을 물어 이후락 중앙정보부장을 경질했다. 그러나 두 나라가 합의한 이 해법은 한 마디로 봉합에 불과했다.[6]

연금과 감옥생활

한국경찰은 처음에는 사건경위를 조사하고 범인을 체포하겠다고 했지만 시간이 지나자 오히려 외부접촉을 차단하고 사실상 김대중을 연금상태로 몰아갔다. 박정권은 김대중의 아버지가 사망했을 때도 연금을 풀지 않았다. 부모의 장례식에도 참석하지 못하게 만드는 비정한 정권이었다.

유신체제 하에서도 학생들을 중심으로 한 민주화운동이 계속되었다. 불안을 느낀 박정희는 긴급조치를 연달아 선포했다. 1974년 긴급조치 4호로 유신체제를 비판하는 학생 수백 명이 구속되었다. 소위 민청학련사건이었다. 이철, 유인태, 김근태, 이해찬, 정동영 등이 이때 구속되었다. 특히 유인태, 이철 등에게는 사형까지 언도했다. 학생이 아닌 백낙청, 함석헌, 고은, 김상현 등도 구속되었다.

박정희는 1975년 4월 9일 전날 대법원에서 사형이 확정된 인혁당재건위 관련자 8명의 형을 집행했다. 대법원 확정판결이 있은 지 불과 18시간 후였다. 명백한 사법살인이었다.[7] 이 사건으로 사형당한 여정남 전

경북대 총학생회장의 당시 나이는 32세였다. 1975년엔 긴급조치 7호와 9호를 연거푸 선포했다. 긴급조치 9호는 지금까지 선포된 긴급조치 내용들을 총망라했다. 유신헌법의 부정·반대·왜곡·비방·개정 및 폐기를 주장하거나 청원·선동 또는 이를 보도하는 행위를 모두 금지했다. 학생들의 집회와 시위도 금지했다. 유언비어를 날조·유포하거나 사실을 왜곡해 말하는 것도 금지했다. 한 마디로 국민의 입을 막고 손발을 묶었다. 완전한 '겨울공화국'이었다.[8] 박정희정권은 대내외적인 도전 앞에서 정상적으로 나라를 이끌 능력을 상실했다. 총칼이 아니면 정권을 유지할 수 없었다.

　김대중은 도저히 가만히 있을 수가 없었다. 1976년 3.1절을 맞이하여 함석헌, 윤보선, 정일형, 윤반웅, 이우정, 문동환, 안병무, 서남동, 이문영 등과 함께 '민주구국선언'을 발표했다. 이들은 선언문에서 박정권의 독재정치를 비판하고 민주주의의 실현과 민족통일을 우리 겨레의 지상과업이라고 주장했다. 이 선언으로 김대중은 구속되었고, 대법원에서 징역 5년을 선고받았다. 그는 진주감옥에 수감되었고, 8개월 후에는 서울대병원으로 이감되었다. 그는 2년 10개월만인 1978년 12월 27일 형집행정지로 풀려났다. 박정희는 이 무렵 통일주체국민회의에서 대의원 2,578명 가운데 2,577표를 얻어 6년 임기의 대통령에 다시 선출되었다. 무효표만 1표 나왔다. 유신 직후 실시된 선거에서는 무효표가 2표 나왔었다. 두 번의 선거 모두 민주주의를 모독한 선거였다. 박정권은 김대중을 석방했지만, 외부출입을 금지했다. 김대중은 집을 감옥으로 삼은 연금생활에 들어갔다.

　1979년 5월 30일 신민당 전당대회가 열렸다. 김영삼이 중도통합론을 내건 이철승과 대결했다. 김대중은 이철승에게는 선명야당을 기대할 수 없다고 판단하고 김영삼을 지지했다. 그는 자신과 가까운 조윤형, 김재광, 박영록으로 하여금 경선참여를 포기하도록 설득했을 뿐만 아니라 전당대회 전날 저녁 감시를 따돌리고 김영삼 지지세력들의 단합대회에 직접 참

체육관 선거로 다시 박정희가 대통령으로 선출되다 (ⓒ 국가기록원)

석해 김영삼 지지를 역설했다.[9] 정부여당이 이철승을 돕는 데 온 힘을 다했지만, 경선결과는 김영삼의 승리로 끝났다. 11표라는 근소한 차이를 고려할 때 김대중의 지지가 없었다면, 김영삼은 아마도 당선되기 어려웠을 것이다.[10]

1979년 박정권을 뒤흔드는 대형 사건들이 잇달아 터졌다. 1979년 8월 9일 YH노동자들의 신민당사 농성사건이 발생했다. 이때 경찰이 신민당사에 난입해 노동자들을 무차별적으로 끌어냈고, 이 과정에서 김경숙 노조위원장이 사망했다. 한편 세 명의 신민당 원외지구당 위원장이 전당대회 때 참여한 일부 대의원의 자격을 문제 삼아 김영삼 총재에 대한 직무정지 가처분신청서를 법원에 제출했다. 법원은 이 신청서를 그대로 받아들였다. 그 배후에는 정부여당이 있었다. 이에 분노한 김영삼 총재가 외국 언론과의 인터뷰에서 카터행정부에게 박정권에 대한 지지를 중단하도록 촉구했다. 박정권은 이 인터뷰 내용이 내정간섭을 요청했다면서 김영삼 의원 제명동의안을 제출했고, 그들만의 회의에서 이를 통과시켰다. 야당 총재가 국회에서 쫓겨난 것이다.

1979년 10월 16일 김영삼의 정치적 고향인 부산에서 대규모 학생시위가 일어났다. 시민들도 가세했다. 박정희정권은 부산에 비상계엄령을 선포하고 공수부대를 투입했다. 시위는 마산으로 확대되었다. 다시 마산·창원에 위수령이 선포되었다. 부산과 마산은 김영삼의 정치적 거점이지만, 넓게 보면 박정희의 정치적 거점이기도 했다. 그런 지역에서 대규모 시위가 발생한 것은 곧 민심이 박정권을 완전히 떠났음을 의미했다. 공수부대를 동원해 시위를 진압하기는 했지만, 박정권 내부의 충격은 매우 컸다.

정보책임자인 김재규 중앙정보부장은 부마항쟁에서 민심의 이반을 발견했고, 더 많은 희생을 방지하기 위해 유신체제를 끝장내기로 마음먹었다. 1979년 10월 26일 김재규는 정보부 안가에서 박정희를 총으로 쏜다. 그 자리에 같이 있었던 경호실장 차지철도 김재규의 총에 맞아 쓰러졌다.

18년의 장기독재가 무너지는 순간이었다. 권력이 가장 믿었던 심복에 의해서였다. 이것이 바로 역사가 기록하는 10.26사태의 전말이다. 박정희 정권은 형식상 김재규의 총에 의해 무너졌지만, 엄밀히 말하면 국민에 의해 이미 버림받은 상태였다. 거기에 김재규가 확인사살을 했다고 보아야 한다.

박정희의 권력은 원초적으로 총구에서 나왔다. 정당성이 없는 권력은 본능적으로 폭력화한다. 폭력 없이는 정권을 유지할 수가 없기 때문이다. 이런 이유로 박정희 역시 긴급조치라는 폭력으로 권좌를 지킬 수밖에 없었다. 일단 폭력화하면 중도에 물러날 수도 없다. 정치보복에 대한 염려로 가는 데까지 갈 수밖에 없는 것이다. 이 태생적인 한계, 이른바 쿠데타 콤플렉스가 그를 독재자로 만들었다.[11]

박정희에 대한 김대중의 소회

"간밤에 박정희 대통령이 살해당했답니다." 김대중이 박정희의 사망소식을 전해들은 것은 새벽 4시쯤 미국에서 걸려온 전화 목소리를 통해서였다.

김대중에게 박정희는 악연 중의 악연이었다. 김대중은 5.16쿠데타 때문에 다섯 번째 도전 끝에 얻어낸 국회의원 자리를 선서도 하지 못하고 잃어버렸다. 1971년에는 부정선거로 대통령 자리를 강탈당했다. 1971년 국회의원 선거 때는 석연치 않은 교통사고로 생명을 잃을 뻔했고, 그 후유증으로 평생 불편한 다리를 끌고 다녀야 했다. 1973년에는 동경에서 납치되어 재차 목숨을 위협 당했다. 이후 박정희는 김대중을 1976년부터 2년 10개월 동안 감옥과 병원에서 살게 했다.

그런 박정희였지만, 김대중은 박정희가 김재규에 의해 살해된 현실을 긍정적으로 평가하지 않았다. 민주주의는 쿠데타나 암살로 진행되는 것이 아니라 국민의 힘으로 이루어지는 것이라는 이유 때문이었다. 그는 김재규를 인간적으로 연민했지만, 그의 행위에 대해서는 평가하고 싶지 않다고 했다.[12]

김대중은 박정희를 1968년에 단 한 번 만났다. 새해 청와대로 신년인사를 갔을 때 서 있는 채로 박정희와 5분 정도 이야기를 나눴다고 기억했다. 그때 박정희는 그에게 매우 친절했고, 질문에 성의 있게 답변했다고 한다. 육영수 여사도 매우 친절하게 대해주었다고 한다. 1967년 국회의원 선거에서 김대중을 떨어뜨리기 위해 목포까지 내려와 국무회의를 주재했던 박정희의 모습을 상기할 때 뜻밖의 모습이었다. 김대중은 박정희가 사망하기 3~4개월 전쯤 차지철 청와대 경호실장을 통해 박정희와 면담을 요청했으나 성사되지 않았다. 생전에 그와 만나 국가와 민주주의에 대해 단 한 번도 허심탄회하게 대화해보지 못한 것을 매우 아쉬워했다.

김대중은 박정희의 공과를 비교적 객관적으로 보려 했다. 그는 박정권이 경제발전을 이룬 업적을 어느 정도 인정했다. 국민에게 '우리도 하면 된다'는 인식을 심어주었다고 해석했다. 그러나 김대중은 독재를 해야만 경제를 발전시킬 수 있다는 논리에는 동의하지 않았다. 그는 박정권이 경제개발을 대기업과 도시중심으로 추진한 것은 잘못이라고 보았다. 또한 '경제개발5개년계획'은 이미 민주당 장면정권이 마련해놓았던 것이라는 점도 강조했다. 김대중은 장면정권이 경제개발정책을 중단 없이 추진했다면 국민의 참여와 지지로 더 좋은 효과를 낼 수 있었을 것이라고 주장했다. 덧붙여 그는 지역감정 조장을 박정희의 가장 큰 과오로 꼽았다. 박정권 이전까지만 해도 지역감정은 거의 존재하지 않았는데, 그가 지역차별정책과 선거에서 지역감정을 조장하면서 우리나라의 최대적폐가 탄생했다는 것이다.

김대중은 대통령이 된 후 박정희기념관 건립에 200억 원을 지원했고, 박정희기념사업회 고문도 맡았다. 그는 기념관 건립이 박정희에 대한 공

박정희 (ⓒ 국가기록원)

과를 공정하게 평가하는 계기가 되기를 바랐다. 김대중이 대통령직에서
물러난 후인 2004년 8월 박근혜 한나라당 대표가 김대중도서관을 찾아
왔다. 박근혜는 이때 김대중에게 "아버지 시절 여러 가지로 피해를 입으
시고, 고생한 데 대해 딸로서 사과말씀 드린다. 재임 중 기념관문제로
어려운 결정을 한 것에 감사드린다"고 말했다. 김대중으로서는 뜻밖이었
다. 김대중은 매우 기뻤고, 아버지의 잘못을 사과한 박근혜에게 감사하다
고 했다. 그는 "내 속에 있는 무슨 응어리가 풀린 것 같은 기분이 들었다"
고 술회했다. 그는 "아버지 시대에 맺혔던 원한을 따님이 와서 풀고 간
데서 우리가 인생을 사는 보람을 느끼는 것"이라고 생각했다.[13]

김대중은 2006년 3월 21일 박정희가 세운 영남대학교에서 명예박사학
위를 받았다. 김대중은 당시 몸이 불편해 국내외 여러 대학의 강연이나
명예박사학위 수여요청을 사절하고 있었지만, 영남대학교의 요청만큼은
수락했다. 박정희와 영남대학교 사이의 특별한 인연을 생각해서였다. 대
구지역의 한 신문은 김대중이 명예정치학박사학위를 받은 내용을 소개하
는 기사에서 김대중과 박정희의 사진을 나란히 싣고 '박통-DJ 서로 끌어
안다'는 제목으로 두 사람의 상징적 화해에 대해 소개했다.[14] 김대중의
비서관을 지낸 국회의원 최경환은 자신의 책 『김대중 리더십』에서 이날
의 모습을 가리켜 '산 자와 죽은 자의 화해'라고 표현했다.[15] 김대중의
이런 행위는 일정 부분 정치적 제스처로 비쳤겠지만, 훗날 전두환을 용서
한 것까지 고려할 때 자신이 강조하던 화해와 용서의 철학을 몸소 실천했
다고 볼 수 있다.

2. 사형 · 망명 · 연금

잠시 스쳐간 봄날

최규하 대통령 권한대행이 유신헌법에 따라 1979년 12월 6일 제10대 대통령에 취임했다. 그는 대통령에 취임한 후 긴급조치 9호를 해제했다. 김대중은 형집행정지와 함께 연금상태에서 풀려났다. 226일만의 해제였다. 그는 성명서를 발표해 최규하 대통령에게 다섯 가지를 요구했다. 첫째 모든 정치범의 석방과 복권, 둘째 연내에 개헌과 선거 실시 등 민주정부의 수립절차를 명확히 밝힐 것, 셋째 거국 중립내각 구성, 넷째 계엄령 조속 해제, 다섯째 과도정부 내 민의수렴 협의체 구성 등이었다.

1979년 12월 12일 전두환 보안사령관과 군 내 비밀서클인 하나회가 중심이 된 일단의 정치군인들이 정승화 계엄사령관을 체포하고 군권을 장악했다. 이른바 '12.12사태'를 일으킨 사람들은 박정희 서거 후의 민주화과정에 위협을 느끼고, 유신체제를 그대로 연장하려는 사람들이었다. 12.12사태는 단순한 군 내 하극상 이상의 사태였다. 일종의 쿠데타였다.

1980년 잠시 '서울의 봄'이 찾아왔다. 1980년 2월 29일 김대중에게도 사면 · 복권조치가 취해졌다. 캠퍼스는 유신체제 하에서 쫓겨난 학생들의 복학, 해직교수들의 복직, 그리고 학생들의 민주화운동으로 활기를 되찾았다. 정치권은 유신헌법을 대체할 개헌논의에 들어갔다. 국민들은 민주

짧았던 봄날, 연금해제_ 달력의 가위표는 김대중이 가택연금 당했던 1979년의 날짜들이다 (ⓒ 김대중평화센터)

주의가 다시 도래했다고 느끼며 새로운 민주주주 시대에 대한 기대로 설레었다.

그러나 시간이 갈수록 정국은 꼬여갔다. 최규하는 명확한 정치일정을 밝히라는 민주세력들의 외침에 아무런 답도 내놓지 못했다. 군권을 장악한 전두환과 신군부세력은 계엄령 하에서 자신들의 활동영역을 계속 확대해갔다. 이원집정부제 이야기가 흘러나왔다. 대통령이 외교·국방 분야를 맡고 총리가 내정을 담당한다는 것이었다. 대통령에 최규하, 총리에 전두환이라는 구체적 시나리오도 흘러나왔다.

야권에서는 김대중의 신민당 입당을 두고 설왕설래했다. 신민당에서는 김대중이 조속히 입당하기를 바랐다. 신민당은 재야인사들 중에서도 정치를 희망하는 사람은 신민당에 조속히 입당하라고 했다. 김대중은 입당의 전제조건으로 박정권 하에서 큰 어려움을 견디며 민주화운동을 한 재야인사들에 대해 충분한 예우를 요구했다. 그는 민주주의에 대한 확실한 신념을 가진 재야인사들이 정치권으로 수혈되어야 새 정부가 민주주의에 대한 정통성을 부여받을 수 있다고 생각했다. 나아가 유신체제에 맞서 싸우고 희생당한 사람들을 중심으로 민주정부가 세워져야 한다고 생각했다. 김대중은 재야인사들과 신민당이 대등한 위치에서 하나로 합해지기를 바랐다.

하지만 단순히 세력문제가 아니라 시국을 바라보는 입장에서도 재야의 중심인물인 김대중과 신민당을 이끌고 있던 김영삼 사이에 차이가 드러났다. 김대중은 정국을 상당히 불안하게 전망했다. 전두환과 신군부가 민주정부수립을 순순히 수용할 것 같지 않다고 보았다. 반면 김영삼은 낙관적이었다. 김대중은 고민 끝에 신민당 입당을 포기하는 성명을 발표했다. 이후 대학과 지역을 돌며 강연정치에 몰두했다. 오랫동안 대중과 격리되어 있던 그는 강연 등을 통해 국민들에게 자신의 비전과 정책을 제시하면서 소통의 기회를 늘리고 싶어 했다.

4월 11일 전두환이 보안사령관에 이어 중앙정보부장 서리까지 겸직했다. 한 사람이 나라의 모든 정보기관을 장악한 것은 예사로운 일이 아니었다. 전두환이 최규하를 제치고 사실상 국가를 통치하기 시작했다. 3월 개학 후 학내 민주화에 열중하던 학생들은 시국이 심상치 않게 돌아가자 시선을 학교 밖으로 돌리기 시작했다. 5월초부터 학생들은 거리에서 '계엄철폐', '전두환 퇴진', '직선제 개헌' 등의 구호를 외쳤다. 5월 13일에서 15일까지 3일 동안 10만 명 이상의 학생과 시민들이 서울역광장에 모여 대규모 집회와 시위를 벌였다. 서울, 부산, 광주, 대구, 대전 등 전국의 주요 도시에서도 각각 수만 명의 학생과 시민들이 대규모 집회를 열고, 같은 구호를 외쳤다. 거리로 나선 학생과 경찰이 충돌해 수백 명이 연행되고 부상자가 속출했다.

김대중은 사태를 심각하게 바라보았다. 전두환과 신군부가 이 혼란상황을 악용할지 모른다고 생각했다. 그는 틈만 나면 학생들에게 과격시위를 자제하라고 호소했다. 서울지역 학생들이 5월 15일 시위를 끝으로 당분간 대규모 시위를 중단하기로 결정했다. 광주에서도 16일 시위를 마지막으로 학생들의 시위가 중단되었다. 김대중은 일단 안도했다. 5월 16일 김대중과 김영삼은 김대중의 집에서 만났다. 두 사람 모두 시국의 엄중함에 공감하고 '시국수습 6개항'을 발표했다. 비상계엄령의 즉각 해제, 모든 정치범의 석방과 사면·복권단행, 정부주도의 개헌포기 등을 요구했다. 학생들에게는 시위를 자제해달라고 호소했다.

그러나 전두환과 신군부는 민주세력들의 이런 충정과 자제에 아랑곳하지 않고 5월 17일 밤에 자신들이 기획했던 음모를 행동에 옮겼다. 그들은 5.17비상계엄확대조치를 통해 계엄을 전국으로 확대하고, 모든 정치활동을 금지시켰다. 또 대학에 휴교령을 내리고, 직장이탈 및 태업·파업 금지 등의 조치를 취했다. 군부세력이 5.16쿠데타에 이어 또다시 민주주의를 유린한 것이다.

1980년 봄 김대중이 신민당 입당을 포기하고 독자노선을 선택한 데 대해서는 양론이 있다. 김영삼 및 신민당과 김대중 및 재야세력 사이에는 민주주의를 바라보는 시각, 정책, 정국타개책 등 여러 면에서 차이가 있었다. 이런 의미에서 김대중이 신민당 입당을 포기하고 독자적으로 대선에 대비하는 것은 무조건 잘못이라고 평가하기 어렵다. 훗날 김대중은 전두환이 총칼로 권력을 뺏은 것이 나쁘지, 왜 선의로 경쟁한 사람 탓을 하느냐고 반문했다.[16] 김대중의 주장대로 민주주의란 다양한 세력들이 자유롭게 경쟁하면서 국민의 선택을 받는 것이다. 그렇지만 김대중이 신민당 입당을 포기한지 40여 일만에 선포된 5.17비상계엄확대조치를 생각할 때, 김대중의 독자노선은 많은 아쉬움을 남긴다. 그의 주장대로 10.26사태가 민중의 힘에 의한 민주주의가 아니라 권력 내부의 균열에 의한 것이었다면, 군부와 공화당 등 구세력의 힘이 여전히 강고하다는 의미를 갖는다. 이에 맞서기 위해서는 견해 차이를 극복하고 민주세력이 하나로 합치는 것이 무엇보다 우선적인 과제였을 것이다.

다시 맞이한 죽음의 고비

5.17쿠데타가 공식 발표되기 전인 5월 17일 저녁 10시경 계엄군이 김대중의 집에 들이닥쳤다. 계엄군은 총을 겨눈 채 그를 연행해갔다. 비서들과 경호원, 장남 홍일도 함께 연행되었다. 김대중은 남산 중앙정보부 지하실에 갇혔다. 계엄군은 김대중에게 과거행적을 캐물으며 정권전복 혐의를 씌우려 했다. 잠을 재우지 않고 똑같은 내용 혹은 유사한 내용을 반복해서 물었다. 함께 연행된 인사들도 고문을 피할 수 없었다. 계엄군은 이들 모두를 내란음모 혐의로 몰고 갔다. 같은 날 밤 공화당 총재 김종필과 그 주변인들도 부패혐의로 체포되었다. 신민당 총재 김영삼은 가택

연금에 처해졌다. 김영삼을 구속이 아닌 연금으로 처리한 것은 부마항쟁을 의식했던 것 같다. 어쨌든 전두환은 자신의 경쟁자가 될 사람들 모두를 체포하거나 구금해 제거했다.

계엄군은 서울을 비롯한 전국 대도시에 공수부대를 파견했다. 전남 광주에도 공수부대 2개 대대가 파견되었다. 대부분의 도시는 계엄군의 위세에 눌려 조용했으나 광주는 예외였다. 5월 18일 오전 9시경 전남대생들이 정문 앞에 모여 5.17비상계엄확대조치와 휴교령에 용감하게 맞섰다. 계엄군이 학교진입을 막자 학생들은 시내로 진출했다. 일부 시민들도 학생들의 시위에 합류했다. 오후 4시경부터 공수부대가 시내에 진출해 학생들과 시민들을 향해 곤봉과 총칼을 무자비하게 휘둘렀다. 그럴수록 계엄령 해제, 전두환 퇴진, 김대중 석방의 목소리는 더 높아졌다. 이튿날 계엄군의 만행에 맞서 시민들이 대거 합류했고, 마침내 시위는 대규모 항쟁으로 발전했다. 5월 21일 오후 1시 계엄군은 도청 앞에 모여 있는 수십만 군중들을 향해 무차별 사격을 가했다. 수십 명이 사망하고 수백 명이 다쳤다. 이에 분노한 시민들이 총을 들었다. 시민군이 등장한 것이다.

5월 21일 5시경 계엄군은 시민군과 수십 만 시민들의 저항에 밀려 전략적 후퇴를 선택했다. 철수한 계엄군은 시 외곽에 진을 치고 광주시를 고립시켰다. 광주 시민들은 5월 27일 새벽 계엄군에 의해 시내가 다시 접수될 때까지 자치공동체를 운영했다. 시민군들은 자체적으로 질서유지에 나섰고, 사망한 사람들을 위한 장례절차를 진행했다. 시민들은 부상자들을 위해 자발적으로 헌혈대열에 참여했고, YWCA에 모인 여성들과 양동시장 아주머니들은 시민군을 위해 주먹밥을 만들었다. 2천여 명의 젊은 이들이 일주일 동안 총을 들고 시내를 배회했지만, 시내소재 은행과 금고는 하나도 털리지 않았다. 광주 시민들의 높은 시민의식이 빛났다.

항쟁 4일째가 되던 5월 22일 계엄사 합동수사본부는 중간수사결과를

5.18광주민주항쟁 _ 시민들이 '김대중을 석방하라'고 적힌 플래카드를 들고 있다(ⓒ 김대중평화센터)

발표하면서 김대중을 내란음모자로 몰았다. 김대중이 정상적인 방법으로는 정권획득이 어렵다고 판단하고, "정부에 대한 불신풍조를 심화시켜, 선동을 통해 변칙적인 혁명사태를 일으켰다"고 주장했다. 또한 김대중이 "복직교수와 복학생을 사조직에 편입시키고, 학원 소요사태를 민중봉기로 유도·발전시키도록 기도했다"고 주장했다. 모두 조작된 것이었다. 신군부가 이렇게 김대중을 목표물로 삼아 내란음모라는 엄청난 사건을 조작한 것은, 첫째 계엄확대를 합리화하여 신군부의 권력장악을 용이하게 하고, 둘째 일반 시민들과 민주화운동 지도자들의 연계를 차단시키며, 셋째 광주민주화운동을 김대중의 정권장악을 위한 선동의 결과로 몰아가기 위해서였다.[17]

5월 26일 저녁부터 공수부대가 시내로 진입하기 시작했다. 칼빈소총을 든 수백 명의 시민군전력은 M16소총, 탱크, 장갑차, 헬기 등 온갖 무기를 동원한 수천 명의 계엄군전력과는 비교가 되지 않았다. 그럼에도 불구하고 시민군은 끝까지 도청을 지켰다. 민주주의를 위해 생명을 던지기로 결심한 것이다. 5월 27일 새벽 담벼락을 넘어 도청에 진입한 계엄군은 시민군을 향해 총을 난사했다. 수십 명의 사망자를 낸 가운데 항쟁은 이렇게 진압되었다. 사망자와 행방불명자가 200여 명을 훨씬 넘었다. 부상자는 수천여 명에 이르렀다.[18]

아리스토텔레스는 분노의 감정을 정의하면서 그것은 자기의 가치와 명예의 위반에 대한 반응이며, 자기 자신에게 일어난 일뿐만 아니라 자신이 사랑하는 이, 주변 사람들, 이웃들에게 일어난 일에도 반응하는 감정이고, 또 그것은 부정의에 대한 느낌과 인식에 근원을 둔다고 말했다.[19] 5월 18일 광주 시민들이 느낀 분노는 민주주의 무산에 대한 분노, 자신들의 생존권이 위협받은 데 대한 분노, 자신들의 지도자이자 희망인 김대중의 체포에 대한 분노, 계엄군의 만행에 대한 분노 등 복합적이었다.[20]

김대중이 광주항쟁을 알게 된 것은 체포된 지 두 달가량 지난 7월 10

일이었다. 합동수사단장인 이학봉이 그를 찾아와 자신들과의 타협을 강요하고 간 직후, 한 수사관이 '광주사태'를 보도한 신문을 그에게 보여주었을 때다. 김대중은 100명 이상의 시민이 사망했다는 신문보도를 보고, 그 자리에서 의식을 잃었다. 연이은 취조에 지친 상태에서 너무 큰 충격을 받은 까닭이었다.

김대중은 1980년 7월 15일 성남시 육군감옥으로 이송되었다. 갇힌 지 60여 일이 지난 후였다. 8월 8일 아내 이희호가 면회를 왔다. 5월 17일 저녁 계엄군에 붙잡혀 간 뒤로 처음 대면이었다. 8월에 접어들어 김대중 내란음모사건에 대한 군법회의가 열렸다. 김대중에게 적용된 죄목은 '반국가단체수괴' 혐의였다. 신군부는 한민통을 반국가단체로 규정하고 김대중에게 한민통의 수괴죄를 적용했다. 앞에서 언급한 것처럼, 김대중은 한민통을 설립할 당시 대한민국 지지, 선 민주 후 통일, 공산주의와 거리두기 등의 원칙을 분명히 했었다. 또 김대중은 일본 한민통 의장에 취임한 것이 아니라 미국, 캐나다, 일본 한민통의 총본부 의장에 취임할 계획이었다. 따라서 일본 한민통 의장의 죄목을 붙여 그에게 수괴죄를 적용한 것은 논리적으로 모순이었다. 그러나 신군부가 그를 죽이려고 한 이상 논리 같은 것은 의미가 없었다. 재판은 그들이 기획한 각본에 따라 일사천리로 진행되었다.

김대중 내란음모사건에 연루되어 구속되고 재판에 회부된 사람은 김대중 외 22명이었다. 문익환, 이문영, 예춘호, 고은(고은태), 김상현, 서남동, 김종완, 한승헌, 이해동, 김윤식, 한완상, 유인호, 송건호, 이호철, 이택돈, 김녹영, 조성우, 이해찬, 이신범, 송기원, 이석표, 설훈 등이 김대중과 함께 고초를 겪었다. 김대중은 이들이 지켜보는 가운데 최후진술을 했다.

"마지막으로 여기 앉아 계신 피고들에게 부탁드린다. 내가 죽더라도 다시는 이러한 정치보복이 없어야 한다는 것을 유언으로 남기고 싶다."[21]

김대중과 함께 내란음모사건으로 재판을 받은 한완상은 이날 김대중의 최후진술에 대해 "이른바 세인트(saint, 성인)의 경지에 들지 않고서는 사형구형을 받았던 피고인이 그토록 태연하고 침착하게 자기 심경을 말할 수 없을 것이다"라고 기술했다. 그리고 이날 김대중의 최후진술을 들은 모든 피고인들은 자신도 모르는 사이에 뜨거운 눈물을 하염없이 흘렸다고 술회했다.

> "우리는 비록 힘없이 묶여 있는 처지였으나 도덕적으로나 정신적으로는 이미 승리하고 있었다. 그 뜨거운 눈물은 차원 높은 승리의 감동에서 오는 눈물이기도 했다. 짧은 봄은 지나갔고 긴 겨울이 닥쳐왔으나 이 긴 겨울 뒤 언젠가는 더 긴 봄이 올 것임을 우리는 이 뜨거운 눈물 속에서 예감하고 있었다."[22]

9월 17일 선고공판이 열렸다. 김대중은 사형을 각오했지만 다른 한편으로 살고 싶었다. 그는 제발 사형만은 면하기를 간절히 바랐다. 훗날 그는 판결이 내려지던 순간을 이렇게 표현했다.

> "재판장의 입모양을 뚫어지게 보았다. 입술이 옆으로 찢어지면 사, 사형이었고, 입술이 앞쪽으로 뛰어나오면 무, 무기징역이었다. 입이 나오면 살고, 찢어지면 죽었다. 재판관의 입이 찢어졌다. '김대중, 사형.'"[23]

김대중과 공동피고인들은 항소했다. 항소심재판도 일사천리로 진행되었다. 11월 3일 육군대법정에서 항소심재판이 열렸다. 재판부는 1심대로 다시 사형을 선고했다. 대법원상고심은 1981년 1월 23일에 열렸다. 판결을 기다리는 동안 그의 체중은 10킬로그램이나 빠졌다. 피곤함과 초조함, 그리고 부실한 식사 때문이었다. 김대중이 부재한 가운데 열린 대법원상

군사재판에서 내란죄로 사형선고를 선고받다 (ⓒ 김대중평화센터)

고심은 그의 상고를 기각했다. 사형이 확정되었다.

　김대중이 사형당할 위기를 맞이하자 세계 곳곳에서 김대중 구명운동이 전개되었다. 사형선고가 내려지기 전부터 지미 카터 미국 대통령은 전두환에게 친서를 전달하여 신군부가 김대중을 사형시키거나 사형선고를 내릴 경우 심각한 상황을 맞이하게 될 것이라고 경고했다. 미국은 1심과 2심에서 사형선고가 내려지자 글라이스틴 대사와 백악관 국가안전보장회의의 일원이었던 도널드 그레그와 헤럴드 브라운 국방장관에게 전두환을 면담케 하고, "김대중을 처형한다면 해외에 커다란 영향이 미칠 것"이라며 경고 겸 설득에 나섰다.

　이런 와중에 김대중 구명운동에 앞장섰던 카터 대통령이 재선에 실패했다. 김대중의 실망도 컸다. 하지만 다행히도 새로 대통령에 당선된 레이건이 전두환에게 김대중의 생명을 보장하도록 요구했다. 레이건정부는 김대중의 감형을 전제로 전두환을 미국에 초청하겠는 당근과 채찍정책을 병행했다.[24] 당시 사회주의인터내셔널 의장이던 빌리 브란트 전 서독 총리는 사회주의인터내셔널 총회에서 '김대중 구명동의안'을 통과시켰다. 폰 바이체커 서독 대통령도 구명운동에 동참했다. 일본 정부는 김대중을 사형시킬 경우 차관제공을 거부하겠다고 했다.

　전두환과 신군부는 이러한 국제적인 반응에 큰 부담을 느꼈다. 정통성 없이 권좌를 빼앗아 대내외로부터 승인이 절실했던 전두환은 레이건 대통령의 조건부 초청제안을 수용했다. 대신 전두환은 대법원의 최종판결이 있기 직전 정보부 간부를 통해 김대중으로 하여금 비공개를 전제로 대통령에게 감형을 탄원하는 글을 쓰도록 했다. 이로써 감형의 명분을 확보하고, 또 김대중의 약점을 만들어놓기 위해서다. 김대중이 탄원서를 제출하자 전두환은 대법원의 사형확정 직후 그를 무기징역으로 감형시켰다. 그러고는 김대중의 탄원서를 공개하면서 그가 목숨을 구걸했다고 홍보했다. 사형을 면해줌으로써 외국의 압박을 피하고, 동시에 김대중을 정치적으로 매장시키려는 음모였다.

　김대중은 무기징역으로 감형된 직후인 1981년 1월 31일 청주감옥으로 이감되었다. 그의 감방은 세 칸이었는데 이중 양 옆의 두 칸은 외부와의 접촉을 차단하기 위해 빈 공간으로 비워두었다. 김대중은 1982년 12월 16일 서울대병원으로 옮겨지기 전까지 청주감옥에서 1년 11개월 동안 머물렀다.

1981년 청주교도소의 겨울, 수인번호 9번 (ⓒ 김대중평화센터)

3. 독서와 글쓰기의 힘

감옥을 도서관으로

감옥에 있을 때 김대중의 건강은 정상이 아니었다. 신경장애가 생기고 귀에서 소리가 나는 이명증세가 나타났다. 고관절 통증도 심했고 다리는 자주 붓고 쥐가 났다. 추위에 약한 그는 겨울철을 무척 힘들어했다. 옥중 식사도 입에 맞지 않았다. 아내 이희호가 법무부장관에게 외부진료를 허가해달라는 요청서를 여러 번 보냈으나 받아들여지지 않았다.

그런데 김대중의 적응력은 놀라웠다. 극한의 어려움 속에서도 몇 가지 즐거움을 찾으며 어려움을 극복해갔다. 가족과의 면회, 독서, 편지, 꽃가꾸기가 그랬다. 가족과의 면회는 처음에는 한 달에 한 번 10분씩 허용되었다가 나중에 2주에 한 번씩 20분으로 늘어났다.

대학교육을 받지 않았지만 김대중은 독서를 많이 한 정치인으로 유명하다. 그는 어려서부터 책읽기를 좋아했다. 그는 "대학을 못 갔더라도 열심히 공부하면 대학 졸업한 사람보다 실력을 더 갖출 수 있다는 생각이 채찍이 되어 나를 앞으로 내몰았습니다"라고 말했다.[25] 그는 1960년대 국회의원 시절 국회도서관을 가장 많이 이용한 정치인이었다. 이런 독서열은 그가 감옥에 있는 동안에도 지속되었다. 그는 1976년 1월부터 2년 6개월, 그리고 1980년 5월부터 1982년말까지 감옥에 있는 내내 많은

청주교도소에서 가족과 면회하는 김대중 (ⓒ 김대중평화센터)

책을 읽었다. 거의 매일같이 10시간씩 책을 읽었다고 한다. 그의 독서법은 밑줄을 그으며 읽는 정독이었다. 지루하지 않게 난이도를 조화시켜 분야가 다른 책 서너 권을 함께 펴놓고 번갈아 읽기도 했다. 감방에 둘 수 있는 책이 10권으로 제한되어 있었지만, 그의 요청으로 나중에는 30권까지 둘 수 있도록 허용 받았다. 가족에게 보내는 편지 말미에다 그는 항상 읽고 싶은 책의 목록을 적어 보냈다. 이희호는 김대중이 요청한 책은 어떻게든 구해서 넣어주었다. 또 부탁하지 않아도 그에게 도움이 될 것 같으면 책을 사서 넣어주었다. 이렇게 차입해준 책이 무려 600여 권 정도였다.

그는 감옥에서 역사·종교·경제·사상·문학서적 등을 두루 탐독했다. 그중에서도 서양철학, 신학, 문학 관련 서적들이 그의 독서목록에 많이 올라 있었다. 특히 러시아문학 가운데서 푸시킨, 도스토옙스키, 톨스토이의 작품은 거의 모두 찾아 읽었다. 1999년 5월 러시아를 방문했을 때 모스크바대학에서 "러시아문학이 나에게 준 영향은 측량할 수 없을 만큼 큰 것이었습니다. 러시아문학을 읽은 것만으로도 감옥에 간 보람이 있었다고까지 생각했으니 말입니다"라고 말할 정도였다.[26] 미국문학 가운데선 헤밍웨이의 『노인과 바다』, 『무기여 잘 있거라』를 탐독했으며, 영국, 프랑스 소설도 많이 읽었다. 『논어』, 『맹자』, 『사기』 등 동양고전과 원효와 율곡에 대한 저서, 그리고 조선 말기의 실학 관련 서적도 다수 접했다. 박경리의 『토지』를 통해서는 우리민족을 느끼고 배우게 되었다고 했다.[27] 그는 "다시 태어나면 어떤 일을 하고 싶은가"라는 질문에 "정치 아니면 역사학자"라고 말했다.[28] '한국애서가클럽'은 그의 독서열을 높이 평가하여 1993년 그에게 제3회 '애서가상'을 수여했다.

김대중은 자신에게 영향을 많이 끼친 책으로 아놀드 토인비의 『역사의 연구』를 꼽았다. 이 책의 한글판 번역서는 12권 전집과 주요 부분을 요약해 2권으로 압축한 두 종류가 있었는데, 그는 12권 번역전집을 읽었다.

그는 역사를 움직이는 원동력은 밑바닥 민중이라는 토인비의 역사관에 마음이 끌렸으며, 문명의 흥망성쇠는 환경과 시대적 상황에서 비롯되는 도전에 어떻게 응전하는가에 달려 있다는 토인비의 가르침으로부터 큰 영감을 받았다.[29]

　도전과 응전의 논리는 김대중에게 민족의 흥망성쇠뿐만 아니라 시련에 처한 인간들, 특히 그 자신의 운명에도 적용되었다. 그는 자신에게 닥친 시련을 더 큰 발전을 위한 도전으로 이해했다. 가족과 친지들이 겪고 있는 유례없는 고난과 도전 앞에 후회 없이 응전하기 위해 토인비의 교훈을 새기고 있다고도 말했다. 그는 이희호에게 보내는 편지에 도전과 응전의 논리를 중시하는 이유를 이렇게 적었다. "첫째는 약한 내 자신의 확신을 위해서, 다음에는 당신과 자식들의 도움을 위해서입니다."[30] 그는 어려움에 처할 때마다 백지 한 장을 꺼내 한쪽에다 그 시점에서도 자신에게 유리한 것이나 장점을 나열해보곤 했다. 아무리 어려운 상황이라도 유리한 것과 장점이 여럿 있으며, 이를 위기극복의 자산으로 삼는다고 했다. 어려움이 도전이라면 유리함과 장점은 일종의 응전이었다. 그는 서거 직전에 쓴 일기에서도 행복과 불행의 문제를 이 논리로 설명하기도 했다.

　앨빈 토플러의 『제3의 물결』 역시 그에게 많은 영향을 준 책이다. 김대중은 이 책을 받을 때까지 그런 책이 있는 줄도 몰랐다고 한다. 처음에는 무심코 읽다가 점차 그 속으로 빨려 들어갔고, 이윽고 이 책이 새로운 시대의 지침서임을 알아차렸다고 한다. 자본, 토지, 노동 등이 과거 경제의 핵심요소였지만, 미래에는 정보와 지식 그리고 창의력이 핵심요소가 될 것이라는 게 이 책의 논점이었다. 김대중은 무릎을 쳤다. 토플러의 책에서 정보기술(IT)산업의 비전을 발견했다. 그는 대통령 재임 중 정보기술산업에 심혈을 기울였는데, 이는 그가 감옥에서 읽은 토플러의 책이 그 바탕이 되었다. 정보화대국을 향한 그의 꿈이 감옥에서 잉태되고 있었던 셈이다.[31] 그는 6년여의 감옥생활을 '6년간의 대학생활'로 승

화시켰다.[32]

　김대중에게 독서의 역할은 단순히 지식을 넓히는 데 그치지 않았다. 독서는 그가 연금, 투옥, 사형선고 등 인간으로서 감당하기 어려운 고통을 극복하는 데도 큰 도움이 되었다. 내란음모사건으로 사형을 선고받고 언제 형장으로 끌려갈지 모르는 극도의 불안상태에서도 그는 독서를 멈추지 않았다. 아무리 힘든 상황일지라도 책을 읽는 동안에는 자신도 모르는 즐거움에 빠져 있었다. 독서는 극단적인 역경을 이겨내는 원동력이었다.

　흔히 스트레스는 만병의 근원이라고 한다. 김대중은 6년여의 영어와 연금생활, 그리고 연이은 정치적 실패과정에서 일반인이 상상하기 어려울 정도로 엄청난 스트레스를 겪었다. 그럼에도 불구하고 대통령 재임 시까지 비교적 건강한 모습을 유지했다. 1971년 교통사고 이후 특별히 운동을 하지 않았는데도 말이다. 대통령 주치의를 지낸 허갑범 박사는 김대중의 건강비결을 언급하면서, 그가 스트레스에 예민한 편이 아닌데다가 본디 건강하고 강한 체질, 규칙적인 생활, 그리고 좋아하는 취미활동으로서 독서가 큰 도움이 되었다고 분석했다. 그의 말은 이랬다. "대통령님에게는 독서가 좋아하는 취미활동이나 같으십니다. 오히려 좋아하는 것을 하시기 때문에 건강에 좋으셨을 것입니다." 독서는 마치 오아시스처럼 김대중의 험난한 삶 한가운데 놓여 있던 그만의 스트레스 해소책이었다. 책읽기는 그가 평생을 즐긴 '도락 중의 도락'이었다.[33]

옥중서신

김대중은 감옥에 있는 동안 아내와 아들들 그리고 형제와 조카들이 보낸 편지만 받아볼 수 있었다. 아내 이희호는 김대중이 1980년대에 감옥에 머문 2년여 동안 하루도 빠짐없이 편지를 썼다. 무려 649통이었다. 이희

김대중의 독서_1991년 동교동 사저 마당과 1981년 청주교도소 감방에서 책을 읽고 있는 모습(ⓒ 김대중평화센터)

호의 편지에는 가족과 측근들의 근황, 집안 뜰의 꽃소식, 국내외 정세와 사회현안 등 다양한 내용들이 담겨 있었다. 그의 아들과 형제·조카들도 같은 기간에 수백 통의 편지를 그에게 보냈다. 영어의 몸이던 김대중에게 가장 큰 선물이자 기쁨이 바로 이 편지들이었다.

가족에게 보내는 편지는 한 달에 한 번, 그것도 봉함엽서 한 장 분량만 가능했다. 오랫동안 외부와 단절된 장기수로서 그는 쓰고 싶은 내용은 많았지만 지면이 제한되어 있어 답답했다. 편지지를 더 달라고 여러 차례 요청했지만 소용이 없었다. 결국 글자크기를 줄여 쓰는 수밖에 없었다. 정신을 집중해 깨알 같은 크기로 편지를 썼다. 쓸 이야기가 너무 많아 어떤 때는 봉함엽서 한 장에 무려 14,000자를 써서 보내기도 했다.

김대중이 청주감옥에 머물면서 쓴 편지는 총 29통이었다. 편지에서 그는 아내와 자식들, 손주들, 형제들의 안부를 묻고 답하는 것 외에 신과 신앙, 사랑, 역사, 철학, 경제문제 등 다양한 주제를 소재 삼아 편지를 썼다. 특히 그가 1980년 9월 17일 사형을 선고받은 후부터 1981년 1월 23일 무기징역으로 감형되기 전까지 쓴 다섯 통의 편지는 사형수의 유언 같은 것이었다.[34] 이 편지들의 제목은 다음과 같다.

    제1신 죽음 앞에서의 결단
    제2신 사랑 없이는 평화도 화해도 없다
    제3신 원망하지도 않고 미워하지도 않는다
    제4신 무리하지도 말고 쉬지도 말자
    제5신 부활에의 확신

첫 번째 편지에서 김대중은 다음과 같이 썼다.

"희망과 좌절, 기쁨과 공포, 그리고 해결과 의혹의 갈등과 번민을 매일

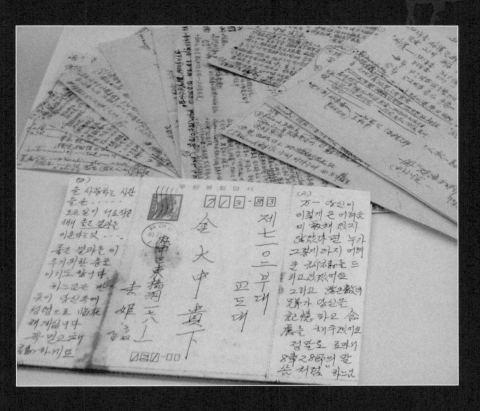

옥중서신

같이 되풀이해왔고 지금도 이를 벗어나지 못하고 있습니다. (…) 예수님의 부활을 확신하는 것이 현재 나의 믿음을 지탱하는 최대의 힘이며, 언제나 눈을 그분에게 고정하고 결코 그분의 옷소매를 놓치지 않으려고 안간힘을 쓰고 있습니다."[35]

그의 편지엔 예수와 기독교에 관한 언급이 많이 나오는데, 이는 그의 신앙과 당시의 절박한 상황이 반영된 까닭이다. 그는 사형수에서 무기수로 감형된 이후에도 신앙과 죽음, 부활, 고독, 용서 등의 문제를 많이 고민했다. 죽음의 고비 넘어 깃든 깊은 사색의 결과였다. 이 편지들은 나중에 한 권의 책으로 묶여 출판되었다. 가장 먼저 1983년 미국에서 『민족의 한을 안고』라는 제목으로 출판되었다. 이어 일본어판과 영어판 번역서가 출판되었다. 국내에서는 『김대중 옥중서신』이라는 제목으로 출간되었다. 410쪽 분량의 이 책은 일약 베스트셀러가 되었다. 그의 풍부한 지식과 경륜, 성실성, 불굴의 인내력 등이 유감없이 담겨 있었다. 그는 정치가이기에 앞서 사상가였다.

『남북정상회담 600일』을 쓴 최원기 · 정창현은 김대중의 옥중서신을 언급하면서 애잔함과 '지독함'이라는 단어를 사용했다. 두 저자는 죽음을 목전에 둔 사형수의 편지가 주는 애잔한 심정과 함께 엽서 귀퉁이에 자신의 심정을 깨알같이 적어놓은 꼼꼼함이 결합된 'DJ식 지독함'을 느끼게 된다면서 이는 김대중이라는 인물을 이해하는 또 다른 안경이라고 표현했다. "DJ는 좌익도 아니고 천사도 아니다. 자신이 설정한 목표를 위해 이념의 딱지도 이미지 조작도 마다않는 그저 '지독한 정치인'일지도 모른다"라고도 했다.[36]

옥중에서 독서와 편지에 이어 또 하나의 즐거움을 안겨준 취미생활이 화단 돌보기였다. 김대중은 매일 점심 후 한 시간 정도 주어지는 운동시간에 꽃을 가꾸었다. 그가 가꾼 화단은 너비 2미터, 길이 30미터에 불과했지만, 그 공간엔 피튜니아, 아잘릿, 민들레, 데이지, 사루비아, 코스모스, 국화 등 여러 종류의 꽃이 만발했다. 겨울에는 일부 꽃을 화분에 옮겨 심어 감방에 가져다놓곤 했다. 꽃을 친구 삼아 그는 대화도 나누었다고 한다. 어느 날 꽃이 잘 자라지 않자 꽃에게 나지막하게 읊조린 말이, "난 너에게 실망했어. 나는 너를 정성껏 돌보아주었는데, 너는 내 정성에 보답하지 않았어. 이유가 뭐야? 너는 아직도 나의 정성이 부족하다고 생각하니? 하지만 난 최선을 다하고 있는 걸"이었단다.[37] 꽃은 감옥에서 그의 유일한 대화 상대였다.

글쓰기

김대중은 해방 이후 한국 정치인 가운데 책을 가장 많이 읽고 가장 많은 책을 쓰고 가장 많은 장서를 보유한, '책에 관한 삼다(三多)'의 주인공이었다. 1993년 한국애서가클럽이 그에게 애서가상을 수여한 것도 이를 뒷받침한다. 대통령 당선 후 그가 거처를 일산 자택에서 청와대로 옮길 때 가장 고심한 것이 바로 장서를 청와대 관저와 집무실로 옮기는 작업이었다.[38]

김대중과 여러 면에서 흥미로운 비교의 대상이 되는 빌리 브란트 역시 정치적으로 어려울 때면 어김없이 책을 쓴 것으로 유명하다. 그는 책을 쓰면서 정치적 시련을 이겨내는 힘을 얻었다. 김대중도 정치적 고비를 겪을 때나 그 자체로 정치적 목적을 달성하기 위해 많은 책을 쓰곤 했다. 초기작이라 할 『대중경제 100문 100답』이나 『분노의 메아리』, 『내가 걷는 70년대』 등은 그가 처음 대통령 후보로 나갈 때 이에 대비하고자 준비한 것들이었다. 『독재와 나의 투쟁』, 『한국 현대사가 묻는 것』 등은 유신체제 하에서 반독재민주화운동을 하면서 직접 쓴 글과 연설문, 인터뷰 내용을 묶은 책이다. 1980년대 작품인『김대중 옥중서신』,『행동하는 양심으로』,『대중경제론』,『평화를 위하여』등은 군사정권으로부터 사형선고를 받은 직후 감옥과 해외망명길에서 쓴 책들이다.

김대중은 1992년 14대 대선에서 패배한 직후『절망이 희망에게』란 책을 냈다. 이는 정계은퇴 선언을 전후해 여러 신문잡지에 기고한 글들을 모아 펴낸 책이다. 이 책이 반향을 일으키자 1993년 에세이집『새로운 시작을 위하여』를 출간했다. 정치와 결별한 시점에서 파란만장한 역정을 걸어온 그의 생각과 철학이 탈정치적인 입장에서 진솔하게 그려져 있었다. 이 책은 출간한지 불과 몇 달 만에 30만부 이상이 팔렸다. 김영삼정부가 출판사에 개입하지 않았더라면 더 많은 판매부수를 기록했을 것이다. 1997년 대선을 앞두고는『나의 삶 나의 길』이란 자전적 저서와『대중참여경제론』,『이경규에서 스필버그까지 : DJ의 문화·역사에세이』,『내가 사랑하는 여성』등이 출판되었었다.[39]

김대중이 마지막으로 쓴 책은 그의 사후 출간된『김대중 자서전』이다. 두 권으로 된 이 책의 제1권에는 어린 시절부터 1997년말 대통령에 당선된 시점까지가 담겨 있다. 제2권은 대통령 재임기를 중심에 두고 퇴임 후와 서거 직전까지를 다루었다. 작가 강원국은 이 책을 가리켜 불후의 명작이자 한 권의 글쓰기 교본이라 칭찬하면서 노벨문학상을 탄 영국 총리 윈스턴 처칠의 회고록에 못지않다고 평가했다.[40]

그렇다면 김대중은 왜 이렇게 많은 책을 출판했을까? 김대중은 국민을 하나의 신앙으로 생각했다. 그러나 그는 변방인으로서 탄압받는 정치인으로서 선거패배자로서 국민과 충분히 소통하지 못했고, 또 준비한 만큼 지지받지 못했다. 그는 국민에게 못다 한 이야기를 책을 통해 전달하고 싶었다. 게다가 그는 평생 역사를 의식하며 산 사람이다. 그는 비록 현세에서 국민의 지지를 받지 못하더라도 역사를 통해 지지받고 싶었다. 아마 그는 후세 역사가들에게 책의 형태로 자신을 연구할 사료를 남기려 한

듯싶다. 빌리 브란트를 연구한 한 전기 작가는 그가 항상 역사 속의 자신을 염두에 두고 있었다는 데서 그의 다작의 심리적 배경을 찾았었다. 그만의 고유한 수단으로 다음 세대를 위한 표상을 그려두려 했다는 것이다.[41] 김대중의 글쓰기 심리에서도 이와 비슷한 현상이 발견된다.

망명 · 귀국 · 연금

김대중은 서울대병원에서 일주일가량 머문 후 12월 23일 미국으로 떠났다. 전두환정권은 그를 석방한 외적 이유로 그의 신병치료를 들었지만, 실제로는 그를 석방시켜 장영자 · 이철희사건 등 대형악재로 실추된 정권의 이미지를 반전시키기 위한 목적도 있었다.

김대중은 1982년 12월말 미국에 도착해 워싱턴 근교에 숙소를 잡았다. 문동환 목사 등 많은 동포들이 그를 찾아왔다. 에드워드 케네디 상원의원, 머스키 전 국무장관과 리처드 앨런 국가안보보좌관 등 미국의 저명인사들이 그를 환영했다. 김대중은 미국에서 한국의 독재실상을 적극적으로 알리기로 했다. 미국에 머무는 동안 '재미한국인인권문제연구소'를 설립해 활동의 근거지로 삼았다. 그는 정부정책에 막강한 영향력을 행사하는 의회 지도자들을 집중적으로 만났다. 언론 인터뷰와 연설 등을 통해 미국정부가 한국의 민주주의 발전을 지원하고, 안정과 안보를 이유로 독재를 합리화하거나 고무하지 말아달라고 요구했다. 그가 연설한 곳은 교회와 대학, 인권단체와 협회, 한인사회 등 다양했다. 미국에 머문 2년 3개월 동안 그는 150회 이상 연설했다.

김대중은 1983년 9월부터 1년 동안 하버드대학 국제문제연구소에 객원연구원으로 초빙되었다. 그는 여기서 한국의 경제문제에 관한 논문을 준비하기 시작한다. 논문을 쓸 때 당시 뉴저지 주 주청에 근무하던 유종

미국 망명시절 한국의 민주회복을 외치던 워싱턴에서의 데모 (ⓒ 김대중평화센터)

근 박사가 많은 도움을 주었다. 이 논문은 미국에서 『Mass-Participatory Economy』라는 제목으로 출간되었다. 1971년 대통령 선거 때 처음 선을 보인 대중경제론을 이론적으로 보완하고 체계화한 저술이다. 미국에 머무는 동안 캐나다 외무성, 독일의 폰 바이체커 대통령과 브란트 전 서독 총리가 그를 초청했으나 여권이 목적지를 미국으로 한정했기 때문에 그는 갈 수가 없었다. 주미 한국대사관에 두 나라를 방문할 수 있게 해달라고 요구했지만 거절당했다.

김대중은 1983년 10월경엔 미국 ABC방송의 '나이트라인'에 출연했다. 이 시사토론 프로그램은 미국인 수천만 명이 시청할 만큼 인기가 높았다. 토론주제는 주로 한국의 민주주의와 인권문제에 관한 것이었다. 토론자 세 명 가운데는 영어에 능통한 봉두완 국회외무위원장도 있었다. 그는 김대중의 상대편에서 전두환정권을 옹호하는 역할을 떠맡았다. 김대중은 한국에서 벌어지고 있는 반민주적 상황과 인권유린행위를 미국인들에게 고발했다. 그는 유창한 영어를 구사하지는 못했지만 발언에 진정성이 담겨 있었기 때문에 상당한 호소력을 지녔다. 감옥에 있는 동안 영문법 책을 여러 권 읽고, 꾸준히 회화공부를 한 덕분이었다.[42]

김대중은 미국에 머물면서 전 세계의 저명인사들을 많이 만났다. 그들과의 교류는 세계정세를 이해하는 데 큰 도움이 되었다. 자연스럽게 인적 네트워크가 구축되었다. 이 네트워크는 훗날 그가 대통령으로서 국제통화기금(IMF)의 구제금융 시절을 조기에 극복하는 데 큰 도움이 되었다. 미국에 머물면서 닦은 영어실력 역시 활동범위를 넓히는 데 도움이 되었다. 이렇게 미국 망명생활은 위기를 기회로 활용하는 김대중의 능동적 삶의 자세를 다시 한 번 보여주었다. 그는 역경에 좌절하지 않고 이를 극복해 더 크고 강한 지도자로 성장하고 있었다.

미국에서 이토록 한국의 민주주의를 위해 열심히 뛰었건만, 타국에서 벌이는 활동엔 한계가 있을 수밖에 없었다. 그는 1984년에 귀국을 결심했다. 이제 신병치료를 마쳤으며, 한국에서 민주화운동을 한 이들에 대한 도덕적 의무감, 한국 정치상황의 엄중함, 남북통일을 위한 제 역할의 필요성, 전두환정권과 직접 대화하고 싶은 마음 등 귀국의 변은 여러 가지였다.

그런데 한국 중앙정보부에서 그의 귀국을 방해했다. 그가 국내정치에 영향력을 행사할까 두려웠기 때문이다. 미국 국무성을 비롯해 한인교포와 미국 내 지인들도 그의 귀국을 만류했다. 그들은 1983년 필리핀의 인권운동가 베니그노 아키노(Benigno Aquino) 상원의원이 미국 망명생활을 청산하고 필리핀으로 돌아갔다가 마닐라공항에 내리자마자 피살된 상황이 재현될까 걱정했다. 그러나 김대중은 결심을 바꾸지 않았다. 미국의 정치인을 비롯한 많은 사람들이 그가 제2의 아키노가 되는 것을 막기 위해 그와의 동행을 자처했다. 그들은 스스로 인간방패가 되는 걸 마다치 않았다.

김대중은 1985년 2월 8일 한국으로 돌아왔다. 귀국행 비행기에는 에드워드 페이건과 토마스 포글리에타 하원의원, 퍼트리샤 데리언 전 국무부 인권담당 차관보, 브루스 커밍스 교수 등 30여 명이 동행했다. 기자들도 수십 명 탑승했다. 전 세계가 아키노의 악몽을 상기하며 김대중의 귀국길을 주시했다. 김포공항에는 수천 명의 환영인파가 대기하고 있었다. 그가 공항에 도착하자 경찰이 그와 그의 일행을 환영 나온 대중과 분리시켰다. 경찰은 김대중과 그의 아내를 따로 에워싼 뒤 입국수속도 없이 커튼이 처진 마이크로버스 안에 실어 동교동 그의 집으로 옮겨놓았다.

주인이 돌아온 동교동 집은 고립된 섬이었다. 전두환정권은 주변의 주택들을 빌리거나 사서 안기부 요원과 경찰을 상주시켰다. 또 경찰 수백 명이 주위를 둘러쌌다. 아무도 그곳에 접근할 수 없었다. 전화는 도청당했고, 우편물은 검열 당했다. 가택연금이었다. 가끔 연금을 풀어주기도 했지만 어떤 일관된 기준이 없었다. 야당이나 민주세력의 중요행사가 있

『뉴스위크』표지_ 죽음을 무릅쓴 그의 귀국을 '폭풍의 귀국'이라 보도했다(ⓒ 김대중평화센터)

는 날에는 어김없이 외부출입을 금지시켰다. 일요일에 성당 가는 것도 금지시켰다. 1987년 노태우의 6.29선언이 있을 때까지 그가 가택연금을 당한 횟수는 55차례나 되었다. 그의 집은 일종의 '동교동감옥'이었다. 전화만이 그를 세상과 연결시켜주었다.

그는 연금당한 기간 동안 날마다 침실에서 지하서재로 출근했다. 밖에 나가듯 꼭 정장을 하고 넥타이를 맨 차림이었다. 스스로 무너지면 안 될 것 같아서였다. 또한 감옥에서 그랬듯이 집에서도 정성스레 꽃을 가꾸며 마음의 위안을 삼았다. 40여 종의 꽃을 심었고, 며칠 간격으로 음지와 양지에 놓인 화분의 위치를 서로 바꿔주었다. 유신 이래 16년간의 단절과 '일방적 비방'에서 오는 남모를 심사를 이로써 달랬다. 그러다보니 이제는 생활의 일부가 되어 버렸다.[43] 또 하나 재미있는 현상 중 하나는 김대중의 집에 매일 다양한 새들이 많이 찾아온다는 것이었다. 그가 매일 규칙적으로 새들에게 모이를 주었기 때문이다. 모이주기 역시 꽃가꾸기와 더불어 그의 일상사 가운데 하나로, 다음과 같이 이를 그의 장수비결로 꼽는 이도 있었다.

"10평쯤 되는 김대중의 집 마당에는 감나무, 모과나무, 대추나무가 한 그루씩 심어져 있었다. 나무 가지마다 매달린, 아직은 푸른빛의 열매들이 소담스러웠다. 나무 아래로는 꽃나무들이 키 순서대로 차곡차곡 심어져 마당을 삥 둘러 정원을 이뤘다. 울긋불긋한 꽃들은 아름다움을 뽐냈다. 마당의 잔디는 한군데도 병든 곳 없이 촘촘했다. '이렇게 섬세하고 심미적인 사람이 어떻게 거친 정치판에서 살아남았을까' 하는 생각까지 났다. 마당 오른쪽 구석에 있는 대추나무 가지에는 100마리도 넘어 보이는 참새들이 모여 앉아 있었다. (…) 생명을 존중하고 돌보는 이런 태도와 마음자세가 보기 좋다. 그것이 스트레스 많은 김 대통령 자신에게 정신적·육체적으로 무한한 만족감을 주었을 것이다."[44]

4. 계속된 대선 패배

6월항쟁

1985년부터 개헌논의가 일었다. 야당과 민주세력은 대통령직선제를 골자로 하는 민주적 헌법의 부활을 요구했다. 1987년 4월 13일 전두환이 현행 헌법에 따라 후임자를 선출하고 임기가 끝남과 동시에 물러나겠다는 담화문을 발표했다. 한마디로 대통령직선제 요구를 거부하고 체육관선거로 요약되는 5공화국 헌법에 따라 후임자를 선출하겠다는 것이었다. 언론에서는 이를 '4.13호헌조치'로 명명했다. 민주화세력은 분노했다. 대학교수들이 4.13호헌조치 철회와 대통령직선제 개헌을 요구하는 시국선언을 했다. 신부와 목사 등 성직자도 기도회를 열고 직선제 개헌을 요구했다. 문인들도 시국선언을 발표했다.

5월 18일 광주민주화운동 7주기 추모미사에서 천주교정의구현사제단의 김승훈 신부가 박종철 군 고문치사와 관련된 경찰의 은폐조작을 폭로했다. 앞길이 창창한 청년의 사망원인이 고문에 의한 것이며, 경찰이 진실을 은폐하고 조작해 국민을 속였다는 뉴스는 호헌조치에 분개하고 있던 국민의 마음에 불을 놓았다.

같은 시기 야당도 투쟁의 전열을 가다듬었다. 이민우 신민당 총재가 국민의 요구인 직선제 개헌문제 등에 애매한 입장을 취하자 야당 지도자인 김영삼과 김대중이 5월 1일 직접 통일민주당을 창당했다. 김대중은 민주당 총재로 김영삼을 밀었다. 1979년에 이어 다시 김영삼을 야당 총재로 옹립한 것이다. 야당은 이제 통일민주당을 중심으로 직선제 개헌운동에 박차를 가했다.[45]

6월 9일 연세대생 이한열 군이 시위도중 경찰이 쏜 최루탄에 맞아 의식불명이 되었다. 국민의 분노가 폭발했다. 6월 10일 민주세력이 총 망라된 '호헌철폐 민주헌법쟁취 국민운동본부(국본)'가 결성되었다. 김대중은 고문으로 추대되었다. 이 날은 민정당이 전당대회를 열고 노태우를 대통령 후보로 지명하는 날이었다. 6월 10일은 민주세력과 독재세력이라는 두 열차가 같은 선로에서 서로를 마주보며 정면으로 달리기 시작한 날이었다.

오랫동안 야당과 학생들의 민주화운동을 관망하던 중산층이 시위에 가담하기 시작했다. 국본이 '최루탄 추방의 날'로 정한 6월 18일 시위에는 전국에서 150만 명 이상의 국민이 참여했다. 노동자, 변호사, 의사, 약사, 공인중개사, 문화예술인 등 남녀노소와 계층을 가리지 않았다. 지역적으로도 서울, 부산, 대구, 광주, 대전, 인천 등 전국적이었다.

전두환정권은 이 무렵 계엄령선포를 검토했다. 전두환은 6월 19일 군 출동직전 단계인 '출동준비' 지시를 내렸다.[46] 군을 동원하지 않고는 사태를 수습할 수 없다고 판단한 것이다. 그러나 실행에 옮기지는 않았다. 많은 사람들이 그토록 포악한 정권이 왜 그 상황에서 계엄령을 선포하지 않았는지 궁금해 한다. 물론 추측이 전혀 불가능한 것은 아니다. 제일 먼저 거론되는 것은 미국과 우방국들의 압력이다. 특히 미국은 1980년에 이어 다시 유혈충돌을 방치할 경우 한국에서 반미운동이 거세게 일어날 것을 우려했다. 정권이 공들여 준비한 1988년 올림픽도 정권의 발목을 잡았다. 사마란치 국제올림픽위원회 위원장은 만일 서울에서 소요가 발생하면 개최장소를 다른 곳으로 옮기겠다고 밝혔다. 정권이 위기 때마다

고 이한열 민주국민장 영결식_ 1987년 6월 9일 낮 운구행렬을 따라 추모행진을 벌인 수십만 명의 학생·시민들이 시청 앞 광장에서 집회를 가졌다 (ⓒ 서울사진아카이브)

전가의 보도처럼 써먹은 올림픽이 계엄령과 유혈사태로 개최되지 못한다면 국제적 망신은 물론이요, 정권에게 치명타가 될 수밖에 없었다.

또 하나 빠트릴 수 없는 이유가 있었다. 1980년 5.18항쟁 때 광주 시민들은 공수부대와 탱크에 맞서 싸웠다. 전두환은 이때의 만행으로 인해 임기 내내 살인마라는 비난을 받았고, 정권의 정통성에도 심대한 상처를 입었다. 만약 계엄령을 선포했는데 그때처럼 서울에서 부산에서 광주에서 시민들이 거리로 나와 탱크에 맞선다면, 어떻게 될 것인가? 1980년의 트라우마는 광주 시민과 민주세력에게만 있었던 게 아니었다. 전두환과 군부도 비록 성격은 달랐지만 1980년의 트라우마를 앓고 있었다.[47] 광주의 영령들이 1987년 계엄령선포를 저지했다.

경찰은 6.10대회를 전후로 김대중의 집밖 출입을 78일 동안이나 제지했다. 그런 그들이 6월 25일 연금을 풀었다. 전두환정권이 상황을 평화적인 방식으로 해결하고자 한다는 신호였다. 김대중은 연금해제를 기하여 성명을 발표했다. 그는 성명서에서 4.13호헌조치 철회, 직선제 또는 선택적 국민투표 실시, 거국중립내각 구성 등을 요구했다. 그는 또 민주세력에게도 폭력이 아닌 평화적 운동을 호소했다.

전두환정권이 드디어 6월 29일 항복선언을 했다. 전두환은 노태우에게 사태수습을 위해서는 직선제 개헌 외에 방법이 없는 것 같다고 말했고, 노태우는 전두환의 결심을 수용했다.[48] 6월 29일 노태우 민정당 대통령 후보는 기자회견을 갖고 직선제 개헌, 김대중의 사면·복권 및 시국사범 석방, 대통령 선거법 개정, 국민기본법 신장, 언론자유 창달, 지방자치제 실시 등 8개항을 발표했다. 형식은 노태우 후보가 전두환 대통령에게 건의하는 방식이었다.

민주세력이 승리했다. 6월항쟁은 4.19혁명, 5.18광주항쟁과 함께 한국 민주화운동의 큰 산맥을 형성했다. 또 6월항쟁의 승리는 1980년 광주항쟁의 승리이기도 했다. 6월항쟁이 구현하려고 한 목표가 곧 1980년 광주 시민들이 요구한 목표와 똑같았기 때문이다. 덧붙여 민주화세력은 1980년 광주항쟁 직후부터 1987년 6월항쟁 때까지 줄곧 광주학살의 진실을 밝히고 학살자들을 처벌하며 광주 시민의 명예를 회복시키라고 요구했다. 7년항쟁[49]에서 마침내 승리한 것이다.

단일화 논의와 1987년 대선 패배

1987년 10월 27일 국민투표를 통해 확정된 제6공화국 헌법은 대통령 직선제, 국민의 기본권 확대, 헌법재판소 설치 등을 주요 내용으로 하고 있다. 새로운 헌법의 채택으로 1972년 유신체제에 의해 유린된 민주주의가 다시 정상화되는 전환점이 마련되었다.

6월항쟁에서 승리하고 헌법이 개정된 후 민주진영의 양대 주자인 김대중과 김영삼이 야권 단일후보 자리를 놓고 힘겨루기를 시작했다. 김영삼은 1986년 11월 김대중의 '불출마 선언'을 상기시키며 자신이 야권의 단일후보가 되어야 한다고 주장했다. 반면 김대중은 과거 김영삼의 발언, 즉 김대중이 사면·복권되면 대통령 후보를 양보하겠다고 한 발언을 상기시키며 자신이 야권 단일후보가 되어야 한다고 주장했다.

두 사람의 주장 모두 틀린 것은 아니었다. 두 사람의 발언시점은 1986년 가을이었다. 이 무렵 건국대에서 학생과 경찰이 대규모로 충돌하여 정국이 어수선했다. 또 전두환정권은 북한이 금강산댐을 만들어 서울을 수몰시키려 한다면서 정국을 완전히 공포분위기로 몰아갔다. 개헌운동 등으로 위기에 몰린 전두환이 제2의 쿠데타를 획책하고 있다는 소문도 떠돌았다. 김대중은 위기의식을 느끼고 성명서를 발표하여 전두환정권이 대통령중심제 개헌을 수락한다면 "비록 사면·복권이 되더라도 대통령 선거에 출마하지 않겠다"고 선언했다. 같은 시기에 김영삼은 서독에서 기자회견을 갖고 "직선제와 사면·복권 등 민주화가 되면 김대중 씨의 출마도 생각해볼 수 있다"고 화답했다. 김영삼과 김대중 모두 상대방에게 이런 주장들을 상기시키며 대통령 후보 자리를 양보하라고 했다.

김대중은 사면·복권 후 광주와 고향 하의도를 방문했다. 그의 광주방문은 1971년 대통령 선거와 국회의원 선거 후 처음이었다. 16년만의 방문이었으니 그 감회가 어떠했겠는가. 그는 5.18묘역을 찾아 죽은 영령들 앞에서 오열했다. 그는 5.18영령들과 광주 시민들께 한없는 부채의식을 느꼈다.

> "한없이, 한없이 사모하는 영령들이여, 김대중이가 여기 왔습니다. 꼭 죽게 되었던 내가 하느님과 여러분의 가호로 죽지 않고 살아서 여기 여러분 앞에 섰습니다."[50]

순간 김대중만이 아니라 그곳에 있던 광주 시민 모두 흐느꼈다.

1987년 9월 김대중을 맞이한 광주 거리는 술렁거렸다. 김대중이 찾아간 금남로는 수십만의 환영인파로 가득 채워졌다. 그의 정치적 고향 목포에서도 환영인파가 광장과 도로를 가득 메웠다. 그는 고향 하의도도 방문했다. 그곳에 아버지의 묘가 있었다. 아버지가 작고했을 때 그는 장례식에도 참석하지 못했었다. 어느새 13년이 지나 그제야 아버지 묘 앞에 섰다.

김대중은 대통령 출마를 기정사실화했고, 통일민주당 전당대회에서 경선에 의한 후보선출을 희망했다. 그러나 김대중은 오랫동안 정치 일선에서 물러나 있었고, 김영삼은 현직 총재였다. 김대중이 절대적으로 불리할 수밖에 없었다. 이를 만회하기 위해 그는 36개 미 창당 지구당 조직책 임명권을 달라고 요구했다. 그러나 김영삼 측은 그 제안을 거부했다. 김대중은 대통령 후보와 총재를 분리시켜 두 사람이 각각 하나씩 차지한다는 전제하에 대통령 후보 자리를 양보하는 안을 제시했지만, 이 역시 불발

1987년 광주 5.18묘역을 찾아 영령들 앞에서 오열하는 김대중 ⓒ 김대중평화센터

이었다.[51] 당시 한국 재야운동의 산실격인 민주통일민중운동연합(민통련)
과 6월항쟁의 주역인 전국대학총학생회 등은 김대중을 더 선호했다. 김대
중은 이런 분위기를 염두에 두면서 텔레비전 토론이나 전국 공동유세를
하고 국민적 지지가 높은 사람이 후보가 되도록 하자고 제안했다. 하지만
이 제안도 거부당했다.

김대중과 김영삼 모두 이번 선거가 대통령이 될 절호의 기회라고 생각
했다. 또한 두 사람 모두 다음 기회에 대해서는 반신반의했다. 권력의
속성상 다음 기회를 약속받는 게 불가능하다고 생각했다. 나이도 의식할
수밖에 없었다. 당시 김대중의 나이는 만 63세였고 김영삼은 60세였다.
6월항쟁을 거치면서 형성된 국민들의 정권교체 열망, 다음을 기약할 수
없는 권력의 속성, 나이 등 여러 측면에서 두 사람은 이번 기회를 양보하
고 싶지 않았다.

양측의 열렬한 지지자들의 존재 역시 양보를 어렵게 만든 요인이었
다. 양보가 지지자들의 공감을 받으려면 합리적인 단일화 방법과 명분
있는 양보가 선행되어야 했다.[52] 이런 점에서 그때 만약 지금과 같이 여
론조사가 활성화되었더라면, 상황은 달라졌을 수도 있다. 여론조사 상에
나타나는 객관적 근거를 바탕으로 어느 한쪽에 양보를 요구하거나 당선
가능성이 더 높은 후보에게 표를 몰아줄 수도 있기 때문이다. 하지만 아
쉽게도 당시에는 여론조사가 보편화되지 않았었다. 국민들은 두 사람에
게 오로지 도덕적 측면에서 양보를 요구할 뿐이었다. 이런 국민적 요구
에 대해 두 사람은 모두 왜 자신에게만 양보를 요구하는가 하면서 불만
스러워 했다.

단일화는 이루어지지 않았다. 김대중은 10월 30일 신당창당 계획과
함께 제13대 대통령 선거출마를 공식 선언했고, 11월 12일 평화민주당
(평민당)을 창당했다. 이로써 제13대 대통령 선거는 민정당의 노태우, 민
주당의 김영삼, 평민당의 김대중, 공화당의 김종필 등 1노 3김의 각축장

이 되었다. 보수진영은 노태우와 김종필로 갈라지고, 민주개혁진영은 김영삼과 김대중으로 갈라졌다.

대통령 선거일은 12월 16일이었다. 선거를 불과 한 달 앞두고 창당했으니 당연히 시간, 조직, 자금 모두 부족할 수밖에 없었다. 노태우진영에서는 지역감정을 조장했다. 김대중과 김영삼의 단일화 실패도 지역감정을 조장하는 데 일조했다. 선거를 2주일가량 앞둔 11월 29일에는 대한항공 여객기가 미얀마 근해 해역에서 공중 폭발한 사건이 발생했다. 정부는 이 사건이 북한 공작원 김현희에 의해 저질러진 만행이라고 발표했다. 안보이슈가 모든 선거이슈를 집어삼켜버렸다. 이념공세까지 가세했고, 이는 주로 김대중을 향했다. 김대중은 빨갱이라는 식이었다.[53]

하지만 이런 어려운 분위기에도 불구하고, 유세장의 분위기는 뜨거웠다. 투표 3일 전인 12월 13일 체감온도가 영하 20도가량 되었음에도 김대중의 서울 보라매공원 유세에는 100만 명 이상의 인파가 몰려들었다. 김대중의 최대무기인 대중연설이 빛을 발휘했다. 다른 후보들도 경쟁적으로 청중을 모았지만, 김대중의 보라매공원 유세는 선거유세사상 최대기록으로 남을 만했다.

선거가 끝났다. 득표율은 노태우 후보 36.6퍼센트(828만 표), 김영삼 후보 28퍼센트(633만 표), 김대중 27.1퍼센트(611만 표), 김종필 8.1퍼센트(182만 표)로 나타났다. 김대중은 패배했고, 노태우가 민주진영의 분열을 틈타 대통령에 당선되었다. 선거가 끝난 후 김영삼 후보진영과 김대중 후보진영, 그리고 재야에서 대통령 선거를 부정선거로 규정하고 대대적 공세를 취했지만 엎질러진 물을 주어 담을 수는 없었다.

노태우의 득표율은 같은 보수 후보인 김종필의 득표율까지 합해도 44.7퍼센트로서 김영삼·김대중의 득표율 55퍼센트보다 10퍼센트나 적었다. 민주진영의 실망감은 이만저만이 아니었다. 많은 사람들이 6월항쟁의 성과가 물거품이 되어버렸다고 한탄했다. 언론과 국민은 민주진영의 패인을 단일화 실패로 돌렸다. 김대중과 김영삼에 대한 비난여론이 들끓었다. 김영삼과의 득표율은 불과 0.9퍼센트의 차이에 불과했지만, 3위에 그친 김대중을 향한 비난이 더 거셌다.

김대중은 단일화 논의 때 대통령 후보 자리와 당권을 분리시키면 대통령 후보 자리를 양보하겠다고 했다. 이런 점에서 단일화 실패에 대한 비난여론이 김대중에게 집중된 것은 공평하지 않았다. 그러나 국민의 입장에서 누가 더 양보하려 했는가의 문제는 사소했다. 6월항쟁의 승리에도 불구하고 선거에서 민주진영이 패배했고 정권교체의 기회를 상실했다는 점이 중요했다. 국민이 이룩한 성과를 양 김씨가 반감시켜버렸다는 것이 중론이었다.

김대중은 선거 후 여러 차례에 걸쳐 단일화를 이루지 못한 데 대해 사과했지만, 그 정도로 국민의 비난이 가라앉을 상황은 아니었다. 김대중의 정치인생에 큰 시련이 닥쳤다. 이 시련은 그가 과거에 겪은 시련과는 차원이 달랐다. 그 자신이 신앙처럼 받들던 국민들로부터 가해진 시련이었기 때문이다. 단일화 실패와 이로 인한 군부정권 연장은 김대중의 인생에서 두고두고 오점으로 남았다.

정치적 재기와 여소야대 정국

대통령 선거가 끝난 후 야권통합론이 제기되었다. 야권통합론은 외형적으로는 민주당과 평민당을 통합하여 민주진영을 강화하고 노태우정권을 견제하려는 것이었다. 그러나 실제 내용은 평민당을 해체하고 김영삼의 민주당으로 흡수통합하려는 것이었다. 결국 통합론은 김대중의 퇴진요구였다. 김대중은 이 위기 앞에서 오히려 평민당 강화라는 승부수를 던졌다. 1988년 2월 3일 각계 재야인사 91명을 영입했다. 박영숙, 문동환,

임채정, 이해찬, 이상수, 고영근, 정동년 씨 등 학자, 민권운동가, 법조계, 종교계, 여성계, 문인 등 각계각층의 인사들이 고루 망라되었다. 재야인사들이 김대중을 그대로 버릴 수 없다면서 구원투수로 나선 것이다.

평민당은 분위기를 일신하기 위해 재야인사인 박영숙을 총재권한대행으로 선출했다. 1988년 4월 26일 제13대 국회의원 선거가 실시되었다. 국회의원 선거에서마저 패배한다면 김대중과 평민당이 입을 정치적 상처는 상상하고도 남았다. 김대중은 전국구 순번 11번을 자처했다. 그는 전국구 11번을 당선시키는 수준의 승리를 거두지 못한다면 자신의 정치인생은 끝난 것이라고 판단했다. 당시 여론으로 보면 전국구 11번은 당선이 불가능한 순번이었다. 그러나 김대중은 대통령 선거 때의 열기를 감안할 때 가능하다고 판단했다. 특유의 승부수를 던진 것이었다.

제13대 총선의 특징 가운데 하나는 소선거구제의 부활이었다. 1972년 유신체제가 채택한 이래 17년만의 일이었다. 이 선거에서 평민당은 70석을 획득했다. 지역구 54석, 전국구 16석이었다. 전국구 순번 11번의 당선은 무난했다. 민정당은 125석, 민주당은 59석, 공화당은 35석이었다. 예상을 뒤엎고 평민당은 제2당으로 부상했고, 김대중도 다시 부활의 발판을 마련했다. 국민으로부터 다시 한 번 기회를 부여받은 것이었다.

국회 의석수가 여당 125, 야당 174로 나타났다. 사상 처음으로 여소야대 정국이 형성되었다. 제1야당의 무게는 클 수밖에 없었다. 김대중이 자연스럽게 정국의 중심인물로 부상했다. 16년 만에 드디어 국회의원 자격으로 그는 정국을 이끌었다. 또한 야당 총재로서 본격적으로 정치력을 테스트 받게 되었다. 과거 정치인 김대중의 가장 큰 버팀목이 '투쟁'이었다면, 이제부터는 '정치력'이었다. 다른 김씨(김영삼)에 대한 비교우위도 확보해야만 했다.[54]

국회에 부과된 우선적 과제는 전두환정권의 실정을 규명하고 광주학살의 진상을 밝히는 것이었다. 국회 5공특위청문회와 광주특위청문회가 각각 열렸다. 5공특위청문회에서 전두환정권의 비리가 적나라하게 드러났다. 전씨일가의 부정축재가 국민을 분노하게 했다. 11월 23일 전두환은 사과성명을 발표하고 강원도 백담사로 유배를 갔다. 또한 광주특위청문회에서는 1980년 5월 계엄군이 광주에서 저지른 만행이 텔레비전 중계를 통해 전 국민에게 생생하게 전달되었다. 국민은 경악했고, 분노가 들끓었다. 전두환이 청문회에 소환되었고 '살인마'라는 국회의원들의 외침이 여과 없이 국민에게 전달되었다. 5.18광주민주화운동이 역사적으로 정당성을 획득하기 시작했다. 광주문제의 해결방향이 잡히면서 김대중의 어깨를 짓눌렀던 부담감도 조금씩 완화되었다.

1989년 3월말 문익환 목사가 정부의 허가를 받지 않은 채 평양을 방문해 김일성 주석과 회담하고 돌아왔다. 문 목사의 방북은 정국에 큰 후폭풍을 몰고 왔다. 문 목사가 구속되고 전국민족민주연합 등으로 수사가 확대되었다. 문 목사는 김대중과 특별한 관계의 민주인사였다. 자연히 문 목사 방북사건은 김대중에게도 부정적 영향을 미쳤다.

같은 해 6월에는 서경원 평민당 의원이 북한을 방문하고 왔다. 검찰은 서 의원의 방북을 김대중과 연결시키려 했다. 검찰과 안기부는 그를 고문해 김대중의 지령을 받고 방북했으며, 북에서 받은 돈의 일부(1만 달러)를 김대중에게 전달한 것처럼 조작하려 했다. 김대중은 대규모 대중집회로 이에 맞섰다. 다행히 지령설 혹은 금전수수설은 사실이 아닌 것으로 판명났고, 김대중에 대한 추궁은 유야무야되었다.

서경원 밀입국사건이 터진 3일 후 한국외대생 임수경 양이 전국대학생대표자협의회(전대협) 대표자격으로 평양 축전에 참가하고 휴전선을 통해 남한으로 돌아왔다. 또다시 정국에 회오리바람이 불고, 공안의 횡포는 1989년 전체를 짓눌렀다.

세 번째 도전과 실패

여소야대 정국은 1961년 5.16쿠데타 이후 군사정권이 처음 겪는 경험이었다. 과거 국회는 항상 여당이 과반 내지 2/3를 점유했고, 국회의 역할은 대부분 대통령과 행정부의 거수기 노릇에 머물렀었다. 차기 대통령을 꿈꾸는 3김씨는 국회가 행정부의 발목을 잡을 경우 국민여론에 부정적으로 비칠 것을 우려해 가능한 한 안건을 신속히 처리하려 노력했다. 덕분에 대부분의 법안은 4당 합의로 처리했다.

그러나 야 3당의 이런 배려에도 불구하고 노태우와 여당은 국정이 행정부가 아닌 국회에 의해 주도되는 현실을 힘들어했다. 노태우는 여소야대 정국을 타파할 방안을 찾기 시작했다. 합당을 생각했고, 보수대연합 혹은 '온건중도세력의 대통합'과 '보 · 혁구도로의 정계개편'을 명분으로 내세웠다. 그는 김종필, 김영삼, 김대중 세 야당 총재를 모두 교섭대상으로 삼았다. 첫 번째가 평민당 김대중이었다. 노태우는 평민당이 제1야당이라는 점도 고려했지만, 북방정책, 중간평가 유보 등 몇 가지 현안에서 김대중과 호흡을 맞춘 것을 긍정적으로 평가했다. 그는 양 정당이 통합한다면 의석수 과반을 크게 상회할 뿐만 아니라, 영호남 지역감정 극복, 민주세력과 산업세력의 결합 등 여러 면에서 시너지효과를 낼 수 있을 것이라 판단했다.

그러나 김대중은 노태우의 합당제의를 거절했다. 김대중은 민주정통세력인 평민당과 쿠데타세력인 민정당은 정체성에서 판이하며 하나가 될 수 없다고 생각했다. 또한 국민이 선택한 여소야대 정국을 바꾸는 것은 민의에 대한 배반이라고 생각했다. 그는 야당으로서 수평적 정권교체를 통한 대통령이 되고 싶었다.[55]

노태우는 평민당과의 통합이 무산되자 김영삼과 김종필에게로 방향을 돌렸다. 내각제 개헌과 차기 대권을 김영삼에게 넘긴다는 밀약을 고리로 했다. 이렇게 민정당, 민주당, 공화당이 1990년 1월 22일 통합했다. 당명은 민주자유당(민자당)으로 정했다. 민자당은 218석을 가진 거대정당이 되었고, 평민당을 지지한 호남은 다시 고립되었다. 민주진영의 대표주자 중한 사람인 김영삼이 쿠데타 주역들과 손을 잡게 되면서 그와 정치를 같이한 대부분의 민주인사들도 군부정권의 품안으로 들어갔다. 그뿐만이 아니었다. 김영삼의 정치적 거점인 부산·경남까지 덩달아 보수정당 지지지역으로 편입되어버렸다. 민주진영의 기반이 크게 축소되었다. 3당 합당은 국민에 대한 배반이었고 민주주의의 기반을 현저하게 약화시킨 일종의변종 쿠데타였다.

3당 합당 이후 정국은 여대야소로 바뀌었고, 민자당의 독주가 시작되었다. 정부여당은 여야합의로 통과된 지방자치법의 시행도 연기하려 했다. 김대중은 지방자치제는 민주주의 발전을 위해 필수불가결한 제도라고 주장해온 사람이다. 그는 1990년 10월 8일 평민당사에서 지방자치제실시를 촉구하며 단식에 돌입했다. 김대중의 단식은 정국에 큰 파장을불러일으켰다. 김영삼이 단식 장소를 찾아와 지자체 실시에 긍정적 반응을 보였고, 노태우도 지방자치제 실시를 약속했다. 김대중은 김영삼과 노태우의 약속을 받고 13일 동안의 단식을 풀었다.

약속대로 1991년 기초의회 및 광역의회 선거가 실시되었다. 1995년에는 기초자치단체장 및 광역자치단체장 선거까지 실시했다. 이로서 30년동안 중단되었던 지방자치의 역사가 부활했다. 기초 및 광역의회, 기초자치단체장 및 광역자치단체장 선거를 통한 지방자치의 활성화는 향후 정당정치 및 풀뿌리 민주주의의 발전을 위한 초석역할을 했다. 지방자치제의실시는 언젠가 이루어질 일이었지만 김대중의 단식이 그 시행시기를 앞당겼음은 분명했다.

1992년은 제14대 국회의원 총선거가 있는 해였다. 평민당은 총선이있기 전 해인 1991년 재야인사를 영입했고, 다시 3당 합당 당시 민자당

참여를 거부한 민주당 잔류파들과 통합하여 민주당을 창당했다. 김영삼의 발탁으로 정치권에 진입했지만 3당 합당을 비판하고 합류하지 않은 노무현은 이때부터 김대중과 같은 정치적 운명체가 되었다. 비슷한 시기에 현대그룹 총수 정주영은 국민당을 창당하고 정치권에 합류했다. 1992년 3월 24일 3자 구도로 치러진 총선에서 민자당은 참패했다. 기존의 의석 219석이 149석으로 줄어들었다. 반면 김대중이 이끈 민주당은 의석을 63석에서 97석으로 늘렸고, 신생정당 국민당은 31석을 획득했다. 민자당 참패, 민주당 약진, 국민당 돌풍으로 요약되는 총선 성적표였다.

김대중은 1992년 12월 대선을 3개월 앞두고 러시아 모스크바를 방문했다. 1991년 소련이 해체된 후 러시아가 옛 소련의 정통성을 이어가고 있었다. 그는 모스크바 방문길에 러시아 외무성 산하 외교대학원에서 「한국사회에서의 민주주의의 생성과 발전원리에 관하여」라는 논문으로 정치학 박사학위를 받았다. 명예박사학위가 아니라 한국에서 써서 보낸 논문을 외교대학원이 심사하여 수여한 공식학위였다. 김대중은 무척 기뻐했다. 방대한 독서 등을 통해 이미 학력콤플렉스를 극복했지만, 그래도 러시아에서 받은 정식 박사학위는 그에게 특별한 의미로 다가왔다.

1992년 제14대 대통령 선거가 있었다. 김대중은 민주당 후보로 선거에 출마했다. 선거는 민자당의 김영삼, 민주당의 김대중, 국민당의 정주영 등 3파전으로 치러졌다. 선거를 2개월 앞두고 안기부는 '이선실 간첩단 사건'을 발표했다. 안기부는 김대중의 비서인 이근희가 국방부 예산 관련 자료를 간첩에게 넘겨주었다고 발표했다. 안기부는 또 "북한 김일성 주석이 이번 선거에서 김대중을 지지하도록 대남방송을 하고 있다"고 거짓 정보를 흘리며 색깔공세를 펼쳤다.

김대중의 인생에서 이념문제는 참으로 껄끄러운 주제였다. 김대중은 해방 직후 잠시 진보적 정당에 참여한 적이 있었지만, 공산주의와는 처음

러시아 외교대학원 박사학위 취득 (© 김대중평화센터)

부터 분명하게 선을 그었다. 그럼에도 불구하고 그를 향한 사상공세는 1970년대부터 쉼이 없었다. 김대중은 1971년 대통령 선거에서 예비군 폐지와 4대국 보장론을 주장했다. 많은 사람들이 정책선거를 주도한 데 대해 높이 평가했지만, 박정희와 우익은 이를 구실로 그를 용공분자 및 빨갱이로 몰아붙였다. 1980년 전두환 신군부 또한 그를 친북인사로 내몰며 사형을 선고했다. 1987년 대통령 선거 때는 북한 공작원 김현희에 의한 대한항공 여객기 폭파사건이 일어나 대북 긴장도가 최고조에 달했고, 이는 김대중에게 가장 큰 피해를 입혔다. 이번 1992년 선거에서도 여지없이 또 색깔공세가 펼쳐졌다.

1992년 12월 11일 부산지역 기관장들이 초원복집에 모였다. 참석자는 두 달 전까지 법무부장관직에 있었던 김기춘을 비롯해 부산안기부 지부장, 부산경찰청장, 부산시장, 부산시교육감 등이었다. 이들은 김대중이 당선되면 혁명적 상황을 맞을 것이라고 말했다. 참석자들은 김영삼의 당선을 위해 지역감정에 불을 지르자고 다짐했다.

12월 15일 정주영 후보 측 김동길 선거대책본부장이 기자회견을 갖고 초원복집에서 있었던 김영삼진영 인사들의 대화내용을 폭로했다. 언론은 이를 '초원복집 사건'이라고 불렀다. 그런데 집권여당은 반성은커녕 오히려 정주영 측의 불법도청행위만을 부각시키면서 이를 역이용했다. 언론도 지역감정을 조장하고 관권선거를 자행한 김영삼 측에 대한 비판보다 정주영 측의 불법도청행위에 더 비중을 두고 보도를 이어갔다.

결국 김대중은 또다시 패배했다. 김영삼 9,977,332표(42.0퍼센트), 김대중 8,041,284표(33.8퍼센트), 정주영 3,880,067표(16.3퍼센트), 박찬종 1,516,047표(6.4퍼센트), 백기완 238,648표(1.0퍼센트)였다. 예상보다 큰 표차였다.

정계은퇴

"사람은 마지막이 좋아야 한다."

김대중은 이제 더 이상 현세에서는 자신이 목표한 뜻을 이룰 수 없다고 생각했다. 그는 정계은퇴를 선택했다. 은퇴를 통해 국민들에게 우리나라도 '평생을 민주화의 길을 걸은 정치인', '마지막 순간까지 몸소 민주주의를 실천한 정치인'을 가지고 있었다는 자부심을 갖게 만들었으면 하는 바람을 가졌다. 김대중은 개표가 끝난 직후인 19일 새벽에 일어나 정계은퇴 성명서를 썼다. 김대중이 불러주고 이희호가 받아썼다. 19일 오전 8시 30분 김대중은 민주당 당사에 나와 성명서를 읽었다.

> "저는 오늘로써 국회의원직을 사퇴하고 평범한 시민이 되겠습니다. 이로써 40년의 파란 많았던 정치생활에 사실상 종말을 고한다고 생각하니 감개무량한 심정을 금할 길이 없습니다. 그간 여러분의 막중한 사랑과 성원을 받았습니다. 진심으로 감사드립니다. 국민 여러분의 하해 같은 은혜를 하나도 갚지 못하고 물러나게 된 점 가슴 아프고 송구스럽게 생각합니다. (…) 이제 저는 저에 대한 모든 평가를 역사에 맡기고 조용한 시민생활로 돌아가겠습니다."[56]

김대중이 정계은퇴를 선언하자 언론은 그에 관한 기사를 무더기로 쏟아냈다. "정치거인", "정치거목", "지조의 정치인", "민주화 외길 40년" 등 그를 칭송하는 기사가 넘쳤다. 『동아일보』는 사설에서 이렇게 썼다. "그는 암울했던 권위주의 시대를 온몸으로 저항했던 '행동하는 양심'이었다. 그는 인간의 한계를 시험하는 것 같은 위협과 회유를 당당하게 물리친 '불굴의 인간'이었다. 그러기에 그의 빛나는 정치적 퇴장은 '민주화의 사

연설하는 김대중 (ⓒ 김대중평화센터)

표'로, '자랑스런 정치인'으로 기록될 것이다."[57] 『조선일보』는 사설에서 "앞으로 평당원으로 백의종군하면서나마 그의 경륜과 통찰은 집권당과 야당 모두의 지혜를 북돋우는 자양으로 활용돼야 할 일이다. 빌리 브란트 씨가 당수직을 떠난 후에도 많은 훌륭한 일을 했던 사실을 상기할 수 있듯이 말이다."[58] 김대중에 비판적이었던 다른 신문들도 그의 은퇴에 찬사를 늘어놓았다.

찬사 자체가 나쁠 것은 없다. 그 의도가 어디에 있든 언론의 찬사는 김대중에 대한 정당한 평가의 일환이었다. 그러나 그의 측근들은 언론의 찬사를 마냥 순수하게만 보지는 않았다. 찬사 뒤에 숨겨진 음모도 신경 썼던 것이다. 최측근인 권노갑은 보수언론의 찬사를 가리켜 "혹시라도 복귀할까 두려워 관을 석관으로 만들고, 그것도 못 미더워 석화로 사토한 다음 다시 시멘트 봉분을 두르는 격이다"고 말했다.[59] 『김대중 죽이기』의 저자 강준만 교수는 『조선일보』와 일부 언론의 태도를 가리켜 '거인퇴장'을 진정으로 아쉬워해서가 아니라 '김대중 확인사살'이라고 논평했다. 정계은퇴에 최상의 찬사를 보내 장사도 하고 동시에 다시 복귀하지 못하도록 확인사살도 했다는 것이다.[60]

김대중은 1993년 1월 26일 영국 케임브리지대학으로 유학길에 올랐다. 처음에는 미국으로 가려 했으나 국내정치와 좀 더 떨어져 있기 위해 영국행을 택했다. 체류기간에 정치활동을 하지 않았기 때문에 그의 영국 생활은 1980년대의 미국 망명생활 때보다 훨씬 여유로웠다. 그가 케임브리지대학에 객원연구원으로 머무는 동안 자주 만난 인물 가운데 천체물리학자 스티븐 호킹 박사가 있다. 김대중은 그를 좋아했다. 학문적 업적이 대단해서가 아니라 삶에 대한 그의 긍정적 태도 때문이었다. 또한 앤서니 기든스, 존 던 교수 등 세계적 석학들과 만나 민주주의와 세계사의 흐름에 대해 깊은 대화를 나누곤 했다.

영국에 머무는 동안에도 그는 한국에서와 마찬가지로 꽃과 새를 벗으로 삼았다. 숙소 베란다에 꽃을 심고 가꿨다. 숙소를 찾아오는 새도 반갑게 맞이했다. 새에게 늘 먹이를 뿌려주던 그는 자주 찾아오는 새 가운데 특히 로빈 이라는 녀석에 정이 들었다. 한국으로 돌아와서도 가끔씩 로빈이 생각난다고 말했다.[61]

김대중은 1년 예정이던 영국생활을 단축해 1993년 7월 4일 다시 서울로 돌아왔다. 귀국 후엔 동교동생활을 청산하고, 일산에 아파트를 얻어 이사했다. 일산에서는 사람들과의 접촉을 가능한 한 줄이고 통일문제 연구에 몰두했다. 외부강연도 주제를 가급적 통일문제로 제한했다.

1994년 1월 27일 '아시아·태평양평화재단'을 설립했다. 그는 이 재단을 통해 한반도의 평화와 민족공영의 길을 모색하고, 아시아의 민주발전과 세계평화에 기여하고자 했다. 재단에 참여하는 인사들의 면모는 화려했다. 해외인사 중에는 고르바초프 전 소련 대통령, 코라손 아키노 전 필리핀 대통령, 겐서 전 독일 외무장관 등이 고문으로 위촉되었다. 국내고문으로는 김수환 추기경, 강원룡 목사, 서의현 조계종 총무원장, 이태영 가정법률상담소장이 위촉되었다. 자문위원에 장을병, 안병무, 이돈명, 변형윤, 조순, 강문규, 고은, 서영훈, 한승헌 등 학계, 시민사회, 재야의 쟁쟁한 인물들이 총망라되다시피 했다. 현판식에는 코라손 아키노 전 필리핀 대통령과 드 메지에르 전 동독 총리 등 외국의 저명인사들도 참여했다. 출범 후에 김대중은 매일 그곳으로 출근했다.

김대중은 여러 글에서 어린 시절 겁이 많고 눈물이 많았다고 썼다. 고소공포증 때문에 해발 228미터인 목포 유달산 정상에도 오르지 못했다고 고백했다. 이런 사람이 여러 차례 죽을 고비를 맞으면서도 흔들리지 않고 민주화운동에 헌신할 수 있었던 것은 무엇보다 민주주의에 대한 투철한 신념 때문이었다. 어린 시절부터 역사를 좋아했던 그는 민주주의가 20세기 세계사의 큰 조류라는 확고한 신념을 가지고 있었고, 또한 한국에서 민주주의는 반드시 실현될 수 있다고 믿고 있었다. 그는 유신체제와 전두환 독재체제라는 암울한 상황에서도 민주주의의 빛을 발견했던 인물이다.

그의 이런 철학과 신념은 1994년 전 싱가포르 총리이자 아시아의 주요 지도자 중 한 사람인 리콴유와의 논쟁에서도 잘 드러난다. 리콴유는 1994년 미국 외교잡지 『포린어페어』와의 대담에서 아시아에서 민주주의는 맞지 않으며 미국은 아시아인들에게 서구식 민주주의를 강요해서는 안 된다고 주장했다. 친미주의자였던 리콴유의 이런 주장은 역설적으로 그가 서구식 민주주의에 강한 반감을 가지고 있었다는 것을 말해준다.

김대중은 이 기사를 읽고 리콴유가 아시아에서 갖는 영향력을 감안할 때 그 글이 갖는 부작용이 클 것으로 생각했다. 김대중은 즉각 같은 해 『포린어페어』 11~12월호에 반박논문을 기고했다. 「문화란 운명인가?」라는 그 논문에서 그는 여러 가지 사례를 들면서 아시아인에게 민주주의는 결코 생소한 제도가 아니라고 주장했다. 그는 서구 민주주의의 사상적 뿌리 가운데 하나인 17세기 존 로크의 '혁명론'을 거론한 후 맹자는 그보다 2천여 년이나 앞선 기원전 4세기에 이미 '역성혁명론'을 언급했다고 주장했다. 그는 조선시대의 사간司諫제도, 이념이 다른 정파 간의 경쟁, 인내천人乃天으로 특징되는 동학사상 등은 아시아에도 민주주의 전통이 상당히 오래 전부터 성장하고 있음을 입증해준다고 주장했다.

그는 아시아 국가들의 근대화와 민주주의를 연결시키며 미래를 낙관했다. 그는 아시아 국가들의 경제발달은 중산층의 증가를 가져오고, 중산층은 처음에는 경제적 지위의 향상에 만족하지만, 점차 자유의 확대와 민주주의의 요구로 이어지게 될 것이라고 믿었다. 그는 아시아의 중심국가인 중국의 경우도 마찬가지가 될 것이라고 예견했다.[62] 바로 이런 역사관과 민주주의 도래에 대한 신념을 바탕으로 그는 수많은 어려움을 이겨내면서 민주화운동에 매진했다. 그는 한국의 경계선을 넘어 아시아를 대표하는 민주화운동 지도자였다.

경쟁자 김영삼의 시대

김영삼은 1993년 2월 대통령 취임 후 잇단 개혁조치를 단행했다. 취임 10일 만에 육군참모총장과 기무사령관을 교체했고, 이를 시발점으로 군부 내 비밀조직이자 정치군인의 집합소인 '하나회'를 척결하여 군의 정치개입을 근원적으로 차단시켰다. 그의 군 개혁은 말 그대로 전광석화처럼 전격적이었다. 그는 그렇게 하지 않으면 성공하기 어렵다고 판단했다.[63] 결과적으로 그의 군 개혁은 성공했다.

김영삼은 역사 바로 세우기에도 심혈을 기울였다. 1995년 11월 노태우 전 대통령을 거액수뢰혐의로, 12월에 전두환 전 대통령을 12.12와 5.17반란주도혐의로 구속수감했다. 대법원에서 전두환에게는 무기징역, 노태우에게는 17년형이 선고되었다. 황영시, 정호영, 장세동 등 신군부 주요 인물들에게도 중형이 선고되었다. 이로써 1980년 한국 민주주의를 유린하고 광주 시민들을 대량 학살한 신군부세력에게 엄중한 역사적 심판이 내려졌다.

김영삼의 조치는 군부에 대한 문민통제의 재확립이었다. 그는 1961년 박정희 쿠데타 이후 17년간 사실상 대한민국을 지배해온 정치군인들을 숙청하는 데 진력했다. 군인출신 두 전직 대통령을 재판에 회부함으로써 이에 대한 세계적인 모범사례를 만들었다.[64] 승부사 김영삼의 이런 개혁조치와 과거청산작업은 민주주의의 토대를 안정화시키는 데 크게 기여했다. 이런 개혁조치에 대한 국민들의 지지는 매우 높았다. 김대중은 영원한 라이벌로 불리던 김영삼의 이러한 집권초기 조치들에 대해 지지를 보냈다.

1994년 북핵위기가 닥쳤고, 한반도에 전쟁기운이 도래했다. 지미 카터 전 미국 대통령이 북한을 방문해 남북정상회담을 주선하면서 다행히 일촉즉발의 위기는 진정되었다. 그런데 뜻밖에도 회담 파트너인 김일성 주석이 남북정상회담을 며칠 남겨두고 갑작스럽게 사망했다. 역사적인 정상회담이 무산된 데 대해 국민 대다수가 실망과 아쉬움을 감추지 못했다. 남한정부가 북한에 조문사절단을 파견해 북한 지도부를 위로해야 한다는 여론도 일어났다. 그러나 김영삼은 김일성의 사망에 전군비상경계령으로 답했다. 북한은 분노했다.

김영삼은 대통령 취임사에서 "어떤 동맹국도 민족보다 더 나을 수는 없습니다"고 말하면서 남북한 간의 화해협력운동에 앞장서겠다고 했다. 하지만 김영삼은 국내 보수언론의 대북강경론에 쉽게 흔들렸다. 당시 보수언론은 북한과 관련된 모든 정보를 '안보위협'과 연결 지어 뉴스가치를 높이고 대북 적대감을 자극했다. 남북관계를 국내정치의 연장으로 본 김영삼이 거기에 넘어갔다.[65]

민주개혁진영에서는 김영삼이 하나회를 해체하는 등 파격적인 개혁조치를 취한 데 큰 박수를 보냈으나 그의 냉전적 사고에 실망하여 점차 등을 돌리는 사람들이 늘어났다. 그리고 그런 냉전적 사고가 5.17쿠데타세력과 합당하여 정권을 잡은 데서 발생한 태생적 한계로 인식했다. 게다가 김영삼정권 하에서 동화은행사건, 슬롯머신·카지노사건, 상무대비리사건 등 정권차원의 부정불법사건이 연달아 터졌다. 경부선 구포역 열차전복, 서해 페리호 침몰, 성수대교 붕괴, 아시아나 여객기 추락, 대구 지하철 폭발, 삼풍백화점 붕괴 등 대형참사도 잇달았다. 민심이 흉흉해졌다.

1995년 6월 4대 지방선거가 동시에 치러졌다. 1991년 기초 및 광역의회 의원 선거에 이어 1995년에는 처음으로 기초자치단체장과 광역자치단체장도 선출했다. 그런데 지방선거를 4개월 앞두고 3당 합당의 주역 중 한 사람인 김종필이 민자당을 탈당했다. 그는 탈당 직후 자유민주연합(자민련)을 창당했다. 이로써 지자체 선거는 집권여당인 민자당, 민주당, 자민련 등 세 당이 대결하게 되었다.

집권여당의 분열은 상대적으로 민주당을 유리하게 만들었다. 김대중

대통령 당선 후 LA를 방문한 김영삼 (ⓒ 국가기록원)

은 정계은퇴를 하기는 했지만 민주당 당원의 지위는 그대로 유지하고 있었다. 전국 각지의 후보자들이 그에게 지원유세를 요청했다. 대부분의 민주당 후보 홍보물에는 김대중과의 인연을 강조하는 내용이 들어가 있었다. 그는 전국을 돌며 민주당 후보들을 지원했다. 김영삼과 민자당은 지자체 선거가 김대중의 정계복귀를 촉발할 수 있다고 보고 그에 대한 견제에 열중했다. 그럼에도 불구하고 민주당은 서울시장, 광주시장, 전남지사, 전북지사 등을 차지했다. 전국의 230개 기초자치단체장 가운데 민주당은 84개, 민자당은 71개를 차지했다. 특히 서울에서는 25개 구청장 중 23곳을 민주당이 차지했다. 지자체 선거는 민주당의 승리로 끝났다.

5. 대통령 당선

정계복귀와 네 번째 도전

지자체 선거 직후 민주당 당원들이 국민여론을 이유로 김대중 전 총재의 정치재개를 요청했다. 김영삼정권의 실정을 극복하고 나라를 바로잡기 위해서는 민주당의 집권이 필수적이며, 이 역할을 김대중이 맡아야 한다는 것이었다. 그들은 드골 전 프랑스 대통령과 미테랑 전 프랑스 대통령의 사례까지 들었다. 드골은 은퇴했다가 다시 복귀했고, 미테랑은 선거에서 세 번 떨어졌다가 네 번째 당선된 경우였다.

김대중은 고민 끝에 정계복귀를 결정했다. 민주당 소속 국회의원 중 65명이 그가 창당한 신당에 참여했다. 바로 '새정치국민회의'였다. 신당 창당 후인 1996년 4월 국회의원 총선거가 실시되었다. 총선 전 민자당은 당명을 신한국당으로 바꾸었다. 총선 결과 신한국당 139석, 국민회의 79석, 자민련 50석이었다. 국민회의의 성적표는 지자체 선거와 비교할 때 기대에 미치지 못했다.

1996년 12월 신한국당 소속 의원만으로 안기부법과 노동관계법이 통과되었다. 노동단체는 원천무효라며 무기한 총파업을 선언했다. 안기부법 개정으로 국가보안법상 고무찬양·불고지위반죄에 대한 수사권이 부활했다.

1997년 1월엔 한보그룹사건이 터졌다. 한보사건은 두 가지 점에서 김영삼정부에 타격을 주었다. 첫째, 한보철강 부도로 상징되는 경제적 위기의 도래였다. 둘째, 한보그룹에 대한 대출과 사업의 인허가과정에서 정치권과 금융권의 부정부패가 노출되었다. 청문회가 열렸고, 정태수 한보그룹 회장이 구속되었다. 이 과정에서 김영삼 대통령의 차남인 김현철도 증언대에 섰다. 김현철문제는 이것으로 끝나지 않았다. 그와 친했던 의사의 양심선언에 의해 그의 'YTN사장 인사개입의혹' 녹음테이프가 공개되었다. 이는 '소통령' 김현철의 국정농단의혹으로 확대되었고, 국민여론이 급속도로 악화되었다. 검찰은 김현철에 대한 수사에 착수했고, 1997년 5월 그를 수뢰혐의로 구속했다. 이 사건은 김영삼의 권위를 크게 추락시켰고, 김영삼정권은 걷잡을 수 없이 흔들렸다.

1997년 5월 19일 김대중이 새정치국민회의 대통령 후보로 선출되었다. 이날 수락연설은 야당 전당대회로는 처음으로 텔레비전에 생중계되었다. 그는 후보 수락연설에서 "대통령에 당선되면 정치보복을 하지 않고, 전두환·노태우 씨가 사죄하면 용서하고, 김영삼 대통령이 임기를 무사히 마치도록 도와주겠다"고 했다. 이날 대회에 넬슨 만델라 남아프리카 대통령은 그의 딸 송가를 파견하여 김대중을 격려해주었다.

자민련에서는 김종필 총재가 대통령 후보로 선출되었다. 신한국당 후보 경선에서 이회창 총재와 이인제 경기지사가 치열하게 경쟁했고, 최종적으로 이회창이 선출되었다. 이회창은 대통령 후보로 선출된 후 아들 병역문제로 지지도가 크게 추락했다. 이로 인해 신한국당 내에서 그의 경쟁력에 의문을 제기하는 사람들이 생겼다. 이 분위기를 틈타 이인제가 신한국당을 탈당해 국민신당을 창당하고 대통령 선거에 출마했다. 대통령 선거는 김대중, 이회창, 이인제 등 3인 경쟁체제로 들어섰다.

선거를 2~3개월 앞둔 상황에서 여론조사가 김대중에게 우호적으로 나왔다. 10월 6일 경향신문 여론조사에서 김대중 35.8퍼센트, 이인제 24.2

퍼센트, 이회창 20.3퍼센트로 나왔다. 당선 가능성에서는 김대중이 61.5 퍼센트로 나왔다. 김대중의 지지도가 이회창보다 앞선 가운데 이회창 측에서 김대중 음해공작을 펼치기 시작했다. 소위 '김대중 비자금사건'이 그것이었다. 강삼재 신한국당 사무총장은 기자회견을 갖고 김대중이 670억 원의 비자금을 관리해왔다고 주장했다. 또한 김대중이 노태우 전 대통령으로부터 2억 원 외에 6억 원 정도를 더 받았다고 주장하며 그의 도덕성에 훼손을 가하려 했다. 여기다 신한국당 이사철 대변인은 김대중이 1992년 대통령 선거를 앞두고 10개 기업으로부터 134억 원을 받았다고도 했다. 신한국당은 김대중을 특정범죄가중처벌법상 뇌물수수 및 조세포탈혐의와 무고혐의로 대검찰청에 고발했다. 신한국당은 여론조사에서 선두를 달리고 있는 김대중을 어떻게든 도중하차시키려 했다.

　신한국당의 이런 비자금 공세에 김태정 검찰총장이 해법을 제시했다. 그는 10월 21일 김대중에 대한 비자금의혹 고발사건 수사를 15대 대통령 선거 이후로 유보한다고 공식발표했다. "과거의 정치자금에 대해 정치권 대부분이 자유스러울 수 없다고 판단되는 터에 대선을 불과 2개월 앞둔 시점에서 수사할 경우 극심한 국론분열, 경제회생의 어려움과 국가전체의 대혼란이 분명하다"는 내용이었다. 김태정 총장의 이런 선택은 국민과 검찰 내부의 여론을 고려할 결과였다. 이 결정이 김 총장의 독단적인 결단에 의한 것인지 김영삼 대통령과 상의를 거쳐 이루어진 것인지는 정확하게 알 수 없다. 그러나 권력구조상 김영삼이 최소한 양해했기 때문에 가능했으리라 짐작된다. 김영삼의 측근에 따르면, 김영삼은 김대중 비자금 사건을 수사할 경우 광주에서 민란이 일어날 가능성이 있고, 그러면 선거를 통한 평화적 정권교체는 물거품이 되며, 나라는 걷잡을 수 없는 혼란에 빠질 것이라고 보았다. 그는 또 정치적 혼란이 오면 대통령 직선을 보장한 헌법 또한 지켜질 수 없다는 위기감을 가졌다. 이런 상황판단이 김태정 총장에게 비자금 수사를 중단하도록 했다는 것이다.[66]

DJP연대

대선기간 중 김대중과 자민련 김종필 간의 단일화협상이 진행되었다. 민주세력인 김대중과 5.16쿠데타의 주역 중 한 사람인 김종필 사이의 단일화협상은 한국 정치사에서 매우 이례적인 실험이었다. 당연히 국민회의 내에서 반대운동이 일어났다. 그러나 김대중은 현실정치에서 소신과 명분도 중요하지만, 현실적 선택도 중요하다고 말했다. 황태연, 강준만, 김만흠 등 일부 정치학자들은 호남 고립구도를 타개하고, 영남의 패권적 지역주의에 대항하는 '저항적 지역주의 연합'을 주장하며 양김 단일화에 이론적 지원을 했다. 차차 당내에서 수평적 정권교체를 위한 양김 단일화론 지지가 대세를 형성했다.

국민회의 측에서 한광옥 부총재, 자민련 측에서 김용환 부총재가 협상대표를 맡았다. 여론조사에서 크게 앞선 김대중이 단일후보가 되는 데는 이론이 없었다. 문제는 국민회의 측이 자민련에 어떤 반대급부를 제공하는가였다. 김종필은 과거부터 내각제 하의 총리를 희망했다. 김영삼과 결별하게 된 가장 큰 이유도 김영삼이 내각제 약속을 지키지 않았기 때문이었다.

협상 결과 양측은 김대중을 단일후보로 내세우고, 대통령 임기 중 내각제 개헌을 실시한다는 데 합의했다. 최종합의는 10월 27일 밤 김대중이 김종필의 청구동 자택을 방문한 자리에서 이루어졌다. 김종필은 김대중과 만난 자리에서 양당의 공조에 동의하면서 단일화 조건으로 내각제 개헌 외에 박정희기념관을 세워달라는 요청을 했다. 김대중은 두 가지 요구에 모두 동의했다. 김종필은 자신이 김대중에게 박정희기념관 건립을 요구하고 김대중이 이에 동의한 것을 "인격과 신뢰에 바탕을 한 역사의 해원解冤의식"이라고 표현했다.[67] 두 사람의 만남 후 양당은 "대통령 후보는 김대중 총재로 단일화하고, 집권 시 실질적인 각료 임명제청권과 해임건

DJP 연대 (ⓒ 김대중평화센터)

의권을 갖는 실세총리는 자민련 측에서 맡도록 한다"고 공식발표했다.

양김의 단일화는 김대중의 영문이름 머리글자인 DJ와 김종필의 JP를 합성한 DJP연대로 불렸다. 나중에 DJP연대에 박태준 전 포항제철 회장이 가세했다. 박태준은 자민련에 입당하고 총리는 김종필, 총재는 박태준이 맡는 방식으로 역할분담을 하기로 했다. 선거 때마다 색깔공세에 시달렸던 김대중의 입장에서 김종필·박태준이라는 거물 보수정객은 매우 든든한 지원군이었다. 게다가 지역적으로 김종필은 충청지역을 대변했고, 박태준은 영남에서 일정한 지분을 갖고 있었다.

김대중·김종필 정치연합의 성격은 첫째로 민주화세력과 산업화세력의 연합이라는 의미를 갖는다. 한국에서 가장 장구하게 억압·탄압의 대면조합을 지속해온 두 세력 사이에 정치연합이 형성된 것이다. 둘째는 민주개혁파와 보수우파의 이념연합이었다. 정통보수 김종필은 정치연합을 통해 오랫동안 용공·친북·좌경·반미성향의 정치인으로 왜곡·공격 받았던 김대중의 이념적 보증수표가 되었다. 셋째는 지역연합의 성격이다. 호남과 충청을 대변했던 두 사람의 연합은 1961년 박정희의 쿠데타 이후 사실상 처음으로 높은 영남의 벽을 뚫는 데 성공의 열쇠를 제공했다. 자동 승계한 최규하를 제외하고, 1961년 이후 현재까지 김대중을 제외한 모든 대통령이 영남출신이었다는 점에서 김대중의 당선은 강고한 지역주의의 벽을 넘는 상징적 의미도 가졌다.[68]

김대중이 국민회의를 창당할 때 일부 인사들은 계속 민주당에 남아 있었다. 언론은 이를 '꼬마민주당'이라고 불렀다. 이곳 인사들 가운데 김원기, 노무현, 김정길 등이 국민회의에 입당했다. 이로써 김대중은 오른쪽에 김종필, 박태준 등 보수진영의 힘을, 왼쪽에 노무현, 김정길 등 개혁진영의 힘을 보강 받았다. 그러나 조순 서울시장은 신한국당으로 가서 이회창을 지원했다. 조순은 1995년 김대중이 직접 나서 민주당 서울시장 후보로 영입했고, 또 그의 당선을 위해 무척 많은 공을 들인 인물이었다. 아이러니하게도 김대중은 오랜 정적관계였던 김종필과는 손을 잡고, 우군이라고 생각했던 조순과는 결별했다. 정치판에는 영원한 우군도, 적군도 없다는 말을 실감하게 했다.

1997년 대선과정에서 정치의 비정함을 드러내는 사건이 발생했다. 이회창진영의 김영삼 화형식사건이 그것이다. 이회창은 김태정 검찰총장이 김대중의 수사를 대선 이후로 연기한 것에 분노했다. 그는 김영삼을 맹비난했고, 그에게 신한국당 탈당을 요구했다. 심지어 이회창의 일부 지지자들은 김영삼 허수아비를 만들어 몽둥이로 두들겨 패고, 화형식까지 거행했다. 김영삼이 분노했음은 물론이다. 그는 신한국당을 탈당했고, 이회창과는 완전히 결별했다. 훗날 김영삼은 자신이 감사원장과 국무총리, 당대표까지 시켜주었는데 탈당하라고 했다면서 "인간적인 배신감이 뼈저리게 느껴졌다"고 회상했다.[69]

국제통화기금 사태와 대선

선거를 한 달 가량 앞둔 시점에서 초대형 사건이 터졌다. 국제통화기금(이하 IMF) 구제금융 사태가 발생한 것이다. IMF사태는 외환위기에서 출발했다. 수년 동안의 무역적자가 외화부족으로 이어지자 환율이 올랐다. 동남아지역에서 시작된 외환위기도 우리나라의 환율정책에 부정적 영향을 미쳤다. 정부는 보유 중인 달러를 풀어 환율을 방어하려 했으나 실패했다. 결과적으로 보유 중인 달러만 허비하고 말았다. 외환부족으로 국가가 부도위기를 맞이하자 임창열 부총리 겸 재정경제원 장관이 1997년 11월 21일 IMF에 200억 달러의 구제금융을 신청한다고 발표했다. 임창열은 문책성 인사로 물러난 강경식 부총리의 뒤를 이어 불과 이틀 전 부총리로 임명된 사람이었다.

IMF는 한국에 구제금융을 지원해주는 대가로 매우 까다로운 조건을 내세웠다. 기업 구조조정과 공기업 민영화, 자본시장 추가개방, 기업 인수합병 간소화 등이었다. IMF의 구제금융을 받으면 외국인 주식투자 한도를 50퍼센트로 올리고, 은행과 증권 등 금융시장을 개방하며, 수입선 다변화제도도 앞당겨서 이듬해 폐지해야 했다. 한 마디로 경제신탁통치나 다름없었다. 이런 무리한 요구를 한 IMF 뒤에는 미국과 일본이 있었다.

1999년초 국회의 'IMF 환란원인 규명과 경제위기 진상조사를 위한 국정조사' 결과보고서에 따르면, 외환위기를 초래한 원인으로는 관치경제, 정경유착, 기업 부실화, 금융기관 부실화, 경상수지 적자누적, 외채증대와 외채관리 부실, 외부변화 등 6개 항목이 지적되었다. 정부정책의 실패는 잘못된 환율유지, 부실한 외환보유고 관리, 금융감독 소홀, 종합금융회사 인허가 남발 및 부실감독, 너무 빠른 대외개방정책, 산업 및 수출정책의 잘못, 뒤늦은 위기인식과 정책의 실기 등 7개로 정리되었다.[70]

김영삼 대통령은 정치에는 귀재였지만 경제에 대해서는 전문지식을 갖고 있지 못했다. 그는 '경제정책은 전문가에게 맡기면 된다', '대통령은 기업으로부터 정치자금을 안 받으면 된다', '정부는 이권 교통정리를 하지 않고 시장원리에 따라가면 된다'는 등 몇 가지 원칙만 갖고 있었다. 그 자신이 경제에 대해 잘 몰랐기 때문인지 경제정책을 펼칠 때 일관성보다는 그때그때의 분위기에 임기응변식으로 대응하는 경향이 강했다. 대통령이 경제를 모르면 참모라도 제 구실을 해야 하는데 불행히도 인사에서도 문제가 많았다. 5년의 임기 동안 경제부총리가 7명이나 바뀌었다. 청와대 경제수석도 5명이나 바뀌었다.[71] 정치적 수완이 뛰어난 김영삼에게는 머리 아픈 경제도 쇼맨십의 대상이었고, 정치적 전시효과가 우선이었다. 그는 경제협력개발기구(이하 OECD) 가입을 냉정하게 득실을 따지지 않고 밀어붙였다. 외자의 단기유입이 어떤 역기능을 초래할 것인지 진지하게 고려하지 않은 채 종금사를 난립시키고, 단기자금의 유입을 무한정

캉드쉬 IMF 총재와 접견하는 김영삼 (ⓒ 국가기록원)

허용했다. 이에 따라 1997년도 우리나라 총외채는 정권출범 당시보다 3배나 증가한 약 1,530억 달러에 이르렀다. 특히 단기부채의 비중이 컸다. 외채가 급증하자 불안을 느낀 국제자본이 서둘러 철수했고, 마침내 외환금고가 바닥을 드러냈다.[72]

미셸 캉드쉬 IMF 총재는 한국정부와 협약을 체결한 후 대통령 후보들에게 협약 이행각서를 요구했다. 김대중을 포함하여 이회창, 이인제 모두이 굴욕적인 요구에 응했다. 김대중은 서명을 하면서 협약을 성실히 지키되 불공정한 내용에 대해서는 재협상을 해야 한다고 주장했다. 그는 "멕시코와 인도네시아에서도 없었던 무역개방 요구를 수용한 것이나 수입다변화까지 고치도록 한 것은 잘못된 것이므로 따져야 한다"고 주장했다. 그는 IMF 협약을 그대로 지키게 될 경우 대량실업 등 우리 경제가 부담해야 할 피해가 너무 크다고 주장했다.

그러나 상대 후보들은 김대중의 재협상론을 일제히 공격하고 나섰다. 김대중이 국제적 조약의 불이행을 주장하여 국가의 신뢰를 떨어뜨리고 경제위기를 가중시킨다는 것이었다. 또한 정부와 여당은 선거 때마다 써먹었던 색깔론을 다시 꺼냈다. 북한이 김대중의 당선을 위해 노력하고 있다는 것이었다. 그러나 이번에는 이런 색깔론이 쉽게 먹혀들지 않았다. 지역감정을 부추겼지만, 이것 역시 과거만큼 크게 영향을 주지 않았다. 김종필·박태준 등과의 협력이 북풍과 지역감정을 차단하는 데 큰 효과를 발휘했다. 다른 한편에선 이인제 측이 김대중의 건강을 문제 삼았다. 치매에 걸렸다는 소문까지 퍼트렸다. 김대중은 세브란스병원에서 받은 종합건강검진 결과를 발표해 이에 대응했다.

1997년 대선의 주요 특징 가운데 하나로 텔레비전 토론의 등장을 꼽을 수 있다. 이로써 눈앞에서 후보의 자질과 정책검증이 가능해졌다. 이 과정에서 김대중의 경제적 식견과 장점이 자연스럽게 부각되었다. 건강이상설도 해소되었다. 더구나 온갖 물량이 투여되는 세몰이 식 군중집회도

줄일 수 있었다. 텔레비전 토론은 김대중에게 조성된 유리한 국면을 더욱
확실하게 만들어주었다.

대선승리와 그 의의

12월 18일 선거의 날이 밝았다. 김대중은 '수평적 정권교체'를 강조했고,
이회창은 '3김 청산'을, 이인제는 '세대교체'를 모토로 내걸었다. 선거결과
는 수평적 정권교체를 주장한 김대중의 승리로 끝났다. 득표율은 김대중
40.27퍼센트, 이회창 38.74퍼센트, 이인제 19.2퍼센트였다. 김대중과 이
회창의 표차는 불과 390,557표(득표율 1.53퍼센트)에 불과했다. 막상막하의
긴박한 승부였다. 이회창의 아들 병역기피 의혹, 이인제의 출마에 따른
여권의 분열, DJP연대, IMF사태, 텔레비전 토론 등 김대중에게 여러 가지
유리한 조건이 형성되었음에도 불구하고, 선거결과가 이렇게 박빙의 승부
로 끝난 것은 한국에서 선거를 통한 정권교체가 얼마나 어려운가를 잘
보여준다. 또 이것은 민주개혁진영의 선거환경이 그만큼 열악하다는 것
을 의미했다.[73]

그러나 승리는 승리였다. 변방인 김대중이 최초의 수평적 정권교체라
는 역사적 과업을 이루어냈다. 대선승리와 함께 김대중은 '사형수에서 대
통령으로'라는 드라마틱한 인간승리의 역사를 만들어냈다. 자연히 그의
대통령 당선은 한국을 넘어 세계적 관심사가 되기에 충분했다. 그는 우리
나라 민주화과정의 최대 수난자이면서 동시에 최대 승리자가 되었다.[74]

세계 주요언론에서 김대중의 당선을 머리기사로 보도했다. 『뉴욕타임
스』와 『워싱턴포스트』는 김대중의 오랜 정치적 시련과 정치인으로서의
영욕을 자세히 소개했다. 양 신문은 김대중의 당선을 한국 민주주의의
승리라고 했다. 『월스트리트저널』은 남아프리카공화국 만델라와 폴란드

바웬사의 대통령 당선과 같은 위대한 정치적 사건이라고 해석했다. 특히 반가운 것은 대부분의 언론이 김대중의 당선을 한국 민주주의의 승리로 해석했다는 점이다.

더욱이 김대중의 당선은 민주주의의 질적 수준을 한 단계 업그레이드 시켰다. 대의제 민주주의는 정권이 정당에서 정당으로, 민주적·평화적 방식으로 이동하는 '수평적 정권교체'가 수반되어야 정상적인 발전이라고 할 수 있기 때문이다. 제2차 세계대전 이후 100여개 이상의 나라가 해방·독립되었고, 이들 가운데 대부분이 서구식 민주주의제도를 도입했지만, 이 제도가 원활하게 운영되는 나라는 거의 없었다. 이런 점에서 한국 민주주의가 수평적 정권교체로까지 진전한 것은 의미가 컸다. 김대중의 대통령 당선이 단순한 당선 이상의 의미를 가지는 이유다.

동반자 이희호

김대중은 1962년 5월 이희호와 결혼했다. 결혼 당시 김대중은 5.16군정 하에서 정치정화법에 묶여 정치행위를 할 수 없는 처지였다. 생활도 곤궁했다. 셋방에서 어머니, 여동생, 아들 둘과 함께 살았다. 김대중의 학력은 고졸인 반면, 이희호는 부잣집 출신에 미국유학까지 다녀온 최고의 인텔리였다. 그런 이희호가 김대중을 배우자로 선택한 것은 그가 김대중의 인물됨을 알아봤다는 증거이다.

이희호가 결혼 후 남편을 내조한 내용과 방식은 남달랐다. 그는 김대중에게 단순한 아내가 아니라 정치적 동지였다. 김대중이 고난의 세월을 이겨낸 데에는 그 자신의 용기와 인내가 바탕이 되었겠지만, 이희호의 역할도 컸다. 1977년 '3.1구국선언문' 사건으로 김대중이 구속되자 이희호는 1년 가까이 석방투쟁을 벌이면서 가장으로서의 역할도 떠맡았다.

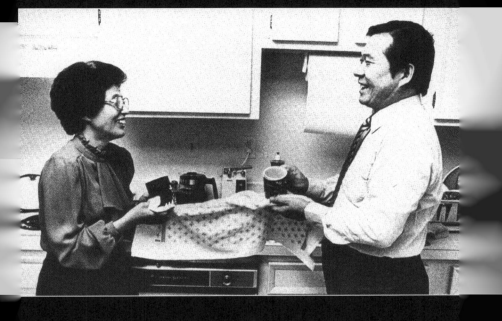

동행__1984년 『피플』 표지에 실린 김대중·이희호(ⓒ 김대중평화센터

1981년 1월 23일 김대중의 사형이 확정된 날 면회 온 이희호는 아들들과 함께 차가운 시멘트바닥에서 무릎을 꿇고 기도를 올리면서 "하느님 뜻대로 하소서"라고 말했다. 그만큼 그는 당찬 여성이었다. 이렇게 이희호의 굳은 심지와 돈독한 신앙심은 김대중이 역경 속에서도 흔들리지 않고 지조의 정치인으로 살아갈 수 있었던 토대가 돼주었다.

김대중은 미국과 일본에 망명할 때인 1972~73년, 구국선언문사건으로 구속된 1977년, 김대중 내란음모사건으로 사형수가 된 1980~82년 이희호와 떨어져 지냈다. 이희호는 김대중이 감옥에 있는 동안 하루도 빼놓지 않고 편지를 썼다. 편지는 집안일 등 일상사를 전하는 통상적인 서신의 수준을 넘어 철학적·신학적 논쟁거리나 반독재 투쟁에 대한 격려까지 담겨 있었다.[75] 이희호는 김대중의 구명운동에도 적극적으로 앞장섰다. 영어에 능통했던 그는 전 세계의 지도자들에게 서신을 보내 남편의 구명을 호소했다.

이희호는 김대중과 결혼하면서 여성운동의 일선에서는 물러났지만, 엄밀히 따지면 물러난 것이 아니었다. 그는 김대중을 위대한 정치인으로 만들고, 그를 통해 여성의 인권신장에 큰 성과를 냈다. 김대중과 함께 혹은 그를 통해서 남녀차별금지법 제정, 여성부 신설, 여성재단 발족 등 여성의 지위향상을 위한 다양한 발판들을 마련했다. 비록 단명에 그쳤지만, 김 대통령이 장상 전 이화여대 총장을 우리 역사상 최초로 여성총리로 발탁한 것이나 다수의 여성장관을 배출한 데에는 이희호의 조언이 크게 작용했다.

이희호는 역대 영부인 가운데 가장 많은 영향력을 행사한 인물로서 국민으로부터 사랑과 존경을 받았다. 그의 활동과 영향력이 이권이나 세를 과시하는 통속적인 것이 아니라 봉사와 헌신을 중심으로 한 것이었기 때문에 가능한 일이었다. 2019년 6월 10일 타계한 그는 유언에서도 "하늘나라에 가서 우리국민을 위해, 민족의 평화통일을 위해 기도하겠다"고 약속했다. 김대중에게 이희호는 행운 중의 행운이었다. 이희호가 타계한 직후 많은 언론들이 그의 공적을 높이 평가하면서 김대중의 성공적 삶에서 절반은 이희호의 몫이라고 했다.

동교동계 사람들

김대중이 박정희 유신체제와 전두환 독재시대의 그 험난한 역경을 극복하며 정치 지도자로 성장할 수 있었던 데는 그 자신과 가족들의 인내와 용기 외에 그와 고난을 함께한 동지들이 있었기 때문이다. 그중에서도 동교동계 사람들은 김대중에게 특별한 의미를 갖는 동지들이었다.

　동교동계의 맏형으로 불리는 권노갑은 1961년 인제 보궐선거 때 김대중과 만났다. 그는 1971년 김대중이 교통사고를 당했을 때 함께 사고를 당했고, 유신체제 하에서 두 번, 1980년 김대중 내란음모사건으로 또한 번 구속되었다. 정보기관은 그에게 항상 모진 고문과 달콤한 유혹을 병행했다. 그러나 그는 유신시대와 전두환시대의 시련은 물론이요, 대통령이 서거할 때까지 항상 김대중의 곁을 지켰다. 언론에서는 그를 종종 '동교동의 금고'라고 표현했다. 이 표현은 그가 김대중의 신뢰를 그만큼 많이 받고 있다는 증거임과 동시에, 김대중의 악역을 대신하는 인물이라는 것을 의미했다. 김옥두는 1965년 김대중이 의원시절 운영하던 '한국내외문제연구소'에서 일하게 되면서 김대중과 인연을 맺었다. 그는 1972년, 1976년, 1980년 세 차례 구속되었고 그때마다 모진 고문을 겪었다. 한화갑은 1967년 국회의원 선거 때 김대중의 선거캠프에 들어가면서 그와 인연을 맺었다. 젊은 시절 외교관을 꿈꾸었던 그는 김대중 옆에서 공보역할을 떠맡았다. 그는 김대중이 대통령이 될 때까지 세 차례에 걸쳐 37개월 간 옥살이를 했다. 이 세 사람과 함께 1세대에 속하는 동교동계

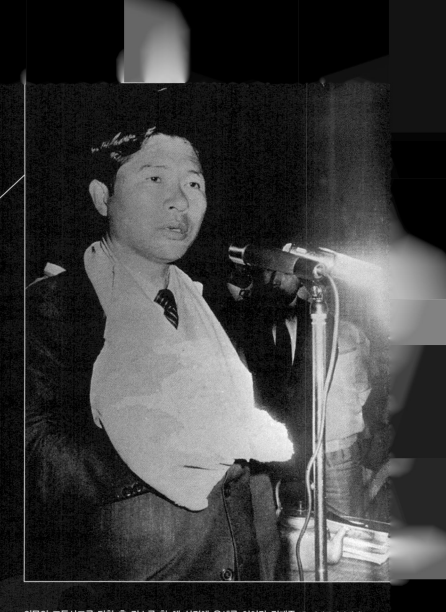

의문의 교통사고를 당한 후 깁스를 한 채 상경해 유세를 이어간 김대중 (ⓒ 김대중평화센터)

인사들로는 남궁진, 이훈평, 이윤수 등이 있다. 2세대 인물들로는 최재승, 윤철상, 설훈, 배기선 등이 있다. 이들 모두 국회의원을 역임했다.

김대중이 1970~1980년대 고난을 겪고 있을 때 시중에서는 김영삼과 김대중을 비교하면서 "김영삼 씨 따라다니는 사람들은 모두 국회의원도 되고 그 밑에서 뭐도 하고 그러는데, 동교동 식구들은 십수 년 간 아무것도 못하고 고생만 한다. 김대중 씨는 따라다녀 봐야 아무 소용이 없다"라는 말이 떠돌아다녔다.[76] 실제로 그랬다. 김대중은 1987년 평민당을 창당하기 전까지 한 번도 당의 대표를 맡아본 적이 없었다. 그에게는 측근들을 국회의원이나 다른 자리에 취직시켜줄 힘도 여유도 없었다. 오히려 그의 주변에 머무는 사람들에게는 당근이 아닌 감시와 감옥이라는 시련만 따라다녔다. 자연히 동교동계 사람들 중에는 정보기관의 탄압과 회유에 굴복하여 김대중의 곁을 떠난 사람들도 있었다. 그렇지만 떠나는 사람들보다는 남아서 함께 고난을 나누어가지며 민주화와 김대중의 대통령 만들기에 기여한 사람이 더 많았다.

권노갑을 포함한 동교동 비서출신 의원들은 대선승리 후 "가신들의 부정·부패에 의해 통치력이 무너진 김영삼정권의 전철을 밟을 수는 없다"면서 '임명직 불참선언'을 했다.[77] 권노갑, 김옥두, 한화갑, 설훈 등 동교동계 사람들은 이 약속을 지켰다. 동교동계 사람들과 관련해서 부정적 평가도 많이 나왔지만, 한 가지 분명한 것은 그들이 있었기에 군부독재체제 하에서 김대중이 살아남을 수 있었다는 사실이다. 변방인 김대중의 도전적 삶이 성공할 수 있었고, 그 결과 수평적 정권교체와 남북문제의 진전이 있었다면, 김대중이라는 '이'를 보호하는 '잇몸' 역할을 했던 이들의 공로에 대해서도 민주화운동 및 통일운동의 차원에서 정당한 평가가 이루어져야 할 것이다.

1976년 명동성당 앞 촛불시위_그의 뒤로 김옥두, 권노갑이 보인다

한국 민주주의 발달사의 특징

한국 민주화운동의 역사를 살피다보면, 민주주의의 양대 산맥을 형성하는 프랑스와 영국의 민주주의 발달사를 종합한 것 같은 느낌이 든다. 먼저 프랑스의 민주주의 발달사는 미국 제3대 대통령 토마스 제퍼슨의 말인 "민주주의라는 나무는 인민의 피를 먹고 자란다"를 떠오르게 한다. 1789년부터 1871년까지 80여 년 동안 프랑스역사에는 1789년 프랑스대혁명과 로베스피에르의 공포정치, 1799년 나폴레옹의 쿠데타와 독재, 혁명전쟁(1792~1814), 1830년 7월혁명, 1848년 2월혁명, 루이 나폴레옹의 독재, 1870년 독일과의 전쟁에서 패배, 1871년 파리코뮌 등 10여 개의 큰 사건이 등장한다. 프랑스는 이렇게 격변하는 사건들 속에서 피를 흘리며 민주주의를 가꾸어왔다. 반면 영국은 왕을 처형한 1640년대 청교도혁명 외에 300년 이상 그 어떤 정치적 격변도 겪지 않았다. 1688년 명예혁명과 권리장전 선포, 입법활동 등을 통해 평화적·점진적·민주적 방식으로 민주주의를 발전시켰던 것이다.

우리나라는 1948년 정부수립 후 1987년 6월항쟁 때까지 40여 년 동안 프랑스처럼 많은 격변을 치렀다. 1948년 제주4.3항쟁, 1950년 6.25전쟁, 1960년 4.19혁명, 1961년 5.16쿠데타, 1972년 유신체제 선포와 독재, 1979년 부마항쟁, 1980년 5.18광주항쟁, 1987년 6월항쟁 등은 그 대표적인 사례이다. 반면 1988년 이후의 정치발달은 비교적 평화적·민주적·점진적으로 이루어졌다. 1988년 평화적 정권교체, 1993년 문민정부 수립, 1998년 수평적 정권교체에 이어 2003, 2008년 두 차례의 정권교체가 이루어졌다. 2017~2018년에는 대통령의 헌정유린행위에 맞서 수백만 국민이 평화적으로 촛불을 들었고, 국회의 탄핵결의와 헌법재판소의 탄핵결정 등 합법적 절차에 의해 위기에 처한 민주주의를 구해냈다. 해당 시점에서 보면 아쉽고 부족한 부분들이 발견되지만, 좀 더 긴 호흡으로 보면

1987년 이후 우리 정치발달사는 영국의 민주적·점진적·평화적 정치발달사를 상기시킨다. 김대중은 2009년 서거 때까지 이 두 가지 유형의 정치발달사에서 항상 중심에 서 있었다.

제 6 장

김대중 대통령의 국정 운영

빌리 브란트와 김대중

1. 2개월 앞당겨진 대통령 역할

당선자 신분의 IMF 극복책

김대중은 대통령에 당선된 12월 19일 국민들께 당선인사를 하면서 IMF 라는 경제적 국난에 따른 불안감을 진정시키고 위기를 조기에 극복하기 위해서는 화해와 통합이 필수적이라고 주장했다. 최초의 수평적 정권교체에 따른 국민들의 불안감을 덜어주고, 화해와 통합을 이루기 위해 정치보복을 하지 않을 것이라는 다짐도 했다.

당선이 확정된 12월 19일 클린턴 미국 대통령과 미셀 캉드쉬 IMF 총재, 제임스 울펀슨 세계은행 총재가 김대중 당선자에게 전화를 걸어왔다. 그들은 축하의 말과 함께 대통령 당선자의 IMF 협약이행 의지를 집중적으로 떠보았다. 클린턴 대통령은 한국정부가 IMF와 합의한 사항을 성실하게 이행해야 한다는 점을 특별히 강조했다.

일반적으로 대통령 선거가 끝나면 당선자는 휴식과 함께 약 2개월 정도 인수위원회 기간을 갖는다. 대통령 당선자는 이 기간에 새로운 정부의 방향을 설정하고 내각을 구성한다. 그러나 김대중 당선자에게는 그럴 시간이 허용되지 않았다. 당선 다음 날부터 그는 급박한 경제위기를 수습해야 했다. 국내외 모든 시선이 김영삼 대통령이 아닌 김대중 당선자에게로 쏠렸기 때문이다. 그는 12월 19일부터 사실상 대통령의 역할을 수행했다.

김대중은 12월 20일 오전 10시 임창열 부총리 겸 재정경제원 장관으로부터 외환사정을 청취했다. 임창열이 보고한 12월 18일 현재 외환보유고는 38억 7천만 달러였다. 김대중은 나라의 금고가 텅 비어 있는 사실에 큰 충격을 받았다. 김대중은 임창열에게 사태가 이렇게까지 악화된 원인을 물었다. 임창열은 단기외채와 외환보유고 관리를 소홀히 하고 환율방어에만 매달렸던 점이 위기를 키웠다고 고백했다. 선거기간 '재협상론(혹은 추가협상론)'을 내세웠던 김대중은 임창열 부총리 등 경제 실무자들의 보고를 받고 IMF 합의를 충실히 실천하는 쪽으로 입장을 선회했다. 그는 사태의 심각성에 비추어 IMF 협약을 충실히 이행해 대외신인도를 회복하는 것만이 유일한 해결책이라는 인식을 갖게 되었다.[1]

김대중은 김영삼 대통령과 만나 정부와 인수위가 각각 6명씩 참여하는 비상경제대책위원회를 구성하기로 했다. 비상경제대책위원회는 사실상 비상내각이나 다름없었다. 비상경제대책위원장에는 김용환 자민련 부총재가 임명되었다. 자민련 출신 김용환을 비상경제대책위원장으로 임명한 것은 그의 재무부장관 경력과 부총재로서 정치력을 높게 평가했기 때문이다. 이 사례는 향후 김대중의 인물발탁 원칙이 철저히 능력중심이 될 것이며, DJP연대정신에 충실할 것임을 시사해주고 있었다. 김대중이 초대 대통령 비서실장에 노태우정부에서 정무수석을 지낸 김중권을 임명한 것도 같은 맥락에서였다. 김대중은 IMF를 극복하고 국민통합을 이루기 위해서는 보수·진보나 지역을 가리지 않고 능력 있고 경험 많은 사람을 발탁하는 게 무엇보다 중요하다고 생각했다.

데이비드 립튼 미국 재무부차관 일행이 12월 22일 한국에 왔다. 미국은 그를 통해 IMF와 맺은 협약 외에 추가 요구사항을 내놓았다. 미국이 요구한 것은 정리해고제 수용, 외환관리법 전면개정, 적대적 인수합병 허용, 집단소송제 도입 등이었다. 어느 것 하나도 쉽게 받아들일 수 없는 것들이었다. 특히 정리해고제 수용은 노동계의 강력한 반발을 불러일으킬 수 있는 사안이었다.

그런데 문제는 미국의 요구가 매우 완강하다는 점이었다. 연말이면 외환보유고가 마이너스가 될 수도 있는데 미국은 정리해고제 등 추가 요구사항을 수용하지 않으면 재정지원을 해주지 않을 태세였다. 미국은 과거 친 노동자적인 정치노선을 취해온 김대중이 과연 IMF와 맺은 협약내용을 이행할 것인지 시험하고 있음이 틀림없었다. 미국의 요구를 수용하지 않으면 나라가 부도날 것 같은 상황에서 김대중의 선택 폭은 극도로 좁았다. 결국 김대중은 미국의 요구를 수용했다. 그는 립튼 차관에게 민주주의와 시장경제 그리고 IMF와의 협약이행을 약속했다. 노동자 10~20퍼센트를 해고하는 것을 주저하다가 기업이 망하면 노동자 100퍼센트가 일자리를 잃게 될 것 같았기 때문이다. 그는 노동자를 해고해서 기업이 살아나고 경쟁력을 갖추게 되면, 해고된 노동자들은 다시 취업할 수 있는 기회가 생길 것이라고 자위했다.[2]

성탄절을 이틀 앞둔 12월 23일 환율은 달러당 1,964원으로 폭등했고 코스피는 장이 열리자마자 400선이 무너져 366까지 폭락했다. 연초에 비해 주가는 정확하게 반타작, 환율은 60퍼센트가량 절하되었다. 다행히 12월 24일 침몰하기 직전 상황에서 IMF와 선진 8개국은 100억 달러의 조기 자금지원과 단기외채 만기협상을 약속했다.[3] 일단 급한 불은 끈 셈이었다.

IMF 난국을 극복하기 위해서는 무엇보다 노동계와의 협력이 절실했다. 노동계의 협력을 구하면서 동시에 노사정 상생의 길을 찾기 위해서는 특단의 대책이 필요했다. 김대중은 노사정위원회의 설치를 추진했다. 12월 26일 박인상 한국노총 위원장을 만나 노사정위원회 참여를 설득했다. 다음날에는 배석범 민주노총위원장 직무대리도 만났다. 박인상 위원장은 재벌과 관료들의 솔선수범을 참여의 조건으로 제시했다. 배석범 직무대리는 경제청문회 개최와 책임자 처벌, 재벌총수의 사과와 개인재산

헌납을 전제조건으로 요구했다. 또한 그는 정리해고는 수용할 수 없다고 했다.

김대중은 노사정위원회 참여를 설득하기 위해 노동계에 큰 선물을 내놓았다. 노조의 정치활동을 허용하고 교원노조를 1999년 7월부터 합법화하겠다고 약속했다. 노동기본권의 대폭 확대도 약속했다. 공무원 직장협의회도 설치할 수 있도록 했다. 실업대책 재원도 크게 증액했다. 정리해고제의 즉각 시행과 근로자 파견제를 도입하는 대신 이상의 요구조건을 제시하는 빅딜을 시도한 것이다.

IMF의 조속한 극복을 바라는 국민적 염원, 노동계를 위한 큰 선물, 그리고 당선자의 정성 등이 노동계를 움직였다. 양대 노총이 노사정위원회에 참여했고, 노사정위원회는 1998년 2월 6일, 10개 의제, 90여 개 과제를 일괄 타결했다. 노사정위원회에서 합의된 법안은 2월 14일 국회를 통과했다. 김대중정부는 노사정위 출범 당시 노동계에 약속한 대로 임기 내에 전국교직원노동조합의 합법화, 공무원의 노동조합 참여 허용, 노동조합의 정치활동 허용 등의 조치를 취했다. 이 일련의 과정은 비록 '제한적 포섭정치'라고 하더라도 우리나라 노동운동사에서 기적 같은 일이었다.[4]

1월 초에 기적 같은 일이 또 일어났다. 금 모으기 운동이 시작된 것이다. 국민들이 장롱 속의 금붙이를 꺼내 은행으로 가져왔다. 신혼부부는 결혼반지를, 젊은 부부는 아이들 돌반지를, 노부부는 자식들이 사준 효도반지를, 운동선수들은 땀의 결정체인 금메달을 내놓았다. 금 모으기는 1998년 3월까지 계속되었다. 전국에서 무려 350만 명이 226톤의 금을 내놓았다. 당시 시세로 21억 5000만 달러어치였다. 1998년 2월 수출이 21퍼센트나 급증하며 무역흑자가 32억 달러에 이르렀다. 그중 금 수출액이 10억 5000만 달러였다. 무엇보다 금 모으기 운동은 기업과 노동계, 정치권 등 각계각층의 이해관계자가 국난극복을 위해 하나가 되는 결정적

당선자 시기 나라사랑 금 모으기 캠페인에 참석한 김대중 (ⓒ 국가기록원)

계기가 되었다. 금 모으기는 외국인들이 한국을 바라보는 시각에도 영향을 주었다. 외국인들에게 이런 국민이라면 충분히 경제위기를 극복할 수 있을 것이라는 믿음을 갖게 만들었다.[5]

외환위기 극복에는 김대중이 해외에 구축한 광범위한 인적 네트워크와 인권운동가로서의 명성도 한몫을 했다. 김대중은 국제금융 투자자인 조지 소로스 퀀텀펀드 회장을 초청했다. 그는 김대중의 인권과 민주화투쟁 경력을 높이 평가하고 있었다. 그는 이런 민주적 지도자가 있는 나라는 국제사회가 지원을 해야 한다면서 한국에 투자하겠다고 했다. 소로스 같은 세계적 투자자의 약속은 다른 해외 투자자들을 모으는 데도 긍정적인 영향을 미쳤다. 김대중의 명성을 믿고 한국을 돕겠다는 투자자들이 연거푸 한국을 찾았다.

이 모든 일들이 1998년 2월 25일 대통령에 취임하기 전 68일 동안에 일어났다. 김대중은 대통령 취임 전 당선자 신분으로 이미 IMF 위기극복을 위한 큰 틀의 설계도를 완성했다. 김대중은 이 일련의 과정을 거치면서 큰 고비를 넘겼다는 안도감과 위기를 극복할 수 있다는 자신감을 가졌다. 국민에 대한 존경과 신뢰감도 더 커졌다. 김대중에게 국민은 역사, 하나님과 함께 그의 3대 신앙 중 하나임이 틀림없었다.

전두환 사면문제

정권교체기를 맞이하여 전두환·노태우의 사면·복권문제가 현안으로 대두되었다. 김영삼은 퇴임 전 두 사람 문제를 해결하고 싶었다. 그러나 국민여론은 찬·반으로 나뉘어져 있었다. 게다가 대통령 당선자는 전두환이 사형을 시키려 했던 김대중 바로 그 사람이었다. 전두환·노태우의 사면·복권은 김대중의 동의 없이는 상상하기 어려웠다. 국민들의 시선

대통령 취임 선서하는 김대중 (ⓒ 국가기록원

은 김대중에게 집중되었다. 김대중이 사면·복권에 동의하면 광주 시민들을 비롯하여 민주진영에서 비난이 쇄도할 게 뻔했다. 반면 사면·복권에 반대할 경우 보수진영에서는 김대중이 본격적으로 정치보복에 나섰다고 비난할 것이 분명했다. 김대중은 어떤 선택을 하든 일정한 비판을 받아야 할 운명에 처해 있었다.

김대중은 전두환·노태우의 사면·복권에 동의하기로 했다. 이 선택은 결코 정치적 이해관계에 따른 것은 아니었다. 정치보복 근절이라는 그의 신념에 따른 것이었다. 그는 1980년 사형선고를 받기 직전 법정에서 최후진술을 하면서 언젠가 민주주의가 회복될 것이라고 전제하고 "내가 죽더라도 다시는 이러한 정치보복이 없어야 한다는 것을 유언으로 남기고 싶다"고 했었다. 그 유언 같은 약속을 그는 17년 후 실행에 옮겼다.

김대중이 전두환·노태우의 사면·복권에 동의하면서 전두환·노태우는 12월 22일 감옥에서 풀려났다. 두 전직 대통령의 사면·복권은 앞으로는 더 이상의 정치보복이나 지역적 대립은 없어야 한다는 김대중의 염원이 담긴 조치였다. 물론 광주 시민을 비롯하여 민주진영에서 많은 반대가 있었다. 당선되자마자 그를 열렬히 지지한 사람들의 뜻과 배치되는 결정을 해야 하는 김대중의 마음도 편할 리 없었다. 그러나 김대중은 사면을 반대하는 사람들에게 "피해자가 가해자를 용서해야 진정한 화해가 가능하다"는 그의 평소 지론을 내세우며 최대한 이해를 구했다. 김대중은 정치보복 근절이라는 자신의 정치적 소신을 2월 25일 대통령 취임식에서 다시 한 번 밝혔다.

> "국민의 정부는 어떠한 정치보복도 하지 않겠습니다. 어떠한 차별과 특혜도 용납하지 않겠습니다. 다시는 무슨 지역정권이니 무슨 도 차별이니 하는 말이 없도록 하겠다는 것을 굳게 다짐합니다."[6]

김대중은 평소에 "죄는 미워해도 사람은 미워해서는 안 된다"고 했다. 김대중이 전두환·노태우를 사면·복권한 것은 단순히 정치적 이해관계에 따른 것이 아니라 인간적으로 용서했기 때문이었다. 이 점은 그가 대통령에 취임한 후 두 사람을 대하는 자세에서 자연스럽게 드러났다. 김대중은 취임 5개월이 지난 1998년 7월 31일 전직 대통령들 내외를 초청하여 만찬을 함께했다. 최규하, 전두환, 노태우, 김영삼 등 전직 대통령 모두가 참석했다. 생존해 있는 전직 대통령들이 청와대에서 현직 대통령과 함께 만찬을 나눈 것은 우리 헌정사에서 처음 있는 일이었다. 김대중 대통령은 이후에도 외국출장 등을 갔다 오면 전직 대통령들을 초청하여 정상회담 결과나 주요 국정현안을 보고했다. 이 경우 김영삼은 불참해도 전두환은 빠짐없이 참석했다. 김대중이 서거했을 때 전두환은 자신이 전직 대통령으로서 가장 존중을 받은 것은 김대중 대통령 재임 중이었다고 말했다. 전두환의 부인 이순자는 2018년 언론 인터뷰에서 이희호 여사가 퇴임 후에도 전두환의 생일이나 명절 때는 항상 잊지 않고 선물을 보내주었다면서 고마움을 표시했다. 이는 김대중의 용서가 결코 일회성 선심행위가 아니었음을 말해준다. 전두환은 2009년 김대중의 서거 때, 이순자는 2019년 이희호의 서거 때 각각 문상을 왔다.

김대중이 김영삼 대통령의 사면·복권 요청에 동의한 것은 그의 용서철학 및 당시 정치적 상황 등을 고려할 때 불가피했을 수도 있다. 또 다수의 국민들도 그의 선택을 이해했다고 본다. 그러나 전두환은 사면·복권후 지금까지 단 한 번도 12.12쿠데타나 광주학살 행위에 대해 진심은커녕 형식적으로도 사과한 적이 없다. 오히려 그는 5.18 때 북한군이 내려와 '광주사태'를 격화시켰다고 했다.[7]

이렇게 자신의 잘못조차 반성하지 않는 자에게 사면·복권의 차원을 넘어 청와대로까지 초청하고 전직 대통령으로서 깍듯이 예우한 것이 과연 합당했는지는 좀 더 냉정한 토론이 필요하다고 본다. 환언하자면, 지도자의 '정치적 관용'이 반민족·반민주세력의 뿌리를 온존시킴으로써 이들이 다시 민족정기와 사회정의를 짓밟고 정의와 진리의 가치를 전도시키게 된다면, 이는 관용의 문제를 넘어서게 된다. 김대중 개인의 용서와 관용 정신은 높이 평가받아 마땅하지만, 공인의 관용 특히, 최고 지도자의 분별 없는 관용은 자칫 역사와 현실의 진위眞僞, 정사正邪를 뒤바꿀 수 있다.[8] 대통령 김대중이 전두환을 사면·복권시킨 차원을 넘어 계속 그를 전직 대통령으로서 예우한 행위는 재고되어야 할 일이었다.

2. IMF 위기극복

김대중정부의 총리와 장관들

2월 25일 취임식이 거행되었다. 김대중 대통령은 취임사의 제목을 "국난 극복과 재도약의 새 시대를 엽시다"로 잡았다. 그는 국난극복을 위해서는 총체적 개혁을 통해 나라의 체질을 바꾸어야 한다고 역설했다. 국민의 고통분담을 호소하고, 동시에 오늘의 위기를 전화위복의 계기로 삼자고 했다. 또한 국가의 미래를 위해 정보강국을 건설하겠다는 포부를 밝히고, 정치보복 금지를 약속했다. 남북문제와 관련해서는 남북화해와 공존을 역설했다. 그는 대북 3원칙을 천명하면서 어떠한 무력도발도 허용하지 않으며, 북한을 해치거나 흡수할 생각이 없고, 가능한 분야부터 적극적으로 화해와 협력을 추진해나가겠다고 밝혔다.

　김대중은 취임식에 앞서 김종필 국무총리와 한승헌 감사원장의 임명 동의안에 서명했다. 김대중정부는 국민회의와 자민련의 연합정부였지만, 국회에서는 양당의 의석을 모두 합쳐도 과반을 넘지 못했다. 한나라당 의원들은 대통령 취임식에도 참석하지 않았다. 나아가 국회에도 참석하지 않아 총리 임명동의안조차 상정하지 못하게 했다. 표면상으로는 김종 필이 총리로 적합하지 않다는 이유를 내세웠지만, 실제로는 김대중정부에 협조하지 않겠다는 일종의 시위였다. 총리 인준을 받지 못하니 새 내각의 명단도 발표할 수가 없었다. 소수파 정권의 대통령으로서 험난한 5년을 암시하는 사건이었다.

김대중은 가까운 시일 내에 신한국당이 김종필의 총리 인준안을 통과시켜줄 것 같지 않다는 판단을 하고, 3월 3일 김종필을 총리로 임명했다. 국회동의를 받지 않았기 때문에 당분간은 '총리서리' 체제를 유지할 수밖에 없었다. 김종필은 서리로 임명된 지 5개월이 지난 8월 17일 임명동의안이 통과되면서 비로소 그 꼬리표를 뗄 수 있었다. 총리 인준이 안 된 상태였기 때문에 17개 부처의 조각은 퇴임을 하루 앞둔 고건 총리의 도움을 받았다. 고건 총리가 대상자들을 제청하는 형식을 빌려 장관을 임명한 것이다.

부처 장관의 임명에 앞서 청와대 수석비서관들이 임명되었다. 비서실장에 김중권 전 노태우정부 정무수석, 정책기획수석에 강봉균 전 정보통신부장관, 정무수석에 문희상 전 의원, 경제수석에 김태동 성균관대 교수, 외교안보수석에 임동원 전 통일부차관, 사회복지수석에 조규향 전 부산외국어대학교 총장, 공보수석 겸 대변인에 박지원 전 의원 등이었다. 청와대 비서진은 수석비서관이 11명에서 6명으로, 비서관은 51명에서 35명으로 규모가 크게 축소되었다. 고통분담 차원에서 청와대 비서진의 규모를 축소한 것이었다.

김대중정부는 23개 정부부처도 17개로 줄였다. 각 부처를 맡은 장관은 국민회의 몫으로 할애된 통일부장관에 강인덕 극동문제연구소장, 외교통상부장관에 박정수 의원, 법무부장관에 박상천 의원, 국방부장관에 천용택 의원, 행정자치부장관에 김정길 전 의원, 교육부장관에 이해찬 의원, 문화관광부장관에 신낙균 의원, 산업자원부장관에 박태영 전 의원, 농림부장관에 김성훈 중앙대 교수, 노동부장관에 이기호 장관(유임) 등이 임명되었다. 자민련 추천 몫으로 할애된 재경부장관에 이규성 전 재무부장관, 과학기술부장관에 강창희 의원, 정보통신부장관에 배순훈 대우전자 회장,

환경부장관에 최재욱 전 의원, 보건복지부장관에 주양자 전 의원, 건설교통부장관에 이정무 의원, 해양수산부장관에 김선길 의원 등이 임명되었다. 17개 부처 외에 국가안전기획부장에 이종찬 대통령직 인수위원장, 기획예산위원장에 진념 전 기아그룹 회장, 국무조정실장에 정해주 전 통상산업부장관, 한국은행총재에 전철환 전 충남대 교수, 금융감독위원장에 이헌재 비상경제대책위 실무기획단장, 여성특별위원장에 윤후정 전 이화여대 총장, 공정거래위원장에 전윤철 현 위원장이 임명되었다.

김대중은 남북문제에 특별한 관심을 가진 대통령이었다. 자연히 그가 통일부장관을 누구로 임명할 것인지에 관심이 쏠렸다. 주변의 개혁적 인사 몇 사람이 자천타천으로 거론되었다. 그런데 전혀 예상치 않게 강인덕 극동문제연구소장이 통일부장관에 임명되었다. 강인덕은 중앙정보부에서 오랫동안 근무한 대북전문가로서 매우 보수적인 인사였다. 놀라움과 함께 개혁진영에서 실망의 목소리가 흘러나왔다.

김대중이 강인덕을 통일부장관으로 발탁한 것은 대북화해정책을 펼쳐나가기 위해서는 우선 진보적 통일관에 대한 보수층의 우려와 두려움을 완화시킬 필요가 있다고 판단했기 때문이다. 그는 누구를 통일부장관으로 앉혀도 대북화해정책을 추진하는 데는 전혀 문제될 것이 없다는 자신감을 갖고 있었다.

김대중정부의 최대과제는 IMF 위기극복이었다. 그런데 이를 최일선에서 지휘할 이규성 재경부장관과 이헌재 금융감독위원장은 모두 자민련에서 추천한 사람들이었다. 이런 인사방식은 통일부장관 인사와 마찬가지로, 진영논리를 배격하고 철저히 능력과 통합정신 그리고 인사시점의 국민정서를 우선적으로 고려했음을 말해준다.

이규성 재경부장관, 이헌재 금감위원장과 함께 진념 기획예산위원장, 강봉균 경제수석 등 4인은 외환위기 수습을 전면에서 떠맡았다. 강봉균 경제수석은 처음에는 정책기획수석을 맡았고 김태동 교수는 경제수석을

김대중정부 초대 통일부장관 강인덕 _ 6.15남북공동선언 2주년 유공자 훈장수여 당시 모습(ⓒ국가기록원)

맡았는데, 진보적인 김태동 경제수석이 기존 경제관료들과 호흡을 맞추지 못하자 김대중은 새 정부가 출범한지 3개월도 안 된 시점에서 김태동과 강봉균의 직책을 바꾸어 강봉균을 경제수석에 김태동을 정책기획수석에 임명했다. 김태동은 중경회(김대중경제를 생각하는 모임) 멤버로서 야당시절부터 김대중과 가까운 인사였었다. 이렇게 하여 이규성, 이헌재, 진념, 강봉균 등 정통관료 출신들이 외환위기극복의 최전선에 서게 되었다. 김대중의 또 다른 인사스타일인 중도실용주의 노선을 엿볼 수 있는 대목이다.[9] 결과적으로 김대중의 이런 인사정책은 소수정권의 한계와 IMF 위기극복 등 당면과제를 해결하는 데 긍정적으로 작용했다.[10]

초기 장관급 인사들 가운데 임명은 물론 이후 역할과 관련해 가장 큰 논란의 중심에 서 있던 사람은 이해찬 교육부장관이었다. 이해찬 장관의 교육개혁에 대해 교육계는 '이해찬세대'라는 말로 폄하했고, 교원의 정년단축(65 → 62세)에 대해서도 강하게 반발했다.

1999년 5월 24일 장관 11명을 교체했다. 연극인 손숙의 환경부장관 임명이 눈길을 끌었다. 손숙은 연극을 좋아했던 김대중과 평소 가까웠던 인사였는데, 그를 문화관광부장관이 아닌 환경부장관으로 임명한 것은 다소 의외였다. 손숙은 러시아에서 연극공연을 마치고 받은 격려금 수수문제로 곤혹을 치렀다. 격려금은 동행한 경제인들이 전한 것으로 손숙 개인에게 준 돈이 아니라 모스크바에서 함께 공연한 연극인들에게 준 돈이었다. 그러나 손숙은 언론의 비판공세를 감당하지 못하고 사표를 내버렸다. 김태정 법무부장관도 옷 로비사건으로 임명된 지 2주일 만에 사직했다. 나중에 이 사건은 해프닝으로 판명되었지만, 당시 언론은 이 문제를 영부인 이희호 여사에게까지 확대시키며 연일 지면에 대서특필했다. 황색언론의 대표적인 사례로 지적될 만했다.

2000년 1월 13일 총리교체와 함께 7개 부처장관과 2명의 장관급인사를 단행했다. 재정경제부장관에 IMF 위기극복의 한 축을 맡았던 이헌재 금융감독위원장이 임명된 것이 눈길을 끌었다. 같은 해 8월 7일에도 8개 부처를 포함 장관급 11명을 교체했다. 경제사령탑인 재정경제부장관에 진념 기획예산처장관이 임명되었다. 이 개각에서 최대의 관심은 노무현을 해양수산부장관에 임명한 것이었다. 노무현은 장관직 경력을 쌓으며 차기 대권후보로 급부상했다. 송자 교육부장관은 임명된 지 23일 만에 표절문제로 사퇴했다.

2001년 1월에 재정경제부 및 교육부장관의 부총리 승격과 여성부 신설이 있었다. 부총리 겸 교육인적자원부장관에 1980년 김대중과 함께 옥고를 치룬 진보지식인 한완상이 임명되었다. 한완상은 김영삼정부 때는 통일부장관을 역임했다. 신설된 여성부장관에는 한명숙 민주당 의원이 발탁되었다. 여성부의 신설은 김대중의 양성평등철학이 반영된 결과였다. 김대중은 여성부의 신설을 재임 중 가장 큰 공적이라고 자랑했다. 이희호와의 동반자적 삶이 그의 여성관에 많은 영향을 끼친 결과였다.

2001년 3월 26일 장관급 12명을 교체했다. 임동원 국정원장이 다시 통일부장관에 임명되었다. 이로서 임동원은 김대중정부에서 통일부장관을 두 번이나 맡은 기록을 세웠다. 시인이자 치과의사인 김영환 의원은 40대의 나이에 과학기술부장관에 발탁되었다. 그는 젊은 나이에 내각에 참여해 주목을 받았지만, 훗날 일관성 없는 정치적 행보로 실망을 안겨주었다. 법무부장관에 임명된 안동수 변호사는 임명권자에 대한 과도한 '충성문건' 파문에 휩쓸려 3일 만에 사표를 냈다. 그는 최단기장관의 오명을 쓰게 되었다.

2001년 9월 3일 야당이 제출한 임동원 통일부장관 해임건의안에 자민련이 동조하면서 DJP공동정부가 무너졌다. 자민련에서 추천한 장관들이 물러나면서 5개 부처장관들이 새로 바뀌었다. 김대중은 집권 3년 반만에 스스로 모든 장관을 임명할 기회를 가졌다. 새로 임명된 장관 가운데 안정남 건설교통부장관은 건강상의 이유로 장관에 부임한 지 한 달도 안 되어 사표를 제출했다. 그는 언론사 세무사찰로 김대중정부가 홍역을 치를 때 국세청장을 맡아 언론의 집중표적이 되었던 인물이다. 이한동은 자민련과의 공조가 끝나면서 당으로 돌아가야 했지만 계속 총리직을 맡아달라는 김대중의 뜻을 수용하여 2002년 7월 10일까지 총리직에 머물렀다.

2002년 1월 29일 장관급 9명이 교체되었다. 이중 통일부장관에 임명된 정세현은 훗날 노무현정부 초대내각에도 참여했다. 그는 김대중의 대통령 퇴임 후 햇볕정책을 계승하는 데 앞장섰다. 내각과 함께 청와대 수석 일부가 교체되었는데, 최측근인 박지원 정책특보가 전윤철에 이어 비서실장으로 임명된 것이 주목을 끌었다. 박지원은 공보수석, 문화관광부장관, 비서실장을 차례로 역임하며 김대중정부 내에서 '소통령'으로 불리기도 했다.

2002년 7월 11일 김대중정부 마지막 개각이 있었다. 2년 2개월 동안 재임한 이한동 국무총리가 대통령 선거에 뜻을 두고 정치권으로 돌아갔다. 김대중은 총리에 장상 전 이화여대 총장을 임명했다. 우리 헌정사상 최초의 여성총리가 탄생했다. 김대중은 여성부를 설치하고 여성의 능력과 사회진출을 장려한 연장선상에서 장상을 총리로 발탁했다. 그러나 아쉽게도 장상 총리서리는 국회 임명동의과정을 통과하지 못했다. 김대중은 큰마음을 갖고 추진한 장상의 발탁이 실패한 데 무척 아쉬워하면서도 소수정부가 처한 현실을 받아들일 수밖에 없었다.

김대중은 장상의 후임으로 장대환 매일경제신문사 사장을 발탁했다. 김대중이 그를 총리로 발탁한 것은 그가 지식기반사회에 알맞은 리더십과 추진력을 갖췄다고 판단해서였다. 당시 그의 나이는 만 50세로서 역대 총리들의 나이와 비교했을 때 파격적인 인사였다. 그러나 장대환도 국회 임명동의안 통과에는 실패했다. 소수정부의 좌절감은 커져만 갔다. 김대중은 이번에는 총리 후보를 안전위주로 선택했다. 김대중과 아무 인연이 없는 김석수 전 중앙선거관리위원장이 총리로 임명되었다. 그는 김대중과는 아무런 공통점도 갖지 못한 무색무취의 인물이었다. 이렇게 김대중은 5년의 재임기간 중 단 한 번도 스스로 원하는 총리를 갖지 못했다.

보수적 세력교체

정권교체는 대통령 1인의 교체가 아니라 대규모 세력교체를 수반한다. 특히 김대중정부처럼 수평적으로 교체된 정권의 경우 그 규모는 클 수밖에 없다. 또 새로운 인물을 대거 발탁하는 게 일반적이다. 그러나 김대중정부에서는 그런 일이 거의 일어나지 않았다. 첫 번째 인사에서 청와대 수석비서관, 장관, 정부 핵심부서를 떠맡은 인물들은 대부분 전·현직 국회의원, 전직 장관, 그리고 몇 명의 교수 출신들이었다. 김대중은 야당총재시절 선거 때마다 재야인사들을 대거 수혈하여 개혁적 색깔을 드러냈으나 정부조직에서는 그런 시도를 거의 하지 않았다. 그는 인물을 중도실용주의의 관점에서 발탁했다. 여기엔 몇 가지 배경이 있었다. 첫째, DJP연대에 따라 경제부처를 주로 자민련 인사들이 떠맡은 점이다. 둘째, 내각과 청와대조직의 대폭축소에 따라 발탁인사 숫자가 줄어든 점이다. 셋째, 최초의 수평적 정권교체 뒤를 따르는 국민들의 불안감 해소 및 IMF 극복이라는 당면과제가 있었다. 새로운 인사보다 정부 및 정치 경험자를 중심으로 인재를 발탁해야만 했던 이유다.

　그러나 이를 감안하더라도 김대중의 내각구성은 지나치게 보수적이었다. 김대중은 특히 미래가 기대되는 정치인의 발탁에 인색했다. 김대중이 임명한 장관들 가운데 자신과 오랫동안 정치노선을 함께한 사람으로는 노무현 해양수산부장관, 박지원 문화관광부장관, 이해찬 교육부장관, 임동원·정세현 통일부장관, 김성재 보건복지부장관 등 몇몇에 불과했다.

내각의 보수적 성향을 의식한 탓인지 청와대와 정당은 자신들이 개혁의 구심점이라고 자임했으나 그것도 기대에 크게 못 미쳤다.[11]

김대중은 자신이 개혁적 성향을 가졌기 때문에 보수적 인사를 장관으로 발탁해도 정책 자체가 보수적으로 흐르지는 않는다고 생각했다. 그런 견해가 전혀 틀린 것은 아니었다. 그러나 개혁주체세력을 형성·강화시키지 않고 대통령 한 사람의 의지나 힘만으로 추진하는 개혁은 한계에 부닥치기 쉽다.[12] 개혁을 제대로 추진하기 위해서는 대통령의 개혁의지를 실천에 옮길 조직적이고 체계적인 개혁그룹의 형성이 필요했다. 김대중정부는 향후 계속적인 집권의 토대로서 개혁적 인물을 키우는 책무를 부여받았음에도 불구하고, 결과적으로 이 과제에는 충분히 부응하지 못한 셈이었다.

노무현이 해양수산부장관에 머문 시간은 8개월이 채 되지 않았다. 그럼에도 노무현은 이 장관 경력을 말할 수 없이 큰 축복으로 해석했다. 그는 사람은 누구나 경험하면서 배운다고 말했다. 그는 이 경험을 통해 해양수산부라는 정부조직의 수장으로서, 대한민국 국무위원으로서 국정운영 전반을 배울 기회를 얻었다. 그는 또한 이 경험을 살려 훗날 대통령이 되고 나서 이해찬, 한명숙, 정동영, 김근태, 정세균, 이상수, 이재정, 김두관, 천정배, 정동채, 유시민 등 많은 정치인들을 국무총리와 장관으로 기용했다. 노무현은 이들을 국무위원으로 발탁하면서, 모두 능력 있는 사람들이기도 했지만 국정운영 전반을 경험하고 공부하는 기회를 가지는 것이 후일 정치지도자가 되려는 사람에게는 매우 중요하다는 점을 강조했다.[13] 또한 노무현은 청와대 비서관과 행정관 자리에도 젊고 개혁적인 인사들을 대거 발탁했다. 이들의 능력과 역할에 대한 평가는 다양하지만, 분명한 것은 민주진영으로의 대대적인 세력교체는 김대중정부가 아닌 노무현정부 때 비로소 실감할 수 있었다는 점이다. 노무현 지지세력이 노무현의 퇴임 후에도 활발하게 활동하고 있는 반면, 김대중 지지세력의 활동

해수부장관 노무현과 함께한 김대중__2001년 해양수산부 추진계획 업무보고 당시 모습(ⓒ 국가기록⟋

이 그에 미치지 못하는 데는 이렇게 두 사람의 인재등용방식의 차이도 있다. 김대중정부의 내각은 매우 유능했지만, 집권기간 개혁주체세력의 육성에 소홀한 점은 아쉬운 대목이 아닐 수 없다.

경제위기극복을 위한 4대 개혁

대통령 당선자 시절 외환위기의 급한 불은 껐지만, 외화를 지원해준 IMF 와 미국정부는 근본적 경제개혁을 촉구했다. 외채연장이나 외자유치, IMF 등 국제기관의 원조를 개혁 없이 기대할 수는 없었다. 그런데 김대중 은 외국의 채근이 아니더라도 이번 기회에 한국경제의 체질을 근본적으로 바꿀 필요가 있다고 생각했다. 그는 이번 기회를 관치 경제를 청산하고 진정한 시장경제로 옮겨가는 기회로 삼고자 했다. 이를 위해 김대중정부 는 기업 개혁, 금융개혁, 공공기관 개혁, 노동부문 개혁 등 4대 개혁을 추진했다.

4대 개혁 가운데 가장 역점을 둔 곳은 금융개혁이었다. 금융개혁의 주 대상은 관치금융을 청산하는 것이었다. 당시 은행의 부실대출 규모는 약 120조 원이나 되었다. 6월 29일 이헌재 금융감독위원장은 동화·동 남·대동·경기·충청 등 5개 은행의 퇴출을 공식발표했다. 과거에는 상 상할 수 없는 일이었다. 그러나 거기서 멈추지 않았다. 외환·조흥·한 일·상업·평화·강원·충북 등 7개 은행은 경영진의 대폭개편과 유상 증자 규모 확대 등을 조건으로 경영정상화 계획을 승인했다. 구조조정과 정에서 5개 은행 직원 5천여 명이 자리를 잃었다. 은행 외의 금융기관에 대한 구조조정도 대대적으로 단행했다. 2,101개의 금융기관 중 659개가 문을 닫았다.

고통의 대가로 은행의 건전성이 크게 높아졌고, 금융개혁의 성과는 국내 신용등급을 올려놓았다. 대신 구조조정에 약 50조 원의 막대한 공적자금이 필요했다. 취임 전 제일은행 등에 투입된 자금까지 합하면 모두 64조 원의 공적자금이 조성되었다.

김대중정부는 '민주적 시장경제론'을 새로운 발전전략으로 채택했다. 이는 민주주의와 시장기능의 병행발전을 의미했다. 우리 경제가 위기상황을 맞이한 주요 원인 가운데 대기업의 방만한 경영이 놓여 있었다. '대마불사'의 속설 아래 특혜대출을 받아 외형을 키우는 데 골몰한 기업관행을 깨지 않고는 경제개혁을 기대하기 어려웠다. 김대중은 당선자 시절에 삼성 이건희, 현대 정몽구, LG 구본무, SK 최종현 회장 등 4대 그룹 총수들과 만나(김우중 대우그룹 회장은 해외 출장 중이어서 참석하지 못했다) 5개항에 합의했다. 기업경영의 투명성 제고, 상호 지급보증 해소, 재무구조의 획기적 개선, 핵심 주력사업으로의 역량집중 및 중소기업과의 협력강화, 지배주주와 경영자의 책임성 강화 등이 그것이다. 은행을 통해 기업의 그릇된 관행을 바로 잡도록 했다. 퇴출대상 기업으로 55개가 선정되고, 그 중에는 5대 재벌기업 계열사도 20개가 포함되었다.

외환위기를 극복하기 위해서는 제조업을 되살려서 수출을 활성화해야 했다. 달리 표현하면 당시 시점에서 개혁대상인 재벌의 협조 없이 제조업의 국제경쟁력을 지속시키기가 어려웠다. 결과적으로 재벌들은 IMF 경제위기의 원흉이면서 동시에 경제위기극복을 위한 김대중정부의 파트너 역할을 담당했다.[14] 재벌들의 구조조정이 충실하게 진행되기 어려운 조건이었다.

1999년 대우그룹 사태가 발생했다. 대우는 IMF 사태가 발생할 당시 현대에 이어 재계 2위의 대기업이었다. 당시 전경련 회장을 맡고 있던 김우중 회장은 김대중 대통령과도 호흡이 잘 맞았다. 그런데 세계경영을 표방한 대우그룹은 불행하게도 채무비율이 다른 대기업보다 훨씬 높았다. 자연히 IMF 고금리 체제하에서 매우 불리할 수밖에 없었다. 정부는 대기업에 빅딜을 권장했다. 대우는 1999년 대우전자를 삼성에 넘기고 대신 대우는 삼성차를 인수하는 빅딜을 시도했으나 성사되지 못했다. 1999년 8월 26일 대우 12개사가 워크아웃(기업의 재무구조 개선작업)에 들어갔다.

대우그룹 사태는 금융권을 다시 흔들어놓았다. 제2의 경제위기설이 나돌았다. 추가 공적자금이 필요했고, 추가로 40조원의 공적자금을 조성했다. 이로써 1차 때까지 합하면 총 104조 원의 공적자금이 IMF 위기극복에 투입되었다. 투입액 중 회수하여 다시 투자한 액수까지 합하면, 김대중 대통령 재임 중 조성된 공적자금은 총 159조 6천억 원에 이르렀다.[15]

2000년에는 정주영 회장의 5남 정몽헌 회장이 이끈 현대그룹마저 위기에 빠졌다. 현대그룹의 현대건설과 현대전자가 부도를 맞이한 것이다. 다행히 사태가 발생할 당시에는 현대자동차, 현대중공업 등이 현대그룹에서 분리된 상태였기 때문에,[16] 현대그룹 사태는 대우그룹 사태처럼 크게 확산되지 않았다.

정부는 공기업개혁의 일환으로 1988년 공기업 민영화계획을 발표했다. 공기업 민영화는 노조의 큰 반발을 불러일으켰다. 포철 같은 우량기업을 민영화할 경우 외국자본의 적대적 인수합병의 대상이 될 수 있다는 우려가 제기되었다. 그러나 김대중정부는 공기업 민영화를 강하게 밀어붙였다. 26개 공기업 중 11개를 민영화의 대상으로 선정했다. 포철, 한국중공업(현 두산중공업), 한국종합화학, 한국종합기술금융, 국정교과서 등 5개는 완전 민영화를 추진했다. 한국통신, 담배인삼공사, 한국전력, 대한송유관공사, 한국가스공사, 지역난방공사 등 6개는 단계적으로 추진하기로 했다. 이 가운데 대부분이 민영화되었으나 한국전력과 가스공사, 지역난방공사 등 3개 에너지공기업에 대한 민영화작업은 김대중정부 임기 내에 이루어지지 않았다. 한국전력은 지금도 공기업체제를 유지하고 있다. 민영화를 신자유주의정책의 대표적 사례로 보는 쪽에서는 김대중정부의 공기업 민영화정책에 대해 비판적 입장을 취했다. 그들은 공기업의 민영화정책은 단순한 능률과 생산성의 차원이 아니라 국가이익 및 국민복리의 차원에서 평가가 이루어져야 한다고 주장한다.

노동시장 유연화와 그 실천방안으로서 정리해고제 도입은 미국과 IMF가 우리나라에 자금을 빌려주면서 가장 강하게 요구했던 사항이었다. 김대중은 정리해고제 도입을 피해갈 수 없는 것으로 이해했다. 대신 그는 노동시장 유연화와 노동기본권의 확대를 동전의 양면으로 이해했다. 앞서 언급한 것처럼 그는 대통령 재임 중 노동기본권 확대의 상징적 조치로 노조의 정치활동 허용, 전국교직원노동조합 합법화, 공무원노조 존재 인정 등의 조치를 취했다.

IMF 위기를 극복하기 위해서는 한편으로는 개혁을 실시해 경제구조를 튼튼하게 하면서, 다른 한편으로는 실업 등 당면한 국민의 고통을 완화시켜야 했다. 다행히 외환문제는 1998년을 넘기면서 어느 정도 희망적 전망을 할 수 있게 되었다. IMF 지원금으로 부도위기를 넘겼고, 수출이 증가하고 수입은 감소하면서 무역흑자도 발생했다. 경제성장률도 1998년 마이너스에서 1999년에는 본격적으로 플러스로 전환되어, 1/4분기 5.8퍼센트, 2/4분기에 11.2퍼센트, 3/4분기와 4/4분기에 각각 13퍼센트를 기록했다. 연간으로 보면 10.9퍼센트의 높은 성장률이었다.

그러나 실업문제는 쉽게 개선되지 않았다. 김대중은 실업대책으로 네 가지를 강조했다. 첫째, 기업에서 종업원 해고를 늦춰달라고 했다. 기업구조조정을 하면서 해고를 늦춰달라고 요구하는 것이 모순된 것 같았지만, 구조조정과 실업대책은 양 수레바퀴와 같은 것이어서 어느 하나가 무너지면 양쪽 모두 정상적으로 굴러갈 수 없었다. 둘째, 중소·벤처기업을 육성하여 일자리를 늘리는 것이었다. 셋째, 해고된 근로자들이 새로운 일자리를 찾아갈 수 있도록 직업훈련을 강화하는 일이었다. 넷째, 사회안전망을 구축하여 국가가 최소한의 생계를 책임져주는 것이었다.

금융위기는 1997년말에 발생했지만, 실업문제 등 국민의 피부에 직접

와 닮은 위기는 사실상 1998년부터 본격화되었다. 환율과 대출이자가 높아지면서 부채가 많은 기업들의 부도사태가 속출했다. IMF 첫해인 1998년 매달 약 2,700여 개의 기업이 도산했다. 한 해에 무려 3만 9천여 개의 공장이 문을 닫았으며, 150여만 명의 실업자가 발생했다. 1997년 12월의 실업률은 3.1퍼센트였으나 1999년 2월에 8.7퍼센트로 치솟았다. 체불임금 또한 치솟아 1998년 10월 노동부에 신고된 체불임금만 벌써 6,500여억 원에 달했다.

경제적 파산은 사회적 파산을 의미했다. IMF 사태와 함께 파산과 실업, 자살률 급증, 가족해체, 출산율 저하, 양극화, 고용불안, 청년실업률 증가 등 향후 한국사회를 오래도록 괴롭힐 암울한 그림자가 생겼다.[17] 야당에서는 실업자문제 등을 부각시키면서 정부를 연일 공격했다. 일부에서는 실업자 숫자가 150만 명을 넘어서면 민란이 일어날지도 모른다고 위협했다.

IMF체제 청산

IMF가 주도하는 지원금액은 IMF가 3년간 210억 달러, 국제부흥개발은행(IBRD)이 최대 100억 달러, 아시아개발은행(ADB)이 40억 달러, 13개 선진국이 제2선 자금으로 233.5억 달러로서, 한국은 총 583.5억 달러의 자금을 지원받기로 했다.[18] 김대중정부 출범 1주년을 맞이한 1999년초 경제지표는 많이 호전되었다. 취임 당시 38억 달러에 그쳤던 외환보유고가 520억 달러로 늘어났다. 외환보유고 증가는 주로 무역흑자 덕분이었다. 1997년 무역적자가 87억 달러였는데 1998년에는 거꾸로 무역흑자가 399억 달러에 달했다. 무역흑자가 크게 증가한 것은 급격한 환율상승 때문이었다. 무역흑자가 경제활성화의 결과가 아니라는 점에서 결코 정상적인 상황으로 볼 수는 없었지만, 당장 외환위기를 극복하는 데는 청신호가 아닐 수 없었다. 1999년 1월 19일 국제신용기관 피치사가 한국의 국가신용등급을 BB+(투기적)에서 BBB-(투자적격)로, 무디스는 Ba1(투기적)에서 Baa3(투자적격)으로 상향조정했다.[19]

외환위기가 발생한 지 1년쯤 지나자 국민들 사이에서 경제회복이 더디다는 여론이 일어났다. IMF 위기는 어느 정도 고비를 넘겼지만, 실제 삶의 현장에서는 경기회복을 체감하기 어렵다는 것이었다. 이 상황을 김대중은 '국민과의 텔레비전 대화' 시간을 갖고 '아랫목 윗목론'으로 설명했다.

> "우리 경기의 현실은 차디찬 방 아궁이에 불을 지폈는데 아랫목에서 약간 훈기를 느끼지만 윗목은 찬 것과 같습니다. 경기가 좋아지면 윗목에도 자연히 훈기가 갈 것입니다."[20]

한국은 2001년 8월 23일 IMF에서 차입한 구제금융 195억 달러 가운데 남아 있던 1억 4천만 달러를 모두 상환했다. 예정보다 3년 앞당긴 전액상환이었다. 이로써 굴욕적인 '경제신탁통치'는 끝이 났다. 2001년 9월에는 외환보유고가 천억 달러를 넘었고, 세계 5위의 외환보유국이 되었다. 아르헨티나 등 많은 나라가 IMF 위기를 극복한 후에도 제2, 제3의 IMF체제로 몰린 데 반해, 외환보유고 천억 달러 돌파와 계속된 확충은 외환위기 재발에 대한 두려움을 떨쳐버리는 촉매제가 되었다.

2002년 봄 무디스사는 우리나라의 신용등급을 2단계 상향조정했다. 드디어 한국의 신용이 A등급을 회복했다. 피치사도 신용등급을 A로 상향조정했다. 4년 만에 투자부적격 등급에서 A등급을 회복한 것이다. 외환위기를 겪은 남미국가나 아시아국가 가운데 유일한 A등급 국가가 되었다.

김대중이 IMF를 극복하는 과정에서 보여준 리더십 가운데 가장 인상

당선자 시기 캉드쉬 IMF 총재와 접견하는 김대중 (ⓒ 국가기록원)

깊은 지점은 그의 설득력이었다. 뛰어난 언변과 더불어 학자 못지않은 해박한 지식을 그 배경으로 삼았다. 타인과 대화를 나눌 때도 마치 수험생처럼 관련 자료들을 철저히 예습했다. 더구나 그에게는 민주화투쟁과정에서 획득한 도덕성과 카리스마가 있었다.

그의 설득력은 국가부도를 막기 위해 노동계와 손을 잡는 과정에서 유감없이 발휘되었다. 예컨대 그는 대통령에 취임도 하기 전에 구조조정을 위한 노사정 대타협을 이끌어냈다. 여소야대 정국에서 소수정권의 한계가 드러날 때는 시민사회와 국민들에게 직접 호소하는 방식으로 국면을 타개했다. 남북정상회담 때는 주한미군의 필요성을 북측에 납득시키고, 북한을 악의 축으로 보는 부시 미국 대통령에게 햇볕정책의 당위성을 인식시켰다. 그의 설득력은 성직자의 강론처럼 계몽성을 띠기도 했고 상대방의 의견을 귀담아 듣기보다는 자기주장을 일방적으로 주입하는 경향도 보였지만, 전체적으로 볼 때 긍정적 영향력을 더 많이 발휘했다.[21] 그의 설득력은 성공한 대통령을 만들어준 커다란 자산이었다.

IMF 위기극복과정에서 우리 국민의 관심사로 부상한 외국 지도자가 있었다. 제32대 미국 대통령인 프랭클린 루즈벨트였다. 그는 1930년대 미국이 대공황을 겪을 때 '뉴딜정책'을 실시해 공황을 극복한 인물로 유명하다. 그는 IMF 상황에 빠진 우리나라 국민에게 경제위기를 극복할 지도자의 롤 모델로 인식되었다. 김대중에게도 루즈벨트처럼 하라는 주문이 많았다.

김대중정부의 IMF 극복정책은 뉴딜정책에서 많은 시사점을 얻었다. 루즈벨트는 라디오 대담을 통해 국민들과 진솔하게 대화하면서 위기수습에 대한 국민적 지지를 이끌어냈다. 김대중도 텔레비전을 통해 국민들과 대화하려 노력했다. 그가 방송에 나와 국민과 대화하면서 '아랫목 윗목론'을 펼치며 경기회복이 더딘 이유를 설명하는 장면은 매우 인상적이었다. 김대중정부는 국채를 발행해 경기를 부양했고, 실업자 구제 및 지원정책을 펼쳤으며, 4대 개혁과제를 실행에 옮겼다. 이것은 경기회복(recovery), 구조(relief), 개혁(reform)을 주 내용으로 하는 뉴딜의 3R정책과 유사했다.

그러나 다른 점도 있었다. 루즈벨트는 대공황이 발생(1929년 10월)한 지 3년 5개월이 지난 1933년 3월 4일 대통령에 취임했다. 이때는 국민이 대공황의 고통을 느낄 수 있을 만큼 충분히 느낀 시점이었다. 어떤 행태로든 새로운 대안이 모색되어야 할 시점이었다. 반면에 김대중은 IMF 사태가 발생한 직후부터 수습의 책임을 떠맡았다. 국민들이 체감하는 고통은 IMF 사태를 유발한 김영삼정부가 아니라 김대중정부 출범 직후부터 시작되었다. 그런데도 야당과 언론은 루즈벨트는 대공황을 화끈하게 해결했는데 왜 김대중은 그렇게 하지 못하느냐고 채근했다. IMF 사태 발발에 무거운 책임감을 느껴야할 야당은 오히려 그 수습에 전념하고 있는 정부를 향해 수습이 더디다고 질타했다.

IMF 처방책의 부작용

IMF는 경제위기 처방책으로 우리정부에 고금리·긴축정책을 요구했다. IMF가 요구한 고금리정책은 외환위기 초기에 외화유동성 확보를 위해서 어느 정도 필요하고 불가피했지만, 그것이 단기에 그치지 않으면 실물경제의 위축으로 연결될 수밖에 없었다. IMF 당시 부채비율이 높아 차입경영을 기본으로 하던 많은 기업들, 심지어 괜찮은 기업까지도 고금리·긴축재정정책으로 부도를 맞이했다. 기업의 부도는 다시 대량도산과 대량실업으로 연결되어 경제적 어려움을 가중시켰다. 국내경제 회복이라는 대내적목표와 환율방어 및 외환보유액 확충이라는 대외적 목표가 충돌했고, 결과적으로 대내적 목표가 희생되었다. 때문에 1998년 경제성장률은 우리정부와 IMF가 예상했던 마이너스 3.5보다 크게 낮은 마이너스 5.5퍼센트를 기록했다. 사태가 이렇게 전개되자 국내에서만이 아니라 해외에서도 IMF의 긴축처방이 너무 가혹하고 과도한 것 아니었냐는 지적이 일어났다.[22]

외환위기는 조기에 극복했지만 화이트컬러 계층과 자영업자들이 실업과 함께 대거 무너졌다. IMF의 처방책인 고금리는 부자를 더욱 부자로 만든 반면에 가난한 자는 더욱 가난하게 만들었다. 기업의 경제적 어려움과 노동시장의 유연화는 실업자의 증가만이 아니라 노동의 질적 저하를 수반했다. 기업은 미래에 대한 불안 때문에 근로자를 채용할 때 정규직보다는 비정규직 채용을 선호했다. 청년실업과 불안한 생활조건은 다시 젊은이들의 결혼을 지연시키거나 어렵게 했고, 이는 저출산현상으로 이어졌다.[23] 이렇게 한국은 IMF체제로부터 조기졸업은 했지만, 그 후유증은 향후 오랫동안 한국사회를 괴롭히는 주요인으로 작용했다.[24]

국세청은 내수진작과 경기회복을 위해 신용카드 사용을 촉진했는데 그 부작용이 컸다. 신용카드정책은 내수진작과 투명한 사회로 가는 데는 기여했지만, 카드사용의 남발을 초래해 신용불량자가 대거 양산되었다. 이는 노무현정부 때 카드대란 사태로까지 이어졌다.

1997년 외환위기가 남긴 교훈은 재벌을 적절한 수준에서 통제할 수 있어야 한다는 점이었다.[25] 그러나 재벌개혁과 통제는 제한적 수준에서만 성과를 냈다. 빠른 시일 내에 경제위기로부터 벗어나고자 했던 김대중정부의 실용주의는 결과적으로 구조조정의 열매 대부분을 다시 재벌에 돌아가게 했고, 이로 인해 양극화는 IMF 사태 이전보다 더 심화되었다.

김대중은 1971년 대통령 선거 때 '대중경제론'을 주창한 바 있었다. 1985년에는 이 내용을 보완해 미국에서 『Mass-Participatory Economy』라는 책으로 출간하기도 했다. 김대중은 1997년 이 책의 한글판을 내면서 책의 제목을 『대중참여경제론』으로 바꾸었다. 김대중은 대중경제론에서 경제의 실질적 주체인 대중이 참여하는 경제야말로 참다운 민주적 시장경제이며, 우리 경제가 나아갈 방향이라고 주장했다.[26]

대중경제론에서 제시되었던 정책 가운데 일부는 그가 대통령 취임 후
시도한 '생산적 복지정책'으로 선보이기도 했다. 그러나 대통령 재임 시
최우선적으로 다루어야 했던 그의 과제는 IMF 위기극복이었기 때문에,
대중경제론에서 강조되었던 분배정책은 애초의 구상에 훨씬 못 미쳤다.
오히려 대중경제론에서 주장한 것과 정반대로 시행된 정책도 있었다. 극
빈층 200만 명은 국민기초생활보장제를 통해 구제되었지만, 차상위계층
의 생활은 김대중·노무현정권 10년 동안 크게 나아지지 않았다.[27] 결과
적으로 김대중은 평생의 화두로 삼았던 '서민과 중산층'의 삶의 개선에는
별로 기여하지 못한 셈이다. 그는 이 모순을 매번 안타까워했다. 측근들
에게 왜 하필 자신이 대통령일 때 대중경제론이 아닌 IMF 처방책을 실시
해야 하느냐고 반문하며 한탄했다.

　　한국이 IMF 위기상황에 처했을 때 말레이시아도 같은 어려움을 겪고
있었다. 마하티르 총리는 내각제 하에서 1981년 총리로 취임한 이래
2003년까지 22년 동안 총리를 지냈다. 그는 총리에 취임하자마자 서구세
계에 과도하게 의존하던 외교와 경제정책을 과감하게 버렸다.

　　외환위기에 봉착해서 김대중과 마하티르는 서로 다른 해결의 길을 걸
었다. 마하티르는 아시아 금융위기의 주범은 국제적 투기성자금이며, 이
환투기를 극복하기 위해 국제금융 감시와 환율거래 감시체제를 만들어야
한다고 주장하면서 IMF체제를 거부했다. 반면 김대중은 IMF의 처방책이
지나치다고 비판하면서도 IMF와의 협력 없이는 경제위기를 극복할 수
없다고 생각했다. 그는 단기자본의 문제점에 동의하면서도 아시아가 당
면한 위기를 극복하기 위해서는 자유로운 시장질서 구축을 목표로 하는
개혁과 개방이 필수적임을 강조했다. 그는 개혁과 개방의 당위성을 '보편
적 세계주의'로 정리했다. 그는 세계적인 문명사의 변화는 지구공동체를
기반으로 한 보편적 세계주의를 향하고 있다고 역설하면서, 21세기는 "오
직 세계와 더불어 한편으로는 경쟁하고 한편으로는 협력하는 길로 나가야

한다"고 주장했다."[28]

　IMF체제의 수용을 전후한 시점에서 우리나라가 모라토리엄을 선언하는 한이 있더라도 IMF의 무리한 요구를 수용해서는 안 된다고 주장하는 사람들이 있었다. 김대중정부에서 금융감독위원장과 재정경제부장관을 지낸 이헌재도 잠시나마 그런 생각을 했던 사람에 속했다. 그는 우리나라가 IMF체제로 가기 직전에 개인자격으로 그리고 12월말 비상대책위원회에 참여한 후에는 김용환(김대중 대통령 당선자 시절 비상경제대책위원장을 맡음)과 만나 모라토리엄문제를 검토해보았다. 그는 1998년 러시아가 그랬던 것처럼 아예 판(IMF체제)을 깨는 방법도 검토했다. 그런데 그는 검토 결과 우리나라는 모라토리엄선언이 불가능하다는 결론을 얻었다. 가장 큰 이유는 다른 나라들과 달리 팔 수 있는 부존자원이 없다는 점이었다. 말레이시아나 러시아는 부도를 내고도 버틸 수 있었다. 부채의 성격이 우리와 달랐고, 원자재수출이 많아 끊임없이 달러가 들어왔기 때문이었다. 그러나 우리나라는 기업들이 수출을 통해 달러를 벌어도 다시 원자재나 부품 수입으로 모든 게 빠져나가버렸다. 만약 우리나라가 모라토리엄을 선언하면 모든 것을 현찰로 결제해야 하는데, 원료를 수입해 가공하고 이를 다시 수출하는 형태로 돌아가는 한국경제로서는 이 방식이 도저히 불가능하다는 결론이었다.[29]

　한국과 말레이시아 모두 경제위기를 극복하는 데는 성공했다. IMF의 처방 당시에도 그랬지만, 한국이 IMF체제를 성공적으로 극복한 후에도 IMF가 한국의 현실에 맞지 않는 과도한 요구를 했다는 비판이 제기되었다. 물론 기업도산과 비정규직 양산 등의 힘겨운 후유증이 IMF의 잘못된 처방책에서 기인한 것인지, 아니면 우리정부의 사회경제정책의 오류에서 기인한 것인지는 더 많은 분석을 필요로 한다. 그렇더라도 마하티르와 김대중이 IMF 처방책을 놓고 벌인 논쟁은 한국정부의 IMF 처방책에 대한 평가에 무언가 시사점을 던져줄 수 있을 것 같다.

3. 더 나은 국가를 향한 도전

문화예술 분야의 르네상스

김대중은 문화예술 분야에 대해 특별한 관심을 가졌다. 그는 야당지도자 시절 바쁜 일정에도 불구하고, 틈나는 대로 연극, 뮤지컬, 영화를 보러갔다. 특히 그는 손숙의 연극을 즐겼다. 한여름 무더위에 냉방장치도 작동하지 않는 극장에서 3시간 동안 안숙선 명창의 『수궁가』를 듣기도 했다. 그는 판소리에 추임새를 넣을 줄 알았고, 꽹과리, 장구, 북도 조금씩은 다룰 줄 알았다. 판소리를 좋아했던 그는 영화 『서편제』의 주인공 오정해의 결혼식 주례도 섰다. 가수 서태지의 노래도 좋아해서 차 안에서 자주 그의 노래를 듣곤 했다. 이 때문인지 서태지는 대통령 퇴임 후 동교동으로 그를 찾아오기도 했다. 이미자, 신원형, 이선희 등 다른 문화예술인들 중에도 김대중의 집을 찾아온 이들이 많았다. 김대중은 저서 『이경규에서 스필버그까지』에서 이선희, 이미자, 현미, 김혜자, 최명길, 안성기, 신애라와 차인표, 임권택, 이장호 등 수많은 문화예술인들에 대한 소감을 피력했다. 대부분 자신이 직접 만나 느낀 것이 토대가 되었다.[30] 그는 코미디언 이경규, 최양락·팽현숙 부부, 이봉원·박미선 부부 등도 좋아했다. 그와 코미디언 사이에 대화가 잘 통한 데는 그의 풍부한 유머감각이 한몫을 했다.

서태지와 함께한 김대중 (ⓒ 김대중평화센터)

1992년 정계은퇴를 한 후 그의 사무실에는 공연과 전시팸플릿 그리고 초대권이 수북이 쌓여갔다. 그가 영화, 연극 등을 즐긴다는 소식이 알려졌기 때문이다. 그즈음 그는 '엘리지의 여왕' 이미자의 세종문화회관 공연이 대중스타에게 대관을 허용해주지 않는 전통 때문에 어렵게 되었다는 소식을 접했다. 그는 바로 세종문화회관 측에 연락해 공연을 허용해줄 것을 요청했고, 이후 대중스타들의 세종문화회관 공연이 가능해졌다. 이렇게 그는 문화예술을 이해하고, 또 문화예술인들과 가장 가까이 지낸 정치인이었다.

김대중은 대통령이 된 후 1998년 10월 일본 방문시점에서 일본 대중문화 개방조치를 취했다. 이 조치는 평소 그가 한국문화에 대해 가지고 있던 자신감의 반영이었다. 당시 국내에서는 일본문화 개방이 시기상조라는 의견이 우세했다. 우리문화의 경쟁력이 일본문화에 뒤져 이를 개방할 경우 문화식민지가 될 수 있다는 우려에서였다. 이를 무릅쓰고 일본문화를 개방하는 것은 큰 모험이었다. 만일 일본문화 개방이 우리문화예술계에 부정적 영향을 미칠 경우, 그 비난은 고스란히 김대중에게 쏟아질 것이 뻔했다.

그럼에도 그는 이 조치를 단행했다. 그는 우리문화가 중국의 강한 영향권 아래 있으면서도 중국문화에 동화되지 않고 오히려 그것을 받아들여 우리문화로 재창조한 창의성과 역동성에 주목했다. 그는 일본문화를 강제로 막을 경우 양질의 문화는 들어오지 못한 대신, 폭력, 섹스 등 저질문화만 몰래 스며들 것이라고 염려했다. 김대중의 예상대로 일본 대중문화 개방조치는 성공적이었다. 우려했던 것과 정반대로 일본에 한류열풍이 불었다. 일본문화 개방은 일본문화의 무차별 수입이 아니라 오히려 우리문화가 일본으로 수출되는 큰 전환점 역할을 했다.

김대중은 대통령 재임 중 문화부문 예산을 사상 처음으로 전체 예산의 1퍼센트가 되도록 편성하게 했다. 그는 문화예산 1퍼센트 안을 대통령 선거 때 공약으로 제시했는데 취임 후 이를 실제로 이행한 것이었다. 정부의 총예산은 5퍼센트만 증액했는데도, 문화부문 예산은 무려 40퍼센트나 증액했다.

김대중정부의 문화정책의 기조는 "적극적으로 지원하되 간섭은 하지 않는다"는 것이었다. 이러한 기조의 일관된 유지는 문화전반에 새바람을 몰고 왔다. 영화계의 경우 영화진흥위원회를 설립하고 영화 지원사업을 본격화하면서도 영화 사전검열제는 폐지했다. 그의 재임 때 만들어진 영화로서 엄청난 관람객을 모은 『쉬리』와 『공동경비구역 JSA』 등은 우리의 이념과 현실을 가감 없이 녹여낸 작품으로서 검열이 없었기 때문에 가능했다. 『태극기 휘날리며』, 『실미도』 등도 남북화해의 분위기가 없었으면 상영되기 어려운 영화였다. 2002년 5월에는 임권택 감독이 『취화선』으로 칸 국제영화제에서 감독상을 받았다. 한국영화의 시장점유율이 취임초기 25.1퍼센트에서 2001년 50퍼센트, 2002년 48.3퍼센트, 2003년 53.5퍼센트가 되었다.

김대중은 퇴임 후인 2003년 제11회 '춘사 나운규 예술영화제'의 공로상 수상자로 선정되었다. 영화제조직위원회는 김대중을 수상자로 선정한 이유로 "재임 중 스크린쿼터를 지키고 표현과 창작의 자유를 보장했으며 1,500억 원의 영화진흥기금을 조성하는 등 한국영화의 장기적 발전에 버팀목이 되었다"는 점을 내세웠다. 김대중은 이 상을 받으며 매우 기뻐했다.

한류가 아시아를 휩쓸었다. 한국드라마가 아시아지역 국가들의 안방을 점령했다. 한국의 아이돌이 아시아 청소년들의 우상이 되었다. 2001년 주룽지 중국총리는 김대중을 만난 자리에서 "한국의 문화·예술이 싱가포르를 습격했음은 물론이고, 중국도 한류韓流가 아닌 '한조韓潮'의 습격을 받아 중국배우들이 한국배우들을 모방하고 있습니다"라고 말했다. 이에 김대중은 즐거운 마음으로 "중국이 우리 대중문화를 받아들이는 것은 중국의 문화적 포용력이 크다는 것을 의미합니다. 여유가 있다는 것입니다. 그만큼 소화해낼 만한 능력이 있다는 것입니다. 중국은 1500여 년에 걸쳐 중국문화를 우리에게 수출해왔으며 우리도 이러한 교류를 통해 우리 문화의 중심을 잡았습니다. 그런 점에서 중국도 1500년까지는 아니더라도 적어도 100년 정도는 우리문화의 영향을 받아도 문제가 없다고 생각합니다"[31]라고 대답했다.

IT강국이 되다

정보기술(이하 IT)산업분야는 김대중이 재임기간 동안 가장 심혈을 기울였고, 또 큰 성과를 나타낸 분야다. 김대중이 정보통신분야에 깊은 관심을 보이게 된 출발점은 감옥에서 읽은 앨빈 토플러의 『제3의 물결』이었다. 그는 이 책을 여러 차례 정독했고, 그 내용에 큰 충격을 받았었다. 영어의 몸으로 독방에서 이 책을 읽으며 "미래에는 전혀 다른 세상이 오는구나"라고 생각하며 즐거운 상상에 젖었고, 그렇게 미래를 구상했다. 그는 토플러의 책 내용을 보완하기 위해 다른 미래학자들의 책도 많이 읽었다. 특히 "미래에는 지식사회가 도래할 것"이라 예견한 현대경영학의 창시자 피터 드러커의 주장에 큰 관심을 보였다.

김대중은 대통령에 당선된 후 IMF 위기극복에 매진하면서도 다른 한편으로 지식과 정보강국이라는 새로운 비전을 제시했다. 그는 대통령 취임사에서 "새 정부는 우리의 자라나는 세대가 지식정보사회의 주역이 되도록 힘쓰겠습니다. 세계에서 컴퓨터를 가장 잘 쓰는 나라를 만들어 정보대국의 토대를 튼튼히 닦아나가겠습니다"라는 포부를 밝혔다. 그는 1998년 광복절 경축사에서도 '창조적 지식기반 국가의 건설'을 제시했다. 그는 지식·정보혁명의 시대는 우리에게 절호의 기회를 줄 수 있다고 생각했다.

> "인류의 역사는 시대의 격변기마다 새로운 승자를 배출해왔다. 18세기
> 말 산업혁명이 영국을 세계의 패자로 만들었고, 19세기말 제2차 산업
> 혁명이 독일과 미국을 세계시장의 강자로 만들었다. 이제 21세기 지식
> 혁명의 시대가 도래했고, 우리는 이 새로운 기회를 활용해야 한다."

김대중은 대통령 취임 직후인 4월 7일 토플러를 만났다. 그는 김대중
에게 "주위에 정보화라든지 새 시대의 중요성에 대해 정확한 인식을 갖고
그 중요성을 알고 있는 지도자가 많지 않다"고 말하면서 김대중이 정보화
에 대해 깊은 인식과 비전을 갖고 있는 데 대해 높이 평가했다. 그는 2001
년 6월에 한국에 다시 와서 "지금까지 IT가 BT(생명공학)산업에 영향을 주
었다면, 이제는 IT가 BT로부터 영향을 받을 것입니다. 앞으로 IT와 BT가
결합하는 바이오산업이 번창할 것입니다"라고 말했다.[32]

김대중은 IT산업 육성의 책임을 지고 있는 정보통신부장관에 남궁석
을 임명했다. 그는 장관발탁 당시 삼성SDS의 사장이었다. 김대중은 임명
장을 수여하면서 "정통부는 21세기의 국운을 좌우하는 중요한 부서입니
다. 빨리 업무를 파악해서 삼성을 일으켜 세웠듯이 이 나라를 세워주십시
오"라고 당부했다.

김대중은 빌 게이츠 마이크로소프트 회장과 손정의 소프트뱅크 사장
도 만났다. 김대중이 두 사람에게 한국경제의 나아갈 방향에 대해 묻자
손 사장은 "첫째도 브로드밴드, 둘째도 브로드밴드, 셋째도 브로드밴드입
니다. 한국은 브로드밴드에서 세계 최고가 되어야 합니다"라고 조언했다.
손 사장이 말한 브로드밴드는 초고속인터넷을 사용하기 위한 광역통신망
을 의미하는데 당시는 생소한 용어였다. 그러나 김대중은 바로 정보통신
부에 초고속통신망을 빠른 시일 내에 구축할 수 있는 방안을 찾도록 지시

빌 게이츠와 손정의를 접견하는 김대중 (ⓒ 국가기록원)

했고, 실제로 1999년부터 초고속정보통신망 사업에 본격 투자했다.

김대중정부는 교육정보화사업에도 심혈을 기울였다. 정부는 모든 학교와 교실을 인터넷으로 연결했다. 모든 학교의 교실에 인터넷이 깔리고, 모든 초·중등교원에게 PC가 지급되었다. 김대중은 정보화사업을 추진하면서 지식정보사회에서 낙오자가 생겨서는 안 된다고 강조했다. 가정주부, 노인, 장애인 등 정보화 취약계층과 농촌이나 도서벽지에서도 컴퓨터를 배울 수 있도록 했다. 군대와 감옥에서도 컴퓨터를 가르치도록 했다. 정보화 취약계층을 대상으로 '1000만 정보화교육'도 실시했다.

2000년 12월 정보고속도로를 개설했다. 전국 144개 주요지역을 광케이블 초고속정보통신망으로 연결했다. 2001년 2월 25일 취임 3주년을 맞아 정부중앙청사와 과천청사를 연결해 사상 첫 '영상국무회의'를 열기도 했다. 정보고속도로 개설 덕분에 초고속인터넷 이용자가 폭증했다. 1999년 37만 가구에 불과하던 가입자가 2002년 10월 천만 가구를 넘어섰다. 인터넷 사용인구도 1997년말 163만 명에서 2002년말 2,700만 명으로 증가했다. 경제협력개발기구(OECD)는 2001년말 기준으로 한국의 초고속인터넷 보급률이 100명 당 17.6명으로 회원국 중 1위라고 발표했다. 당시 미국은 4.47명이었다.

김대중정부는 정보고속도로 개통을 계기로 2001년초부터 전자정부를 본격 추진했다. 부처별 기본데이터베이스가 구축되었고, 전자정부와 관련하여 정보화촉진기본법, 전자서명법, 전자정부법 등 관련법과 제도를 정비했다. 전자정부사업의 첫 결실로 전자조달시스템이 구축되었다. 기업은 인터넷을 통해 정부와 공공기관 입찰정보를 얻고 거래에 참여했다. 국민은 4천여 종에 이르는 민원을 인터넷으로 안내받을 수 있게 되었고, 393종의 주요민원을 온라인으로 신청할 수 있게 되었다.

21세기에 들어서 처음 열리는 한일월드컵대회는 2002년 5월 31일 서울에서 개막식을, 도쿄에서 폐막식을 열었다. 김대중은 이 월드컵을 'IT월드컵'으로 만들어 지구촌에 IT강국의 인상을 심어주려 했다. 실제로 월드컵개막식은 우리의 IT기술을 유감없이 보여주었다. 월드컵 기간 동안 세계 최초로 HD디지털 텔레비전을 본격 선보였다. 서울 상암월드컵경기장에서 개최된 개막식은 우리 전통문화와 최첨단 IT기술을 접목하여 전 세계인들을 감탄케 했다.

정부의 정보통신사업은 국제적으로도 인정을 받았다. 슈뢰더 독일총리는 2002년 3월 "한국은 세계에서 가장 빠르게 IT산업이 성장한 국가이며, 독일도 한국을 따라잡고자 노력하고 있다"고 말했다. 2002년 5월 미국『비즈니스위크』지는 "2,500만 인터넷이용자와 3,000만 이동전화사용자들은 한국을 새로운 콘텐츠서비스와 무선서비스를 실험할 수 있는 독보적인 시장으로 만들고 있다"고 평가했다. 2003년 서울시는 세계 100대 도시를 대상으로 한 전자정부 평가에서 1위를 차지했다. IT를 전통산업에 접목하는 시도도 있었다. 한국은 IMF 위기 속에서 IT강국이라는 새로운 비전 아래 새로운 경제강국을 지향해가고 있었다. 그러나 채워지지 않은 부분도 있었다. 소프트웨어부문이 그랬다. 하드웨어부문은 정부의 강력한 의지에 의해 빠른 시일 내에 발전했지만, 소프트웨어부문은 시간을 필요로 했다. 김대중은 IT강국 건설에 자부심을 느끼면서도 이 부문의 취약성에 대해서는 매우 아쉬워했다.[33]

앨빈 토플러는 기회가 있을 때마다 김대중의 업적을 기렸다. "뛰어난 지도자를 지녀서 행복한 국민이다. 한국민은 김대중 대통령에게 많은 빚을 지고 있다." 그러나 이명박정권은 부처조정을 하면서 이 정보통신부를 없애버렸다. 김대중은 탄식했다. "현재와 미래에 우리를 먹여 살릴 부처를 폐지한다니, 그 사고가 의심스럽다."[34]

복지국가를 향한 전진

대부분의 서구 산업국가는 복지국가의 탄생과 관련된 기준점인 국내총생산(이하 GDP) 3퍼센트 수준의 사회복지 지출을 1920년대에 달성했다. 이들 나라의 사회복지 지출은 1930년대에 5퍼센트 문턱을 넘었다.[35] '요람에서 무덤까지'라는 캐치프레이즈로 널리 알려진 1942년 '비버리지보고서'는 제2차 세계대전 이후 영국 사회보장제도 확립의 기초가 되었고, 자본주의국가들의 사회보장제도 확립에 큰 영향을 주었다.

그러나 영국에서 이 보고서가 나온 후 반세기가 지날 때까지도 한국에서는 복지문제가 국가와 국민의 주요의제로 떠오르지 못했다. 한국은 사회복지 지출이 1990년대에 겨우 GDP의 3퍼센트 문턱을 넘었으며, 1998년에야 5퍼센트를 달성했다. 그럼에도 불구하고 보수세력은 복지정책의 확대를 주장하는 사람들을 향해 좌파주의자라고 매도하고, 심지어는 북한의 노선을 추종하는 위험인물로 분류해 비난과 탄압의 주제로 삼기까지 했다. 이런 현상은 김대중이 집권한 1990년대말까지도 계속되었다. 1인당소득이 1만 달러를 넘어선 나라치고는 기괴한 모습이었다. 열악한 복지환경을 양적 측면에서의 높은 고용율과 상부상조의 가족문화가 다소 보완하기는 했지만, 이것마저도 IMF 경제위기로 와해되고 말았다. 이제 국가적 차원에서 복지문제를 더 이상 미룰 수 없게 되었다.

김대중은 집권 후 유럽지도자를 만난 자리에서 효의 개념에 대해 그 나름의 해석을 내놓았다. 그는 효의 대상이 부모라는 데는 이론의 여지가 없지만, 자식만 부모를 섬기는 무조건적 효의 시대는 지나갔다고 주장했다. 그는 효의 주체를 자식으로 규정한 것은 농경시대 대가족주의의 유물이라고 규정하고, 이제는 국가가 효도를 떠맡아야 한다고 주장했다. 그는 이를 사회적 효도라고 불렀다. 그는 자식의 개인적 효와 국가의 사회적인 효가 합쳐져서 노인을 바르게 모시는 시대가 와야 한다고 했다. 그는

1982년 옥중서신에서 이런 생각을 이미 피력했었다.[36] 또한 그는 저서 『대중참여경제론』에서 "조세 및 재정제도를 재편하여 정부의 소득재분배 기능을 제고시켜야 한다"고 주장하면서 "장애나 노령 등으로 생존이 어려운 사람들에 대한 사회보장제도의 확대 등 긴요한 재정수요를 원활하게 충족시킬 수 있어야 한다"고 했다.[37]

그러나 김대중은 외환위기 때문에 1999년까지는 복지문제를 챙길 여유를 갖지 못했다. IMF 위기가 어느 정도 진정된 2000년부터 비로소 그때까지 미뤄두었던 생산적 복지정책을 본격적으로 검토하기 시작했다. 그는 2000년 1월 4일 신년사에서 '생산적 복지'에 대해 언급했다. 그리고 생산적 복지의 3대 방향으로 국민기초생활 보장, 일을 통한 복지구현, 삶의 질 향상 기반구축 등을 제시했다. 그는 자선이 아니라 인권의 관점에서 복지에 접근했다. IMF체제 이후 우리의 선택은 시장경제 외에 다른 길이 없다고 판단함과 동시에, 생산적 복지는 시장경제의 부작용과 폐해를 시정하고 보완하기 위해 필수적이라고 주장했다.

그의 생산적 복지정책은 2000년 10월부터 실시된 국민기초생활보장제도의 시행으로 나타났다. 이 제도는 근로능력에 관계없이 최저생계비 이하 저소득층의 기초생활을 국가가 보장하는 제도이다. 국민기초생활보장법은 기초생활을 보장받을 헌법상의 권리를 법률에 규정했다. 지난 40년 동안의 시혜적·단순보호 차원의 생활보호에서 벗어나 복지가 국민의 권리이며 국가의 의무임을 명확히 밝힌 것이다. 일부 보수층에서 이 제도를 사회주의정책이라고 비판했지만, 그는 이 제도를 밀고 나갔고 시행 후 큰 성과를 낳았다. 생계급여 수급자는 1997년 37만 명에서 2000년 149만 명, 2002년에는 155만 명으로 증가했다.

4대보험의 대상자도 크게 증가했다. 김대중정부는 산재보험과 고용보험의 적용대상을 1인 이상 사업장까지 확대하여 모든 국민이 실업과 산업재해의 위험으로부터 벗어나게 했다. 국민연금의 적용대상은 도시지역

주민에게까지 확대했다. 1999년 4월 1일 국민연금제도가 도입 11년을 맞았다. 아쉬운 것은 국민연금의 확대과정에서 행정상의 허점이 많이 드러났다는 점이다. 국민반발이 커지고 여론이 악화되자 여당 내에서조차 국민연금 확대일정을 연기하자는 의견도 나왔다. 김대중은 국민과의 대화에서 정부의 준비부족을 사과하면서도 시행은 그대로 강행했다. 1997년과 2000년 사회보험 적용인구의 변화를 보면, 산재보험은 857만 명에서 886만 명으로, 고용보험은 430만 명에서 675만 명으로, 공적연금은 857만 명에서 1,172만 명으로 증가했다.[38]

김대중정부의 복지정책 가운데 중학교 의무교육의 확대도 빼놓을 수 없다. 그동안은 도서벽지의 일부 학교에서만 실시했지만, 2002년부터 이를 전국으로 확대했다. 이로써 국가의 의무 교육기간이 6년에서 9년으로 늘었다.

김대중정부가 의욕적으로 추진했고 또한 가장 많은 사회갈등을 야기했던 정책으로는 의약분업정책이 있다. 의약분업은 말 그대로 의사는 진단과 처방을, 약사는 조제와 투약을 전담하는 것을 말한다. 2000년 이 정책을 시행하려고 하자 의료계가 강력히 반발했다. 2000년 6월 20일 의료계는 전국적으로 폐업을 단행했다. 이와 함께 의약분업문제가 국가적 사안으로 확대되었다. 시행과정에서 정부의 준비소홀로 진통이 커졌다. 그러나 김대중은 의약분업을 밀고 나갔다. 의약분업 시행 후 항생제의 사용이 크게 줄어드는 등 효과가 컸다. 김대중은 시행을 잘 했다고 주장하면서도 시행에 문제가 없다는 관련부처의 말을 너무 쉽게 믿었었다고 술회했다.

김대중정부 때 시행된 국민기초생활보장제 도입, 국민연금 대상 확대, 건강보험 통합, 의약분업 실시 등은 우리나라 복지정책의 역사에서 큰 전환점이 되었다. 복지정책의 확대는 우리나라가 선진국으로 가기 위해 필수적이었고, 우리경제는 이를 충분히 감당할 수 있는 수준이었다. 그러나 복지정책 확대의 길은 예상 외로 어려웠다. 예컨대 김대중정부에서 복지부장관을 맡은 사람은 김모임, 차홍봉, 최선정, 김원길, 이태복, 김성호 등 여섯 명이나 된다. 임기가 평균 채 1년도 못 되었다. 다른 부처의 경우와 비교해볼 때 너무도 짧았다. 선의의 복지정책을 시행함에도 그 과정에서의 진통은 너무 컸다.[39]

김대중 복지개혁은 한국 복지국가의 태동을 알리는 신호일 뿐 결코 완성은 될 수 없었다. 후임정부들이 낮은 수준에 머물러 있던 조세부담률을 일정 부문 높이고, 새로 확충된 재원을 사회보험과 공적 부조의 내실화에 투자해 소득상실 위험에 실효성 있게 대비하고, 소득불평등을 완화해나가야 할 것이다. 또한 복지재정의 확충은 유연-안정성의 원칙하에 개선된 노동시장제도 그리고 사회적 합의를 바탕으로 이루어져야 할 것이다.[40]

4강 외교

김대중 대통령은 1998년 6월 초 미국을 방문했다. 그는 평소 미국이 1945년 한반도를 남북으로 갈라놓은 데 큰 책임이 있다고 생각했다. 그러면서도 1973년 도쿄 납치사건과 1980년 전두환정권의 사형선고에서 미국이 자신을 구출해준 데 고마워했다. 그는 미국식 민주주의와 시장경제 원리를 신봉했다. 뉴욕에 도착해서 먼저 들른 곳이 유엔본부와 뉴욕증권거래소 등이었다. 워싱턴에서는 클린턴 대통령, 고어 부통령 등 미국정부 고위인사들과 연쇄회동을 가졌다. 클린턴과 미국의회는 민주화운동의 오랜 실천과 수난의 시간을 보낸 끝에 대통령에 당선된 그를 따뜻하게 맞이했다. 미국언론은 사형수에서 대통령의 자리에까지 오른 그의 고난과 역동적 삶을 자세히 소개했다.

클린턴 대통령과 정상회담 중인 김대중 (ⓒ e영상역사관)

김대중은 클린턴과 정상회담을 했다. 그는 클린턴에게 햇볕정책을 설명했다. 그리고 그 근거를 미국의 외교정책에서 찾았다. 그는 미국이 제2차 세계대전 후 소련 등 공산권과 대결정책을 펼친 결과와 1970년대 중반 이후 데탕트정책을 펼친 결과를 비교했다. 중국에 대해서도 봉쇄정책을 펼친 결과와 닉슨 대통령이 중국과 교류협력정책을 펼친 결과를 인용했다. 두 가지 사례 모두 대결이나 봉쇄정책이 아닌 데탕트정책이 미국에 더 큰 이득을 안겨주었다고 설명했다. 베트남의 경우도 전쟁으로는 이기지 못했지만, 교류협력정책을 통해 친미국가로 만들었다고 설명했다. 클린턴은 김대중의 이야기를 들은 후 김대중의 햇볕정책에 대한 지지를 표명했다.

> "한반도문제는 김 대통령께서 주도해주시기 바랍니다. 김 대통령이 핸들을 잡아 운전하고 나는 옆자리로 옮겨 보조적 역할을 하겠습니다."[41]

클린턴은 1994년 제1차 북핵위기 때 북한 영변지역을 폭격하려 했던 인물이었지만, 김대중을 만나 대북 강경정책을 완전히 포기하고 유화정책으로 돌아섰다. 외교정책에 많은 영향력을 갖고 있던 미국의회도 김대중의 햇볕정책을 지지했다. 김대중이 민주화운동과정에서 오랫동안 쌓아온 명성과 그의 정교한 논리 그리고 그의 장기인 설득력이 대미외교에서 큰 빛을 발휘했다.

국제 외교무대에서 정상 간의 개인적 친분과 신뢰는 양국 모두에 국가적 자산이 된다. 실제로 클린턴은 재임기간 중 햇볕정책을 지지하겠다는 약속을 성실하게 지켜 대북포용정책을 한미 공동으로 추진했다. 김대중과 클린턴의 재임기간 중 한미관계는 역사상 최고로 돈독했다.[42]

김대중은 1998년 10월 7일 일본을 국빈 방문했다. 그는 오부치 게이조 일본총리와 정상회담을 갖고 햇볕정책에 대해 설명했고, 그로부터 지지를 이끌어냈다. 오부치 총리는 과거사에 대해 사죄했고 김 대통령은 전후 일본이 평화헌법을 채택하고 동아시아의 발전에 기여한 것을 높이 평가했다. 두 사람은 정상회담에서 '21세기 한일파트너십'이라는 공동선언을 발표했다. 그 내용 중에는 대북공조, 청소년 교류확대 등이 포함되었다. 앞서 언급되었듯이 이즈음 김대중은 일본 대중문화의 개방을 선언하기도 했다.

2019년 우리나라 대법원은 일제강점기 일본기업이 한국인 노동자를 강제로 징용한 데 대해 배상을 판결했다. 이에 일본 아베정부는 한국기업에 대한 수출규제조치를 취했고, 이로 인해 한일관계는 최악의 상태로 빠져 들어간다. 이 사태를 계기로 여·야정치권과 보수·진보언론 모두 당시 발표했던 김대중·오부치 선언을 상기하며 김대중의 외교능력을 재평가했다. 이는 보수진영의 김대중 복권선언이나 다름없었다.

1998년 11월 김대중은 국빈자격으로 중국을 방문했다. 그는 장쩌민 주석과 정상회담을 갖고 한중관계 및 남북관계 등에 대해 대화를 나누었다. 그는 장쩌민에게도 햇볕정책을 설명했다. 장 주석도 마찬가지로 그의 햇볕정책을 적극 지지해주었다. "한국의 대북 포용정책은 올바른 정책이라고 생각합니다. (…) 한반도평화안정이 중국의 기본 입장입니다."[43] 장쩌민의 말은 곧 김대중의 햇볕정책을 그대로 옮겨놓은 말이었다.

김대중은 1999년 5월말 러시아를 방문하여 보리스 옐친 러시아 대통령으로부터 햇볕정책에 대한 지지를 이끌어냈다. 두 나라는 공동성명에서 "한반도에서 긴장을 완화하고 항구적 평화를 구축하려는 한국정부의 노력을 긍정적으로 평가하고, 지역 전체의 평화와 안정을 공고하게 할 남북한 간의 접촉과 생산적 대화를 촉진하려는 김대중정부의 정책에 지지를 표명한다"고 밝혔다.

김대중은 이렇게 취임 후 미국, 일본, 중국, 러시아를 차례로 방문하여 우호관계를 돈독히 하고, 동시에 햇볕정책에 대한 지지를 이끌어냈다. 그의 4강 외교는 28년 전인 1971년 대통령 선거 때 그가 내세웠던 '한반도 4대국 안전보장론'을 현실화시켜나간 것이었다. 1994년 북핵위기 이후에는 4개국과 남북한이 함께하는 6자회담이 동북아 안전보장체제 구축에 유력한 대안으로 제시되었다. 김대중은 6자회담의 성공이야말로 동북아의 평화와 안정을 위한 필수조건이라고 주장했다.

나아가 그는 '동아시아공동체' 구성을 제안하면서 1998년 베트남 하노이에서 열린 '아세안+한중일정상회의'에 공식 제출했다. 동아시아공동체는 유럽연합(EU)과 그 성격이 같았다. 다른 지역과 달리 동아시아에서는 국가나 지역 간에 큰 갈등이나 대립이 거의 존재하지 않았기 때문에, 그는 이 구상의 현실화가 충분히 가능하다고 판단했다. 다만 동아시아공동체의 성공을 위해서는 동북아시아에서 북핵문제의 해결과 지역적 협력이 선행되어야 한다고 주장했다. 결국 그의 평화비전에서 남북문제의 평화적 해결은 동북아 평화는 물론이요, 동아시아공동체의 성공을 위해서도 필수적인 조건이었다.[44]

김대중의 동북아시아공동체 구성제안은 2001년 10월 아세안+한중일정상회의에 제출된 동아시아비전그룹의 건의서와 2002년 2월 아세안+한중일정상회의에서 채택한 동아시아연구그룹의 최종보고서에 일정 부분 반영되었다. 이 보고서들은 모두 동아시아지역의 평화, 번영 및 발전을 위한 지역공동체 구성과 동아시아지역 협력의 비전과 방향을 제시하고 있다.[45] 그의 동아시아공동체 구상은 브란트가 독일문제의 해법으로 유럽공동체 건설 혹은 유럽연방국가 건설을 제안한 것을 상기시킨다.

4. 임기 후반의 정치적 시련

소수정부의 계속된 어려움

2000년 1월 20일 김대중이 이끈 새천년국민회의의 당명이 새천년민주당
으로 바뀌었다. 형식은 새로운 정당을 창당하는 형태였고, 적십자사 총재
및 시민운동을 한 서영훈 씨 등 새로운 인사의 수혈이 일부 있었다. 그러
나 엄밀한 의미에서 당명변경 외에 특별한 이유를 찾기는 어려운 창당이
었다. 김대중은 민주당이란 명칭에 특별한 애정을 느꼈다. 1955년 창당
된 민주당은 정통 민주세력의 뿌리였고, 김대중은 그 이름을 다시 찾고
싶어 했다. 일종의 정통성 찾기였다. 그러나 이유가 어디에 있든 최초로
정권교체를 이룬 정당의 이름을 불과 4년여 만에 다른 이름으로 바꾼 것
은 창당과 해산, 탈당 등이 너무나 쉽고 잦은 우리나라 정당사의 안타까운
단면을 보여주는 것이기도 했다.

2000년 4월 13일 총선이 실시되었다. 김대중정부는 지난 2년 동안
IMF 극복과 남북관계개선 등 여러 면에서 큰 성과를 내고 있었다. 게다가
남북정상회담 개최일정도 발표되었다. 당연히 총선에 큰 기대를 걸었다.
그러나 결과는 기대에 크게 못 미쳤다. 민주당 115석, 한나라당 133석,
자민련 17석, 민국당 2석, 한국신당 1석, 무소속 5석이었다. 공동정부 파
트너였던 자민련은 교섭단체 구성에도 실패했다. 김대중이 심혈을 기울

이던 영남지역 개척도 성과를 내지 못했다. 영남지역에 출마한 김중권 전 비서실장, 노무현 민주당 부총재, 김정길 전 정무수석 등이 모두 고배를 마셨다. 여소야대 정국은 김 대통령의 남은 임기 3년 동안 계속될 수밖에 없었다. 험난한 앞길이 그를 기다리고 있었다.

2001년 6월 29일 국세청이 언론사 세무조사 결과를 발표했다. 언론사의 탈세와 사주의 불법·편법을 동원한 치부행위가 드러났다. 국세청은 6개의 언론사와 3명의 사주를 포함한 12명을 검찰에 고발했다. 조선일보 방상훈 사장과 동아일보 김병관 사장이 구속되었다. 1999년 보광그룹 탈세혐의로 홍석현 중앙일보 사장이 구속된 것까지 합하면 김대중정부에서 조선, 중앙, 동아 등 우리나라 3대 신문의 사주가 모두 구속되었다. 언론사 세무조사와 사주 구속은 지금까지 정부가 세무조사를 하고도 결과를 발표하지 않은 과거의 관례를 깨고 성역을 없앴다는 점에서 의미가 컸다. 그러나 해당 언론사들이 김대중정부를 거칠게 몰아붙였다. 여소야대 정국에 언론과의 대립까지 겹쳐 김대중정부 후반기의 어려움은 더욱 가중되었다.

2001년 10월 25일 서울 두 곳과 강원지역 등 세 곳에서 국회의원 보궐선거가 실시되었다. 이 선거에서 민주당은 모두 패배했다. 민주당은 동요했고, 당 최고위원들이 패배에 책임을 지고 전원사퇴를 결의했다. 민주당 총재를 맡고 있던 김대중은 최고위원 사퇴파동이 일정부분 자신을 향하고 있으며, 당의 원심력이 무너지고 있다고 느꼈다. 향후 본격화될 대통령 후보 경선까지 생각할 때 당내 정치로부터 일정부분 거리를 두는 게 낫겠다고 판단했다. 그는 11월 8일 당무회의에 보낸 발표문을 통해 당 총재직 사퇴를 발표했다.

2002년 4월 27일 민주당 대통령 후보 경선에서 노무현이 선출되었다. 광주에서의 승리가 결정적인 역할을 했다. 광주 시민들이 김영삼의 3당 합당 행렬을 거부하고 지역주의 타파에 앞장선 그에게 고마움을 표시한

것이었다. 그가 본선에서 가장 경쟁력이 있다는 호남인들의 정치적 안목
도 그를 지지하게 만든 이유 가운데 하나였다. 김대중도 비슷한 평가를
하고 있었다. 그는 재임 중 개혁적 성향의 장관발탁에 인색했지만, 노무
현에 대해서만은 예외였다. 해양수산부장관으로 임명된 노무현은 장관
재임기에 향후 정치적 성장을 위한 경력들을 쌓아나갈 수 있었다.

제16대 대통령 선거는 처음에는 노무현·이회창·정몽준 3파전으로
치러지다가 노무현·정몽준 후보가 단일화를 이루면서 노무현·이회창
양자대결로 진행되었다. 선거 전날 밤 정몽준이 단일화를 철회하기는 했
지만, 단일화의 효과는 지속되어 노무현이 대통령에 당선되었다. 노무현
은 유효투표의 48.9퍼센트인 1,201만 표를, 이회창은 46.6퍼센트인
1,144만 표를 얻었다. 두 사람의 표차는 약 57만 표였다. 직전 대선에서
김대중·이회창의 표차 39만 표보다는 조금 더 벌어졌지만, 여전히 막상
막하의 대결이었다. 김대중은 비록 민주당에서 탈당하기는 했지만, 마음
은 여전히 민주당 당원이었다. 그는 노무현의 대통령 당선을 진심으로
기뻐했다. 두 사람은 다른 점도 많았지만 정치적으로 서로 밀고 끌어주는
동지적 관계를 형성하고 있었고, 그 결과가 정권 재창출로 이어졌다.

아들들 문제

2001년말 수많은 권력형 비리, 이른바 '게이트'가 터져 나왔다. '진승현
게이트'로 김은성 국정원 2차장이 구속되었다. 2002년에는 '최규선게이
트'가 터져 김 대통령의 3남 홍걸이 구속되었다. 또한 '이승현게이트'에
연루된 김 대통령의 차남 홍업이 알선수재와 조세포탈, 변호사법 위반혐
의로 구속되었다. 김대중은 자서전에서 이때의 심경을 다음과 같이 표현
했다.

노무현 대통령 당선자를 접견하는 김대중 (ⓒ 국가기록원)

"2002년 봄은 잔인했다. 아들들이 비리혐의로 뭇매를 맞고 있었다. 그리고 내가 세운 아태평화재단이 도마에 올랐다. (…) 내색은 안 했지만 나는 발밑이 꺼지는 듯했다. 하루에도 몇 번씩 천 길 낭떠러지로 떨어졌다."[46]

이희호도 같은 심정이었다. 그는 이때의 심정을 이렇게 토로했다. "남편이 사형선고를 받았을 때도 이렇게 힘들지는 않았다. 하루속히 청와대에서 나가고 싶었다. 이런 수모를 당하려고 그 고난을 겪었단 말인가."[47]

국민들은 아직도 김영삼 전 대통령이 차남 김현철의 문제로 큰 홍역을 치렀던 역사를 생생하게 기억하고 있었다. 김대중은 이를 반면교사로 삼기를 바랐건만, 그 희망이 다시 무산되었다. 국민의 실망은 컸다. 김대중은 임기 말 이 문제로 국민들께 사과성명을 발표했다. "제 평생 많은 어려움을 겪었지만 이렇게 참담한 일이 있으리라고 생각조차 못했습니다. 이는 모두가 저의 부족함과 불찰에서 비롯된 일입니다. 거듭 죄송한 말씀을 드립니다."[48]

김영삼의 비극을 목격했던 그는 아마 '내가 대통령이 되면 결코 저런 일은 없을 것'이라 다짐했을 것이다. 그런 그가 이렇게 주변관리에 허점을 드러낸 까닭은 무엇인가. 그것은 아마 측근과 자식에 대한 온정주의 때문일 것이다. 온정주의라는 감성이 그의 특징인 완벽주의라는 이성을 마비시킨 것이다.[49] 물론 그의 온정주의는 단순한 개인사로만 보면 충분히 이해할 만했다. 큰 아들 홍일과 둘째 아들 홍업은 첫 번째 부인 차용애가 낳은 아들들이다. 김대중은 차용애가 자신이 정치적으로 어려움을 겪던 시절 사망했기 때문에 두 아들에 대해 더욱 미안한 마음을 지니고 있었다. 두 아들 그리고 이희호와의 사이에서 태어난 홍걸까지 세 아들들은 김대중이 1970~80년대 겪은 정치적 역경 속에서 매우 힘든 시간을 보냈다.

큰 아들 홍일은 1974년 민청학련사건의 배후로 지목돼 고초를 겪었다. 특히 1980년 김대중이 체포되었을 때 함께 체포되어 모진 고문을 당했다. 고문에 못 이겨 혹시라도 아버지에게 불리한 증언을 할지도 모른다는 생각에 그는 자살까지 시도했다. 이후 15~17대 국회의원을 지내기는 했지만, 고문후유증으로 평생 다리를 절었고, 파킨슨병을 앓아 마지막 15년 동안은 거의 거동을 하지 못했다. 김대중은 그런 아들을 보면서 뼛속까지 아파했다.

둘째 아들 홍업 역시 아버지 때문에 정상적인 사회생활을 할 수 없었다. 그는 대선 때 기획홍보분야에서 역할을 맡으면서 재미를 느끼고 자신감도 얻었으나 사업을 하지 말라는 아버지의 만류 때문에 어쩔 수 없이 이 일을 중단했다. 아버지가 대통령으로 재임하는 동안 그는 특별한 일을 하지 못했고 무력감만 커져갔다. 한 차례 국회의원을 역임했지만 다음 선거에서 낙선했다. 셋째 아들 홍걸은 초등학교 및 사춘기 시절에 아버지가 동경에서 납치되고 1980년 사형선고를 받는 모습을 경험했다. 정상적인 청소년들이 감당하기 어려운 가족사였다.

김대중은 이런 아들들에 대해 항상 미안해했다. 측근인 박지원에게 털어놓았던 다음과 같은 토로가 그의 심중을 잘 드러내 보여준다. "결국 나는 성공했다고 볼 수 있겠지만, 우리 아들들, 특히 우리 큰아들 홍일이를 보면 가슴이 미어져서 살수가 없다."[50] 자식들에 대한 이런 연민이 완벽주의자 김대중으로 하여금 아들들에 대한 감독을 소홀히 하게 했다.

물론 대통령의 가족들에게 정상적인 사회생활을 하지 못하게 만든 한국의 정치문화에도 책임이 있다. 김홍일은 이 문제를 거론하며 다음과 같이 절규했다. "도대체 대통령의 아들은 무덤에 갈 때까지 무엇을 하며 살란 말인가. 바보처럼 살다 실업자라도 좋다는 배필을 만나 아버지가 건네주는 생활비로 평생을 살다 죽으란 말인가."[51] 홍일만이 아닌 홍업과 홍걸 모두 똑같이 하고 싶은 말이었을 것이다.

대통령의 가족사를 불행하게 만드는 배경에는 또 하나 중요한 것이 있다. 대통령 자녀와 친인척 그리고 측근들을 어떻게든 이용해보려고 달려드는 주변사람들의 유혹이 그것이다. 그러나 그 이유가 어디에 있든 아들문제는 임기 말 김대중의 정치적 위상과 자존심을 사정없이 망가뜨렸다. 단순히 김대중만 힘들게 한 것이 아니었다. 그를 대통령으로 선출하고 그를 좋아했던 다수 국민들에게도 큰 상실감을 안겨주었다.

5. 존중받은 최초의 퇴임 대통령

우울한 상황들

김대중은 재임 후반부 건강이 많이 나빠졌다. 의사로부터 신장투석까지 권유받았지만, 이를 퇴임 후로 미뤘다. 투석에 4시간 이상이 소요되고, 그 직후에도 곧바로는 사실상 집무가 불가능한 점을 고려해서였다. 그는 임기 말 아들들 문제와 퇴임 전후 대북송금 특검문제 등 여러 사안들로 심적 고통을 많이 느끼고 있었다. 이 때문에 건강은 더욱 악화되었다. 그러나 그는 퇴임 3개월 후인 5월 12일 심혈관수술을 받고서야 투석을 받기 시작했다.

2003년 후반부에 민주당이 분당했다. 노무현을 따르는 이들이 열린우리당을 창당한 것이다. 우리나라의 고질적 정치병인 인물중심의 정당사를 상기할 때, 새삼스러운 일은 아니었다. 대통령이 새로 탄생하면 틀림없이 새로운 정당이 만들어졌기 때문이다. 김대중 역시 여러 차례 당을 만들었고, 대통령에 당선 후에도 국민의당을 해체하고 민주당을 창당했다. 그런 그가 새로운 정당의 출현을 내놓고 비판할 처지는 못 되었다. 그러나 마음속으로는 자신이 만든 당이 분당되고, 또한 자신과 함께 정치했던 사람들이 나뉘게 된 것을 가슴 아파했다.

차기 대통령 선거가 예정되어 있던 2007년 노무현정부에 대한 지지도는 10~30퍼센트 수준을 오르락내리락 했다. 열린우리당의 지지기반이 사실상 무너져 있었다. 열린우리당의 붕괴는 이미 대선 1년 전인 2006년 지자체 선거 때 드러났다. 열린우리당은 16개 광역자치단체 가운데 전북 한 곳에서만 승리했다. 서울시장 선거에 출마한 열린우리당 강금실 후보는 27.31퍼센트의 득표율로 한나라당 오세훈 후보의 득표율 61.05퍼센트의 절반에도 못 미쳤다. 한때 '강효리'라 불릴 만큼 큰 인기를 얻었던 그의 참패는 2007년 대선에 열린우리당이 어떤 후보를 내세우더라도 패배할 수밖에 없음을 미리 예고한 것이었다.

예상대로 2007년 12월 19일 치러진 제17대 대통령 선거에서 열린우리당 후보 정동영은 참패했다. 그의 득표율 26.14퍼센트는 한나라당 이명박의 득표율 48.67퍼센트의 절반에 머물렀다. 이회창이 무소속으로 출마하여 15퍼센트를 획득한 것까지를 감안하면, 민주개혁진영의 참패는 상상 이상이었다. 민주개혁진영의 선거사에서 이런 참패는 없었다.

이명박이 대통령에 취임한 후 민주주의가 크게 후퇴했다. 호남지역에 대한 차별도 다시 시작되었다. 남북관계도 크게 후퇴했다. 이명박정부는 2008년 7월 관광객 한 명이 북한군의 총격으로 사망한 사건을 이유로 금강산 관광을 중단시켰다. 임기를 시작한지 채 1년도 안 되어 김대중·노무현정부 10년 동안 공들여 가꾸어놓은 민주주의와 남북관계가 냉전시대 수준으로 후퇴해버렸다. 취임 1년이 지난 2009년 1월 이명박정부의 대북정책에 크게 실망한 김대중은 "10년 공든 탑이 무너지려 한다", "이 대통령은 남북관계에 대한 철학이 없다"고 한탄했다.[52]

계속된 외교활동

퇴임 후 김대중의 활동은 외교분야에서 진가를 발휘했다. 그는 남북관계,

북미관계가 어려움에 처할 때마다 대내외의 주목을 받았다. 그는 노무현 정부 들어서 제2차 북핵위기가 도래하자 일괄 타결론을 주장했다. 북한은 핵무기를 포기하고 미국은 북한과 수교하며 남한은 북한에 경제원조를 하자는 것이 그 골자였다.

그는 퇴임 후 2004년 유럽을 두 번 찾았으며, 중국도 방문했다. 2005년 통일독일의 초대 대통령을 역임한 폰 바이체커를 한국에 초청했다. 2006년에는 광주에서 열린 노벨평화상 수상자 정상회의에 참석하여 미하일 고르바초프 전 소련 대통령 등과도 조우했다. 2007년 5월에는 베를린 자유대학이 수여하는 제1회 자유상을 받기 위해 독일을 방문했다. 같은 해 9월에는 미국을 방문했으며, 이명박정부가 들어선 2008년 4월에는 미국을, 9월에는 노르웨이, 같은 해 10월과 이듬해 5월에는 각각 중국을 방문했다. 그 자신이 외국을 직접 방문하거나 외국정상들을 한국에 초청했을 때 그의 주관심사는 언제나 남북문제와 한반도평화였다. 그는 퇴임 후에도 변함없이 햇볕정책을 홍보했으며, 북핵위기는 반드시 평화적 방식에 의해 해결되어야 한다고 주장했다.

현직 대통령으로부터 존중받은 유일한 전직 대통령

노무현 임기 5년 동안 김대중과 노무현의 관계는 대북송금 특검 등으로 다소 불편한 시기도 있었지만, 전체적으로 볼 때 좋은 편이었다. 현직 대통령 노무현은 전직 대통령 김대중을 평가하면서 "우리 역사에 그런 지도자는 없었으며, 세계에 자랑할 만한 지도자"라고 했다. 그는 김대중이 그냥 민주투사가 아니라 뛰어난 사상가였으며, 그 지식을 전략적으로 요령 있게 활용하는 지혜까지 지닌 특별한 지도자라고 생각했다. 그러면서 그는 그런 지도자를 국민이 잘 알아보지 못한 것이 안타깝다고 말했다.[53]

역대 대통령 가운데 이승만, 장면, 윤보선, 최규하는 임기도중 하차했다. 박정희는 심복에 의해 저격당했고, 전두환, 노태우, 이명박, 박근혜는 임기 뒤나 도중에 감옥에 수감되었다. 노무현은 후임정부에 의해 탄압을 받다가 자살로 생을 마감했다. 역대 대통령 가운데 김영삼과 김대중 두 사람만 전직 대통령으로서 정당한 대우를 받으며 살았다. 둘만 놓고 봤을 때도 김영삼은 퇴임 후 IMF위기의 책임으로부터 자유로울 수 없었고, 후임 대통령인 김대중과 계속 갈등관계에 있었다. 반면 김대중은 현직 대통령 노무현이 그의 사저를 방문할 만큼 최대한 예우를 받았다. 우리 헌정사상 전직 대통령이 현직 대통령에 의해 이만큼 존중받았던 사례는 없었다.

검찰이 비리혐의로 노무현 대통령 내외, 친인척과 측근들을 무차별적으로 조사했다. 전직 대통령에 대한 가혹한 정치보복이었다. 노무현은 수사를 받는 도중 심한 모욕감을 느꼈다. 지사적 성격의 노무현은 2009년 5월 23일 머물고 있던 봉하마을 뒷산에 올라가 자살로 생을 마감했다. 그의 자살은 이명박정권의 정치적 탄압에 대한 최고의 항의이자 국민과 역사에 내민 준엄한 고발장이었다. 김대중은 노무현의 서거에 큰 충격을 받았다. 그가 받은 충격은 인간 노무현을 잃은 데 대한 충격임과 동시에, 노무현과 함께 이명박정부의 반민주적·반민족적 행위에 맞서려던 계획이 무산된 데 대한 절망감의 표시였다. 그는 이 심정을 "내 몸의 반이 무너진 것 같다"고 표현했다.

김대중은 노무현 대통령의 영결식 때 장례위원회로부터 추도사를 부탁받았으나 정부의 반대로 뜻을 이루지 못했다. 그는 읽지 못한 추도사에서 "노무현 대통령, 죽어서도 죽지 마십시오. 우리는 당신이 필요합니다. 우리 마음속에 살아서 민주주의의 위기, 경제위기, 남북관계의 위기, 이 3대 위기를 헤쳐 나가는 데 힘이 되어주십시오"라고 했다. 그는 또 "당신은 저승에서, 나는 이승에서 우리 모두 힘을 합쳐 민주주의를 지켜냅시다.

사저를 방문한 노무현 대통령 내외를 맞이한 김대중·이희호 (ⓒ 김대중평화센터)

그래야 우리가 인생을 살았던 보람이 있지 않겠습니까"라고 말했다. 김대중은 노무현을 향해 "당신같이 유쾌하고 용감하고 그리고 탁월한 식견을 가진 그런 지도자와 한 시대를 같이했던 것을 나는 아주 큰 보람으로 생각한다"며, "저승이 있는지 모르지만 저승이 있다면 거기서도 기어이 만나서 지금까지 하려다 못한 이야기를 나누자"며 저승에서의 재회를 기약했다.⁵⁴

영결식장에서 김대중은 권양숙 여사의 손을 잡고 오열했다. 85세 고령의 전직 대통령이 오열하는 모습은 텔레비전을 통해 온 국민들에게 그대로 전달되었다. 그의 또 다른 면모였다. 그가 만일 영결식장에서 추도사를 낭독했더라면, 국민들의 분노는 더욱 치솟았을 것이다. 이명박정부는 그런 점까지를 계산하면서 그의 조사낭독을 한사코 막았음에 틀림없었다.

노무현 전 대통령의 영결식이 있은 지 20여 일이 지난 6월 11일 김대중은 6.15남북공동선언 9주년 기념행사 연설에서 노무현과 자신은 '농민의 아들', '상고 졸업', '반독재 투쟁', '남북화해·협력' 등 닮은 점이 너무 많다면서 "전생에 노 대통령과 형제가 아니었나"라는 생각이 든다고 말했다. 그는 또 이날 연설에서 이명박정부가 민주주의와 남북관계를 후퇴시키고 있는 데 대해 강한 어조로 비판했다. 그는 "자유로운 나라가 되게 하고 싶으면 양심을 지켜라. 평화로운 나라가 되게 하고 싶으면 행동하는 양심이 되어라"고 하면서 "방관하는 것은 악의 편"이라고 했다. 그는 또 "4,700만 국민이 서로 비판하고 충고하고 격려해 이 땅에 다시는 독재와 소수의 사람만이 영화를 누리게 해서는 안 된다"고 역설했다.⁵⁵

이 연설은 김대중이 생전에 대중 앞에서 직접 행한 마지막 연설이었다. 노무현의 죽음과 민주주의·남북관계의 후퇴에 대한 안타까움과 분노가 함께 서려 있었다. 청와대와 한나라당은 김대중의 연설에 맹비난을 퍼부었다. 보수언론도 비난행렬에 가세했다. 아예 제목부터 '정권타도 선동'이라고 쓴 신문도 있었다. 그러나 한국사회여론연구소가 6월 17일 실

노무현 대통령 영결식에서 오열하는 김대중 (ⓒ 사람사는세상 노무현재단)

시한 정기 여론조사 결과에 따르면, 김대중의 발언에 '공감이 간다'는 응답은 51.7퍼센트, '공감이 가지 않는다'는 35.5퍼센트, '잘 모르겠다'는 12.8퍼센트로 나타났다. 김대중이 현 시국에 관한 정치적 견해를 대외적으로 표명한 것에 대해서는 56퍼센트가 '문제없다'고 보았으며, '문제가 있다'는 38.2퍼센트에 그쳤다.[56]

6. 지도자 김대중론

DJP공동정부의 명암

김대중 대통령은 DJP연대정신을 살리기 위해서도 그랬지만 IMF 위기를 극복하기 위해 정파를 가리지 않고 능력중심으로 인재를 발탁하려 노력했다. 국민의 정부 초기에 재정과 구조조정이라는 중요한 임무를 떠맡은 이규성 재무장관과 이헌재 금감위원장은 자민련에서 추천한 인사들이었다. 이들은 외환위기를 극복하고 경제체질을 개선하는 데 큰 역할을 했다. 두 사람을 추천한 김용환 부총재는 김대중이 장관직을 여러 차례 제의했지만 고사하면서도 고비마다 중요한 역할을 했다. 김대중은 이들에게 항상 고마움 마음을 가졌다.[57]

공동정부는 1998년 한 해 동안 비교적 순탄하게 운영되었다. 김종필은 사실상 자민련 출신 장관의 임명권을 행사하는 실세총리였고, 김대중은 그의 역할과 위상을 최대한 존중했다. 1999년 7월 야당이 옷 로비사건 등을 다룰 특검을 요구했을 때, 김대중은 미국 방문길에 오르면서 특검제 수용여부를 김종필에게 위임했다. 김종필은 특검제 수용의사를 밝혔고, 국민회의 총재권한대행 김영배는 특검제 수용에 반대했다. 이때 김종필이 화를 내며 결별을 암시하는 발언까지 했다. 그는 여기서 그치지 않고 김 대행을 경질해야 한다는 뜻을 대통령 비서실을 통해 김대중에게 전달했다. 김대중은 많은 고민 끝에 김 대행을 비롯해 당 간부들을 교체했다. 김영배는 김대중과 수십 년 동안 정치적 운명을 함께해온 이였고, 대행을 맡은 지 겨우 3개월밖에 되지 않은 시점이기도 했다. 그러나 김대중과 국민회의 간부들은 김종필과의 연대를 위해 희생을 감수했다.

1997년 대선을 앞두고 이뤄진 DJP연대에서 양당 사이의 가장 큰 약속은 차기 대통령 임기 내에 내각제를 실시한다는 것이었다. 당시 작성된 'DJP 후보단일화 협약문'에 따르면 "공동정부에서 내각제 개헌은 대통령이 발의하여 1999년까지 완료한다. 개헌 이후 내각제 총리는 자민련이 맡는다"라고 되어 있었다. 이 약속대로라면 김대중은 1999년 7~8월 중 의원내각제 개헌발의를 해야 할 상황이었다. 그렇지 않으면 김대중은 거짓말과 약속위반, 자민련의 공동정부 철수 등 모든 정치적 책임을 떠안을 수 있었다.

그러나 김대중이나 국민회의 입장에서는 내각제 개헌에 쉽게 응할 수 없는 처지였다. 예정대로 내각제를 시행할 경우 김대중의 임기는 사실상 2년으로 끝나게 되고, 다음 정권의 주도권은 총리를 맡을 김종필과 자민련으로 넘어가게 되었다. 김대중이나 국민회의 모두 그것을 수용하기 어려웠다. 정치구도 상으로도 내각제 개헌은 쉽지 않았다. 개헌을 하려면 국회에서 2/3 이상의 동의를 받아야 하는데 당시 국민회의와 자민련 의석은 겨우 과반을 차지하는 수준이었다. 한국당과 이회창이 개헌에 동의하지 않기 때문에 국민회의와 자민련이 설령 개헌을 추진한다고 해도 사실상 어려운 상황이었다. 게다가 국민여론도 내각제보다는 대통령제를 선호했다. IMF 위기극복에 매진해야 할 상황에서 여론을 거스르면서까지 내각제 개헌을 추진할 상황이 아니었던 셈이다. 김종필과 자민련이 무리하게 내각제 약속을 지키라고 할 경우 개헌도 안 되고 공동정부만 붕괴될 수 있었다.

김대중과 김종필은 1999년 7월 17일 부부만찬을 가졌다. 이 자리에서 김대중은 여러 가지 사정상 내각제 개헌이 어렵다는 점을 솔직히 밝혔다. 김종필도 이런 상황을 이미 예상하고 있었다. 그는 당시 자민련 의원들로부터 내각제 개헌을 관철시켜야 한다는 강력한 압력을 받고 있었고, 내각제를 포기할 경우 자민련의 결속도가 떨어지고 다음 총선에서 국민들의 지지를 받는 데도 큰 지장을 초래할 것이라는 것을 잘 알고 있었다. 무엇보다 그는 집권 가능성이 사라져버린 정당의 운명이 어떠리라는 것도 너무 잘 알고 있었다.

그렇지만 그는 개헌이 현실적으로 어렵다는 판단 하에 결단을 내리기로 했다. 그는 이 결심을 김대중과의 만찬자리에서 전달했다. 내각제라는 큰 난제가 이렇게 김종필의 결단에 의해 무리 없이 해결되었다. 대신 김종필은 내각제 포기로 큰 홍역을 치렀다. 공동정부 탄생의 주역 가운데 한 사람인 김용환이 김종필이 내각제를 포기하자 자민련을 탈당했다. 자민련은 이듬해 실시된 총선에서 교섭단체도 구성하기 어려울 정도로 참패했다. 김종필은 훗날 저서전에서 내각제를 포기할 당시의 심경을 다음과 같이 기술했다.

> "자민련 지도자만의 길을 걸을 것인가, 국가운영을 책임진 자의 길을 선택할 것인가 기로에서 나는 후자를 택하기로 결심했다."[58]

내각제문제가 원만하게 타결된 것은 다행이었지만, 김대중이 DJP연대에서 내각제 개헌에 합의하고도 임기 동안 개헌을 추진하지 않은 것은 충분히 비판의 사유가 되었다. 그것은 타협의 핵심 고리에 대한 신뢰의 문제였기 때문이다. 당시 사정상 대통령 임기를 단축하면서까지 내각제 개헌을 하기는 어려웠지만, 임기를 존중하면서 개헌을 시도할 수도 있었기 때문에 더욱 그러했다. 정치 구도상 그리고 국민들의 지지가 낮아 내각제 개헌이 불가능했다 하더라도 약속의 실현을 위한 시도 자체는 다른

차원의 문제였다.[59]

2000년 1월 김종필 총리가 자민련으로 돌아갔다. 김대중은 김종필의 추천을 받아 후임총리에 박태준 자민련 총재를 지명했다. 정치적 이념이나 정체성, 지역적 배경 등이 크게 다른 김대중·김종필 두 사람이 선거국면부터 집권 후 2년여 동안 대통령과 총리로서 큰 충돌 없이 동반자적관계를 유지한 것은 우리에게 대통령제 하에서도 공동정부 구성이 가능하다는 소중한 경험을 갖게 했다. 여야가 극단적 대립을 일삼는 우리나라 정치풍토를 감안할 때, DJP연대와 협치의 사례는 매우 이례적인 실험이었고 정치권이 소중한 경험으로 삼을 만하다.

2000년 4.13총선이 끝난 지 한 달 후 박태준 총리가 '부동산 명의신탁' 파문에 휩싸여 사표를 냈다. DJP연대라는 차원에서 큰 손실이 아닐 수 없었다. 김대중은 자민련에 후임총리를 추천해주도록 부탁했다. 김종필은 다시 후임총리로 이한동 자민련 총재를 추천했다. 김종필, 박태준에 이은 세 번째 자민련 출신 총리였다. 자민련이 이한동을 총리로 추천한 것은 DJP연대를 계속하겠다는 의사표시였다.

4.13총선에서 자민련은 당선자를 17명밖에 배출하지 못했다. 자민련은 의석이 55석에서 17석으로 축소되는 참패를 맛보았다. 2000년말 민주당 국회의원 3명이 당적을 자민련으로 옮겼다. 자민련의 교섭단체 구성을 위해서였다. 야당과 일부 언론은 '의원 임대', '의원 꿔주기'라며 비아냥거렸다. 이런 비난이 아니더라도 모양이 좋지 않은 것은 사실이었다. 그러나 정부여당에게 자민련과의 공조는 절실했고, 자민련의 교섭단체 구성은 양당의 공조에 긍정적으로 작용했다.

이렇게 어려운 조건 하에서도 3년 8개월 동안 유지되던 DJP공동정부는 2001년 9월 임동원 통일부장관의 해임안을 둘러싸고 김대중과 김종필간 의견차가 노출되면서 와해되었다. 김종필은 평양을 방문한 강정구 교수의 '만경대사건'에 대해 임동원이 책임지고 물러나야 한다는 입장이었고, 김대중은 임동원이 책임질 성질의 일이 아니라는 입장이었다. 이 부분에 대해서는 이 책의 제8장에서 상세히 다룰 것이다.

김대중 대 김영삼

김영삼과 김대중의 관계를 이야기할 때 흔히 '영원한 라이벌'이라는 표현을 많이 사용한다. 나이는 김대중이 세 살 앞서지만 정치경력은 김영삼이 앞선다. 김영삼은 1954년에 국회의원이 되었고, 김대중은 1961년에야 국회의원에 당선되었다. 김영삼은 민주당 구파에 속했고, 김대중은 신파에 속했다. 변방인 김대중이 자신을 둘러싼 불리한 조건들을 만회하고 김영삼과 진검승부를 겨룬 것은 1970년 신민당 대통령 후보 경선 때였다. 김대중은 예상을 깨고 김영삼을 이겼다. 이후 두 사람은 한 순간도 멈추지 않고 치열하게 경쟁했다. 1980년 봄과 1987년, 1992년 대선에서 둘은 대통령 후보와 대통령 자리를 놓고 경쟁했다. 특히 1987년 두 사람의 경쟁은 6월항쟁의 성과를 다시 군부독재세력에게 헌납하는 결과를 가져와 각자의 정치인생에서 큰 오점으로 남게 만들었다.

그러나 두 사람은 경쟁하면서도 민주주의가 위기를 맞을 때는 협력을 마다하지 않았다. 1979년 신민당 전당대회에서 김대중은 김영삼을 지지하여 그를 총재로 만들었고, 유신체제의 종식을 위해 함께 싸웠다. 1980년대 전두환 독재체제에 맞설 때도 두 사람은 함께했다. 김대중과 김영삼은 1983년 8월 15일 각각 워싱턴과 서울에서 공동성명을 발표해 1980년 국민을 실망시킨 데 대해 사과하면서 향후 함께 시대적 과제의 해결에 앞장서겠다고 약속했다. 두 정치지도자의 약속은 이듬해 5월 18일 민주화추진협의회(민추협)의 결성으로 구체화되었다.

두 사람은 1985년 신한민주당(신민당)을 창당하고 이민우를 총재로 추

김영삼과 김종필 _ 김대중과 함께 이들은 이른바 '3김시대'를 이끌었다 (ⓒ 국가기록원)

대한 다음 뒤에서 당을 지원하면서 반독재 투쟁을 강화했다. 1987년 6월 항쟁 직전 이민우 총재가 직선제 개헌 대신 내각제 개헌을 내세우며 전두환과 적당히 타협하려는 기미를 보였다. 그러자 두 사람은 함께 신민당을 포기하고 선명야당 통일민주당을 창당했다. 이번에도 김대중은 김영삼을 총재로 선출하는 데 앞장섰다.[60] 이렇게 두 사람은 치열하게 경쟁하면서도 민주주의가 위협을 받으면 경쟁을 멈추고 협력하면서 함께 성장했다.

1990년 김영삼이 김대중을 피해 노태우, 김종필과 함께 3당 합당을 했다. 40여 년 동안 민주화운동에 헌신했던 김영삼이 군부독재세력과 손을 잡은 것은 매우 아쉬운 일이었다. 그러나 김영삼은 적어도 민주화문제에 관한 한 보수진영에 들어가서도 옛 모습을 잃지 않았다. 그는 합당으로 탄생한 민자당의 대통령 후보가 되어 군부통치를 청산하고 문민시대를 열어갈 중요한 전환점을 만들었다. 대통령에 당선된 후에는 하나회 척결, 전두환·노태우 구속 등 민주주의의 공고화에 크게 기여하기도 했다.

1997년 대선에서 김영삼은 김대중의 승리에 직접적인 도움을 주었다고 말할 수는 없으나, 최소한 방해하지는 않았다. 선거에서 중립을 지켰고, 김태정 검찰총장의 수사중단 결정을 지시했거나 혹은 최소한 용인했다. 이인제의 탈당을 적극 만류하지도 않았다. 김영삼이 대통령 재임 중 하나회 등을 척결하여 군의 정치적 개입을 원천적으로 차단시킨 것도 1997년 정권교체 및 김대중정권의 안정에 도움이 되었다.

1997년 김대중이 대통령에 당선됨으로써 대통령이 되고자 했던 두 사람의 소원은 모두 이루어졌다. 김대중이 1970년 신민당 대통령 후보 경선에서 승리하여 대통령 선거에는 먼저 나갔지만, 청와대는 김영삼이 먼저 들어갔다. 진검승부에서 두 사람은 1승 1패씩을 나눠 가진 셈이다.

1997년 대선이 끝나고 두 사람의 관계가 회복될지도 모른다는 추측이 나돌았다. 그러나 김대중의 임기 동안 두 사람의 관계는 여전히 냉전상태나 마찬가지였다. 이유는 크게 두 가지였다. 하나는 IMF 사태의 책임을 둘러싼 견해차였다. 김영삼은 IMF 사태가 발발한 원인 가운데 야당과 김대중이 경제문제에 협조해주지 않은 것도 해당된다고 생각했다. 그러나 김대중은 김영삼의 이런 논리에 동의하지 않았다. 그는 대통령 취임 후 IMF 사태를 초래한 김영삼정부의 무능과 무책임을 비판했다. 김영삼은 경쟁자인 김대중이 IMF 위기극복의 주인공이 되고, 자신은 나라를 망친 사람으로 취급되는 데 심한 마음의 상처를 입었다.[61] 게다가 김대중은 역사상 최초로 남북정상회담의 주인공이 되었고, 노벨평화상까지 수상했다. 김대중이 정치인생 최고의 명예를 누리고 있는 동안 김영삼의 심리가 편할 수 없었다.

김영삼은 김대중이 대통령에 취임한 후 빠른 시일 내에 김현철을 사면시켜줄 것으로 기대했다. 그러나 김현철은 1999년에서야 8.15특사 형태로 남은 형기를 면제받았고, 2000년 8월 15일에야 광복절특사로 복권조치되었다. 김현철의 사면과 복권에 민주진영과 법조계는 강하게 비판을 했지만, 정반대로 김영삼은 김대중의 뒤늦은 조치에 분개했다.

1999년 10월 16일 김대중은 부산민주공원 개원식에 참석했다. 이 자리에 참석한 김영삼이 축사를 하면서 김대중을 맹렬하게 비난했다. "이 나라의 민주주의가 위기에 처해 있습니다. 이대로 가면 내년 총선거는 사상 유례없는 부정선거가 될 것이요, 독재의 망령이 되살아날 것입니다. 임기 말에 내각제 개헌으로 장기집권이 획책될 것입니다." 김대중은 김영삼의 축사에 이은 치사에서 "저는 이 자리를 빌려 지난 1979년 야당 총재로서 온갖 박해를 받으면서도 과감하게 투쟁하여 부산과 마산 그리고 전국민의 권리에 크게 기여하신 김영삼 전 대통령의 공로에 대해서 여러분과 같이 높이 찬양하고자 합니다"로 응대했다. 김대중이 이렇게 김영삼을 치켜세웠지만, 김영삼이 김대중을 대하는 태도는 바뀌지 않았다. 두 사람은 나란히 서서 테이프를 커팅하고 악수했으나 김영삼의 냉랭한 태도 때문에 서로 말 한마디도 나누지 못했다.

2006년 10월 9일 북한이 핵실험을 강행했다. 김대중이 청와대를 나온 지 3년 반이 지난 시점이었다. 노무현 대통령은 김대중, 김영삼, 전두환 등 전직 대통령을 청와대로 초청하여 북한 핵실험 이후 대처방안에 대해 조언을 구했다. 이 자리에서 김영삼은 햇볕정책을 노골적으로 비판했다. 노무현 대통령이 김대중 전 대통령의 정책을 계승하여 포용정책을 펴다가 이런 상황을 초래했다고 지적하고, 노 대통령과 김대중 전 대통령이 대국민 공개사과를 해야 한다고 주장했다. 이에 맞서 김대중은 전쟁은 절대 안 되며, 북한에 대한 경제적 제재도 효과가 별로 없고, 미국과 북한이 대화하는 게 최선이라고 주장했다.

김영삼과 김대중 사이의 냉랭한 관계와 달리 김영삼을 따르는 상도동계 사람들과 김대중을 따르는 동교동계 사람들은 민주화동지로서 자주 만났고 협력을 다짐했다. 이들은 김대중의 대통령 재임 중에는 물론이요, 김대중이 퇴임 한 이후에도 여러 차례 두 사람의 화해를 시도했지만, 성과는 거의 없었다. 김영삼이 형식적으로나마 김대중과 화해한 것은 김영삼이 2009년 병석에 누워 있던 김대중을 면회하러 갔을 때였다. 당시 중환자실에 있던 김대중은 김영삼을 만날 상황이 아니었다. 김영삼은 이희호를 통해 쾌유를 빈다는 말을 전했다. 언론은 김영삼이 김대중의 병실을 방문한 것을 크게 보도하면서 김영삼이 김대중과 화해했다고 해석했다.

김대중과 지역주의

1963년 제5대 대통령 선거에서 박정희는 윤보선보다 불과 156,026표 많은 근소한 차이로 승리했다. 지역으로 보면 박정희는 전라도에서 윤보선보다 350,297표를 더 얻었다. 사실상 박정희의 승리는 전라도에서 얻은 표 덕분이었다. 1967년 제6대 대통령 선거 때 박정희와 윤보선이 전라도에서 얻은 표는 거의 비슷했다. 이 사례에서 보듯 당시만 하더라도 적어도 정치적 측면에서 전라도와 경상도 사이에 지역감정은 거의 없었다.

1971년 제7대 대통령 선거는 경상도 출신 박정희 대 전라도 출신 김대중 사이의 대결이었다. 앞서 언급한 것처럼 이 선거에서 김대중에 대한 지지도는 박정희가 위기의식을 느끼기에 충분할 만큼 높았다. 이 위기를 돌파하기 위한 박정희의 카드가 바로 지역감정 동원이었다. 중앙정보부는 "김대중 후보가 정권을 잡으면 경상도전역에 피의 보복이 있을 것"이라고 흑색선전을 폈다. 대구출신인 이효상 국회의장은 "문둥이가 문둥이 안 찍으면 어쩔기고?", "경상도 사람 쳐 놓고 박 후보 안 찍는 사람은 미친 사람이다"라고 노골적으로 지역감정을 부추겼다.

선거 결과 지역별 득표율을 보면 경북지역(대구 포함)에서 박정희 대 김대중의 득표율은 75.6대 23.3이었고, 전남지역(광주 포함)에서 김대중 대 박정희의 득표율은 62.8 대 34.4였다. 표의 응집력으로 보면 경상도의 박정희 지지율이 전라도의 김대중 지지율보다 더 높았다. 선거 결과 박정희는 경상도에서 김대중보다 1,523,672표 더 앞섰다. 반면 박정희가 전국적으로 얻은 표는 김대중보다 946,928표 앞섰다. 박정희의 당선은 동원된 부정부패 선거방식 외에 이러한 경상도 표 덕분이었다. 이 표의 상당부분은 지역감정을 부추긴 결과였다.

1980년 광주항쟁이 일어나자 전두환과 신군부는 이를 폭동으로 규정하고 대대적인 광주 고립작전에 나섰다. 이 과정에서 김대중이 속죄양으로 동원되었다. 전두환과 신군부는 김대중이 정권을 잡기 위해 광주 시민들을 동원하여 폭동을 일으켰다고 선전했다. 그들은 여기서 그치지 않았다. 광주항쟁을 북한과 연결시키며 색깔공세를 일삼았다. 민주세력들에 의해 광주항쟁의 진실이 밝혀지고 명예도 회복되었지만, 이 일련의 과정에서 형성된 지역주의는 이 후 국민통합과 정치발전을 가로막는 큰 걸림돌이 되었다.

1971년 대통령 선거에서 박정희 진영이 영남지역주의를 부추겼지만, 부산에서 김대중은 43.6퍼센트의 득표율을 기록했었다. 그러나 1987년 6월항쟁의 승리 후 실시된 대통령 선거에서 김대중·김영삼 사이의 단일화 실패는 민주진영마저 영남과 호남으로 갈리게 만들었다. 양김의 단일화 실패는 민주진영 후보의 당선 실패에 덧붙여 지역주의의 전국화라는 큰 후유증을 남겼다.[62] 1990년 김영삼이 3당 합당을 결행한 후 상황은 더욱 악화되었다. 1992년 제14대 대통령 선거 때 발생한 초원복집사건은 이를 단적으로 말해준다.

전인권은 1997년 대선이 있기 몇 개월 전에 쓴 저서 『김대중을 계산하자』에서 '김대중문제'를 시급히 풀어야 할 이유로 국민통합의 문제와 한국 민주주의의 문제, 그리고 통일의 문제를 꼽았다. 그는 한국사회가 김대중을 그대로 방치할 경우 김대중과 전라도문제는 '한 세트'가 되어 우리의 과거를 절대로 아름답게 만들지 못할 것이라고 주장했다. 김대중문제를 풀고 안 풀고는 통합과 차별의 상징적 지표가 될 것이라는 얘기였다. 그는 민주주의의 핵심단계를 '반대파 용인의 단계'라고 정의했다. 이때의 반대파란 화해가 불가능할 정도로 적대적인 감정을 느끼는 반대파다. 또한 이때의 용인은 이 반대파에게 정권을 내줄 수도 있는 정도의 용인이다. 김대중문제는 바로 반대파 용인의 시금석이었다. 전인권은 통일은 남북이 합치는 문제이지만, 통일이 된 다음 '남북문제'나 '북한문제'는 다시 지역문제가 된다고 했다. 그리고 미래의 지역문제인 북한문제는 지금의 전라도문제보다도 훨씬 어려운 상황을 만들어낼 것이라 전망했다. 그러면서 김대중이 있을 때 지역문제를 해결하는 것이 효율적이라고 주장했다.[63]

주지하다시피 김대중정부 이전 지역차별의 구조는 영남의 패권체제와 호남에 대한 배제로 특징지을 수 있다. 그런 점에서 1997년 호남출신 김대중의 대통령 당선은 적어도 정치권력적 차원에서는 일회적이나마 차별의 구조를 넘어선 것이었다. 김대중 집권 후 호남이 영남에 대해 가졌던 피해의식은 많이 완화되었다. 이것은 김대중의 집권이 그가 어떤 업적을 이뤘느냐를 논하기 이전에 집권 자체만으로도 한국 민주주의가 보다 포용성을 갖고 안정적으로 나갈 수 있는 중요한 계기를 만들었다는 것을 의미한다.[64] 영남출신이면서 지역주의 극복에 앞장섰던 노무현이 민주당 대통령 후보 경선에서 호남의 지지를 받아 대통령 후보로 선출되고, 또 대통령 선거에서 호남의 절대적 지지를 받은 것은 지역주의 극복을 위한 또 하나의 청신호였다.

　김대중은 지역주의에 정면으로 맞서는 과정에서 본의 아니게 그 자신이 일정부분 지역감정의 생산자 역할을 했다. 그러나 그 성격은 박정희나 전두환의 그것과는 전혀 달랐다. 김대중의 지역주의 생산은 차별철폐를 위한 혹은 공격에 대한 정당방위적인 성격이었다. 김대중은 야당지도자 시절은 물론이요 대통령 퇴임 후에도 한결같이 지역감정 타파의 방법 가운데 하나로 '정·부통령제'의 도입을 주장했다.[65] 또한 대통령 재임 때는 정당명부 비례대표제 도입을 통해 지역주의 완화를 시도했다. 하지만 이런 주장은 모두 당시 야당이었던 한나라당의 반대로 무산되었다.

　많은 사람들이 지역주의의 완화를 위해 현행 대통령제의 보완 내지 폐지가 필요하다고 주장한다. 모든 권력이 지금처럼 대통령과 중앙정부에 집중되어 있는 한 대통령과 중앙권력을 둘러싼 지역 간의 경쟁은 멈추기 어렵고, 지역주의는 그만큼 계속 유지될 것이라는 이유에서다. 지역 간 대결구도의 완화를 위해서는 중앙에 집중된 권력을 과감하게 지방에 분산시켜야 한다는 주장도 강하게 제기되고 있다.[66]

　그러나 아쉽게도 김대중이 이 부분에 대해 큰 고민을 한 흔적은 별로 발견되지 않는다. 지방자치제 도입을 위해 단식까지 단행한 그였지만, 그것은 민주주의의 기반조성이라는 측면에서였지 지방분권까지 염두에 둔 행위는 아니었다. 지역주의의 최대 피해자이면서 동시에 일정부분 지역

대결의 생산자였고, 또한 지역주의 극복을 위해 노력한 그가 제도적 장치 마련에 큰 고민을 하지 않은 것은 의외라고 할 수 있다.

김대중의 이념적 지평

독재자들은 김대중을 매우 과격한 인물로 묘사했다. 그러나 그는 실제로 급진적 사고를 한 사람은 아니었다. 오히려 매우 실용주의적인 사고를 유지한 인물이었다. 그는 한일 국교정상화 문제 등 외교정책에 실용주의적으로 접근했다. 김구에 대한 그의 평가는 그 자신이 좌우명처럼 여겼던 '서생적 문제의식과 상인적 현실감각'의 개념을 잘 드러내준다. 그는 해방 정국에서 남북분단을 받아들이지 않으려는 김구의 문제의식에 공감했고, 그런 그를 존경했다. 그러나 그는 김구가 신탁통치에 지나치게 강경하게 반응하고, 또 제헌의회 선거에 참여하지 않은 것을 비현실적 대응으로 이해했다.

김대중은 젊은 시절부터 진보적 성향을 드러냈다. 해방 직후 좌파적 성향의 건준과 신민당에 참여하고, 한국노동문제연구소에 관여한 것이 이를 잘 설명해준다. 하지만 그는 진보적이기는 했지만 공산주의와는 처음부터 분명하게 거리를 두었다. 잠시나마 여운형의 정치노선에 공감했던 것도 여운형이 해방 후 공산주의와 거리를 두고 좌우합작운동과 남북분단을 막는 데 노력했기 때문이었다. 그가 조봉암을 좋아했던 것 역시 그의 진보적 사회관과 평화적 통일관에 공감했기 때문이지만, 근본적으로 조봉암이 해방 후 공산주의와 거리를 두었기 때문이었다. 김대중은 조봉암이 공산주의를 버렸으면서도 그 지지세력의 확보라는 정치적 이유에서 분명하게 반대입장을 취하지 않은 것에 대해서는 실망스럽다고 토로했다.

김대중은 정치를 하는 동안 '서생적 문제의식과 상인적 현실감각'이란 문구를 항상 좌우명으로 삼고 살았다. 그의 진보적 사고는 한국사회가 처한 정치·사회·경제적 상황에 대한 냉철한 문제의식의 반영이었다. 그가 독재정권에 맞선 것, 공정한 분배정책에 큰 관심을 가진 것, 그리고 분단극복과 평화적 통일방안 연구에 집중적으로 노력한 것은 서생적 문제의식의 발로였다. 반대로 문제를 푸는 과정에서 그는 항상 실용주의적으로 접근했다. 공산주의에 대해 분명하게 거리를 둔 것도 상인적 현실주의의 발로였다.

그의 진보적 성향이 국민들에게 널리 각인된 것은 1971년 대통령 선거 때였다. 그는 평화적 통일론, 4대국 안전보장론, 대중경제론 등 당시로서는 매우 파격적인 주장들을 제시하며 기존 정치권과 차별화를 시도했다. 그의 정책은 제일 야당의 대통령 후보로서 정권교체라는 현실적 목표달성과 자신의 정체성인 진보적 정치노선을 절묘하게 조화시킨 것이었다. 그의 이러한 합리적 진보관은 민주화와 남북관계 개선을 염원한 합리적 진보인사들과 동지적 관계를 형성하게 했다. 그가 1980년 봄과 1987년 대선 및 국회의원 선거 때 많은 재야인사들로부터 비판적 지지를 받은 것이 그 대표적인 사례였다.

김대중은 1998년 대통령에 취임한 후 복지를 인권의 개념에서 접근했고, 기초생활보장제의 도입과 4대보험의 확충 등 복지정책의 토대를 만드는 데 기여했다. 1970년대에 주창한 대중경제론의 일부를 집권 후 정책에 도입한 것이었다. 하지만 사실 그가 대통령 재임 중 실시한 정책들은 대통령이 되기 전 그가 지녔던 진보적 내용으로부터 많이 후퇴한 것이었다. IMF 위기극복을 위해 미국과 IMF의 요구를 수용하는 것이 불가피했지만, 결과적으로 그의 정책은 지나치게 신자유주의적인 방향으로 흘렀다. 인사에서도 개혁적 성향의 인사들보다는 경험 많은 보수적 인사들을 더 많이 선택했다. IMF 위기극복이라는 당면과제를 감안하더라도 그의 진보적 성향에 큰 기대를 걸었던 이들에게 아쉬움으로 남는 대목이다.

그러나 민족문제에 있어서만큼은 달랐다. 그는 젊은 시절부터 대통령을 거쳐 사망할 때까지 일관되게 평화적·단계적·민주적 방식에 의한 통일관을 피력했고 실천했다. 그의 햇볕정책은 우리 정치사에서 남북관계에 대한 코페르니쿠스적 인식의 전환을 가져왔다. 한국전쟁 이후 지속되어온 남북한 간의 군사적 대치와 적대적 대립이라는 기존의 인식 틀을 뛰어넘어 남북한의 평화적 공존 가능성을 실제로 보여주었을 뿐만 아니라, 소련과 동유럽의 붕괴 이후 불어 닥친 탈냉전의 변화가 한반도에도 도달될 수 있음을 보여주었다.

햇볕정책은 국내정치적으로도 커다란 의미를 지닌다. 박정희나 전두환정권 등 민주적 정통성이 부재한 군부 권위주의체제는 항상 자신을 정당화하고 지탱하는 이념적 토대로 반공을 내세웠다. 햇볕정책은 이념적으로 그런 반공 이데올로기에 대한 최초의 근본적인 도전이었고, 그 결과로서 우리사회의 이념적 지평을 확대시켰다.[67] 햇볕정책은 김대중의 진보적 정체성을 유지시킨 최대의 무기였다.

김대중은 분명 진보적이기는 했지만 사회주의 혹은 사회민주주의자는 아니었다. 비록 온건하지만 사회민주주의가 정치의 한 축을 형성하는 서독 등 서유럽과 달리 한국은 사회민주주의와 공산주의를 구분하지 못하는 나라였고, 이런 특성은 김대중의 진보적 색깔도 제한할 수밖에 없었다. 김대중의 진보적 색깔은 유럽의 사회민주주의가 아닌 자유주의에 토대를 둔 미국의 민주당 노선에 더 가까웠다.

김대중의 3대 신앙

김대중은 '대통령병 환자'라는 말을 들으면서까지 대통령이 되려 했던 이유에 대해 세상을 바꾸어 사람이 주인인 세상을 만들기 위해서였다고 답했다. 그는 대통령을 목표로 하는 동안 숱한 실패와 사형선고 같은 수난을 겪었다. 하지만 그로 하여금 이 모든 것을 감당할 수 있게 만든 데에 그를 지탱해준 '3대 신앙'이 있었다.

첫 번째 신앙은 국민이었다. 김대중은 여러 차례 대통령 선거에 떨어졌다. 때문에 보통사람들 같으면 국민이 자신의 능력과 뜻을 몰라준다면서 국민을 원망했을 것이다. 그러나 그는 달리 생각했다. 그는 국민이 언제나 현명한 것은 아니지만 "민심은 마지막에 가장 현명하다"고 생각했다. 그는 또 국민이 언제나 승리하는 것은 아니지만 "마지막 승리자는 국민"이라고 믿었다.[68] 그는 자신이 선거에서 여러 차례 실패한 것은 국민의 지지가 부족해서가 아니라 독재정권의 불법선거와 지역감정 조장 때문이라고 생각했다. 그는 오히려 자신을 변함없이 지지해준 국민에게 항상 고마워했다. 그는 주변사람들에게 항상 국민을 하늘처럼 떠받들라고 말했다. "하늘을 따른 자는 흥하고 하늘을 거역한 자는 망한다고 했는데, 여기서 하늘은 바로 국민"이라는 게 김대중의 설명이었다. 그는 정치인은 국민의 손바닥으로부터 전해지는 체온과 정서를 통해 그 뜻을 배워야 한다고 했다.[69]

김대중은 정말 선거에서 여러 번 떨어졌다. 언젠가 스스로 대통령이 되는 게 어려울 수 있다고도 생각했다. 이때 그에게 위안으로 다가온 것이 바로 역사, 그의 두 번째 신앙이었다. 그는 자신의 노력이 당대에서 평가받지 못하더라도 역사가 평가하리라고 믿었다. 왜냐하면 "역사의 뒤편에는 정의와 진실을 주관하는 신이 계실 것이기 때문"이었다.

"나는 악마가 지배하는 지옥에 떨어져도 신이 있다는 것을 믿는다. 그리고 나의 신앙은 역사다. 나는 역사 안에서 정의는 절대로 패배하지 않는다는 것을 믿는다."[70]

김대중에게 가장 두려운 것은 역사의 심판, 즉 "역사 속에서 내가 어떻게 평가될 것이냐"였다.[71] 그가 1980년 사형선고를 받고도 전두환 등 신군부와 타협하지 않은 것은 역사에 대한 두려움과 믿음 때문이었다. 그는 1992년 대선에서 떨어졌지만 자신의 인생이 결코 실패했다고 생각하지 않았는데 그 배경에도 역시 역사에 대한 믿음이 있었다. 패배 뒤에도 그는 언제나 삶에 충실했고, 따라서 자신을 기록할 역사의 페이지는 따로 있을 것이라고 생각했다. 그곳은 이 세상에서 무엇을 얼마만큼 이룬 사람의 페이지가 아니라 인생을 어떻게든 올바르게 살려고 노력한 사람의 페이지가 될 것이라 믿었다. 그리고 바로 역사가 자신의 노력을 긍정적으로 평가해주리라 기대했다.[72] 그는 이런 생각을 노벨평화상 수상소감에서 다시 언급했다.

"모든 나라의 모든 시대에 국민과 세상을 위해 정의롭게 살고 헌신한 사람은 비록 당대에는 성공하지 못하고 비참하게 최후를 맞이하더라도 역사 속에서 반드시 승자가 된다는 것을 저는 수많은 역사 속에서 보았습니다. 그러나 불의한 승자들은 비록 당대에는 성공을 하더라도 후세 역사의 준엄한 심판 속에서 부끄러운 패자가 되고 말았다는 것도 깨달을 수 있었습니다."[73]

그가 수많은 시련을 극복하며 일관되게 자신의 목표에 매진할 수 있었던 건 이렇게 역사에 대한 그만의 굳건한 믿음이 있었기 때문이었다.[74] 세 번째 신앙은 그가 믿었던 하나님이었다. 그는 모함 받고 누명을 쓰고 박해를 받을 때의 예수님의 삶을 떠올렸다. 그는 권력을 가진 자들이 자신을 핍박할 때마다 예수님의 최후를 떠올렸다. 바른 신앙은 목숨을 걸어야 하고, 바르게 산다는 것은 어떤 어려움이 닥쳐도 약자의 편에 서는 것이라고 믿었다. 그의 이런 믿음은 그가 고난을 겪을 때 고통을 이겨내는 힘으로 작용했다.

　김대중은 1973년 도쿄에서 납치되었다가 죽음 직전에서 살아나게 되
었을 때 하나님을 보았다고 말했다. 그의 이런 증언은 사실여부를 떠나
그가 위기상황에서 하나님을 그만큼 간절히 찾고 있었음을 의미한다.
1980년 사형선고를 받고 감옥에서 대법원의 최종판결을 초조하게 기다릴
때도 그는 하나님을 간절히 찾았다. 1981년 1월 23일 사형이 확정되던
날 면회 온 아내와 아들들과 함께 올렸던 기도 역시 "하느님 뜻대로 하소
서"였다. 돈독한 신앙심이야말로 그 자신과 가족으로 하여금 역경을 이겨
내게 만든 토대였다.[75]

지도자 김대중론

김대중은 험난했던 한국 현대사에서 여러 차례 죽을 고비를 넘겨가며 살
아남았고, 마침내 필생의 소원인 대통령까지 되었다. 친일파가 득세하고
반공을 내세우며 독재가 횡행하던 이 땅에서 평화통일관을 가지고 있으면
서도 김구와 조봉암처럼 죽임을 당하지 않고 '살아남아' 자신의 꿈을 정책
으로 실현해볼 기회를 얻어낸 유일한 정치인이었다.[76]

　김대중 밑에서 정치를 배우고 또 함께 정치를 한 20대 국회 후반기
의장 문희상은 김대중의 리더십을 김구와 이승만의 결합형으로 해석했다.
그에 따르면 김구는 이상주의자 형 정치가이면서 우국지사로서 민족의
장래와 비전을 걱정하는 지도자였다. 반면 이승만은 실용주의자 형 정치
가로서 권력의 메커니즘을 활용하는 등 대중에 대한 상징조작에 밝은 지
도자였다. 일반적으로 대부분의 지도자는 두 측면을 골고루 갖추기가 어
려운데 김대중은 이 모두가 겸비된 매우 드문 유형의 리더십을 갖췄다는
게 문희상의 진단이다.[77] 김대중은 김구에 대해서는 매우 높은 평가를

한 반면, 이승만에 대해서는 매우 부정적이었다. 그의 리더십이 김구와 이승만의 리더십을 혼합한 것이라는 문희상의 해석에 김대중은 어떻게 대답했을지 궁금하다.

E.H.카는 명저『역사란 무엇인가』에서 위인이란 역사적 과정의 산물이면서, 동시에 세계의 형세와 인간의 사상을 변화시키는 사회세력을 대표하고 창조하는 뛰어난 개인이라고 정의했다. 간단히 정리하면 위인이란 뛰어난 능력을 가진 사람이면서 동시에 대중의 광범위한 지지를 받는 사람이라는 뜻이다. 김대중은 분명 위인의 첫 번째 조건인 뛰어난 능력의 소유자였다. 머리가 우수했고, 대중을 휘어잡는 연설솜씨와 언어구사력을 지녔다. 많은 독서를 했고 글 쓰는 능력도 뛰어났다. 문화예술분야에 대한 관심도 많았다. 위기상황에서 역경에 굴하지 않고 목표를 향해 정진하는 인내력과 용기도 지녔다.

김대중은 또한 위인의 두 번째 조건인 다수의 대중과 함께한 사람이었다. 그런데 대중과 함께하는 위인의 유형에는 두 가지가 있다. 첫 번째 유형은 항상 현존하는 세력의 대표자이다. 이 유형의 위인은 대중을 선동하여 다수 지지를 끌어내지만, 그가 목표로 한 것은 권력 그 자체이며, 이때 대중은 그의 목표를 달성하기 위해 동원된 수단에 불과하다. 두 번째 유형은 기존 권위에 도전하여 새로운 비전을 제시하고, 대중을 그 방향으로 인도하여 새로운 역사를 창조하는 사람이다.[78] 역사발전에 기여하는 위인은 당연히 후자다.

김대중은 민주주의에 대한 전망이 어두운 시기에 생명을 걸고 독재정권에 맞서 싸웠다. 그는 한국에서 민주주의의 성공가능성에 회의적인 사람들에게 논리적으로, 그리고 동양과 한국의 역사를 언급하며, 아시아와 한국에서도 민주주의가 가능하다고 역설했다. 그러면서 그는 다수의 대중을 민주화의 길로 인도했다. 또한 냉전논리와 빨갱이논리가 팽배한 한국사회에서 극우세력의 분단고착화와 대결주의에 맞서 남북화해와 평화적 방식에 의한 통일을 이야기했다. 남북화해와 협력 그리고 통일에서 우리민족의 번영과 융성의 청사진을 찾았다. 그의 이런 노력은 일정한 결실을 맺었다. 우리나라 최초의 수평적 정권교체를 통해 민주주의를 한 단계 끌어올렸고, 햇볕정책을 통해 남북화해와 평화적 통일방식의 이정표를 제시했다. 김대중이야말로 카가 말한 창조적 위인의 유형이었다.

김대중은 "반보만 앞서가라"는 말을 자주 강조했다. 그는 또 "국민의 손을 놓치지 말라"고도 했다. 그는 리더란 항상 국민들이 생각하는 바를 찾고, 국민 속에 있어야 한다고 주장했다.[79] 그는 국민이 따라오지 않으면 '반걸음' 물러서서 그들 안으로 들어가 이해해줄 때까지 설득하고, 동의를 얻으면 다시 '반걸음' 앞을 걸어가야 한다고 했다.[80] 지도자론의 차원에서 '반보만 앞서가라'는 말은 두 가지 의미를 담고 있다. 첫째, 지도자란 대중에 영합하면서 단순하게 호흡을 맞추는 사람이 아니라 대중보다 조금 앞서가면서 비전을 제시하고 그 방향으로 대중을 인도하는 사람이라는 뜻이다. 둘째, 지도자는 대중보다 앞서가되 너무 앞서가서도 안 된다는 의미를 담고 있다. 그는 항상 지도자가 너무 앞서가면 대중이 자신의 생각과 행동을 이해하고 함께할 수 없게 되며, 지도자가 대중과 유리되면 힘을 잃게 된다고 경계했다.

김대중이 1967년 목포에서 국회의원 선거에 출마했을 때 목포 시민들은 박정희의 온갖 물적 유혹을 물리치고 김대중을 선택했다. 김대중과 대중의 끈끈한 결합이 시작되는 순간이었다. 그는 1971년 대통령 선거에서 4대국 안전보장론, 대중경제론 등 우리사회가 나가야 할 다양한 정책과 비전을 제시했고, 국민들은 그의 비전과 정책을 지지했다. 비록 실패하기는 했지만, 그는 이 선거를 통해 우리사회의 민주개혁진영과 동지적 결합을 이루었다.

박정희는 1971년 대통령 선거 후 그를 제거하려 했다. 1980년 전두환과 신군부도 그에게 사형을 선고하면서 그의 생명을 끊어버리려 했다.

뿐인가. 1987년 단일화 실패와 대통령 선거패배로 그의 정치생명엔 또다시 위기가 들이닥쳤다. 1992년 대통령 선거에서 다시 떨어지고 정계은퇴를 선언했을 때도 많은 사람들이 그의 정치적 미래는 끝났다고 수군거렸다. 그러나 그는 갖은 시련을 극복하고 다시 일어서 대통령이 되었다. 그의 특출한 능력 때문만이 아니었다. 무엇보다 그를 변함없이 지지해준 대중이 있었기 때문이었다.

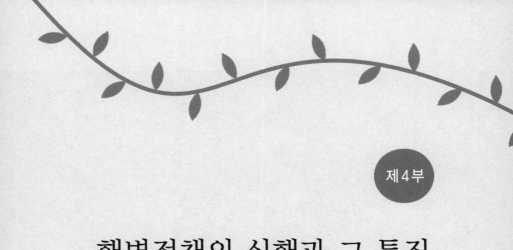

제 4 부

햇볕정책의 실행과 그 특징

제 7 장

햇볕정책의 탄생과정과 동방정책

빌리 브란트와 김대중

1. 롤 모델로서 동방정책

브란트의 동방정책에 주목

이승만정권은 북진통일론을 주장했다. 이는 현실적으로 불가능했으며 그저 평화통일론 등 다른 통일론을 억압하면서 분단을 공고화하는 데 기여했을 뿐이다. 또 쿠데타로 집권한 박정희정권은 과거 정부와 마찬가지로 북한의 고립과 '유엔 감시하의 남북한 총선거' 원칙을 고수했다.[1]

김대중은 1963년 처음으로 국회에 진출했다. 국회의원으로 활동하면서 남북문제와 경제문제에 가장 많은 관심을 쏟았다. 1960년대 그의 국회 발언들을 살펴보면 당시 그의 대북관이 평화통일방안에 기초하고 있음을 잘 알 수 있다. 예를 들면 1966년 7월 1일 국회 대정부질의에서 그는 북한의 폐쇄적 태도와 상황을 비난함과 동시에 우리정부의 통일정책도 함께 비판했다. 이때 그는 발언의 주요논거를 서독의 사례에서 찾았다. 독일 역시 우리와 마찬가지로 국토가 분단되고 동독엔 소련군이 진주하고 있어서 통일의 가능성이 매우 희박하지만, 서독은 통일논의를 활발히 전개하고 있다고 소개했다. 그리고 우리도 통일문제를 개방적으로 논의해야 한다고 주장했다.

김대중이 비교대상으로 선택한 서독은 1950~60년대에 동독 고립화정책을 펼쳤다. 동독을 국가로 인정하지 않고 고립·붕괴시키기 위해 동독

1989년 방한한 사회주의인터내셔널 의장 빌리 브란트와 함께한 김대중 (ⓒ 연세대학교 김대중도서관)

과 수교한 나라와는 수교하지 않는다는 '할슈타인원칙(Halstein Doctrine)'을 고수했다. 우리나라도 이를 그대로 뒤따라 북한 고립화정책을 펼쳤다. 그런데 서독은 1966년경부터 할슈타인원칙을 포기하기 시작했다. 공산국가이자 동독과 외교관계를 유지하고 있던 루마니아와 수교를 결정한 것이다. 효력은 1967년 1월 1일자로 발효되었다. 1967년 8월 3일에는 체코슬로바키아와 무역협정을 체결한 데 이어, 이듬해 유고슬라비아와도 외교관계를 재개했다.

김대중은 서독의 이런 변화를 지적하면서 서독이 공산국가인 루마니아와 국교를 맺는 것처럼 우리나라도 할슈타인원칙을 포기하는 게 합리적이라고 주장했다. 그는 외교라는 것은 자국의 이익을 추구하는 것이 제1의 목표인데, 상대국에 대한 원조나 위협수단조차 보유하지 못한 나라가 위협수단까지 보유한 서독도 성공하지 못한 정책을 고수하는 것은 잘못이라고 주장했다. 그는 또 유고슬로비아가 북한으로부터 수정주의 국가라는 비판을 받았고, 북한과 외교관계를 단절했다고 말하면서 비록 공산국가일지라도 이런 나라와는 국교를 맺을 필요가 있다고 주장했다.[2]

김대중은 국회연설에서 법무장관을 향해 이론적·학술적 측면에서 통일논의를 자유롭게 허용할 것을 요구했다. 그는 민주주의사회가 공산주의사회와 다른 점은 의사표현의 자유를 최대한 허용하는 것이라고 주장하고, 정부가 통일논의나 남북교류논의를 이적행위로 분류하여 모조리 반공법으로 처벌하는 것은 재고해야 한다고 주장했다. 그는 북한 주민들과의 서신교환, 민간차원에서 북한과의 체육교류 협의 등도 허용해야 한다고 주장했다.

김대중은 국회질문에서 혁신정당을 허용하라는 주장도 했다. 그는 어떤 자유민주국가도 혁신정당을 불법화한 나라는 없다면서 공산당과 혁신정당은 구분해야 한다고 했다. 그는 영국의 노동당, 이탈리아의 사회당, 스웨덴의 자유민주당, 노르웨이의 노동당 등의 사례를 들면서 대부분의

나라에서 혁신정당은 공산당과 단호히 선을 긋고 있다고 설명했다. 우리
나라에서 대통령과 국무총리 등은 혁신정당을 탄압할 생각이 없다고 말하
지만, 중앙정부보장은 "혁신정당은 필요 없다", "혁신정당은 공산당을 이
롭게 한다"면서 사실상 혁신정당을 탄압하고 있다면서 혁신정당 육성을
행동으로 실천하라고 주장했다.[3] 한때 혁신정당에 몸 담았던 남재희 전
노동부장관은 김대중의 이런 면모를 일찍 간파한 사람이었다. 그는 1960
년대말 김대중의 진보적 통일관을 발견하고 그에게 "서독 빌리 브란트의
동방정책이 훌륭한데 한국의 빌리 브란트가 되십시오"라고 훈수했다고 밝
혔다.[4]

　　김대중은 1967년 목포에서 국회의원 선거유세를 하면서 자신의 소원
은 통일의 역군이 되는 것이라고 말했다. 그는 신라의 삼국통일 이래
1,500여 년의 역사에서 해방 후 처음으로 국토가 둘로 갈라졌다면서 이를
그대로 둘 수 없다고 말했다. 그는 "통일이 없으면 우리에게 절대로 영원
한 자유가 없고, 절대로 영원한 평화가 없고, 절대로 영원한 건설이 없다"
고 말했다. 그는 목포 시민들에게 자신이 이 나라 통일의 역군이 되고,
기둥이 되고, 길잡이가 되도록 지지해달라고 호소했다.[5]

평화적 통일방안 제시

김대중은 1971년 대통령 선거에 출마했을 때, 미국을 방문해 워싱턴 내셔
널프레스클럽에서 기자회견을 했다. 그는 내외신 기자들에게 "무력포기
에 따른 남북 긴장완화, 비군사적인 기자·서신·체육 등의 교류, 정치
및 경제적 교류의 시도 등 3단계의 기초를 닦겠다"고 말했다.[6] 그는 또
기자회견 때 빌리 브란트 총리의 동방정책을 지지하고 공감한다는 말도
했다.[7]

1972년 3월 11일 서울 수운회관에서는 '변화하는 세계와 한반도'라는 주제로 강연도 했다. 그는 독일에서 브란트정부의 내독성장관과 차관을 만나 네 시간 동안 대화했다고 운을 떼면서 브란트의 동방정책과 동·서독 사이의 화해·교류정책을 자세히 소개했다. 그는 세계정세는 현상유지와 평화공존의 기조로 움직이고 있다고 소개하면서, 구체적으로 1971년 미국·영국·프랑스·소련 등 4개국이 체결한 베를린협정을 예로 들었다. 또한 서독이 소련, 폴란드와 각각 체결한 조약과 동·서독이 1973년 유엔에 동시 가입하기로 한 내용 등을 소개했다.

그는 미국과 중공 사이에 조성되고 있는 해빙무드 등 아시아에서의 현상동결과 평화유지 분위기에 대해서도 언급했다. 이어 서독이 동유럽 국가들과 관계를 개선하는 것처럼 우리도 중공 및 소련과의 관계개선이 필요하다고 역설했다. 그러고는 자신이 1971년 대통령 선거 때 주장한 '4대국 안전보장론'의 당위성을 재차 상기시켰다. 당시 박정희정권은 "터무니없는 소리다, 어떻게 남북교류를 할 수 있느냐, 김일성이 곧 쳐들어오는데 공산권과 교류하자는 김대중의 사상이 이상하다"며 비난했지만, 사실 박정권은 선거가 끝나자마자 남북교류 얘기를 꺼냈다면서 자신의 선견지명을 환기시켰다.[8]

이날 연설에서 김대중은 '3단계 통일론'을 이야기했다. 평화적 공존, 평화적 교류, 그리고 평화적 통일이 그 골자였다. 먼저 1단계인 평화적 공존단계는 전쟁억제와 긴장완화를 근간으로 한다. 그는 북한의 남한 지배도, 남한의 북한 지배도 불가능하다면서 전쟁에 의한 통일시도는 더 이상 있어서는 안 된다고 주장했다. 만일의 사태에 대비해 군비를 튼튼히 하고 한미방위조약을 그대로 유지하며 주한미군의 계속 주둔을 요구함과 동시에, 한국에서 4대 국가가 공동협력해서 전쟁이 일어나지 않도록 하는 게 최선이라고 주장했다. 또한 북한에 무력침략을 하지 않는다는 점을 확실하게 인지시키고, 소련과 중공 등 모든 나라에 대해 그쪽에서 우리를 괴롭히지 않는 한 우리가 적대하지 않는다는 내용의 평화선언을 할 필요가 있다고 주장했다.

3단계 통일론의 두 번째 단계는 남북 간의 교류를 확대시켜 나가는 것이다. 그는 기자교류, 체육교류, 서신교류, 문화예술인들의 왕래, 상대국의 라디오 청취 등을 통해 차츰 상대방에 대해 이해를 증가시키고 적대감도 감소시키자고 주장했다. 최종적으로는 이를 경제교류까지 발전시킴으로써 동포애를 회복하고, 불신과 의혹을 씻어내는 게 김대중의 통일론의 제2단계다.

세 번째 단계는 평화적 방식에 의한 정치적 통일이다. 김대중은 정치적 통일방안으로 유엔 감시하의 남북 총선거, 중립국 감시하의 남북 총선거 혹은 중립화 통일방안 등 다양한 방식이 있지만, 지금 특정 통일방안을 언급하는 것은 시기상조라고 주장했다. 3단계 통일방안은 1단계, 2단계를 거치는 과정에서 안을 만들고, 남북이 각각 국민의 의견을 들어가면서 방안을 내세우는 것이 좋다고 주장했다. 그는 이렇게 3단계 통일방안을 제시하면서 우리나라에 필요한 지도자는 남북 간에 평화통일이 틀림없이 이루어진다는 신념과 믿음과 희망을 가지고, 말이 아닌 행동으로 통일에 기여할 사람이어야 한다고 덧붙였다.[9]

김대중은 1972년 6월 6일 흥사단 강연에서 남북교류와 공산권외교는 자신의 선거공약이었음을 다시 한 번 상기시켰다. 그는 이날 연설에서 브란트의 동방정책에 대해 구체적으로 설명했다. 그는 브란트가 독일의 분단을 시인하고 동독 쪽에 있는 폴란드와 그 국경도 인정했으며 반항구적으로 독일의 통일을 포기한 것 같은 입장을 취했지만, 사실 이것이 우회적 통일방안이라고 언급했다.

"이렇게 이 사람들은 일단 현 단계에서 통일을 포기했지만 그 대신 무엇을 노리고 있느냐, 동독을 그대로 인정하고 준 국가적인 관계를 유지하면서 동독과 교류를 확대해나가면, 결국 독일민족끼리 서로 막혔던 길이 터져서 같은 민족끼리 자주 만나고 서로 동질성이 형성되고 서로 자꾸 교류가 되고, 이렇게 해서 어느 시기에 가 가지고 독일민족끼리 통일하겠다는 것은 어느 누구도 막지 못한다, 이거예요."[10]

김대중은 이렇게 "공산주의라는 것도 결국 서로 부딪치고, 특히 자유세계와의 접촉을 통해 자유의 바람이 들어가면 크게 변화하는 것"이라면서, "우리가 자신을 가지고 공산주의와 부딪쳐 가면, 우리의 자유의 바람이 북한으로 불어가게 되어 북한을 변화시킬 수도 있다"고 주장했다.[11]

김대중은 서독의 화해정책을 소개하면서 동시에 우리와 독일의 차이점도 거론했다. 그는 독일의 분단은 제2차 세계대전을 도발한 데 대한 징벌적 성격을 띠고 있지만, 한국은 전쟁을 도발한 나라도 아니고 패전국도 아니며 강대국들이 판단을 잘못하여 분단시켰기 때문에 통일의 책임도 그들이 져야 한다고 주장했다. 또한 독일은 통일될 경우 주변국을 위협할 수 있지만, 한민족은 통일되어도 중국이나 일본을 위협할 힘이 없기 때문에 주변국이 한국의 통일을 방해할 이유가 없다고 설명했다.[12]

그는 흥사단 강연에서 다시 한 번 3단계 통일방안을 강조했다. 남북한의 유엔 동시가입과 함께 주한미군의 계속 주둔의 필요성도 언급했다. 이때 그는 브란트 총리의 나토정책을 예로 들면서, 브란트가 동방정책을 실시해 소련과 동유럽 국가들과 접촉하면서도 나토와 멀어지지 않고 주둔 미군 역시 그대로 붙들고 있다는 점을 환기시켰다. 브란트가 미군의 주둔을 원하는 까닭은 전쟁이 아니라 평화를 지키기 위해서라는 취지였다. 서독이 평화를 지키려면 미국의 군사력과 힘의 균형이 필요하기 때문이었다. 그는 이 논리를 그대로 남한에 적용했다. 주장은 이랬다. 비록 북한에 중공군이나 소련군이 주둔하지는 않지만, 그들은 압록강과 두만강만 건너면 마치 한 국토인 양 북한과 바로 연결된다. 하지만 남한은 상황이 이와 다르다. 미군은 남한에 오기 위해 태평양을 건너야만 하기 때문이다. 따라서 주한미군은 계속 주둔해야 한다.[13]

김대중은 1972년 7.4남북공동성명이 발표된 직후인 7월 13일 서울외신기자클럽에서 '7.4남북공동성명을 어떻게 볼 것인가'라는 제목으로 연설했다. 그는 성명을 원칙적으로 환영하지만, "박정희 대통령은 이와 같은 정책을 추진할 자격이 없으며, 또 박정희가 지금 이 민족의 성스럽고도 중대한 과업을 자신의 영구집권에 악용하고 있지 않는가 하는 의혹을 짙게 만들고 있다"고 언급했다. 그는 박정희의 무자격 사유로 세 가지를 꼽았다.

첫째, 그는 유권자를 기만했고, 국민을 우롱했다. 김대중은 박정희가 1971년 선거기간 중 남북의 그 어떤 접촉의 가능성도 철저히 배제한 채, 통일논의는 1970년대 후반에 가서 남한의 경제력이 북한을 압도했을 때 비로소 거론될 수 있다고 주장했음을 상기시켰다. 또한 5.16쿠데타 이후 모든 통일론자를 가차 없이 처단하고 제반 통일논의를 용공시한 박정희가 공동성명을 발표한 자체가 기만이라고 주장했다.

둘째, 공동성명 발표는 그 방법에 있어서 너무도 비민주적이고 위험천만했다. 김대중은 박정희가 성명 발표에 앞서 국민에게 아무런 이해도 구하지 않았고, 국회와 야당에 아무런 고지도 없었으며, 심지어 정부여당까지도 무시하고 자신과 중앙정보부장 단 둘이서 이를 전유한 것은, 그가 국민과 헌정의 상도를 무시한 채 독재의 길을 걷고 있음을 보여주는 단적인 증거라 주장했다.

셋째, 박정희는 남북성명을 자신의 독재체제 강화와 영구집권에 악용하려는 것이 명백해졌다.[14] 김대중은 1972년 9월 4일 서울 연설에서 남북화해와 통일은 적극적으로 지지하고 환영하지만, 화해와 통일은 남북 5천만 국민이 함께해야 할 일이지 일개 정권이 멋대로 처리할 일이 아니라고 주장했다. 그는 브란트 총리의 동방정책을 예로 들면서, 브란트는

7.4남북공동성명 _ 남한에서 성명을 발표하는 중앙정보부장 이후락(위)과 이후 개최된 남북조절위원회(아래)

국민에게 정책을 공개하고 세론의 비판을 수용하며 나아가 국회의 심의를 거쳐 일을 추진하는데, 박정희 대통령은 왜 비민주적이고 독단적인 방식으로 남북대화를 추진하느냐고 따졌다. 아울러 그 추진의 대안으로써 적십자회담 자문위원회와 남북조절위원회를 여·야당의 추천자로 구성하여 거족적인 태세를 갖출 것을 요구했다.[15]

　김대중이 1970년대초까지 행한 통일 관련 발언들은 다음과 같이 몇 가지 특징으로 요약된다. 첫째, 한반도통일은 반드시 이루어져야 하고, 또 이루어질 수 있다. 둘째, 통일을 이루되 그 방식은 점진적·민주적·평화적이어야 한다. 셋째, 북한을 사실상의 국가로 인정하고, 남북한이 유엔에 동시가입하며, 함께 공존공영해야 한다. 넷째, 미국·소련·중국·일본 등 한반도 주변 4대 강국이 한반도의 안전을 보장해주고, 동북아의 평화 속에서 남북한 평화공존을 모색한다. 다섯째, 이산가족상봉, 기자·문화예술인·스포츠분야 교류를 통해 상호이해를 증진시키고 나아가 경제협력을 모색한다. 여섯째, 남한은 서독의 빌리 브란트가 추진한 동방정책을 본보기로 삼아야 한다. 이로써 훗날 햇볕정책으로 불리는 그의 남북화해협력정책의 정신과 내용은 이미 1970년대초에 형성되었다고 보인다. 또한 정책의 윤곽은 브란트의 동방정책으로부터 큰 영향을 받았음이 틀림없다. 말하자면 동방정책은 햇볕정책의 롤 모델이었던 셈이다.

2. 햇볕정책을 다듬다

공화국연방제 제안

1987년 대통령 선거에 출마한 김대중은 자신이 집권하면 휴전협정을 평화협정으로 대체하고 4대국의 협력을 얻어 34년간 계속된 남북 간의 전쟁상태를 종결시키겠다고 했다. 그는 한반도에 평화공존체제를 만든 다음, 정치·경제·사회·문화 등 모든 분야에서 교류하며, 이산가족간 왕래를 추진하겠다는 비전을 제시했다. 그는 남한 사람들이 평양과 백두산을 가고, 북한 사람들은 남한에 오는 등 상호 인적 교류를 활발하게 하면, 우리도 동서독인들처럼 동족화해와 교류시대를 만들고, 우리민족의 동질성을 회복하게 될 것이라고 주장했다.[16]

김대중은 1988년 9월 『사회와 사상』 창간호에 '공화국연방제 통일의 길'이라는 글을 기고했다. 그는 먼저 자신의 '공화국연방제'는 북한이 제시한 '고려연방공화국' 안과는 크게 다르다고 전제했다. 북한의 연방제안은 당장 미국이나 캐나다 같이 사실상의 단일국가인 연방을 구성해 이 연방정부가 중앙정부로서 주요 내정과 외교, 국방까지 모두 관장하는 것이라고 해석했다. 그는 이 안은 분단 40여 년의 세월로부터 발생하는 각종의 이질적 체제와 이념의 차이, 그리고 극단적인 불신과 대립관계를 무시한 처사로서, 실현 가능성이 매우 희박하다고 지적했다. 또한 막연히 인구비례에 의해 통일정부를 수립한다는 남한의 통일정책도 비판했다. 중간적 절차가 전무했던 이 정책은 그의 눈에 북한의 고려연방제보다 더 비현실적일 수밖에 없었다.

그는 이렇게 남북한 통일정책의 비현실성을 지적한 후, 자신의 통일방안은 1민족 2체제의 원칙에 의한 연방제라고 설명했다. 이에 따르면, 먼저 남북은 각각 독립정부로서 현재처럼 기능하면서 초기에는 중앙에 약간은 상징적인 통일기구를 설립해 통일의 제1보를 내딛도록 한다. 이 단계에서 양 정부는 반드시 통일을 이루고야 말겠다는 민족적 의지와 실천목표에 따라 양측에서 파견한 동수의 공동대표가 구성하는 통일기구, 즉 연방을 설립한다. 이후 이 기구 안에 통일의회와 통일행정기구를 두고, 양측의 독립정부가 합의하여 권한을 부여한 사항에 대해 논의하고 집행해 나간다.

무엇보다 1단계에서 가장 중요한 것은 통일기구가 얼마나 많은 권한을 갖고 있느냐가 아니라, 양측 간 상호신뢰의 정도이다. 남북 간에 믿음과 협력이 늘어나면 양측 정부는 각자가 합의한 만큼의 권한을 점차적으로 중앙의 통일기구에 이양해나가면 된다. 이렇게 신뢰와 협력을 바탕으로 통일기구의 권한을 점차 증대시키면, 언젠가 단일정부를 구성할 수 있게 되고, 통일은 이렇게 점진적으로 다가올 것이라는 게 그의 방안의 골자였다. 정리하자면, 김대중의 공화국연방제 통일방안은 '평화공존·교류→ 연방→ 완전통일'이라는 3단계를 거치며 완성된다.[17]

통일독일로부터의 교훈

김대중은 한국을 찾은 빌리 브란트 전 서독 총리를 1989년 11월 9일 워커힐호텔에서 만났다. 브란트가 한국을 찾은 시점은 동독인들이 서독으로 대거 탈출하고, 또 동독 내에서 민주화운동이 활발하게 전개될 때였다. 김대중이 동·서독의 통일전망을 묻자 브란트는 아무래도 시간이 걸릴 것 같다고 대답했다. 그런데 때마침 두 사람이 대화를 나누는 도중에 베를린장벽이 무너졌다는 전갈이 당도했다. 동방정책의 추진자도 미처 예상하지 못한 일이 일어난 것이었다. 이런 상황을 사전에 예측했더라면, 그는 아마도 그 시점에 독일을 떠나지는 않았을 것이다. 브란트는 부랴부랴 독일로 되돌아갔다. 그리고 이튿날 브란덴부르크 문 앞에서 거행된 베를린장벽 붕괴 기념행사에 참석했다.

김대중은 1991년 소련, 폴란드, 독일을 방문했다. 독일방문에서 브란트 전 총리와 폰 바이체커 대통령, 겐셔 외무장관을 만났다. 세 사람 모두 김대중이 1980년 사형선고를 받았을 때 그의 구명운동에 앞장선 인물들이다. 물론 통일독일을 있게 한 주역들이기도 했다. 브란트와 폰 바이체커는 김대중에게 조언하면서 한국은 독일식으로 통일하지 말라고 당부했다. 특히 브란트는 "우리는 동독에서 일어난 불의의 사태로 조속히 흡수통일을 했지만, 한국은 반드시 평화적이고 점진적인 통일을 추진하시오"라고 강조했다.[18] 1995년의 '3단계 통일안'과 햇볕정책은 이런 조언들이 반영되어 만들어진 것이었다. 이 만남이 있고 1년 뒤 아쉽게도 브란트는 세상을 떠났다.

김대중은 1992년 대통령 선거에서 패배한 뒤 영국에 머무르며 통일독일에 각별한 관심을 기울였다. 통일된 지 13년이 지났지만 동·서독 사이의 이질감은 여전했다. 폰 바이체커 대통령의 "베를린장벽은 무너졌지만 마음의 장벽은 그대로 있습니다"라는 말을 항상 상기했다. 그가 베를린에서 만난 동독의 마지막 총리 드 메지에르는 서독에 의한 흡수통일을 후회했다. "우리는 잘못을 저질렀습니다. 절대로 흡수·합병형식을 취하지 말고, 단계적 통일방식을 취해야 했습니다." 김대중은 이를 바라보면서 자신이 1971년에 처음 주장했던 '3단계 통일론'에 더욱 애착을 가졌다.

그가 독일로부터 배운 가장 큰 교훈은, 조급해서도 안 되고 흡수통합을 지향해서도 안 된다는 것이었다. 그는 어떻게든 통일만 이룬다고 능사가 아니라 어떻게 통일하는가가 중요하다고 생각했다. 우리나라와 통일 전 서독의 경제규모만 놓고 보아도 그 까닭이 설명되었다. 남한의 경제력은 서독의 1/6밖에 되지 않는다(2019년 대한민국의 총 GDP는 통일독일의 총 GDP의 43% 수준까지 올라갔다). 서독은 동독에 비해 인구가 네 배나 많은 반면 남한은 북한의 두 배다. 따라서 서독은 네 사람이 동독인 한 명을 먹여 살리면 되지만, 남한은 두 사람이 한 사람을 감당해야 한다. 그것도 서독의 1/6밖에 안 되는 경제력으로 말이다. 국토면적을 비교해봐도 마찬가지다. 서독은 동독의 두 배가 넘지만 남한은 오히려 북한보다 20퍼센트나 작다. 모든 면에서 남한은 서독보다 불리하다. 게다가 우리는 전쟁까지 치른 사이다.

이렇게 우리보다 훨씬 우월한 조건에 있던 서독도 심각한 통일후유증을 앓고 있는데, 아무런 완충장치도 개선과정도 없이 그대로 통합을 추진한다면, 심각한 혼란과 갈등의 야기는 불 보듯 뻔했다. 그 정도 또한 독일과는 비교조차 되지 않을 것이다. 김대중은 다시 한 번 3단계 통일론에 대한 확신을 갖게 되었다.[19]

북핵위기 타개방안

김대중이 영국에 머물고 있던 1993년 3월 북한이 핵확산금지조약(이하 NPT) 탈퇴선언을 하면서 제1차 북핵위기가 시작되었다. 1993년 7월 영국에서 한국으로 돌아온 그는 통일문제에 몰두했다. 이듬해 5월 그는 미국을 방문한다. 북한이 NPT에서 탈퇴된 지 1년이 지나 북한 핵문제가 점점 위험한 수렁 속으로 빠져 들어가고 있을 때였다. 그는 워싱턴 내셔널프레스클럽 연설에서 북한 핵문제 해결을 위한 일괄 타결안을 제시했다. 북한은 핵개발을 포기하고, 미국은 북한과 외교관계를 수립하며, 경제적 지원과 팀스피릿훈련 중단을 약속하는 것이었다. 그는 또한 북한 김일성 주석과 대화가 가능한 사람을 북한에 보내면 좋겠다고 제안했다. 그가 추천한 중재자는 카터 전 미국 대통령이었다. 이 발언 전에 그는 이미 카터에게 전화를 걸어 중재자로 거명해도 괜찮겠냐고 물었었고, 카터로부터 괜찮다는 대답을 받아놓은 상태였다. 카터는 1980년 김대중이 사형선고를 받았을 때 그를 구명하기 위해 백방으로 노력했던 인물로, 김대중에게는 생명의 은인이나 다름없었다.

1994년 6월 북핵위기는 더욱 심화되었다. 북한은 핵연료봉 추출을 강행했다. 외교적 노력이 실패했다고 판단한 미국은 핵시설에 대한 무력사용을 모색했다. 핵시설이 있는 곳으로 추정되는 북한 영변지역을 겨냥한 정밀공격을 준비하기 시작했다. 윌리엄 페리 미국 국방장관은 금지선을 넘은 북한의 핵개발을 즉각 저지해야 한다는 결론을 내렸다. 그것은 영변 핵시설에 대한 공격을 의미했다. 클린턴 대통령도 영변 시설에 대한 공격이 불가피한 것으로 판단했다. 상황이 전쟁 일보 직전까지 치닫고 있었던 것이다.

북한에 대한 공격은 그것이 설령 특정지역에 한한 것이 되더라도 전면전으로 확대될 가능성이 높았다. 1950년 6.25전쟁으로 인해 남북한에서 희생된 사람은 군인의 경우 사망, 실종, 부상자가 200만 명가량이었다. 민간인 희생자도 남북을 합쳐 200만 명가량이었다. 한국에서 다시 전쟁이 일어나면 3개월 안에 미군 52,000명, 한국군 49만 명, 민간인 100만명 이상의 사상자가 발생할 것으로 미국 펜타곤은 예측했다. 산업시설 또한 대부분 파괴될 것이 뻔했다. 전쟁은 지난 수십 년 동안 이룩한 경제적 성과를 다시 물거품으로 만들어버리고, 우리를 다시 1960~70년대 수준으로 후퇴시킬 것이다.

카터와 김일성의 만남

다행히 카터 전 대통령이 김일성 주석의 초청을 받아 1994년 6월 15일부터 3일 동안 북한을 방문했다. 김대중이 한 달 전 미국방문 때 제안한 요청이 실제로 실현된 것이었다. 카터는 김일성을 만나 북핵위기를 평화적 방법으로 해결하도록 설득했다. 김일성은 이에 대한 답으로 남북정상회담 의사가 있음을 밝혔다. 카터는 서울로 돌아와 김일성의 이런 제안을 전달했고, 김영삼 대통령도 정상회담에 동의했다. 양쪽 대표단은 세부절차를 논의했고 7월 25일 평양에서 남북정상회담을 열기로 합의했다. 회담장소, 일정, 의제, 경호, 숙식, 인원규모, 언론취재 등에 모두 합의했다. 정상회담이 성사될 경우 남한은 북한에 파격적인 경제지원을 하고, 북한으로 하여금 군대의 후방배치 등을 유도한다는 계획을 세웠다. 물론 북핵위기의 해법도 찾게 될 것으로 기대했다. 국내외 정치권과 언론은 카터를 중재자로 추천한 김대중의 안목을 높이 평가했다.

하지만 아쉽게도 회담을 17일 앞둔 7월 8일 김일성이 갑자기 사망한다. 사인은 심장마비로 알려졌다. 북한은 정상회담의 연기를 통보했다. 김영삼정부는 남북정상회담의 합의원칙은 유효하다고 발표하면서도 전군에 비상경계령을 내렸다. 만일의 사태에 대비한다는 명분을 내세웠지만 이치에 맞지 않는 조치였다. 정상회담의 상대가 사망했으면 조문사절을 보내는 게 합당한 조치일 텐데 오히려 전군비상경계령을 내려 북한을 자극했다. 상식적으로 판단하건대 북한이 김일성 애도기간에 남한을 침공할 가능성은 전무했다. 오히려 북한은 김일성 애도기간을 틈타 남한과 미국이 북한을 침공할까 두려워해야 할 국면이었다.

사실 전군비상경계령은 북한의 침공에 대비한 정책이 아니라 북한의 위기를 흡수통일의 기회로 삼자는 남한 강경파들의 주장에 김영삼 대통령이 동의한 것이었다. 김영삼은 북한의 연착륙이 바로 한국을 위해 필요하다고 말하면서도 다른 한편으로는 미국이 북핵위기 해법 가운데 하나로 북한과 연락사무소를 설치하기로 한 것을 비판했다. 그는 북한이 미국과 행한 약속을 지키지 않을 것이라면서 그것이 북한 공산주의자들의 본질이라고 주장했다.[20] 이렇게 냉온탕을 오고가는 그의 대북정책은 남북관계를 꽁꽁 얼어붙게 만들었다. 이 사태에서 보듯 김영삼은 민족문제에 관한 아무런 고민도, 철학도 없었다. 그나마 다행인 것은 미국이 종전의 대북강경론을 누그러뜨려 북한과 협상을 시작했다는 점이었다. 클린턴행정부는 북한 영변지역을 폭격했을 때 발생할 피해의 규모를 감당하기 어렵다고 판단해 평화적 해결의 모드로 전환했다.

김대중은 1994년 미국을 방문했을 때 헤리티지재단에서 연설할 기회를 가졌다. 그는 거기서 '강한 의지에 입각한 태양정책'이라는 주제로 연설을 했다. 남북이 따뜻한 태양빛 아래 평화적 공존을 추구하고 공동번영과 민족통일의 길로 함께 가자는 취지의 연설이었다. 그는 태양정책이 위력을 발휘한 사례를 바로 미국의 외교정책에서 찾았다. 그는 소련 및 동유럽 국가들과의 데탕트정책이나 중국과의 외교관계 수립 등은 미국이 태양정책을 쓴 결과인 반면, 베트남, 쿠바, 북한 등은 강풍정책을 쓴 것으로서 강풍정책이 태양정책보다 더 나쁜 결과를 만들곤 했다고 주장했다.

그는 김정일정권이 안정되고 경제위기로부터 조속히 회복되기를 원하며, 태양빛 아래 북한과 평화적 공존을 추구하고 공동번영과 민족통일의 길로 나가기를 희망한다고 언급했다. 요컨대 그의 결론은 한미 양국이 모두를 위해 태양정책을 추구하자는 것이었다. 이 연설에서 사용한 '태양정책'이라는 단어는 나중에 '햇볕정책'으로 바꾸어 사용되었다. 이후 중국에서는 태양정책을 양광陽光정책으로, 일본은 그냥 태양정책이라는 용어를 그대로 사용하고 있다. 따라서 1994년은 햇볕정책이라는 용어 사용의 실질적 원년이라고 볼 수 있다.[21]

연세대 교수 문정인의 설명에 따르면, 김대중의 햇볕정책에는 구성주의의 원리가 작용하고 있다. 여기서 구성주의란 국제관계에서 조화와 협력은 상대방의 정체성을 인정하고 존중할 때 가능하다는 이론이다. 상대방의 정체성을 부인하면 상대방 역시 나의 정체성을 부인하며, 상대방을 위협으로 간주하면 상대방 역시 나를 위협으로 간주하게 된다.[22] 김대중은 북한의 존재를 인정하고 상호협력·공존공영하며 통일은 합의에 의해 점진적이고 평화적인 방식으로 추진하자는 주의였다. 그는 북핵문제 역시 북한의 관심사와 미국의 관심사를 모두 충족시키는 일괄 타결론에 입각하고, 그 실행은 단계적인 방식을 취해야 한다고 주장했다.

임동원을 얻다

1994년 아태평화재단을 설립한 김대중은 남북문제를 함께 연구할 중요 협력자 한 사람을 영입했다. 임동원 장군이었다. 그는 육사출신의 예비역 소장이었다. 군 제대 후 호주대사와 외교안보연구원장, 통일부차관 등을 지냈다. 그는 노태우정부에서 7.7선언과 남북기본합의서를 이끌어내는 데 중요한 역할을 담당했다. 대북협상과 전략 차원에서 풍부한 경험과 능력을 갖춘 인물이었다. 그의 경력과 능력이 탐났던 김대중은 곧바로 함께 일하자고 제안했다. 때마침 그가 김영삼정부에서 통일부차관을 마친 후 쉬고 있을 때였다. 김대중은 처음에 정동채 비서실장을 보내 자신의 뜻을 전했다. 하지만 임동원은 능력이 없다며 거절했다. 두 번째는 건강이 안 좋다고 사양했다. 정동채 비서실장이 세 번째 만나 다시 요청하자 그의 생각이 조금 흔들렸다. 그의 주변엔 함께하라는 사람, 말리는 사람, 모험이지만 도전해보라는 사람 등 3인 3색이었다.

1995년 1월 23일 김대중과 임동원이 처음으로 만났다. 김대중은 임동원에게 아태재단 일을 함께하자고 제안했다. 두 사람은 남북문제, 북핵문제 등에 대해 긴 시간 대화를 나눴다. 임동원은 이 만남에서 핵문제에 대한 김대중의 예리한 분석력과 판단력 그리고 명쾌한 해결책에 큰 감명

임동원_ 김대중정부 이전에도 남북고위급회담 대표를 맡고 있었다. 사진은 1992년 판문점에서 한반도 비핵화공동선언문을 북측과 교환하던 장면 (ⓒ 국가기록원)

을 받았다고 회고했다. 그의 눈에 비친 김대중은 그 어떤 전문가보다 문제의 핵심을 정확히 꿰뚫어보고 있었다. 확고한 통일철학과 원대한 비전 그리고 정연한 논리에 감탄할 수밖에 없었다. 특히 자신이 깊이 관여했던 남북기본합의서를 그는 높이 평가하고 있었다.

임동원은 '아, 이런 분이 지난 대선에서 당선되었다면 지금쯤 남북관계가 큰 진전을 이루었겠구나!'라는 생각을 했다. 동시에 김대중이라는 인물에 대해 가지고 있던 부정적인 고정관념이 여지없이 깨져나가는 것을 느꼈다. 그는 이 만남을 통해 김대중의 진정한 모습을 알게 되었다. 또한 지난 날 그의 능력과 인기를 두려워한 집권자들이 그가 정치에 나설 때마다 온갖 수단을 총동원해 그를 빨갱이, 거짓말쟁이, 과격분자로 몰았다는 사실을 기억해내며, 그 자신 역시 속아 살아왔음을 부끄럽게 생각했다. 그는 그 자리에서 김대중에게 "성심껏 모시고 연구활동을 돕겠습니다"라고 대답하며 아태평화재단 사무총장직을 수락했다.[23] 김대중의 삼고초려가 성공한 순간이었다.

군 장성 출신에다 외교분야에서 탁월한 경력을 가진 임동원은 김대중의 최고의 협력 파트너였다. 아태평화재단에서 김대중을 도와 햇볕정책을 완성하는 데 크게 기여했고, 김대중이 대통령이 된 후에는 통일부장관, 국가정보원장 등을 역임하면서 그가 햇볕정책을 실천하는 데 핵심적 역할을 수행했다. 브란트에게 에곤 바르가 있었다면, 김대중에게는 임동원이 있었다고 말할 수 있다.

김대중은 1995년 자신의 통일정책을 체계화한 저서 『김대중의 3단계 통일론』을 출간했다. 이 책은 김대중이 30년 이상 다듬어온 통일정책의 최종 결과물이었다. 이 책의 주인공은 물론 김대중이었지만, 그가 책을 완성하기까지 임동원을 비롯해 100여 명에 달하는 전문가들이 지혜를 보탰다. 그는 머리말에서 이렇게 소감을 피력했다.

"여기 민족 앞에 드리는 '3단계 통일론'은 지난 25년간 한순간도 붓을 놓지 않고 그려온 통일화의 중요한 결실이다. 이 속에는 통일에 대한 의지가 용공으로 낙인찍히곤 하던 과거의 아픔이 밑그림으로 깔려 있다. 그 위에 통일에 대한 열망과 분단현실에 대한 장벽이 서로 부딪치는 현실을 극복하고, 민족의 화합과 번영을 약속하는 통일의 미래를 향해 나아갈 길이 시원하게 그려져 있다."[24]

그는 이 책을 쓰면서 마음속으로 이렇게 외쳤을 것이다. '이 설계도를 직접 실행하고 싶다.'

그는 3단계 통일론에서 통일의 3대 원칙으로 자주, 평화, 민주의 원칙을 제시했다. 1972년 제시한 통일의 3대 원칙 가운데 자유를 민주에 통합시키고, 대신 자주를 추가한 것이 특징이다. 3단계 통일론의 1단계는 남북연합 단계이다. 이 단계의 임무는 평화공존·평화교류·평화통일의 3대 강령을 실현하는 데 있다. 2단계 연방국가에서는 외교와 국방 그리고 주요 내정이 연방정부에 귀속된다. 그 밖의 일차적인 내정에 대해서는 남북 양 공화국이 지역자치정부의 입장에서 관리하게 된다. 3단계 통일론에서 2단계인 연방단계를 설정한 이유는, 분단 이후 진행되어온 남북의 경제적 격차와 정치·사회·문화적 이질성 등을 고려해 체제통합의 충격을 완화하고, 북한의 특수성과 북한 주민의 자존을 고려해 지역자치정부를 인정하며, 연방정부가 북한지역을 일정기간 특별 지원해야 할 필요성이 있었기 때문이다.

3단계 통일론은 남북연합단계로부터 연방제 통일형태를 거쳐 중앙집권제 또는 여러 개의 지역자치정부들을 포함하는 미국·독일식 연방제를 통일의 완성단계로 설정하고 있다. 그러나 세계적인 추세인 지방분권화·지방자치화를 고려해 중앙집권적 체제를 선택할 것인지 아니면 여러 개의 세분화된 연방체제로 갈 것인지 여부는 그때에 가서 국민의사에 따라 결정하면 된다.[25] 1995년에 제시된 3단계 통일론은 그가 1988년 9월 『사회와 사상』 창간호에서 주장한 '공화국연방제 통일의 길'과 그 내용이 대동소이하다.

제 8 장

햇볕정책의 내용과 그 특징

빌리 브란트와 김대중

1. 햇볕정책, 절반의 통일론

햇볕정책의 닻을 올리다

김대중은 1997년 12월 대선에서 네 번의 도전 끝에 제15대 대통령에 당선되었다.[1] 많은 해외언론이 그의 당선을 김대중 개인의 성공이자 한국 민주주의의 승리라고 보도했다. 어떤 신문은 그의 당선을 남아공의 넬슨 만델라 대통령의 당선에 비유하기도 했다. 독일 『쥐트도이체차이퉁』은 사설에서 그를 브란트와 비교했다.

> "김 당선자와 브란트 전 총리는 개혁과 평화의 지도자로서 열광 속에서 정부를 출범시키게 되었다는 점이 유사하다. 브란트 전 총리가 동방정책을 통해 유럽에서 냉전종식의 반석을 놓았듯이, 많은 한국인들은 김 당선자가 남북한 간 화해의 길을 발전시키고, 동아시아의 냉전을 끝낼 수 있으리라 기대하고 있다."[2]

이 보도처럼 김대중은 대통령에 당선됨으로써 지난 30여 년 동안 준비해온 통일론을 실천에 옮길 기회를 맞이했다. 그가 대통령 재임 중 역점을 두고 실천하려 했던 것은 3단계 통일론의 제1단계인 남북연합, 그중에서도 첫 번째 단계인 평화공존과 두 번째 단계인 평화교류였다. 세 번째 강령인 평화통일은 미래의 과제로 남겨놓았다.

　김대중은 1998년 2월 25일 대통령 취임식에서 남북문제와 관련해 대북 3원칙을 천명했다. "첫째, 어떠한 무력도발도 결코 허용하지 않겠습니다. 둘째, 우리는 북한을 해치거나 흡수할 생각이 없습니다. 셋째, 북한과의 화해와 협력을 가능한 분야부터 적극적으로 추진해나갈 것입니다." 남북 간의 구체적인 협력문제에 대해서는 인도적 지원, 정경분리, 상호주의라는 세 가지 원칙을 세웠다. 이 대북정책 3원칙과 남북 간 구체적인 협력방안은 미국, 중국, 러시아, 일본 등 모든 나라로부터 지지를 받았다.

　김대중은 3.1절 기념사에서 북한에 남북기본합의서를 이행하기 위한 특사파견을 제안했다. 그는 평화공존, 평화교류, 평화통일을 위해 남한정부는 어떠한 수준의 대화에도 응할 용의가 있다고 밝혔다. 당장 통일은 어렵더라도 이산가족의 상봉과 생사확인만이라도 서둘러야 하며, 이를 위해 대화해야 한다고 촉구했다. 여기서 김대중이 언급한 남북기본합의서는 노태우정부 시대인 1992년 2월 남북 고위급회담에서 정식 채택한 문건이다. 남북한 총리가 서명한 이 합의서(정식 명칭은 '남북 사이의 화해와 불가침 및 교류·협력에 관한 합의서')는 서문과 화해, 교류·협력 그리고 수정 및 발표 등 4장 25개 조항으로 구성되어 있다.

　그 내용을 살펴보면 상대체제 상호인정, 상대방에 대한 간섭·비방·전복기도 종식, 쌍방 모두 '현재의 정전상태를 확고한 평화체제로 전환'시키기 위해 노력하고, 이를 달성할 때까지 정전협정 준수, 상호 무력사용 금지 및 신뢰증진 대책의 이해, 대폭적인 군비삭감, 문화·과학분야의 교류, 이산가족의 자유로운 서신교환, 남북분계선에 의해 끊겨진 도로와 철도의 재개통 등이다. 이 합의서는 1972년 '7.4공동성명' 이후 남북한 관계에서 가장 중요한 문건이다. 이 합의서에서 남북한은 상대정권의 실체를 처음으로 공식 인정했다.3

　김대중이 3.1절 행사에서 자신의 대북 대화의지를 천명하면서 남북기본합의서를 거론한 데는 세 가지 의미가 함축되어 있다. 첫째, 김대중 자신이 남북기본합의서 내용에 공감하고 있음을 말해준다. 둘째, 북한으로 하여금 과거의 약속을 지키라는 촉구의 성격을 띠고 있다. 셋째, 남한 보수층에게 남북대화는 전임 보수정권 때부터 추구한 정책이며 자신의 햇볕정책은 결코 새로운 것이 아니라 과거의 연속이라는 점을 환기시키기 위해서였다.

남북 차관급회담이 1998년 4월 11일부터 일주일 동안 중국 베이징에서 열렸다. 남북이 이렇게 대화를 시작한 것은 1994년 남북정상회담 준비를 위한 예비접촉 이후 3년 9개월 만이었다. 남측 수석대표는 정세현 통일부차관이 맡았다. 북측은 인도주의적 차원에서 비료 20만 톤을 지원해 달라고 요청했다. 우리 측은 이 요구를 수락하면서 동시에 다가오는 추석 때 인도적 문제인 이산가족상봉을 제안했다. 그러나 북한은 이 제의를 거부했고, 이에 따라 남북 차관급회담은 무산되었다. 이후 북한은 김대중 정부가 과거정부의 반북 대결주의를 그대로 답습하고 있다고 비난했다.

국가안전보장회의(이하 NSC)는 임동원 외교안보수석을 중심으로 운영되었다. 3월 19일 국무회의는 NSC가 정한 대북정책 3원칙을 실현하기 위해 여섯 가지 대북정책 추진기조를 결정했다. 첫째 안보와 협력의 병행 추진, 둘째 평화공존과 교류협력의 우선 실현, 셋째 더 많은 접촉, 더 많은 대화, 더 많은 협력을 통한 북한의 변화여건 조성, 넷째 남북 간의 상호이익 도모, 다섯째 남북 당사자 원칙 하의 국제적 지지 확보, 여섯째 투명성과 서두르지 않는 대북 정책 추진이었다.

4월말에는 '남북경제협력 활성화조치'를 발표했다. 정경분리 원칙에 따라 모든 기업인들이 방북할 수 있도록 규제를 풀었다. 생산설비의 무상 또는 임대 반출도 허용했다. 이러한 조치를 통해 기업인들이 자체판단으로 대북경협 사업을 자유롭게 추진할 수 있도록 했다.

정주영의 소떼방북과 금강산 관광

김대중정부가 기업의 대북경협 자유화조치를 취한 지 2개월쯤 후인 1998년 6월 16일 정주영 현대그룹 명예회장이 트럭 50대에 소떼 500마리를 싣고 휴전선을 넘었다. 정주영은 군사분계선을 넘을 때 직접 걸어서 건넜다. 그는 휴전선을 넘으며 국민들께 이렇게 고했다.

> "강원도 통천 가난한 농부의 아들로 태어나 18살에 청운의 뜻을 품고 가출할 때 아버님의 소 판 돈 70원을 가지고 집을 나섰습니다. 이제 한 마리의 소가 1,000마리가 되어 그 빚을 갚으러 그리던 고향산천을 찾아갑니다."

적십자사 마크를 단 흰색 트럭 수십 대가 동원된 정주영의 소떼몰이는 한 편의 영화였다. 시엔엔(CNN)을 비롯한 미국 주요방송사는 이를 실시간 뉴스로 전 세계에 타전했다. 김대중은 이 장면을 보며 정주영 회장이 동화 속 목동 같았다고 표현했다. 프랑스의 저명한 문명비평가인 기 소르망도 "20세기 마지막 전위예술"이라고 평했다.[4]

83세 정주영의 상상력과 꿈은 보통사람의 차원을 완전히 넘어선 것이었다. 그가 1971년 조선소 건립에 필요한 차관을 도입하기 위해 국제금융 도시 런던으로 가서 우리나라 500원짜리 지폐에 실린 거북선을 보여주며 우리나라 조선기술의 우수성을 설명하고 목적을 달성했다는 이야기는 유명하다. 그는 이런 상상력과 창조성을 다시 남북관계를 위해 발휘했다.

정주영이 북한에 전하려고 한 소는 모두 1,001마리였다. 1차 방북 때 500마리, 2차 방북 때 501마리가 이동했다. 1,000마리가 아니라 1,001마리인 것은 다시 시작한다는 의미에서였다고 한다. 게다가 1차로 보낸 500마리 가운데 150마리는 새끼를 배고 있었다. 한 마리라도 더 북한으로

정주영 회장의 소떼방북

보내고 싶었던 그의 의중이 담긴 조치였다. 정주영은 1998년 10월말 소 501마리를 몰고 2차 방북을 마침으로써 당초 계획한 1,001마리 소떼몰이를 완성했다.

정주영은 북한을 개발시키는 것이 한반도통일을 앞당기는 길이라고 생각했다.[5] 1989년 1월 그는 북한을 방문해 북한과 금강산 공동개발협정서를 만들었다. 이 협정서는 당시 남과 북의 정치적 이해충돌로 곧바로 실행되지는 못했다. 하지만 그는 실망하지 않고 훗날을 면밀하게 준비했다. 먼저 1992년 서산농장에 소 150마리를 사보내면서 방목을 지시했다. 소떼방북 계획의 출발이었다. 점차 두수가 늘어 1998년 방북 당시 서산농장에는 3천여 마리의 소들이 방목되고 있었다. 그리고 마침내 사업가 정주영은 정치인 김대중과 남북 간의 화해 · 협력사업을 위해 큰 손을 잡았다.

정주영의 소떼방북은 남북긴장이 해소되고 민간차원의 경제협력과 교류가 증가할 것이라는 희망을 안겨주었다. 1차 방북에서 정주영은 북측과 금강산 관광개발사업 추진에 합의했다. 2차 방북에선 평양 백화원 초대소에서 김정일 국방위원장과 만났다. 1차 방북 때 북측과 합의한 대북경제협력 사업이 순탄하게 진행될 수 있는 확실한 징후였다. 김대중은 방북을 마치고 서울로 돌아온 정주영 · 정몽헌 부자의 방북성과를 자세히 듣고, 그들의 노고를 치하했다.

햇볕정책의 추진과 정주영의 방북으로 시작된 첫 번째 구체적 성과는 1998년 11월 18일 시작된 금강산 관광이었다. 정주영이 2차 방북을 하고 돌아온 지 2주일 후였다. 사실 금강산 관광사업은 김대중정부가 들어선 직후부터 추진되었다. 맨 처음 논의는 1998년 2월 정주영의 5남 정몽헌이 중국 베이징에서 북측과 만나면서 이루어졌다. 금강산 관광 및 개발사업의 구체적 성과는 정주영이 1차 소떼몰이를 마치고 서울로 돌아와 풀어놓은 방북 보따리 속에 들어 있었다. 정주영은 서울로 돌아온 6월 23일 북측과 금강산 관광계약을 체결했음을 발표했다. 그 구체적 결실이 드디어 11월 18일 금강산 관광사업으로 이어졌다.

11월 18일 정주영을 포함해 826명의 관광객을 태운 첫 번째 관광선이 동해항을 출항하여 금강산으로 향했다. 이들이 떠나는 날 축제 분위기 속에 동해항의 밤하늘은 아름다운 불꽃으로 물들었다. 이틀 후 두 번째 관광선이 떠나던 날 저녁 서울에 도착한 클린턴 미국 대통령은 숙소인 신라호텔에서 텔레비전 보도로 이 광경을 지켜보았다. 그는 이튿날 한미 정상회담을 마치고 열린 공동기자회견에서 호화유람선이 600명의 관광객을 태우고 출항하는 평화스러운 장면을 보고 감동했다며, "매우 신기하고 아름다운 장면이었다"고 말했다. 남북한 화해협력의 현장, 긴장완화의 현장, 햇볕정책이 성공하는 현장을 목격한 미국 대통령의 발언은 전파를 타고 전 세계에 퍼져나갔다. 결과적으로 이는 한반도위기를 외치는 강경파들의 목소리를 잠재우고, 안보불안 때문에 한국에 대한 투자를 꺼리던 사업가들의 마음을 변하게 만드는 데 지대한 영향을 주게 된다.[6]

금강산 관광초기에는 관광객들이 금강산 앞바다에 정박한 유람선을 숙소로 사용했다. 낮에는 소형선박을 이용해 육지로 가서 관광하고 밤에는 유람선으로 돌아와 숙박했다. 그러나 숙박시설이 보완되면서 2003년 9월부터는 육로관광이 시작되었고, 2004년에는 금강산 1일 관광, 1박 2일 관광도 이루어졌다. 2005년 6월 금강산 관광객이 100만 명을 돌파했으며, 2007년에는 내금강 관광, 2008년에는 승용차 관광까지 이루어졌다. 결과적으로 정주영의 소떼방북은 향후 10여 년간 비약적으로 성장하게 될 남북 민간교류의 물꼬를 튼 기념비적 사건이었다.

가시밭 속의 남북대화

1998년 6월 22일 북한군 9명을 태운 잠수정이 강원도 속초 해안가에 쳐

두었던 어망에 걸려 발견되었다. 잠수함에 타고 있던 북한군은 우리군경의 추격을 받자 모두 집단 자살한 상태였다. 정주영이 아직 북한에서 돌아오기 전에 발생한 사건이었다. 북한은 사건발생 직후 방송을 통해 "훈련 중인 소형잠수정과의 통신이 두절되었다"며 "해류와 바람에 밀려 조난된 것으로 보인다"고 보도했다. 이런 보도는 과거에 있었던 잠수정 침투사건과 비교할 때 이례적인 것이었다. 사건이 확대되지 않기를 바라는북한의 의중이 반영된 보도였다. 정부는 이 잠수함사건에도 불구하고 햇볕정책을 중단 없이 추진할 것이라고 발표했다. 정부조치에 대한 야당과보수언론의 비난이 있었지만, 정부는 과거 햇볕정책이 아닌 강경책을 구사했을 때도 북한군의 침투는 있었다고 지적하고, 북한의 일거수일투족에일희일비해서는 안 된다고 발표했다. 이 사건은 햇볕정책의 시험대가 되었지만, 김대중정부는 이에 굴하지 않고 햇볕정책을 밀고나갔다.

1998년 8월 31일 북한이 로켓(대포동 1호)을 발사했다. 미사일은 1,550킬로미터를 날아가 일본 동북쪽 750킬로미터 떨어진 태평양 공해상에 떨어졌다. 미국과 일본은 경악했다. 우리정부는 8월 초부터 미사일발사 징후를 포착하고 예의주시하고 있었지만, 막상 현실로 드러나자 충격이 컸다. 북한은 이 사실을 9월 4일 공식보도하면서 미사일이 인공위성이라고주장했다. 인공위성의 지구궤도 진입은 실패했지만, 북한은 일본은 물론,하와이 등 미국의 일부지역까지도 직접 겨냥할 수 있는 탄도미사일 개발능력이 있음을 전 세계에 과시했다.

북한 미사일발사 사건은 햇볕정책에 중대한 위협이 되었다. 먼저 햇볕정책에 우호적이었던 일본이 예민하게 반응했다. 대북수교 협상과 식량지원을 중단했다. 제네바합의에 따라 북한에 지원하기로 했던 경수로지원금 10억 달러에 대한 서명도 무기한 연기했다. 미국에서도 공화당 강경파 의원들을 중심으로 북한과의 대화나 접촉을 중지하라는 요구가 나왔다. 대북 중유지원 예산을 삭감하라는 요구도 있었다.

국내에서는 한나라당과 보수언론이 햇볕정책을 거세게 비판했다. 이들은 김대중정부가 북한의 변화가능성을 너무 낙관하고 있으며, 포용정책이 안보문제를 소홀히 다루고 있다고 주장했다. 그들은 북한은 체제붕괴 위험성 때문에 변할 수 없으며, 또 변하지 않을 것이라고 주장했다. 야당은 금강산 관광사업에도 부정적이었다. 이 사업이 시작되기 직전인 1998년 9월 김용갑이 주도하여 여야 국회의원 125명이 '금강산 관광중단을 촉구하는 국회의원들의 모임'을 결성하고 '금강산 관광중단을 촉구하는 건의서'를 김종필 총리에게 전달하기도 했다.

이 건의서에는 1) 금강산 관광구역 내 이산가족 만남의 장소 개설, 2) 잠수정 및 무장간첩 침투에 대한 북한의 사과, 3) 금강산 관광수입의 군사비 전용 차단, 4) 입산료 인하, 5) 관광객 신변안전 보장을 위한 당국자 간 합의 등 5개항의 조건과, 이 조건들이 충족되기 전까지는 금강산 관광을 금지해야 한다는 주장이 담겨 있었다. 언론사 가운데선 『조선일보』가 햇볕정책을 가장 강하게 비판했다. 『조선일보』는 금강산 관광대금이 무기구입이나 개발에 사용될 가능성이 있으며, 민간교류협력이 북한 주민에게는 도움이 되지 않은 채 김정일의 권력기반 강화에만 이용될 뿐이라고 주장했다.[7]

금강산 관광으로 남북관계에 훈풍이 불던 시점에 북한 금창리(평북 대관군)에서 건설 중인 지하시설이 핵개발과 관련이 있다는 의혹이 제기되었다. 11월 20일에는 강화도 앞바다에 간첩선이 나타났다. 간첩선은 우리군경이 포위하고 추격했으나 북으로 도주했다. 동해에서는 우리관광객이 금강산으로 가고 있는데 서해에서는 북한 간첩선이 나타나 우리국민의 감정을 건드리기도 했다. 여기에 핵시설 의혹까지 제기되었으니 국내에서 햇볕정책에 대한 논란이 가중되는 것은 피할 수 없었다. 11월 21일 남한을 방문한 클린턴 미국 대통령은 핵시설 의혹과 관련한 미국정부의 곤혹스러움을 토로하면서도 김대중의 햇볕정책은 계속 지지한다고 밝혔다.

이 시점에서 임동원 외교안보수석은 대북문제에 대한 '포괄적 접근전략'을 제시했다. 임동원은 북한의 핵개발이나 중장거리 미사일개발의 동기는 한반도 냉전구조에서 기인하는 것이라고 보았다. 그는 개별문제가 발생할 때마다 이에 대응하는 '대증요법적인 방식'으로는 문제를 해결할 수 없으며, 북한 핵문제의 근본적인 해결책은 '한반도 냉전구조'를 해체해 평화를 만들어나가는 포괄적인 접근이며, 이 틀 내에서 개별현안도 차근차근 해결해나가자고 주장했다. 한마디로 미국과 북한이 '줄 것은 주고, 받을 것은 받는' 식으로 일괄 타결하되, '단계적으로 동시에 이행'하면서 신뢰를 구축해나가는 것이다. 구체적으로 보면, 북한은 핵의혹을 완전히 해소시키고, 미국은 북한과 관계를 개선하고 경제지원을 하며, 일본도 북한과 외교관계를 수립한다. 그리고 우리정부는 반핵, 반전, 탈냉전, 평화라는 기본원칙을 내걸고 북한을 인정하면서 북한정권과 대화와 협상을 추진하는 것이다. 언론은 '포괄적 접근전략'을 제시한 임동원에게 '햇볕정책의 설계자' 혹은 '햇볕정책의 전도사'라는 별칭을 붙여주었다.[8]

김대중은 임동원의 제안에 전적으로 공감했다. 미국도 이러한 포괄적 접근방식에 동의했다. 클린턴 대통령이 대북 정책조정관으로 임명한 페리는 우리정부의 포괄적 접근전략에 동의했다. 그는 1994년 제1차 북핵위기 때 미국 국방장관으로서 전면전을 각오하고 영변 핵시설을 공격해야 한다고 주장하며 강경론을 펼쳤던 인물이다. 그가 대북정책조정관으로 남북을 드나들면서 김대중정부의 햇볕정책과 포괄적 접근전략에 동의한 것이다. 그 연장선상에서 미국과 북한은 1999년 3월 16일 금창리 지하시설 의혹해소를 위한 협상을 타결했다. 이에 따라 미국은 60만 톤의 식량을 북한에 제공키로 했고, 금창리 지하시설을 조사하기로 했다. 금창리 지하시설은 미국의 조사 결과 '미완공의 빈 터널'임이 확인되었다. 북한은 미사일 시험발사도 일시 유예하기로 합의했다.

1999년 6월 15일 오전 서해 연평도 서쪽 해역에서 우리해군 함정과 북한 경비정 사이에 총격전이 벌어졌다. 북한 측이 먼저 선제공격을 하자 우리해군이 대응사격을 했다. 북한 어뢰정 1척이 침몰하고 경비정 1척은 대파되었다. 나머지 북한 경비정 4척도 파손된 채 퇴각했다. 수십 명의 사상자도 발생했다. 반면 우리 측 피해는 경미했다. 언론은 이를 '연평해전'이라고 명명했다. 이 해전을 통해 김대중은 취임 후 일관되게 천명한 대북정책의 3대 원칙 가운데 하나인 "북한의 어떠한 무력도발도 용납하지 않는다"는 것을 행동으로 옮긴 셈이 되었다. 2002년에도 한 번 더 연평해전이 벌어졌기 때문에, 1999년의 이 사건은 흔히 제1차 연평해전이라 부른다.

다행히 북한은 더 이상 서해교전을 빌미로 사태를 악화시킬 뜻이 없음을 전했다. 정부는 연평해전에도 불구하고 사건 발생 다음날인 6월 16일 금강산 관광객의 출항을 허가했다. 승객들은 동요 없이 모두가 승선했다. 이것은 국민이 정부의 햇볕정책을 믿어주고 있다는 증거였다. 6월 21일 금강산 관광객이 북측에 억류되는 사건이 발생했다. 북한은 여성 관광객이 북측 안내원에게 건넨 말을 문제 삼아 '남쪽 정보기관의 공작원'이라는 혐의를 씌웠다. 사건이 엄중했다. 정부는 억류된 관광객을 조속히 귀향시키지 않으면 관광선을 보내지 않겠다는 계획을 세웠다. 다행히 북측은 관광객을 4일 만에 풀어주었다. 정부는 45일 동안 금강산 관광을 중단하고 안전대책을 마련한 다음에야 이를 재개했다.

김대중은 2000년 2월 9일 일본 도쿄방송과 회견했다. 이 자리에서 그는 북한 김정일 국방위원장을 평하면서 "지도자로서 판단력과 식견을 갖췄다고 보입니다. 남북관계를 풀기 위해서는 김 국방위원장과의 대화밖에 없습니다"라고 했다. 한나라당과 자민련은 김대중의 발언에 시비를 걸었다. 그러나 김정일에 대한 김대중의 인물평은 여러 측면을 감안한, 이를테면 다목적의 포석이었다. 북한을 대화의 상대로 인정한 이상 최고 실권을 지닌 김정일을 비난·비방만 해서는 어떤 결실도 기대할 수 없었다. 언론도 김대중의 발언을 남북대화를 위한 일종의 '물꼬트기'로 해석했다.

김대중은 2000년 3월초, 이탈리아, 바티칸시국, 프랑스, 독일을 차례로 방문했다. 독일방문 때는 베를린자유대학에서 연설을 했다. 이때 이른바 '베를린선언'이 발표되었다. 그는 연설문에서 북한의 입장을 고려하며 내용에 심혈을 기울였다. 선언의 주요내용은 다음과 같다.

> 첫째, 북한이 경제적 어려움을 극복할 수 있도록 도와줄 준비가 되어 있다. 경제적 지원은 사회간접자본 확충, 민간기업의 투자환경 조성, 식량지원 및 근본적인 농업구조 개혁, 이를 위한 정부당국 간 협력이 필요하다.
> 둘째, 당면목표를 통일이 아니라 냉전종식과 평화정착에 둔다.
> 셋째, 북한은 인도적 차원의 이산가족문제 해결에 적극 나서라.
> 넷째, 이러한 문제를 해결하기 위해 남북 간 대화가 필요하며 이를 위해 특사교환을 제안한다.

김대중 대통령은 '베를린선언'을 발표하기 전에 그 요지를 판문점을 통해 북한에 보냈다. 북한에 대한 존중과 선언의 진정성을 보여주기 위해서였다. 정부의 제안을 사전에 북한에 미리 알려준 경우는 과거에 없었다.

'베를린선언'이 있기 얼마 전인 2000년 1월말 현대 측은 자신들이 파악한 바로 남북정상회담이 가능할 것 같다는 소식을 전해왔다. 김대중은 이 사실을 보고받고 박지원 문화관광부장관과 임동원 국정원장에게 정상회담 추진을 지시했다. 임동원은 1999년 12월 통일부장관(1999년 5월~1999년 12월)에서 국정원장으로 자리를 옮긴 상태였다. '베를린선언'이 있기 직전인 2월 27일 북측이 싱가포르에서 접촉하자는 제안을 해왔다. 북측은 접촉대표로 이미 송호경 아시아태평양평화위원회 부위원장을 정해

베를린선언 (ⓒ 국가기록원)

놓았다. 김대중은 박지원과 임동원을 불러 대북특사로 박지원을 지정하고 국정원이 이를 뒷받침해주도록 지시했다. 김대중이 협상대표로 박지원을 지명한 것은 북측이 정권실세인 박지원을 원했기 때문이고, 또 협상의 비밀을 유지하기 위해서도 노출이 많은 통일부장관보다는 박지원이더 낫다고 판단했기 때문이었다.

박지원과 북측의 송호경은 '베를린선언'이 있기 하루 전인 3월 8일 싱가포르에서 예비접촉을 했다. 국정원에서는 김보현과 서훈 대북 전문가가 박지원을 지원했다. 3월 7일에는 상하이에서, 3월 23일에는 베이징에서 특사접촉이 연이어 있었다. 특사는 남한의 박지원과 북한의 송호경이었다. 특사접촉을 통해 정상회담을 6월 중순에 하자는 데 합의가 이루어졌다. 3차 접촉은 4월 8일 베이징에서 있었다. 이 자리에서 남북정상회담 개최합의문이 작성되었다. 발표문은 양국의 약속에 따라 4월 10일 남과 북에서 동시에 발표되었다. 남쪽 발표는 박재규 통일부장관과 박지원 문화관광부장관이 공동으로 맡았다.

"김정일 국방위원장의 초청에 따라 김대중 대통령이 금년 2000년 6월 12일부터 14일까지 평양을 방문한다. 평양방문에서는 김대중 대통령과 김정일 국방위원장 사이에 역사적인 상봉이 있게 되며 남북정상회담이 개최된다. 쌍방은 가까운 4월 중에 절차문제를 협의하기 위한 준비접촉을 갖기로 했다."

시민단체들과 경제단체 등 각계각층이 남북정상회담 소식에 큰 환호를 보냈다. 여론조사기관에 따르면 국민 90퍼센트가 정상회담을 지지했다. 세계 각국도 환영일색이었다. 클린턴 대통령은 특별성명을 발표해 회담을 지지했다. 일본, 중국, 러시아, 독일, 프랑스 등도 지지를 보냈다. 야당만 비난했다. 야당은 정상회담이 4월말 총선을 염두에 두고 이루어진 것이라면서 '깜짝 쇼'라고 주장했다. 김대중도 총선을 앞두고 정상회담 결과를 발표한 것에 부담을 느꼈지만, 북한의 가변성을 감안해 발표를 그대로 감행하게 했다. 민족문제는 국내정치문제보다 우선하는 것이라는 판단 때문이었다. 그러나 총선이 4월 13일이었던 점을 감안할 때, 정상회담 발표를 며칠만 늦췄더라면 정치적 오해를 피하고, 그러하여 정상회담 발표도 더 빛날 수 있었지 않았을까 추측된다.

김대중정부의 햇볕정책이 이전 정부의 대북정책과 다른 점은 진정성과 일관성이었다. 과거 정권도 표면적으로는 평화적 공존정책을 추구했다. 그러나 그 정책들은 주로 내부통제용으로 활용되었던 측면이 강했고, 수시로 동원한 대북 강경책으로 인해 북한의 진정한 변화를 견인할 수 없었다.[9] 반면 김대중은 1960년대말 이후부터 대통령 재임 때까지 변함없이 화해·협력에 바탕을 둔 평화통일정책을 추구했다. 북한이 남북정상회담에 응하고 햇볕정책에 호응한 것은 김대중의 이런 진정성과 일관성이 통했기 때문이었다.

회담을 개최하기로는 했지만, 구체적인 방식은 정해지지 않았다. 5월 27일 임동원 국정원장이 세부적인 문제를 상의하기 위해 평양을 방문했다. 북한은 평양을 방문한 임동원에게 김대중 대통령이 평양방문 때 금수산궁전 방문을 요구했다. 그게 이루어지지 않을 경우 김정일과 상봉할 수 없다고 했다. 임동원은 남북관계의 특수성 때문에 금수산궁전 방문은 수용할 수 없다고 했다.

임동원은 6월 3일 다시 평양을 방문했다. 김대중은 임동원을 통해 김정일에게 친서를 전했다. 이 친서에서 김대중은 남북관계개선과 통일문제, 긴장완화와 평화문제, 공존공영을 위한 교류협력문제, 이산가족문제 등을 언급했다. 새로운 남북관계를 위한 실천적 조치들이 들어 있는 공동선언도 발표하자고 했다. 금수산궁전 방문은 정상회담을 성공적으로 마치고 난 후 검토할 수 있다고 했다. 임동원은 이번에는 성과를 갖고 돌아왔다. 김정일은 임동원에게 개인적으로 김대중을 존경하고 있으며, 평양에 오면 어른으로 품위를 높여 모시겠다고 말했다. 그러나 그는 금수산궁전 방문문제는 양보할 수 없다고 했다. 김정일은 "왜 남쪽 국민의 정서만 생각하십니까? 북쪽 인민들의 정서는 중요하지 않습니까? 인민을 위해서나 나를 위해서도 상가에 와서 예의를 표한다는 것은 조선의 오랜 풍습이요 당연한 일이 아닙니까?"라고 말했다. 김정일의 주장이 상식적으로 하나도 틀린 게 없었다. 문제는 상식과 정치현실 사이에 큰 간격이 존재한다는 사실이었다.

2. 남북정상회담

역사적인 평양방문

예정보다 하루 늦춰진 6월 13일 김대중 대통령과 일행이 오전 9시 15분 서울을 출발해 평양으로 향했다. 서울을 출발할 때까지도 불확실한 점들이 많았다. 공동선언문이 합의되지 않았고, 금수산궁전 참배문제도 정리되지 않았다. 북측이 입국불허를 통보한 『조선일보』와 케이비에스(KBS) 기자문제도 아킬레스건이었다.

김대중과 일행을 태우고 서울공항을 이륙한 비행기는 휴전선을 넘어 10시 30분쯤 평양 순안공항에 도착했다. 김대중과 일행 모두가 감개무량했다. 김대중은 평양에 도착한 순간을 무어라 형언키 어려웠으며 가슴에서 울컥울컥 뜨거운 것이 올라왔다고 회고했다. 트랩에서 내린 김대중은 무릎을 꿇고 그 땅에 입을 맞추고 싶었으나 다리가 불편해서 그리 할 수가 없었다고 한다.[10] 공항에 마중 나온 김정일이 다가와 김대중의 손을 잡았다. 역사적인 장면이었다. 이튿날 한국 조간신문은 물론이요 『뉴욕타임스』, 『워싱턴포스트』, 『아사히신문』 등 전 세계 매체의 1면을 장식한 사진은 바로 두 정상의 첫 만남 장면이었다.[11]

김대중은 평양 도착성명을 서면으로 발표했다. 그는 도착성명에서 반세기 동안 쌓인 한을 한꺼번에 풀 수는 없지만 시작이 반이라는 말처럼 자신의 평양방문으로 온 겨레가 화해와 협력 그리고 평화통일의 희망을 갖게 되기를 진심으로 바란다면서, "우리는 한민족입니다. 우리는 운명공동체입니다. 우리 모두 굳게 손잡읍시다"라고 했다.

김대중과 김정일은 같은 차량을 타고 평양시내로 향했다. 김정일은 김대중에게 승용차 오른쪽 뒷좌석에 오르게 하고, 자신은 왼쪽 뒷좌석에 앉았다. 평양시내 거리마다 수십만 환영인파가 나와 있었다. 김대중과 남한일행 모두에게 감동적인 장면이었다.

김대중은 2박 3일간 평양에 머물면서 김정일과 두 차례의 정상회담을 포함해 11시간 동안 자리를 함께했다. 김대중의 눈에 김정일은 예의가 바른 사람이었다. 그는 연장자인 김대중에게 깍듯했다. 정상외교의 관례를 깨고 공항까지 영접했고, 차에 동승했으며, 김대중이 먼저 탈 때까지 기다리는 등 세심하게 배려했다.[12] 김대중이 보기에 김정일은 이해력, 판단력, 결단력이 있었다. 자신의 주장을 내세우다가도 김대중의 논리적인 설명에 이해가 가면 자신의 의견에 수렴했다. 김대중은 김정일에 대해 가졌던 이날의 느낌을 훗날 김정일을 만난 올브라이트 미국 국무장관과도 공유했다.

김정일은 정상회담에서 남한의 국정원에 대해 부정적인 이야기를 했다. 그는 김대중의 평양방문을 국정원이 주도했다면 추진하지 않았을 것이라고 했다. 김대중이 박지원을 내세우기에 회담추진에 임했다고 말했다. 그는 또 아시아태평양평화위원회와 현대그룹이 진행하고 있는 민간차원의 사업이 잘 되고 있는 것을 보고 회담에 응하기로 했다고 말했다. 이로 미루어보건대 남북관계에서 민간차원의 교류와 협력은 매우 중요했다.

김대중과 김정일 사이의 회담은 대체로 부드러운 분위기에서 진행되었다. 남과 북은 산업공단 건설과 경의선철도 연결문제 등 경제협력 사업을 추진하되 현대그룹과의 합의에 따라 진행하기로 했다. 이산가족문제

평양 순안공항에서 두 손을 맞잡은 남북한 정상 (ⓒ 국가기록원

도 조속히 해결하기로 했다. 남북이 중상과 비방을 금하기로 했고, 군의 대남·대북 방송도 중지하기로 했다. 남북정상 간에 비상연락망도 개설하기로 했다.

그러나 몇 가지 부분에서는 치열한 논쟁이 있었다. 먼저 남한의 보안법문제였다. 김정일은 대학생들이 남북정상회담을 축하한다며 대학에 한반도기와 태극기, 인공기를 걸었는데 이를 검찰이 문제 삼은 것을 비판했다. 그는 남측 비행기가 태극기를 달고 오고 남측 수행원들이 모두 태극기 배지를 달고 왔지만 문제 삼지 않았다면서 보안법개정을 촉구했다. 보안법문제는 김영남 최고회의 상임위원장도 이미 언급했었다. 당시 김대중은 김영남에게 보안법개정안을 국회에 제출했으나 국회가 동의해주지 않아 개정하지 못하고 있다고 말하고, 남북 간 분위기가 달라지면 개선될 것이라고 말했다. 다행히 김정일은 김영남으로부터 김대중의 설명을 전해 들었는지 보안법문제를 이유로 회담을 파행시키지는 않았다.

김대중은 김정일의 서울답방을 강력히 요구했다. 김대중은 김정일의 서울방문과 '제2차 정상회담 개최'를 합의문에 명시하자고 제의했다. 김대중은 김정일이 동방예의지국의 지도자답게 연장자를 굉장히 존중한다는 점을 부각시키면서 나이 많은 김대중이 평양을 방문했으니 김정일도 서울을 방문해달라고 요구했다. 김정일은 처음에는 크게 망설였고 시간이 지나면서 조금씩 유연해졌지만 매우 신중하게 임했다. 양자는 많은 논의 끝에 '김대중 대통령이 김정일 국방위원장의 서울방문을 정중히 요청했으며, 김정일 위원장은 앞으로 편리한 시기에 서울을 방문하기로 합의했다'는 수준에서 이 문제를 정리하기로 했다.

김정일은 통일방안과 관련하여 첫째 민족자주의지를 천명하고, 둘째 연방제통일을 지향하되 당장은 '낮은 단계의 연방제'부터 하자고 했으며, 셋째 남북당국 간 대화를 즉각 개시하여 정치·경제·사회문제를 풀어나가는 것에 합의하자고 했다. 김대중은 김정일의 '낮은 단계의 연방제' 통일방안을 수용할 수 없다고 했다. 대신 김대중은 '남북 연합제'를 주장했다. 그는 남북 연합제는 통일 이전단계에서 2체제 2정부의 협력형태를 말하는 것이라고 설명했다. 이에 대해 김정일은 북측이 말하는 '낮은 단계의 연방제'는 남측이 주장하는 '연합제'처럼 군사권과 외교권은 남과 북의 두 정부가 각각 보유하고 점진적으로 통일을 추진하자는 것이라고 설명했다. 양자는 이렇게 통일방안을 논의하면서 '낮은 단계의 연방제'와 '남북 연합제' 사이에 큰 차이가 없다는 것을 발견했고, 따라서 함께 논의해가기로 합의했다.[13]

공동선언문의 서명주체를 놓고도 의견이 엇갈렸다. 김정일은 수표(서명)문제는 "상부의 뜻을 받들어 조선노동당 중앙위원회 비서 김용순과 대한민국 국정원장 임동원"이 하는 것으로 하자고 했다. 김대중이 김정일 위원장과 김대중 대통령 자신으로 해야 한다고 주장하자 김정일은 한 발 물러서 김대중 대통령과 김영남 최고인민회의 상임위원장이 하고 합의내용을 김정일 위원장이 보증하는 식으로 하자고 했다. 그는 그 이유로서 북한을 대표하는 사람은 김영남 상임위원장이라는 점과 과거 7.4공동성명도 상부의 뜻을 받들어 이후락과 김영주, 이런 식으로 했다고 주장했다. 그러나 김대중은 7.4공동성명 작성 때는 이후락이 왔지만, 이번에는 김대중 자신이 직접 왔기 때문에 김대중 대통령과 김정일 위원장의 이름으로 해야 한다고 주장했다. 이 논쟁은 결국 김정일 위원장이 김대중 대통령의 주장을 수용하면서 일단락되었다. 서명주체를 대한민국 대통령 김대중과 조선민주주의인민공화국 국방위원장 김정일로 결정한 것이었다.[14]

두 사람의 대화에서 논란만 있었던 것은 아니다. 김정일은 김대중과의 대화를 통해 미묘한 문제들이 해결되자 금수산궁전 참배문제를 양보했다. 이번 방문 때는 참배를 하지 않아도 된다고 양해한 것이다. 김정일은 남한에 주둔하고 있는 미군문제에 대해서도 뜻밖의 발언을 했다. 미군의 남한주둔을 문제 삼지 않겠다는 것이었다. 그는 중국, 러시아, 일본 등

강대국이 한반도를 둘러싸고 있는 상황에서 한반도에 미군이 주둔하고 있는 것이 오히려 한민족의 안전을 보장하는 데 긍정적일 수 있다고 생각했다. 그는 이 자리에서 북한은 이미 1992년초 김용순 비서가 미국에 특사로 갔을 때 미군이 계속 남아서 남과 북이 전쟁을 하지 않도록 막아주는 역할을 해달라고 했다는 말까지 덧붙였다. 그는 북한이 방송을 통해 미군철수를 주장하는 것은 단지 북한 인민들의 감정을 달래기 위한 제스처의 성격일 뿐이라고 말했다. 물론 미군의 지위와 역할이 변경되어야 한다고는 언급했다. 주한미군이 북한에 적대적인 군대가 아니라 조선반도의 평화를 유지하는 군대로 변해야 한다는 의미였다. 김정일 위원장의 미군관련 발언은 한국의 대북 적대시정책을 미군이 막아달라는 차원을 넘어, 통일 이후 동북아의 지정학적 관계 속에서 한반도평화를 미군이 지켜달라는 의미로도 풀이된다.[15]

김대중과 김정일은 북한방문 이틀째 되는 14일 밤에 양쪽 수행원들에게 두 정상이 남북공동선언 발표에 완전 합의했다고 발표했다. 남북공동선언의 공식 발표일은 6월 15일로 하되, 실질적으로는 6월 14일 내용을 모두 공개한 것이다.

6.15공동선언

남북공동선언문

조국의 평화적 통일을 염원하는 온 겨레의 숭고한 뜻에 따라 대한민국 김대중 대통령과 조선민주주의인민공화국 김정일 국방위원장은 2000년 6월 13일부터 15일까지 평양에서 역사적인 상봉을 했으며 정상 회담을 가졌다. 남북정상은 분단 역사상 처음으로 열린

6.15남북공동선언 발표 합의 (ⓒ 김대중평화센터)

이번 상봉과 회담이 서로 이해를 증진시키고 남북관계를 발전시키며 평화통일을 실현하는 데 중대한 의의를 가진다고 평가하고 다음과 같이 선언한다.

1. 남과 북은 나라의 통일문제를 그 주인인 우리민족끼리 서로 힘을 합쳐 자주적으로 해결해나가기로 했다.
2. 남과 북은 나라의 통일을 위한 남측의 연합제 안과 북측의 낮은 단계의 연방제 안이 서로 공통성이 있다고 인정하고 앞으로 이 방향에서 통일을 지향해나가기로 했다.
3. 남과 북은 올해 8.15에 즈음하여 흩어진 가족, 친척방문단을 교환하며 비전향장기수문제를 해결하는 등 인도적 문제를 조속히 풀어나가기로 했다.
4. 남과 북은 경제협력을 통하여 민족경제를 균형적으로 발전시키고 사회, 문화, 체육, 보건, 환경 등 제반분야의 협력과 교류를 활성화하여 서로의 신뢰를 다져나가기로 했다.
5. 남과 북은 이상과 같은 합의사항을 조속히 실천에 옮기기 위하여 이른 시일 안에 당국 사이의 대화를 개최하기로 했다.

김대중 대통령은 김정일 국방위원장이 서울을 방문하도록 정중히 초청했으며 김정일 국방위원장은 앞으로 적절한 시기에 서울을 방문하기로 했다.

2000년 6월 15일

대한민국 대통령 **김대중** 조선민주주의인민공화국 국방위원장 **김정일**

6.15남북공동선언의 5개 조항 가운데 3항과 4항은 김대중이 대통령이 되기 전 주장했던 '3단계 통일론'의 첫 번째 단계에 해당하는 내용들이다. 김대중은 이 선언을 통해 오랫동안 준비했던 통일방안의 1단계 내용을 대부분 관철시킨 셈이었다. 3항과 4항 등의 내용은 실제로 김대중정부 때 활발하게 추진되었으며, 노무현정부에 의해 계승되었다.

남북정상회담에서 남측은 남북연합제 안을 제안했다. 여기서 국가연합이란 회원국들이 각기 주권을 보유하면서 공동의 목표를 달성하기 위한 조약에 의해 창설·운영되는 복수국가의 협력체(기구)로 정의할 수 있다. 공동의 목표란 통상 반외세 독립쟁취, 공동방위, 경제적 공동이익 추구 등을 말한다. 국가연합에는 일반적으로 중앙정부가 없으며 국제법상의 주체도 아니다. 회원국들이 각기 외교권과 국방권을 보유하고 행사한다.

김대중의 핵심조력자인 임동원은 국가연합의 몇 가지 사례로 미국독립 직후의 연합체와 20세기 후반 유럽통합체인 유럽연합을 제시했다. 임동원에 따르면, 미국은 독립전쟁 기간 13개 주는 '연합규약(Articles of Confederation)'을 채택해 '연합체(union)'를 형성·유지해오다가 1787년 미합중국헌법을 제정하면서 '연방체제(federalism)'로 전환했다. 또 유럽 국가들은 유럽경제공동체(EEC)로 시작해 냉전종식 후 1993년 12개국이 유럽연합(EU)으로 전환했다. 지금은 28개국이 국가연합으로 발전하여 유럽국가통일(연방)을 지향하고 있다. 이 두 가지 역사적 사례는 국가연합이 연방제 통일국가로 발전하는 과도적 단계임을 보여준다.

남북정상회담에서 남측이 제시한 남북연합은 통일의 형태가 아니다. 완전통일을 이룩하기 이전단계에서 남북이 힘을 합쳐 통일을 만들어가기 위한 협력기구를 말한다. 이 연합이 수행해야 할 막중한 과제는 다음과 같다.

- 경제공동체 형성·발전으로 민족경제의 균형적 발전을 도모하며 경

제통합의 여건 조성

• 사회문화공동체 실현으로 민족의 동질성 유지 강화
• 군사적 신뢰구축 조치와 군비감축 실현
• 정치통합의 환경과 여건 조성
• 한반도문제 해결의 걸림돌이 되어온 미북 적대관계 해소와 북핵문제 해결
• 적대관계의 뿌리인 군사정전체제를 통일지향적 평화체제로 전환
• 평화통일에 유리한 국제환경 조성

남북연합단계에 진입하기 위해서는 우선 반세기 동안의 불신을 넘어 상호신뢰 조성이 긴요하다. 남과 북은 6.15공동선언(제4항)을 통해 "경제협력을 통하여 민족경제를 균형적으로 발전시키고, 사회·문화·체육·보건·환경 등 여러 분야의 협력과 교류를 활성화하여 서로의 신뢰를 다져나가기로" 합의했다.[16] 김대중은 남과 북이 선언에 따라 교류하고 협력하면서 평화적 공존분위기를 만들면 남북연합제는 당장도 가능하다고 주장했다.[17]

김대중은 독일의 사례를 인용했다. 서독의 브란트 총리가 추진한 동방정책은, 비록 한 민족이 분단되어 두 개의 국가를 형성하고는 있지만 서로 외국이 아닌 특수관계로 규정하고 민족동질성 유지에 최우선적 목표를 두었다. 동독 고립화정책(할슈타인원칙 등)을 버리고 평화공존하며 '접촉을 통한 변화'를 추구했다. 이 정책은 후임자인 슈미트와 기민당의 콜정부에 의해 계승되었다. 서독은 브란트가 동방정책을 추진한 이래 동독에 매년 평균 32억 달러 규모의 경제지원을 제공했다. 또 매년 수백만 명의 왕래와 접촉, 교류와 협력을 실현하여 분단으로 인한 양측 시민들의 불편과 고통을 최소화하기 위해 노력했다. 나아가 동·서독정상회담을 개최하고, 기본관계조약을 체결했으며, 유엔에 공동가입한 뒤 상주대표부도 설치했

다. 뿐만 아니라 기자들이 서로 상주하고 언론매체도 개방했다. 동독인이 아침에는 공산당신문을 읽고, 저녁에는 서독 텔레비전의 프로그램을 시청할 수 있는 상황으로 발전했다. 그러하여 동·서독인들은 통일 이전에 이미 '사실상의 통일(de facto unification)' 상황을 실현해놓았다. 1989년부터 1990년까지 진행된 통일과정은 이런 '사실상의 통일'에 '정치적 통일'이 보태진 것이었다.

김대중의 햇볕정책 역시 화해와 협력을 통해 북한이 변화(개방과 시장경제로의 개혁)할 수 있는 환경과 여건을 조성하고, 한반도평화를 조성하는 데 일차적인 목적을 두었다. 김대중은 햇볕정책을 통해 법적인 완전통일에 앞서 남북이 서로 오가고 돕고 나누는 '사실상의 통일' 상황을 실현하고자 했다. 남북정상회담은 이런 구상을 현실화시키는 데 중요한 진전을 이루었다.[18]

남북정상회담에 대한 해외언론의 반응은 뜨거웠다. "남북정상회담으로 세계 최후의 냉전지대에 평화가 찾아올 수 있다면, 이는 1972년 닉슨 모택동에 필적하는 역사적인 사건이 될 것이다"(『니혼게이자이신문』, 6월 11일자), "정상회담은 김대중 대통령의 오랜 노력이 클라이맥스에 이르렀음을 의미하며, 김정일 위원장에게는 폐쇄상태로부터의 과감한 탈출을 뜻한다. 이는 역사의 시작이요, 민족적 단결을 위한 기초이다"(『워싱턴포스트』, 6월 13일자), "김정일 위원장이 트랩을 내려오는 김대중 대통령을 영접한 것은 1994년 김일성 전 주석 사망에 따른 그의 권력승계 이후 '가장 눈부신 외출'이다"(『르몽드』, 6월 13일자), "만일 남북정상회담에서 모든 것이 계획대로 추진된다면 한국에게 오늘은 50년간의 겨울을 끝내기 시작하는 기념비적인 날이 될 것이다"(『인디펜던스』, 6월 13일자), "비록 갈 길이 멀지만 이번 회담은 가장 위험한 지역에서 긴장완화를 위한 길을 열었다"(『파이낸셜타임스』, 6월 13일자), "13일 남북정상회담이 개최되었다는 단순한 사실 그 자체만으로도 역사적인 것이다"(『워싱턴타임스』, 6월 13일자), "남북정상회담은

1970년 브란트·슈토프가 만난 동·서독정상회담에 비견될 것이며, 훗날 한반도통일의 출발점으로 간주될 것이다"(『쥐트도이체차이퉁』, 6월 14일자), "남북정상회담은 지난 한 세기 동안 한국의 운명을 결정해온 미·일·중·러의 간섭으로부터 자신이 운명에 대한 통제권을 되찾을 수 있는 기회이다"(『파이낸셜타임스』, 6월 14일자), "남북대화 복원에 성공함으로써 김대중 대통령의 위상은 '근대 한국역사의 '거대한 힘'으로 자리매김할 것이 확실하다"(『뉴욕타임스』, 6월 14일자) 등등.[19]

   남북정상회담으로 가장 크게 변한 것은 이미지와 분위기였다. 북한 『노동신문』은 정상회담 직후 지면에서 '남조선면'을 아예 없애버렸다. 그동안 『노동신문』은 5면 전체를 남조선면으로 할애해 대남비방과 억지기사를 게재해왔다. 케이비에스(KBS)도 북한을 상대로 한 사회교육방송 가운데 '노동당 간부에게'라는 프로그램을 폐지했다. 그동안 '북괴'라는 표기를 사용해온 국방부도 '북한'으로 변경한다고 발표했다. 여론조사 역시 김정일과 평양을 대하는 한국사회의 시선이 한결 부드러워졌음을 보여주었다. 『대한매일신문』은 정상회담이 있은 지 한 달이 경과한 7월 18일 여론조사 결과를 발표했다. 이 조사에 따르면, 김정일에 대한 이미지를 묻는 질문에 '매우 좋게 변했다'고 대답한 사람이 13.5퍼센트였고, '비교적 좋게'가 62.7퍼센트로 나타났다. 국민의 76.2퍼센트가 긍정적 변화를 보인 것이다. 반면 '부정적 변화'는 1.4퍼센트에 불과했으며, '별 변화가 없다'고 대답한 사람은 22.4퍼센트였다.

3. 남북정상회담의 성과들

1970년 동·서독정상회담과의 차이

1970년 3월 서독 총리 브란트와 동독 총리 슈토프가 동독 땅 에르푸르트에서 만났다. 브란트가 서독 총리로 취임한 지 반 년이 지난 시점이었고, 전후 최초의 동·서독정상회담이었다. 브란트의 동독방문은 서독정부가 '다른 쪽 독일'의 존재를 대외적으로 공식인정했다는 것을 의미한다. 그러나 1차 정상회담은 동독에 대한 국제법적인 승인문제로 교착상태에 빠졌고, 구체적인 성과를 얻지 못한 채 끝났다.

양국 정상은 1970년 5월 21일 다시 만났다. 이번 만남의 장소는 서독의 카셀이었다. 브란트는 2차 회담에서 교류와 협력, 평화에 관한 20개 조항의 내용을 제시했으나 동독의 반응은 싸늘했다. 동독은 제1차 회담에서와 마찬가지로 동독에 대한 전면적인 외교적 승인이 회담의 전제조건이라는 주장을 되풀이했다. 서독은 동독을 사실상의 국가로 인정하면서도 같은 민족이고 언젠가는 하나의 국가로 살아야 한다는 점에서 다른 국가와 똑같은 외교적 승인은 어렵다는 입장인 반면, 동독은 서독과 동독은 정치적으로나 민족적으로 완전히 별개의 국가라는 입장을 고수했다. 결국 1970년 두 차례의 정상회담이 역사적 의의를 가지고 있었음에도 불구하고, 뚜렷한 성과를 얻지 못한 것은 바로 민족문제에 대한 동·서독 간의 현격한 입장차 때문이었다.[20] 이는 소련이 동독에게 서독과 협력정책을 추진하도록 압력을 넣은 이후에야 완화되었다.

반면 2000년 남북정상회담은 상대방을 사실상의 국가로 인정하면서도 두 나라는 궁극적으로 하나의 국가가 되어야 한다는 데 완전히 의견이 일치했다. 김대중과 김정일은 통일의 방법과 관련해 남측의 연합제 안과 북측의 낮은 단계의 연방제 안이 서로 공통성이 있다고 인정하고, 앞으로 이 방향에서 통일을 지향해나가기로 하는 데까지 합의를 이끌었다. 남북한은 동·서독과 달리 전쟁을 겪었고 분단의 간격도 훨씬 컸지만, 민족적 동질성과 통일에 대한 열기 그리고 외세에 의존하지 않고 자주적인 통일을 이루어야 한다는 점에서 동·서독보다 더 유리한 고지에 있었다. 바로 이 사실이 6.15정상회담을 통해 확인된 것이었다.

다양한 교류와 협력정책

정상회담 이후 남북 장관급회담이 열렸다. 7월 29일부터 열린 회담에서 남과 북은 6개항에 합의했다. 합의내용은 8월 15일 판문점 연락사무소 업무재개, 8.15를 즈음해서 남과 북 그리고 해외에서 공동선언 지지행사 개최, 조총련 동포들의 고향방문 협력, 경의선철도의 단절구간 연결, 8월 29~31일 평양에서 제2차 남북 장관급회담 개최 등이었다.

8월 5일에는 남한의 언론사 사장단 56명이 7박 8일 일정으로 북한의 명소를 돌아봤다. 김정일은 언론사 사장들 앞에서 서울방문에 대해 검토 중이라고 했고, 미국과의 수교는 미국이 북한에 씌우고 있는 테러국가 고깔을 벗겨주면 언제든지 가능하다고 했다. 그러나 김정일은 일본과의 수교에 대해서는 엄격한 조건을 붙였다. 일본이 36년간 조선을 지배한 데 대해 보상해야 한다고 했다. 그는 자존심까지 꺾으면서 일본과 수교하는 일은 절대 없을 것이라고 했다.

8월 15일 광복절을 맞아 서울과 평양에서 이산가족상봉이 있었다. 1985년 이후 15년만의 만남이었다. 남측 이산가족 102명이 평양에서 북에 있는 218명의 가족을 만났다. 이들은 전체 방북희망자 76,793명 가운데 최종 선택된 사람들이었다. 북측의 이산가족 101명은 서울에서 남쪽에 있는 가족 750명과 상봉했다.

비전향장기수는 사회주의사상이나 공산주의사상을 포기하지 않고 대한민국 감옥에서 장기간 생활한 국내 게릴라, 조선인민군 포로와 남파간첩을 지칭하는 말이다. 이들은 고향인 북한을 그리며 전향을 거부하면서 남한사회의 '이방인'으로 살아왔다. 김대중정부는 2000년 9월 2일 북송을 원하는 비전향장기수 63명을 북으로 보냈다. 북은 판문점에서 이들을 열렬히 환영했다. 장기수들 중 일부는 이런저런 이유로 남에 남기를 원했다. 정부는 우리가 비전향장기수를 먼저 북으로 보냄으로써 북한도 납북자와 국군포로의 상봉이나 송환에 응해줄 것으로 기대했다. 북한에는 약 700~800명의 납북자와 국군포로가 있었지만 북한은 그들의 존재 자체를 부정해왔다.

9월 11일 김용순 특사가 직항로를 이용해 서울에 왔다. 10킬로그램짜리 칠보산 송이 300상자도 추석선물로 함께 왔다. 양국은 7개 항목의 합의사항을 발표했다. 김정일의 서울방문에 앞서 김영남 최고인민회의 상임위원장이 서울을 방문하기로 했다. 이산가족 면회소 설치, 이산가족의 계속적인 상봉문제도 협의하기로 했다. 남북 간 경제협력을 활성화하기 위해 투자보장, 이중과세 방지 등 제도적 장치를 마련하기 위한 실무접촉도 개최하기로 했다. 남북 간 경의선철도 및 도로 연결을 위해 이른 시일 내에 남북이 기공식도 개최하기로 했다.

9월 18일 임진각 자유의 다리 앞에서 경의선연결 기공식이 있었다. 문산-개성구간 24킬로미터를 대상으로 했다. 경의선은 1906년 개통되었으나 광복 직후인 1945년 9월 운행이 중단되었으니, 연결된다면 55년 만의 일이었다. 김대중은 오래전부터 '철의 실크로드'를 구축하자고 주장해왔다. 남과 북의 철도연결은 곧 우리가 유라시아대륙으로 뻗어나갈 수 있는 시발점을 의미했다.

한편 남북정상회담 직후인 6월말 정주영 현대그룹 명예회장 일행은 원산에서 김정일을 만나 경협사업문제를 협의했다. 김정일은 산업공단 건설후보지로 우리 측이 원했던 해주지역이 아니라 개성지역을 지정하는 결단을 내렸다. 오랜 세월 군사전략을 다루어왔던 임동원 국정원장은 이 사실을 보고받고 처음에는 믿겨지지 않았다. 개성지역은 북측의 최전방 군사요충지로서 군사전략적 차원에서는 절대로 개방할 수 없는 곳이었다. 개성은 서울에서 가장 가까운 주공격축 상에 있고 개성 전방에는 서울을 사정거리 안에 둔 수많은 장거리포가 포진하고 있었기 때문이다. 역지사지로 볼 때 우리 같으면 개성과 같이 중요한 군사요충지는 절대 개방하기 어려웠을 것이다. 그래서 임동원은 "혹시 현대가 속은 것이 아니냐"고 되묻기도 했다.

두 달 뒤 현대는 '개성지역 산업공단 조성계획'을 김정일에게 설명하여 동의를 얻었다. 웅장하고 야심찬 사업규모였다. 배후도시 39.7제곱킬로미터를 포함해 총 66.1제곱킬로미터(약 2천만 평) 규모의 산업공단을 3단계로 추진하여 착수 8년 안에 완성한다는 계획이었다. 현대 측은 이 사업이 완료되는 시점에서 필요한 노동력의 규모가 35만 명에 달할 것으로 보고, 북한이 과연 노동력 공급을 보장할 수 있는지 의문을 가졌다. 그러나 김정일은 "그때가 되면 남과 북은 평화공존하며 군축이 이루어질 것"이라며, "우리도 군대를 감축하여 노동력을 공급할 수 있을 것"이니 안심하라고 말했다.[21] 이는 김정일이 남북관계개선에 강한 의지를 갖고 있었고, 또 그 미래를 매우 낙관하고 있었음을 말해준다. 약속대로 북한은 사업진행을 위해 전략적 요충지인 이 지역에 주둔해 있던 군부대와 장거리포를 다른 곳으로 이동시켰다. 2002년 11월 '개성공업지구법'이 발표되었고, 이에 따라 공사도 시작되었다.

2000년 9월 15일 하계올림픽이 호주 시드니에서 열렸다. 개막식 때 남과 북의 선수단은 한반도기를 앞세우고 사상 처음으로 동시 입장했다. 개막식장에는 아리랑이 울려 퍼졌다. 지구상에 마지막 남은 분단국 선수단의 동시입장은 개막식 최대의 관심사였다. 올림픽을 비롯한 국제체육행사에서 남과 북의 선수단이 한반도기를 앞세우고 함께 입장하고 나아가 단일팀을 구성해 경기에 임한다면, 스포츠분야에서는 실질적으로 통일이 이루어진 것이나 다름없다. 정치적 통일을 이루기까지는 많은 시간이 필요하지만, 그 긴 시간을 견디면서 민족동질성을 유지해나가는 데는 스포츠교류만큼 좋은 환경이 없다.

1970~80년대 동·서독 간의 인적 교류는 매우 활발했다. 교류가 많을 때는 일 년에 서독에서 동독으로 8백여만 명, 동독에서 서독으로 5백여만 명이 여행이나 방문을 했다. 동·서독인들 사이의 전화통화와 편지교환은 언제나 가능했다. 체육교류도 활발했다. 동·서독 간의 친선경기가 매년 50~70여 회나 있었다. 서독의 한 여론조사에 따르면, 1972년 뮌헨올림픽 이후 동독 선수들의 메달획득에 대해 서독의 조사대상자 54퍼센트가 기뻐한다고 대답했다.[22]

그러나 남북한 간의 인적 교류가 이와 같을 순 없다. 북한이 아직 남한과 대규모 인적 교류를 할 준비가 되어 있지 않다는 점이 가장 큰 이유다. 특히 경제격차가 가장 큰 장애물이다. 하지만 꼭 불리한 측면만 있는 건 아니다. 동·서독은 교류하면서도 통일에 대해선 분명하게 선을 그었지만, 남북한은 최종적으로 민족동일성 회복과 통일을 염원하며 교류를 하고 있기 때문이다.

2000년 10월 9일 북한 조명록 국방위 제1부위원장(차수)이 미국을 방문했다. 그는 인민군복 차림으로 클린턴 대통령을 예방하고 김정일의 친

KOREA

시드니올림픽 남북선수단 동시 입장

서를 전달했다. 그는 또 올브라이트 국무장관, 코언 국방장관 등과 회담을 가졌다. 조명록 차수와 올브라이트 장관은 회담을 갖고 '북미공동성명'을 발표했다. 양국은 성명에서 "한반도의 긴장상태를 완화하고, 1953년의 정전협정을 공고한 평화협정체제로 바꿔 한국전쟁을 공식 종식시키는 데에 4자회담 등 여러 가지 방도들이 있다는 데 대해 견해를 같이했다"고 밝혔다. 이 성명대로만 실천된다면 한반도상황은 획기적으로 변할 것이 틀림없었다. 양국의 합의문에는 양국의 관계를 획기적으로 진전시킬 구체적인 방도로 클린턴 대통령의 방북과 이를 실천하기 위한 올브라이트 장관의 방북계획도 들어 있었다.

> "조선민주주의인민공화국 국방위원회 김정일 위원장께 클린턴 대통령의 의사를 직접 전달하여 미 합중국 대통령이 방문을 준비하기 위하여 매들린 올브라이트 국무장관이 가까운 시일에 조선민주주의인민공화국을 방문하기로 합의했다."

2000년 10월 23일 합의문대로 올브라이트 국무장관이 북한을 방문했다. 그의 방문길에는 웬디 셔먼 대북정책조정관, 일레인 쇼커스 비서실장, 스탠리 로스 국무부 동아시아태평양담당 차관보 등 한반도관련 정책입안자들과 전문가들이 총망라되었다. 에이피(AP), 에이에프피(AFP), 로이터 등 세계 3대 통신사와 시엔엔(CNN), 엔비시(NBC) 등 방송사, 『뉴욕타임스』, 『워싱턴포스트』 등 유력일간지 기자 등 언론인 60여 명도 함께했다. 올브라이트 장관 일행은 북한방문 첫 공식일정으로 김일성의 시신이 안치된 금수산궁전을 방문하고 묘소를 참배했다. 김대중 대통령이 평양방문 때 끝내 방문하지 않았던 곳을 미 국무장관이 방문한 것이다. 이것은 미국의 대북 관계개선의 의지가 그만큼 강하다는 것을 의미했다. 김정일은 올브라이트 장관과 회담했다. 올브라이트는 김정일을 만난 후 그에 대한 개인적 소감을 피력하면서 다음과 같이 언급했다. "그는 남의 말을 경청하는 훌륭한 대화상대자였다. 실용주의적이고 결단력이 있다는 인상을 받았다." 김대중이 김정일을 만나고 그에 대해 평한 것과 비슷했다.

위 합의문 가운데 클린턴의 방북은 아쉽게도 실현되지 못했다. 클린턴은 임기 말 중동평화협상에 매달리느라 북한을 방문할 시간적 여유를 갖지 못했다. 클린턴은 방북 대신 김정일을 미국에 초청하려고 했다. 그러나 미국 대통령 선거에서 공화당의 부시가 당선돼 이마저도 어렵게 되었다. 김정일을 미국에 초청할 경우 그에게 큰 선물을 하나 제공해야 하는데 당선자인 부시로부터 그런 약속을 받아내기가 쉽지 않았기 때문이다. 김대중은 클린턴이 북한을 방문하지 않은 것을 무척 아쉬워했다. 김정일의 방미가 성사되지 않은 것도 아쉽게 생각했다. 그는 클린턴의 방북이나 김정일의 방미 모두 북미관계의 획기적 증진과 한반도평화에 크게 기여할 것으로 생각했다. 김대중은 민주당의 고어가 대통령에 당선되어 클린턴의 대북정책을 계승해주기를 바랐지만, 뜻대로 되지는 않았다.

노벨평화상 수상

김대중이 노벨상 후보로 처음 추천받은 것은 1987년이었다. 1971년 이 상을 수상한 빌리 브란트가 자신이 총재로 있던 사민당 소속 국회의원 73명의 서명을 받아 김대중을 후보로 추천한 것이었다. 1987년 당시 브란트는 사민당 총재이면서 사회주의인터내셔널 의장으로서 매우 영향력 있는 인물이었다. 김대중은 1987년 8월 최종 3인의 후보자 가운데 한 명으로 올라갔다. 그런데 노벨평화상 심사위원회는 노벨평화상이 정치적으로 이용되어서는 안 된다는 원칙하에 김대중이 대통령 선거에 출마하려 하자 그를 후보자 명단에서 배제시켰다.[23] 김대중은 이후 2000년

2000년 노벨평화상을 수상한 **김대중** (ⓒ 김대중평화센터)

노벨평화상을 수상할 때까지 매년 후보로 추천되었다.

2000년 10월 13일 노르웨이 노벨위원회는 2000년 노벨평화상 수상자로 김대중을 선정했다. 베르게 위원장은 수상의 이유로 그가 한국과 동아시아의 민주주의와 인권신장 및 북한과의 화해와 평화에 기여했다는 점을 들었다. 그는 김대중이 수십 년간 지속된 권위주의체제 하에서 생명의 위협을 느끼면서 기나긴 망명생활에 처해 있었음에도 불구하고, 한국의 민주주의를 대변했다고 설명했다. 또한 대통령에 당선됨으로써 한국을 세계 민주주의 국가의 반열에 올려놓았으며, 대통령으로서 민주정부체제를 공고히 했고, 국가 내의 화합을 도모했다고 밝혔다. 특히 햇볕정책을 통해 남북한 간에 50년 이상 지속된 적대감을 극복하려고 노력했다는 점을 높이 평가했다. 동티모르 독립과 미얀마 아웅산 수치 여사의 인권신장을 위해 노력한 점도 함께 언급했다. 이로써 김대중은 1998년 우리나라 최초의 수평적 정권교체, 우리나라 최초의 남북정상회담 개최, IMF 경제위기 조기극복, 우리나라 최초의 노벨평화상 수상이라는 영광을 한꺼번에 누리게 되었다. 그의 인생 최고의 시점이었다.

부시행정부의 등장과 진통

2001년 3월 김대중이 미국을 방문했다. 그는 신임 미국 대통령 부시와 정상회담을 열고 한미 간 동맹을 재확인하는 동시에, 햇볕정책의 성과와 남북관계에서 한국정부의 주도권을 인정받았으며, 제2차 남북정상회담에 대한 지지를 이끌어내고, 제네바합의 사항의 준수 등에 합의했다. 공동성명의 내용은 만족스러웠으나 부시 대통령이 김대중의 방문 중 돌출발언들을 많이 쏟아내 김대중의 마음을 편치 않게 했다. 이를테면 "북한 지도자에 의구심을 가지고 있다", "북한이 모든 합의를 준수하고 있는지 확신이 없다", "북한이 각종 무기를 수출하고 있다는 사실에 대해 우려하며 이를 철저히 검증해야 한다" 등의 발언이었다. 더구나 부시는 공동회견 도중에 김대중의 발언을 가로채기도 했으며, 심지어 김대중을 부담감 없이 '이 사람(this man)'이라고 부르기도 했다. 친근감의 표시였는지 모르겠지만, 김대중은 이러한 표현이 불쾌했다.

부시행정부에서 한반도정책은 딕 체니 부통령과 럼스펠드 국방장관 등 강경파가 전담했다. 그들은 북한을 대화상대로 여기려 들지 않았다. 더욱이 클린턴행정부가 추진한 대북정책을 원점으로 돌려놓으려 했다. 클린턴 때와는 전혀 다른 상황에서 햇볕정책을 추진해야 하는 김대중의 어깨가 무거워졌다. 그러나 김대중은 남북문제에서 미국의 중요성을 잘 아는 사람이었다. 그는 2000년 남북정상회담을 추진할 때 박지원에게 북한과의 대화내용을 미국에 "자세히, 숨소리 하나 빠뜨리지 말고 알려주시오"라고 했다.[24] 그는 부시 대통령의 등장을 현실로 인정하고 햇볕정책에 대해 미국의 지지를 받기 위해 많이 인내했다.

2001년 부시의 등장과 그의 북한에 대한 부정적 시각은 북미관계뿐만 아니라 남북관계에도 부정적 기류를 만들었다. 김정일의 남한답방도 계속 미뤄졌다. 김정일은 미국을 불신하고, 미국을 두려워하고, 그러면서도 미국과의 관계정상화를 간절히 바라고 있었다.

4. 민족문제가 공동정부보다 우선이다

공동정부보다 우선한 임동원(햇볕정책)

6.15정상회담 이후 남북관계 기사가 매일같이 일간지의 1면을 장식했다. 보수언론과 야당인 한나라당은 "가치관의 혼란을 초래한다", "북한의 계략에 말려들고 있다", "국가안보가 걱정된다" 등의 표현으로 남북관계의 급격한 진전에 제동을 걸고 나섰다. 또한 야당은 6.15남북공동선언의 제2항에 대해 "북한의 연방제를 수용한 것이므로 폐지해야 한다"는 논리로 대정부공세를 펼쳤다. 북한 김용순 비서의 방한 이후 한나라당은 더욱 강하게 국정원장인 임동원을 공격했다. 이회창은 기자회견까지 갖고 "임동원 원장은 그 자리에서 떠나야 한다"고 주장했다.

임동원은 2001년 3월 26일 개각을 통해 국정원장에서 통일부장관으로 되돌아왔다. 원래의 위치로 다시 돌아온 그에게 김대중은 "남북정상회담이 성사되고 이제 6.15공동선언을 본격적으로 실천해야 할 시점에 국정원장 신분으로 남북관계를 총괄지휘하기에는 운신의 폭이 제한되고 활동에 제약이 너무 많아요. 이제 임 원장께서 공개적으로 북측과 교섭하고, 국회와 국민을 설득하고, 미국을 설득하는 데도 앞장서주어야 하겠습니다"라고 신신당부했다.[25]

임동원이 통일부장관으로 자리를 옮기고 5개월이 지난 2001년 8월 만경대사건이 터졌다. 8.15평양축전 기간 강정구 동국대 교수는 김일성 전 주석의 생가로 알려진 만경대를 방문하면서 방명록에 "만경대정신 이어받아 통일위업 이룩하자"라는 문구를 썼다. 언론이 이를 문제 삼았고, 야당 또한 이를 빌미로 햇볕정책을 거세게 공격했다. 야당은 방북허가를 내준 임동원 통일부장관의 책임을 물어 경질을 요구했고, 해임건의안도 제출했다.

임동원은 김대중이 정계은퇴 후 아태평화재단을 설립할 때 삼고초려하여 영입한 인물이다. 그는 『김대중의 3단계 통일론』 저술에 참여했고, 햇볕정책 완성에 지대한 역할을 담당했다. 김대중정부가 출범하자 청와대 외교안보수석, 통일부장관, 국정원장을 거쳐, 2001년 3월 다시 통일부장관을 맡았다. 명실상부한 햇볕정책의 전도사였다. 이런 그를 야당이 해임하라고 요구했다. 해임의 사유도 단지 방북인사 1인의 돌출행위에 대한 감독소홀이었다. 이것은 분명 임동원 개인이 아니라 햇볕정책과 남북 화해협력정책 전체를 문제 삼고 있음이 틀림없었다. 안타깝게도 야당의 임동원 장관 해임시도에 공동정부를 구성하고 있던 자민련까지 동조하고 나섰다.

김대중은 임동원의 해임요구를 거부했다. 그는 김대중의 든든한 통일일꾼이었다. 그는 김대중뿐만 아니라 북한과 중국 등 주변 국가들로부터도 깊은 신뢰를 얻고 있었다. 정치상황이 어렵다고 남북문제를 양보할 수 없었다. 이것은 김대중이 정치를 하면서 평생 지켜온 신념이었다. 그는 1973년 도쿄에서 납치되었을 때도, 1980년 사형선고를 받은 후에도 남북문제에 대한 자신의 신념을 포기하지 않았다. 그런 인고와 신념의 결과가 햇볕정책과 2000년 남북정상회담을 탄생시켰다.

김대중은 한광옥 비서실장을 김종필에게 보내 협조를 당부했다. 그러나 김종필은 임동원의 자진사퇴 주장을 꺾지 않았다. 보수주의자인 김종필은 오래 전부터 정보수장까지 지낸 임동원이 북한과 지나치게 가깝게 지내는 데에 부정적인 입장이었다. 그는 국회표결 때 해임건의안에 동조할 뜻을 분명히 했다. 이것은 곧 김종필이 공동정부 파기까지도 염두에 두고 있음을 시사했다. 자민련과의 공조파기는 가뜩이나 여소야대로 어려운 정국을 더욱 어렵게 만들 것임이 틀림없었다. 또한 자민련이 임동원의 해임동의안에 찬성할 경우 이 안건의 통과는 명약관화했다. 그럼에도 김대중은 김종필의 임동원 자진사퇴 요구를 거부했다. 그는 임동원과의 관계를 단순한 정치인-참모의 차원을 넘어 일종의 '사상적 동반자' 관계로 이해했기 때문이다.[26] 공동정부의 중요성을 너무나 잘 인식하고 있었음에도 불구하고, 김대중은 햇볕정책으로 대표되는 민족문제를 공동정부 와해라는 국내문제보다 우선순위에 두고 있었다.

예상대로 9월 3일 임 장관 해임건의안이 자민련의 가세로 통과되었다. 이는 DJP공동정권이 무너지는 것을 의미했다. 정부구성 3년 8개월만이었다. 1997년 DJP연대를 선언한 날로부터 헤아려보면 4년의 시간이었다. 그동안 내각제 약속파기와 옷 로비사건 특검도입 등의 문제가 불거지면서 몇 차례 진통도 겪었지만, 이 연대는 잘 지켜졌다. 그런데 결국 햇볕정책을 둘러싸고서 보수성향의 김종필과 결정적으로 등을 돌리게 된 것이었다. 훗날 김종필은 평소 신중한 자세를 지녔던 김대중 대통령이 그때 무슨 이유로 공동정부를 무너뜨리면서까지 임동원을 고집스럽게 보호했는지 이해하기 어려웠다고 회고했다.[27] 어쨌든 공동정부에서 자민련이 이탈하면서 정국은 1여 2야의 구도로 재편되었다. 의석수로 보면 집권여당이 절대적 열세였다. 남은 임기 동안 소수정권의 험난한 길을 예고했다.

임동원 장관의 해임건의안 통과는 서독에서 야당이 동방정책에 반대하여 1972년 브란트 총리에 대한 불신임안을 제출했던 장면을 연상시킨다. 기민당이 브란트에 대한 불신임안을 제출할 수 있는 길이 열린 건 사민당의 연정 파트너였던 민주당 내에서 동방정책에 반대한 인사들 일부가 탈당해 기민당에 동조하면서부터였다. 사민당·민주당 공동정부의 의석수가 절반에 못 미치게 되자 기어이 기민당이 칼을 빼든 것이었다.[28] 두 사건은 서독에서는 동방정책이, 한국에서는 햇볕정책이 불신임의 대상이었다는 점에서 유사했다. 차이가 있다면, 서독은 내각책임제의 나라여서 브란트 총리 자신이 불신임안의 당사자였고, 한국은 대통령중심제의 나라여서 대통령을 대신한 통일부장관이 그 당사자였다는 점뿐이다.

김대중은 내심으로는 승복하지 않았지만, 의회주의를 존중하는 입장에서 임동원의 해임건의안을 수용했다. 홍순영 주중대사를 후임 통일부장관으로 임명하고, 임동원은 대통령 외교안보특보에 임명했다. 야당에서는 임동원을 다시 외교안보특보로 임명한 것에 강하게 반발했지만, 김대중은 구애받지 않았다. 임동원은 자리만 옮겼을 뿐 여전히 김대중이 퇴임하는 날까지 햇볕정책의 실질적인 사령탑 역할을 수행했다.

김대중은 퇴임 후에도 통일과 남북관계 연설문을 쓸 때마다 반드시 임동원의 도움을 받았다. 2009년 7월 12일 김대중이 임동원에게 전화를 했다. 유럽상공인회의 초청행사에서 발표할 연설문을 검토해달라는 부탁 전화였다. 김대중의 목소리가 심상치 않았다. "대통령님, 목소리가 좋지 않으십니다. 어디 편찮으십니까?" "아닙니다. 임 장관, 괜찮아요." 그러나 그것이 지상에서 나눈 그들의 마지막 대화였다. 김대중은 이튿날 입원하고는 일상으로 되돌아오지 못했다. 김대중이 서거한 후 임동원은 먼저 떠난 그이를 이렇게 기렸다. "저는 너무 많은 것을 받았습니다. 행복했습니다. 그러나 바칠 것이 눈물밖에 없습니다."[29]

마지막 노력

2002년 2월 20일 부시 대통령이 한국을 방문했다. 부시는 한국을 방문하기 한 달 전쯤 발표한 연두교서에서 북한을 이란·이라크와 함께 '악의 축'으로 규정했다. 따라서 그의 한국방문 시점은 북미관계에서 그 어느때보다 긴장이 고조된 와중이었다. 당연히 햇볕정책을 추구하는 김대중과 '악의 축' 발언을 한 부시 사이의 거리는 멀어만 보였다. 국내외언론은 두 사람의 차이를 상기시키며 양국 정상회담의 결과에 비상한 관심을 보였다.

부시는 김대중 앞에서 "김정일 위원장은 자기 백성을 굶주리게 하고 인권을 유린하는 악랄한 독재자입니다. 북한에 자유의 바람을 불어넣어 체제를 붕괴시켜야 합니다"라고 말했다. 부시의 이런 거친 발언에 맞서 김대중은 레이건 대통령이 러시아를 '악의 제국'으로 지칭했지만 고르바초프 서기장과 대화했고 데탕트를 추진했다고 설명했다. 또한 닉슨 대통령은 중국을 '전범자'로 규탄하면서도 중국을 방문하여 관계개선과 개방 · 개혁을 유도했다고 설명하면서 북한이 비록 호전성을 지니고 있지만 햇볕정책은 여전히 필요하다고 주장했다.

김대중의 설명에 부시의 주장이 점차 누그러졌고, 그 결과 두 사람 사이의 대화는 예상했던 것보다 훨씬 부드럽게 진행되었다. 두 사람은 회담을 마치고 공동 기자회견을 했다. 이 자리에서 부시는 햇볕정책을 지지하겠다고 밝히면서, 북한을 공격할 의사가 없으며 앞으로 대화를 통한 평화적 해결방안을 모색하겠다고 말했다. 북한에 대한 식량지원도 계속하겠다고 덧붙였다.

이어 김대중과 부시는 경기도 파주에 위치한 도라산역을 방문했다. 도라산역은 북한으로 가는 남한의 마지막 철도역이다. 남북분단의 상징적 장소 가운데 하나인 셈이다. 두 대통령의 도라산역 방문은 한국정부가 고안한 일종의 '평화이벤트'였다. 그가 햇볕정책을 지지한다는 사실을 국내외에 보다 확실하게 알리기 위한 묘책이었던 것이다. 부시의 도라산역 방문은 햇볕정책과 김대중을 바라보는 그의 인식이 한국방문 전과 후로 많이 달라졌음을 의미했다.

부시 대통령과 함께 도라산역을 방문한 김대중 (ⓒ 김대중평화센터)

김대중은 부시와의 정상회담에서 햇볕정책에 대한 지지를 약속받은 후, 북한과의 관계를 정상화하기 위한 행동에 들어갔다. 그는 2002년 4월 3일 임동원을 북한에 특사로 파견했다. 임동원은 김대중의 친서를 휴대했다. 그는 김정일과 면담한 뒤 몇 가지 약속을 얻어냈다. 남북경제협력추진위원회의 서울 개최, 금강산 관광 당국회담, 이산가족 금강산 상봉, 북한 경제시찰단 서울 파견 등이었다.[30]

한국과 일본이 공동주최하는 월드컵경기가 2002년 5월 31일부터 6월 30일까지 한 달 동안 열렸다. 그런 가운데 월드컵폐막식을 하루 앞둔 6월 29일 오전 연평도 부근에서 다시 교전이 발생했다. 북한해군 경비정 2척이 북방한계선을 넘어오자 우리 고속정이 이를 저지하려 했고, 이에 북한 경비정이 기습포격을 가했다. 우리 고속정이 침몰했고, 해군장병 6명이 전사했다. 언론은 이를 '제2차 연평해전'이라고 이름 붙였다.

북한은 군사충돌이 발생한 이튿날 아침 남북정상회담 이후 개통된 핫라인을 통해 이 사건은 계획적이거나 고의성을 띤 것이 아니라 우발적으로 일어났다고 해명하며, 유감을 표명했다. 그러나 북한은 사고가 난 지 4주 후인 7월 25일에야 통일부장관 앞으로 보내온 전통문을 통해 연평해전에 대해 정식으로 유감의 뜻을 표했다.

야당과 일부 언론은 서해교전 이후 연일 햇볕정책을 공격했다. 야당 대통령 후보는 정부를 향해 금강산 관광을 중단하라고 촉구했다. 그러나 정부는 북한의 자제약속을 믿고 금강산 관광을 계속 진행했다. 국민들도 이런 교전사태에도 불구하고 동요 없이 금강산 관광에 참여했다. 대북문제에 대한 정부의 일관성 있는 대처가 국민들로부터 신뢰를 이끌어낼 수 있었던 것이다. 남북문제야말로 일희일비해서는 안 될 사안이라는 것이 이 사태로 인해 다시 한 번 입증되었다.[31]

서해교전이 발발한 후에도 남북관계는 비교적 순조로웠다. 서울에서 열린 남북경제협력추진위원회 회의에서는 한반도의 동과 서를 잇는 철도·도로공사에 남과 북이 함께 참여해 9월 18일 동시 착공하기로 했다. 김대중은 남북한 간 철도연결의 의미는 유럽과 한반도를 육로로 연결하는 '철의 실크로드'가 이룩되는 것이라고 말했다. 부산에서 열리는 아시안게임에도 북한 선수단과 응원단이 참가하기로 했다.

김대중은 고이즈미 준이치로 일본 총리를 만날 때마다 김정일은 대화가 되는 사람이라면서 북한방문을 적극 권유했고, 실제로 고이즈미 총리는 9월 17일 북한을 방문했다. 그는 김정일과 정상회담을 갖고 '평양선언'을 채택했다. 정상회담에서 양국은 10월 중에 국교정상화 논의를 재개하기로 했다. 또한 일본은 과거 식민지 지배에 대해 사과하고 보상차원에서 무상자금 협력, 저금리차관 공여 등 경제협력원칙에 합의했다. 하지만 아쉽게도 이후 북일관계는 기대와 달리 별 진전을 보이지 않았다.

2002년 9월 29일부터 10월 중순까지 부산 아시안게임이 열렸다. 북한은 약속대로 선수단과 응원단을 파견했다. 남과 북은 개막식에서 같은 옷을 입고 한반도기를 앞세우며 동시 입장했다. 2000년 시드니올림픽의 재현이었다. 경기장에 북의 국가가 연주되고 인공기가 휘날렸지만 아무런 충돌사태도 일어나지 않았다.

북한 여자응원단은 부산 아시안게임의 또 다른 관심사였다. 총인원 376명 가운데 288명이 만경봉호를 타고 부산 다대포항으로 들어왔다. 이들은 남측 응원단과 함께 경기를 관전하면서 남북 선수들을 응원했다. 언론에서는 이들을 '미녀응원단'이라고 불렀다. 정박 중인 만경봉호에서 지내던 이들을 보기 위해 날마다 시민들이 다대포항으로 모여들었다. 북한 응원단은 모여든 군중 앞에서 즉석공연을 벌이기도 했다. 미녀응원단이 출동하는 경기장마다 입장권은 항상 매진이었다. 북한 선수단과 응원단은 부산 아시안게임의 가장 귀한 손님들이었다. 이들의 진가가 드러나면서 이후 남한에서는 국제경기가 열릴 때마다 이들의 동참에 심혈을 기울이고 있다.

부시 대통령이 2002년 10월 초 제임스 켈리 미 국무부 아태담당 차관보를 평양에 특사로 파견했다. 부시가 특사를 파견한 것은 북미관계 증진을 위해서였다. 그런데 켈리 특사는 북한 방문 후 선물이 아닌 악재를 몰고 왔다. 북한이 고농축우라늄을 보유하고 있다는 사실을 밝혀낸 것이다. 고농축우라늄은 핵연료나 핵무기로 사용하기 위해 천연우라늄을 농축시킨 것을 말한다. 북한이 고농축우라늄을 보유하고 있다는 것은 북한이 핵연료나 핵무기 제조를 준비하고 있다는 것을 의미했다. 미국이 이를 조용히 지나칠 리 없었다. 미국 언론이 북한을 때리기 시작했고, 미국 네오콘 인사들이 대북 강경책을 주문했다. 그들은 햇볕정책에 대해서도 공격했다.

김대중은 남북 장관급회담을 위해 북한을 방문한 정세현 통일부장관을 통해 북한이 핵무기를 제조해서는 안 된다고 설득했다. 북한은 외교부 대변인을 통해 한편으로는 미국과 대화를 통해 문제를 풀겠다고 하면서도 다른 한편으로는 핵무기를 제조할 수도 있다는 강온입장을 병행했다.

김대중은 10월 26일 멕시코에서 열린 아시아태평양경제협력체(APEC) 정상회의에 참석한 길에 부시 대통령을 만나 북한의 핵개발은 용납할 수 없지만, 한반도의 특수성을 감안하여 반드시 평화적으로 해결하자고 호소했다. 이에 부시도 "북한에 대한 군사공격이나 침공의도는 없습니다. 평화적 해결의지에는 변함이 없습니다. 나는 쌍권총을 아무데나 쏘아대는 텍사스 카우보이 같은 사람이 아닙니다"라고 대답했다.

그럼에도 불구하고 미국의 네오콘 인사들은 계속 강경주장 일변도였고, 미국의 대북정책은 이들의 주장대로 움직였다. 미국은 북한이 먼저 핵을 포기해야만 대화하겠다고 했다. 12월 미국은 제네바합의에 따라 북한에 중유공급을 중단했다. 북한도 강경대치로 맞섰다. 2003년 1월 10일 핵확산금지조약(NPT) 탈퇴를 선언한 것이다. 김대중은 1월 27일 임동원을 북한에 파견해 핵문제에 대한 마지막 해결책을 모색했다. 임동원의 북한

2002년 **통일부 업무보고**_ 김대중 오른쪽에는 통일부장관 정세현이,
왼쪽에는 국정원장인 임동원이 자리해 있다 (ⓒ 국가기록원)

행에는 이종석 노무현 당선자측 인수위원도 동행했다. 임동원은 2박 3일 동안 평양에 머물렀지만 김정일 위원장을 만나지 못했다. 김대중의 친서를 김정일에게 전달하고 또 김정일의 메시지를 전달받기는 했으나 겉도는 대화수준이었다. 김대중은 이렇게 북한과 미국이 양보 없이 대치하는 국면 속에 2003년 2월 청와대를 나오게 되었다.[32]

김대중정부가 추진했던 햇볕정책의 성과는 몇 가지 근본적인 전제 위에 서 있었다. 첫째, 북한정권은 내부적으로 쉽게 붕괴하지 않을 것이며, 외부의 충격에도 상당한 내구성이 있다는 점이다. 둘째, 북한 급변사태로 인한 갑작스러운 통일은 점진적이고 평화적인 통일보다 바람직하지 않다는 점이다. 셋째, 강력한 안보태세와 한국의 국익을 주장하는 정책이 뒷받침되어야 한다는 점이다. 넷째, 인도주의적 협력과 경제, 사회·문화협력이 남북관계의 근본적 개선에 도움이 된다는 점이다. 다섯째, 북핵문제는 한반도평화 및 북한문제의 해결이라는 포괄적 접근 하에서 가능할 것이라는 점 등이다. 만약 이런 전제가 성립되지 않으면 햇볕정책은 재현되기가 어렵다. 햇볕정책, 즉 지속적인 교류·협력정책은 남북 간의 정치·군사문제, 더 나아가 북한의 비핵화와 통일기반의 마련으로 이어진다는 가정이 성립될 때 계속 유효하게 될 것이다.[33]

문정인 교수는 김대중의 햇볕정책을 세 용어로 설명했다. 첫째는 '선공후득先供後得'의 원칙이다. 먼저 베풀고 나중에 취하자는 정책이다. 우리가 100달러어치를 주면 북에서 100달러어치를 받아오는 것이 원칙이지만, 주고받는 시점은 반드시 동시적일 필요는 없다. 지금은 우리가 100원을 주고 북에서 10원을 받아올 수 있지만, 시간이 지나서 신뢰가 쌓이면 지금 100원이 만 원으로 되돌아올 수 있다는 논리이다. 둘째는 '선이후난先易後難'의 원칙이다. 쉬운 것부터 먼저하고 어려운 것은 서서히 하면 된다는 것이다. 구체적인 사례로 경제분야에서 먼저 협력하고 정치분야는 나중에 하자는 것이다. 셋째는 '선민후관先民後官'의 원칙이다. 관이 어려우면 민부터 시작하자는 것이다.[34] 정주영 현대그룹 회장의 소떼방북이나 금강산 관광, 개성공단 조성 등은 선이후난과 선민후관의 효용성을 동시에 설명해주고 있다.

5. 퇴임 후 계속된 햇볕정책의 전도사역

대북송금 특검

임기 말에 대북송금사건이 터졌다. 현대상선이 북한에 4억 달러를 보낸 것을 야당과 언론이 문제 삼은 것이다. 야당의 주장대로 현대상선이 북한에 4억 달러를 보낸 것은 사실이었다. 그러나 현대상선이 보낸 4억 달러는 그냥 북한에 쓰라고 보낸 돈이 아니었다. 그 돈은 현대가 북측으로부터 철도·전력·통신·관광·개성공단 등 7개 사업권을 얻어낸 데 대한 대가였다. 형식적으로 말하면 북한은 반국가단체이고 그러한 북한에 돈을 보낸 것은 위법행위이지만, 햇볕정책의 성과로 금강산 관광과 개성공단 개발사업 등이 진행되고 있는 현실을 감안할 때, 결코 문제 삼기 어려운 돈이었다. 그래서 정부도 대북송금이 실정법상 위법이라는 것을 알면서도 송금을 허가해주었다. 그런데 야당과 일부 언론은 문제를 제기했고, 심지어 남북정상회담의 대가라고 주장하며 김대중을 공격했다.

　김대중 대통령은 2003년 2월 24일 청와대를 나와 다시 자연인 김대중으로 돌아왔다. 그런데 퇴임 후 대북송금문제가 계속 그를 괴롭혔다. 의회에서 야당이 대북송금 특검을 추진했다. 국회는 2월 26일 민주당 의원들이 불참한 가운데 본회의를 열어 한나라당이 제출한 대북송금사건 특검법안을 강행, 찬성 158, 반대 1, 기권 3으로 통과시켰다.

김대중정부에 이어 노무현정부에서 통일부장관을 맡은 정세현은 국무회의에서 "대북사업 추진과정이 공개되면 남북대화와 민간교류 등이 중단될 수도 있다"고 발언했다. 국무회의에서 국무위원들은 특검법 수용여부에 대해 단 한 명만 찬성하고 모두 반대했다. 그러나 노무현 대통령은 특검법을 수용해버렸다. 이는 그가 여소야대 정국에서 대북문제를 민족문제가 아닌 정치문제로 접근했다는 것을 의미했다. 노무현은 거부권을 행사하면 특검을 막을 수는 있지만, 검찰수사까지 막을 수는 없었기 때문이라고 해명했다. 어차피 수사를 막을 수 없다면 통제가 어려운 검찰보다는 수사의 범위를 명확히 규정한 특검이 오히려 더 낫다는 논리였다.[35] 그러나 이런 해명이 민주진보진영에서 공감을 얻기는 어려웠다. 민주당내 동교동계와 친 김대중 쪽 의원들이 노무현의 특검법 수용에 강하게 반발했다. 김대중도 노무현의 행위에 분개했다.

야당은 특검법을 발의할 때 대북문제는 공개적으로 그리고 국민의 동의를 받아 추진해야 한다면서 그 비교대상으로 서독의 대동독정책을 들었다. 그러나 야당의 이런 주장은 한 가지 측면만 강조한 것이었다. 야당의 주장과 달리 서독도 동독과의 교류를 비공개적으로 추진한 경우가 많았다. 예컨대 서독은 동독 정치범을 서독으로 이주시키면서 돈을 지불했고, 이 거래는 비공식적인 것이었다. 이는 법적으로 불법이었기 때문이다. 서독이 돈으로 이주시킨 동독 정치범은 1983년까지 2만여 명에 이르렀다. 물론 이 가운데 위장간첩도 많았다. 그러나 이 정책은 사민당과 기민당 등 정권을 가리지 않고 추진되었다.[36] 통일 이전까지 여기에 투입된 서독정부의 자금은 무려 9억 4,900만 달러에 달했다. 그렇지만 통일 전후로 아무도 이 일을 문제 삼지 않았다. 아니, 모두 알고도 모른 체했다는 표현이 더 들어맞겠다.

특검팀은 송두환 특별검사와 특별수사관 7명을 중심으로 구성되었다. 특검 결과 청와대 비서실장을 지낸 박지원, 통일부장관과 국정원장을 지

낸 임동원, 금융감독위원장을 지낸 이근영, 경제수석을 지낸 이기호, 현대
아산 사장 김윤규 등 김대중정부에서 대북사업에 앞장섰던 사람들이 모두
구속되었다. 이중 박지원과 임동원은 현대가 준 4억 달러와는 별도로 1억
달러를 북한에 송금한 혐의를 받았다. 특검의 조사대로 남한이 북한에
1억 달러를 준 것은 사실이었다. 김대중은 1억 달러를 북한에 준 과정을
이렇게 설명했다.

> "잘사는 형님이 가난한 동생 찾아가는데 맨손으로 갈 수는 없지 않느
> 냐. 나는 물론 그것은 정부예산에서 정식으로 내고 국민한테 알리려고
> 했습니다. 그런데 나중에 보니까 그게 불가능해요. 법적으로. 그런 가
> 운데서 현대에서 '우리가 주겠다'고 했습니다. 북한하고 이야기해서 통
> 신에 대한 북한의 전면적인 권리를 받고, 또 그 외에도 몇 가지가 있었
> 다고 그래요. 그걸 받은 대가로 1억을 추가한 거예요."[37]

박지원은 특검법에 따른 재판의 최후진술에서 "다시 이런 일이 주어져
도 마다하지 않겠다"고 했다. 햇볕정책에 대한 신념의 표현이자 특검법을
발의한 야당과 그것을 수용한 노무현에 대한 은유적 비판이었다. 대북사
업에 앞장섰던 정몽헌 현대그룹 회장은 재판이 진행되는 도중 자신의 집
무실에서 투신자살을 했다. 정몽헌은 아버지 정주영을 수행하여 소떼몰
이 방북을 하고 금강산 관광과 개성공단 사업권을 따낸 인물이다. 이런
그가 대북송금 특검과정에서 범죄자 취급을 받자 억울한 마음과 분노를
자살이라는 극단적 방식으로 표출한 것이었다. 그가 자살로 생을 마감한
후, 그의 부인 현정은 회장은 남편을 대신해 현대그룹을 떠맡고 대북사업
을 꿋꿋하게 이어가고 있다.

대북문제는 그 풍향을 짐작하기가 매우 어려운 주제다. 잘 진행되다가
도 언제 어느 때 장애물에 봉착할지 모른다. 또한 정치적으로도 어떤 불

이익을 받을지 짐작하기 어려웠다. 김대중은 이런 어려움과 위험을 감수하면서 1971년 이래 30여 년 동안 햇볕정책을 다듬고 또 실천했다. 그것은 그가 민족문제에 대해 확고한 철학과 신념을 가지고 있었기 때문에 가능했다. 반면 노무현대통령은 분명히 햇볕정책을 지지했고 또 대북화해협력정책을 추진했음에도 불구하고, 대북송금 특검수용에서 보여준 것처럼 대북정책에서 명확한 철학과 신념을 결여하고 있었다. 따라서 이 특검은 대북 압박정책을 고수하려는 미국, 남북관계를 냉전과 대결의 시대로 회귀시키려는 국내 수구세력, 민족문제를 단순한 국내정치로 인식한 집권세력 간의 이해관계가 맞아떨어져 이뤄진 사건이었다.[38]

노무현은 대북관계를 국민의 동의를 받으며 투명하게 진행하겠다고 밝혔지만, 이런 대북자세는 결과적으로 그의 임기 대부분을 남북관계의 공백기로 만들게 했다. 노무현정부 때 진척된 것은 김대중정부 때 시작한 개성공단 사업을 실제 가동시킨 정도였다. 노무현은 퇴임 직전인 2007년 10월 남북정상회담을 가졌지만, 때는 이미 정권이 야당으로 넘어가는 것이 기정사실화되어 있던 시점이었다. 역사에 가정은 무의미하다고 하지만, 노무현이 특검을 수용하지 않았다면, 정치적으로 약간의 부담은 있었겠지만, 노무현·김정일 정상회담은 훨씬 빨리 열렸을 것이고, 대북관계는 더 진전되었을 것이다. 만약 그러했다면, 후임 대통령 이명박이 남북화해협력정책을 그렇게 쉽게 과거로 되돌려놓지는 못했을 것이다.

제2의 북핵위기와 햇볕정책

2005년 북한이 핵무기 보유를 선언했다. 미사일 발사 유예조치도 철회해버렸다. 북한은 다시 5월에 핵연료봉 추출을 완료했다고 발표했다. 미국이 강경하게 대응했고 남북관계는 악화되었다. 정부와 정계일각에서 김대중 대북 특사론이 거론되었다. 김대중은 "특사는 대통령 의중을 가장 잘 아는 인사가 가야 한다"고 말하면서도 건강문제가 허락한다면 평양을 방문할 뜻을 내비쳤다. 다만 그는 평양을 가더라도 대통령 특사자격이 아니라 민족의 장래를 생각하는 사람끼리 앞날을 논의하기 위해서라고 말했다. 그는 구속력이 있는 특사보다 개인자격으로 방북해 남북관계를 풀고자 했던 것 같다. 그러나 아쉽게도 김대중의 방북은 이뤄지지 않았다.

사태수습을 위해 6자회담이 재개되었고, 북핵문제 해결을 위한 '9.19 공동성명'이 채택되었다. 성명의 내용은 이랬다. 첫째, 북한은 핵무기를 완전히 포기한다. 둘째, 북한과 미국이 국교를 정상화한다. 셋째, 6자가 협력해서 한반도평화체제를 구축한다. 넷째, 미국은 북한에 식량과 에너지를 제공한다. 다섯째, 이 모든 것을 서로 동시에 책임지고(행동 대 행동) 시행한다. 6자회담 합의문은 김대중이 주장한 일괄 타결론을 그대로 담고 있었다.

6자회담만 충실히 이행되었더라도 북핵문제는 완전히 해결되었을 것이다. 그러나 미국은 다시 이를 준수하지 않았다. 미국은 마카오 방코델타아시아은행의 북한계좌를 동결시키는 등 대북 금융제재를 가했다. 당연히 북한은 반발했다. 7월 5일 미사일 여섯 발을 발사했다. 미국은 이를 빌미로 더 강경한 제재조치를 취했다. 악순환의 연속이었다. 남북관계가 개선될 때마다 미국 네오콘은 이를 제지하기 위한 핑계거리를 찾았고, 이런 식으로 끊임없이 남북 간, 북미 간 긴장을 조성했다.

2006년 김대중은 김대중평화센터를 설립해 본격적으로 평화운동을 벌였다. 자신이 직접 이사장을 맡고, 대통령 재임 시 통일부장관을 지낸 정세현이 부이사장을 맡았다. 김대중평화센터는 김대중이 주장해왔던 한반도와 세계평화를 위한 철학과 사업을 발전시키고, 화해와 협력으로 한반도를 더 평화롭게 만드는 데 목적이 있었다.

2006년 10월 9일 북한이 핵실험을 강행했다. 노무현은 김대중, 김영삼, 전두환 등 전직 대통령을 청와대로 초청해 북한 핵실험 이후 대처방안에 대한 조언을 구했다. 이 자리에서 김영삼은 햇볕정책을 노골적으로 비판했다. 이에 맞서 김대중은 미국과 북한이 대화하는 게 최선이라고 주장했다. 청와대에서 김영삼과 설전을 벌인 김대중은 다음날 전남대 강연을 위해 광주로 내려왔다. 노무현이 전화를 걸어와 전날 청와대에서 있었던 일에 대해 미안함을 표시했다. 김대중은 노 대통령에게 포용정책이나 햇볕정책이나 아무런 죄가 없으며, 죄 없는 햇볕정책에 북한 핵실험을 갖다 붙이는 데 동의할 수 없다고 말했다. "햇볕정책은 그리 만만한 것이 아닙니다." 노무현도 김대중의 생각에 전적으로 동감한다고 했다. 북한 핵실험 직후 다소 흔들렸던 노무현은 김대중과의 대화 이후 다시 포용정책으로 돌아왔다.

김대중은 전남대에서 명예문학박사학위를 받는 자리에서 대북문제에 대한 특강을 했다. 이 자리에서 그는 다시 한 번 일괄 타결론을 주장했다. "북한은 핵무장을 단념해야 합니다. 미국의 거대한 핵전략 앞에서 별 성과도 얻지 못하면서 미국과 일본의 강경정책만 부추기는 일은 그만두어야 합니다. 핵무기를 포기해야 합니다. 그 대가로 북미 양자 간의 직접 대화를 요구하는 것이 바람직합니다. 이번 북한의 핵실험은 북한의 핵확산금지조약 탈퇴, 국제원자력기구 요원 추방, 북미 간 제네바합의의 파기와 함께 미국의 대북 핵정책의 실패를 입증하고 있습니다. 우리는 1994년 이래 주고받는 일괄 타결론을 주장했습니다. 그러나 부시정권은 이를 외면하다가 오늘의 실패를 가져온 것입니다." [39]

다행히 미국은 2007년 2월 6자회담에서 비핵화 1단계 조치인 2.13합의문을 채택한다. 또한 2007년 10월 2일 노무현 대통령이 평양에서 김정일과 만나 남북정상회담을 가졌다. 이때 노무현은 군사분계선을 걸어서 넘어갔다. 이 회담에서 많은 내용의 합의가 이루어졌다. 한반도평화, 경제협력, 한반도비핵화, 서해평화특별지대 설정 등 그 내용이 풍성했다. 김대중은 노무현에게 남북정상회담의 필요성을 여러 차례 이야기했었다. 같은 맥락에서 노무현의 평양방문을 반갑게 바라보면서도, 한편으론 이것이 너무 늦게 이루어진 것을 아쉬워했다.

야당은 남북정상회담의 내용에 대해 늘 그래왔던 것처럼 어김없이 '북한 퍼주기'라고 비난했다. 이들은 남북화해 국면이 가져오는 경제적 효과에 대해서는 항상 눈을 감아버리고, 남한이 북한에 제공하는 금액과 물자만 문제 삼았다. 개성공단만 하더라도 남한 기업들은 거기서 북한 노동자들이 가져가는 임금보다 몇 배 많은 이익을 남기는데 이런 부분에 대해서는 눈을 감고 부정적 요소만 지적했다. 한 술 더 떠 이명박정부는 금강산 관광을 중단시켰고, 남북관계를 크게 후퇴시켰다. 박근혜정부는 남북한 간의 마지막 협력창구인 개성공단 사업마저 중단시켰다. 남북관계가 김대중정부 이전 수준으로 후퇴해버렸다.

김대중의 햇볕정책은 한반도의 평화와 더불어 남북한의 협력을 통한 공존공영을 목표로 한 것이다. 무엇보다 김대중은 북한의 잠재력에 주목했다. 북한은 우리와의 거리가 가장 가깝고 말이 통하며 세계 최고의 노동력을 제공할 수 있다. 희귀 광물자원이 많고, 우수한 관광자원도 보유하고 있다. 대한상공회의소의 분석대로라면 매장된 지하자원의 가치가 2천조 원이 넘는다. 김대중은 남한의 자본과 기술, 북한의 노동력과 자원을 함께 활용하면 막대한 공동이익을 창출할 수 있으며, '퍼주기'가 아니라 오히려 '퍼오기' 시대를 만들 수 있다고 확신했다. 또한 남북의 철도와 도로를 연결해 '철의 실크로드' 시대를 개척하는 방안에 주목했다. 북한의 도로와 철도를 이용해 그 너머 중앙아시아, 시베리아일대의 천연자원을 들여올 수도 있고, 또 우리상품을 육로로 직접 유럽까지 수출할 수 있는 길이 열리게 된다는 것이다.[40] 김대중은 이렇게 비유했다.

"흥부가 제비다리를 고쳐주었더니 보물이 쏟아지는 박씨를 물어왔듯이, 작금의 '북한 돌보기'는 우리민족에게 대운을 가져올 것이다. '되로 주고 말로 받을 것'이 분명하다." [41]

서거

2009년 5월 23일 노무현 전 대통령의 영결식 날은 햇볕이 무척 뜨거웠다. 긴 시간 햇볕에 머무르는 동안 김대중의 몸과 마음은 지칠 대로 지쳤다. 그는 노무현의 영결식이 있은 지 45일이 지난 7월 13일 폐렴증세로 세브란스병원에 입원했다.

그는 입원하기 직전까지 몸이 불편함에도 불구하고 남북문제의 해법을 제시하기 위해 최선을 다했다. 입원 3일 전인 7월 10일 영국의 비비시(BBC)와 인터뷰를 하면서 북핵문제, 6자회담, 북미관계 등에 대한 자신의 입장을 밝혔다. 입원 하루 전인 12일에는 14일에 예정된 유럽연합 상공회의소 연설문을 준비했다. 그는 연설문을 직접 쓴 다음 원고를 임동원에게 보내 검토를 부탁했고, 임동원은 검토의견을 다음 날 김대중에게 전달했다. 준비한 그 연설문의 제목은 2005년 6자회담의 성과물인 '9.19로 돌아가자'였다. 그러나 그는 애써 준비한 연설을 미처 실행하지 못한 채 7월 13일 입원했다.

김대중이 병원에 입원하고 있던 한 달 동안 국내외 많은 인사들이 그의 건강상태에 관심을 기울였다. 언론은 매일 그의 건강상태를 보도했다. 특히 이명박정부의 폭정에 분노하던 민주평화세력들은 불과 두 달 전 노무현을 잃은 상태에서 다시 김대중까지 잃을까 걱정했다. 그가 병실에서 나와 민주주의와 남북평화를 위한 싸움에서 함께해주기를 바랐다. 그러나 그는 입원한 지 한 달가량 지난 8월 18일 쾌유를 비는 국민들의 염원을 뒤로 한 채 세상을 떠났다. 그의 나이 만 85세였다. 국민은 불과 석달 사이 민주개혁진영이 배출한 두 명의 전직 대통령을 한꺼번에 떠나보냈다.

김대중의 영결식에는 미국과 중국, 일본, 영국 등 12개국의 조문사절단이 참석해 고인의 뜻을 기렸다. 직접 참석하지 못한 빌 클린턴 전 미국 대통령은 성명서를 발표해 김 전 대통령을 "평생의 친구로 생각할 것"이라고 했고, 니콜라 사르코지 프랑스 대통령은 "인권과 정의수호를 위해 보여준 그의 불굴의 의지와 용기는 이러한 가치를 지키기 위해 싸우는 모든 이들의 귀감이 됐다"고 말했다.

『경향신문』은 2009년 8월 24일자 사설 '이제는 우리가 답할 차례다'에서 "고인은 죽음으로써 잠자던 우리사회를 새로이 일깨웠다"고 언급하면서, "평화롭고 정의롭게 사는 나라를 만들기 위해 '행동하는 양심'이 돼야한다는 고인의 호소를 실천에 옮겨야 한다"[42]고 역설했다. 『한겨레신문』도 같은 날 사설에서 "우리시대의 태양은 산 너머로 떨어졌다"고 탄식하고, "아직 어둠이 가득한 이 시대, 고인은 우리마음 속 별과 달로 속히 돌아와, 나아갈 방향을 이르고 숨은 길을 밝히 드러내소서"라고 했다.[43]

『르몽드』는 그를 "민주주의를 위해 목숨 걸고 투쟁한 위대한 인물"이라고 했고, 『월스트리트저널』은 "한국을 군부독재체제에서 민주주의의 본고장으로 만든 사람"이라고 썼다. 『뉴스위크』는 김대중의 서거 직후인 9월 22일 임기 중 조국의 사회·경제·정치를 극적으로 바꾼 전후 지도자 열한 명을 '트랜스포머(transformers)'란 제목 아래 소개하면서, 김 전 대통령을 그 가운데 한 명으로 꼽았다. 그 열한 명 속에는 남아프리카공화국의 넬슨 만델라 전 대통령, 중국의 덩샤오핑 전 중국 공산당 중앙군사위주석 등이 포함되어 있었다.

책을 마치며

브란트와 김대중은 변방인에서 출발하여 총리와 대통령의 위치에 올라가기까지 망명과, 때로는 죽음을 동반한 위협, 숱한 선거패배 등 일개인이 감당하기 어려운 수준의 시련들을 겪어냈다. 김대중에게 큰 영향을 주었다는 역사학자 토인비는 『역사의 연구』에서 척박한 자연환경 등의 적절한 도전은 문명의 발달을 촉진시키지만, 그 도전이 감당하기 어려울 만큼 강할 때 문명은 아예 세상의 빛도 보지 못한 채 유산되어버리거나 도중에 소멸해버린다고 설명했다.[1] 인간의 삶도 마찬가지이다. 브란트와 김대중에게 가해졌던 가혹한 도전은 보통사람들이 감당하기에는 너무 강한 수준이었다. 그러나 두 사람은 이를 꿋꿋하게 극복해냄으로써, 결과적으로 바로 그 시련이 자신을 더욱 강하게 단련시키는 자양분이 되도록 만들었다.

브란트와 김대중은 총리와 대통령에 당선된 후 온갖 반대에도 불구하고 동방정책과 햇볕정책을 통해 민족문제를 평화적으로 해결하려 노력했다. 이들이 추구한 목표는 언제나 자유와 인권 그리고 평화 등 휴머니즘 정신의 기반 위에 서 있었다. 무엇보다 필자는 이들이 역경을 이겨내며 목표를 향해 전진하는 가운데 독서와 글쓰기 같은 인문주의적 방식과 내용에 주목했음을 흥미롭게 관찰했다.

브란트가 정치에 임하면서 심혈을 기울였던 분야는 더 많은 민주주의의 구현과 동방정책이었다. 그런데 서독은 제2차 세계대전 후 민주주의와 사회복지체제가 순탄하게 정착했기 때문에, 브란트의 진면목은 동서냉전체제의 극복과 동·서독대립의 완화를 목표로 했던 그의 동방정책에서 더 비중 있게 발견할 수 있을 것이다. 반면 김대중의 정치적 무대인 한국은 민주주의와 남북분단이라는 이중과제가 똑같은 무게를 지니고 있었다. 서독과 한국의 이런 차이 때문에 브란트의 영광과 시련은 주로 동방정책의 수행과정 중에 일어났지만, 김대중의 영광과 시련은 민주화운동과 햇볕정책 양면에서 동시에 발생했다.

　　E.H.카가 언급했던 위인론[2]에 따르면, 위인은 특출한 개인이면서 동시에 대중과 함께 하는 사람이다. 대중과 함께하는 방식에도 두 가지 유형이 있다. 첫 번째 유형은 대중을 선동하여 다수의 지지를 끌어내는 사람이지만, 이 경우 목표는 권력 그 자체이지 사회발전은 아니다. 두 번째 유형은 그 사회가 나가야 할 비전을 제시하고 대중을 설득하여 자신이 제시한 방향으로 이끌어가는 사람이다. 역사는 이런 창조적 유형의 위인을 통해 발전한다. 브란트와 김대중은 어려운 역경 하에서도 민주주의와 평화라는 비전을 제시하면서 대중과 함께 역사를 한 단계 발전시킨 사람들이다.

그런 의미에서 두 사람은 카가 말한 위인론에 적합한 인물들이다.

동방정책이나 햇볕정책은 좁게는 동·서독과 남북한의 긴장완화와 공존을, 더 넓게는 외교적 지평을 주변국가로 확장시키는 목표를 가지고 있었다. 이를 통해 브란트와 김대중은 먼저 '절반의 통일'이라는 목표를 달성하고자 했다. 민족동질성을 유지하고 교류·협력하며 평화롭게 살아간다면, 사실상 '절반의 통일' 혹은 '실제적 통일'은 달성되는 것이나 마찬가지라는 의미에서였다. 두 사람은 나머지 절반, 즉 정치적 통일도 이러한 실질적 통일 이후 조만간 달성될 것이라고 낙관했다. 그들은 모두 역사의 힘을 믿었다.

동방정책은 시행 후 많은 성과를 냈다. 가장 큰 성과는 동·서독인들 간의 인적 교류 확대였다. 서독인들 가운데 동베를린과 동독을 방문한 인원은 많을 때는 1년에 800여만 명에 이르렀다. 서베를린과 서독을 방문하는 동독인들의 숫자도 가장 많을 때는 연 500여만 명에 이르렀다. 경제적 측면에서 서독은 현금과 물자 그리고 차관의 형태로 동독을 지원했고, 이런 제반조치들이 동독의 경제수준을 향상시켰다. 그러나 무엇보다 동방정책은 동·서독 간의 긴장완화 그리고 서독과 동유럽 공산권 국가들과의 관계개선 그리고 유럽의 평화에 기여했다. 브란트의 주장대로 동방정책의 성과는 독일을 '사실상의 통일' 혹은 '실제적 통일'의 상태로 만들어갔다.

김대중의 햇볕정책은 그 입안과정에서 브란트의 동방정책으로부터 많은 영향을 받았다. 내용면에서 햇볕정책과 동방정책이 많이 유사한 이유다. 햇볕정책의 첫 번째 결실은 현대그룹이 주도해 1998년 11월 18일 개시한 금강산 관광이었다. 관광이 시작된 지 7년 7개월째가 되는 2005년 6월 관광객이 백만 명을 돌파했다. 하지만 뭐니 뭐니 해도 햇볕정책 최고의 성과는 2000년 남북정상회담 개최였다. 남북한 두 정상의 만남 그 자체만으로도 모든 게 빛났다. 정상회담 이후 남북한 간의 인적 교류는 활발해진다. 이산가족상봉과 함께 언론인, 학자, 시민단체, 정치인 등 다양한 사람들이 다양한 채널로 남북교류 사업을 진행했다. 2000년 시드니 올림픽 때는 남북한 선수단이 한반도기를 앞세우고 공동 입장하여 '피는 물보다 진하다'는 사실을 재확인시켜주었다. 2002년에는 남북 간 대규모 경제교류 및 협력사업인 개성공단 사업도 시작되었다.

김대중은 분명 통일에 대해 강력한 의지를 갖고 있었지만, 통일지상주의자는 아니었다. 그는 통일의 3대 원칙으로 자주와 더불어 평화와 민주적 방식을 강조했고, '선 민주 후 통일' 원칙을 일관되게 견지했다. 그는 북한이 핵무기를 개발하려는 행위에 대해, 그것을 제외하고는 자신들의 체제를 보존할 가능성이 약하다는 그들 나름의 위기의식의 발로라고 판단했다. 따라서 그의 북핵해법은 이러한 북한을 극단적인 위기의식으로부터 벗어나게 하는 것이었다. 이러한 태도는 브란트의 대동독 역사인식과 맥락을 같이한다. 브란트 역시 동독이 베를린장벽을 설치한 행위에 대해, 동독 스스로 제 약점을 감추기 위한 시도라고 이해하고, 그들의 두려움을 완화시켜주는 방향에서 해법을 찾아야 한다고 주장했었다.

김대중은 남한에 의한 무력통일이나 흡수통일정책에 반대했다. 무력통일은 북한의 군사력 수준이나 중국의 존재를 볼 때 일단 불가능하며, 설령 가능하다고 하더라도 남북한을 가리지 않고 최소한 수백만 명의 희생을 감수해야 할 전쟁이 통일과 민족사에 무슨 이익이 되겠느냐고 반문했다. 평화와 유리된 민족의 이익은 존재하지 않는다고 말했던 브란트의 주장을 상기시키는 대목이다. 흡수통일 역시 북한의 붕괴를 전제하는 것으로, 발생 시 수백만 명의 북한 실업자들이 월남해 노동시장에 대혼란을 초래할 뿐만 아니라, 사회복지비용을 포함해 엄청난 규모의 통일비용과 후유증을 감내해야 할 것이라고 주장했다. 그의 이런 생각은 독일통일 후 불어닥친 여러 후유증들을 지켜보면서 더욱 굳어져갔다. 그가 가장 합리적이라고 주장한 방안은 남과 북이 평화적으로 공존하는 가운데, 서로 왕래하고 돕고 나누는 과정을 통해 평화통일을 이루는 것이었다.

브란트의 동방정책이나 김대중의 햇볕정책 모두 동서냉전체제에 대한 도전이었다. 두 사람의 이런 도전 앞에는 장애물이 많았다. 브란트나 김대중이 총리와 대통령 재임 중 겪은 시련들이 이를 잘 보여준다.

총리 시절 브란트는 동방정책을 추진하면서 야당의 극심한 반대에 부닥쳤다. 그의 정책에 반대하는 일부 의원들의 이탈로 의회에서 과반이 무너지자 그는 불신임투표에 회부되었고, 실각 직전까지 가는 위기를 겪었다. 야당은 역사적 의미가 큰 동·서독 기본조약의 국회비준에도 협조하지 않았으며, 이 조약이 헌법정신에 위반된다며 헌법재판소에 위헌소송을 내기도 했다. 더구나 브란트는 총리 임기를 2년 남겨두고 비서진 가운데 동독 스파이가 있음이 밝혀져 불명에 퇴진까지 당해야 했다. 그의 퇴진 때 야당과 보수언론은 동방정책의 허구성을 지적하며 그에 대한 조롱을 퍼부었다.

대통령 김대중에게도 시련은 마찬가지였다. 브란트처럼 그 역시 햇볕정책으로 노벨평화상의 영예를 안았지만, 야당과 보수언론은 이를 고운 시선으로 바라보지 않았다. 김대중정부 후반기엔 제1야당이던 한나라당이 만경대사건을 이유로 임동원 통일부장관 해임건의안을 통과시켜버렸다. 임동원은 브란트 동방정책의 실행자 에곤 바르처럼 김대중 햇볕정책의 전도사 같은 인물이었다. 이 해임건의안의 표결엔 그간 함께 공동정부를 구성해왔던 자민련도 합세해 있었다. 자연히 DJP연대까지 와해되었다.

물론 브란트의 동방정책과 김대중의 햇볕정책 사이에는 내용과 환경 그리고 결과 차원에서 차이도 존재한다. 브란트는 마지막 자서전의 목차에서 통일이라는 용어를 의도적으로 사용하지 않았다. 그의 동방정책은 단순한 통일방안이 아니라, 통일을 먼 미래의 과제로 설정하고 민족의 동질성 회복과 당면과제인 평화의 구현에 초점이 맞춰져 있었다. 그의 이러한 역사관의 바탕에는 제2차 세계대전 때 독일이 저지른 범죄행위에 대한 반성이 깔려 있다.

김대중은 브란트와는 달리 자서전을 비롯한 자신의 글과 책 곳곳에서 통일문제를 거론했다. 그는 독일과 달리 우리민족의 분단은 순전히 타의에 의한 것이며, 우리는 1,300년 이상 통일을 유지해온 민족임을 강조했다. 일본 등에 침략당한 적은 있지만 스스로 분단된 일은 없었다면서 "한국인에게 통일은 생명과 마찬가지"[3]라고 주장했다. 이 연장선상에서 그는 일찍부터 통일연구에 심혈을 기울였으며, 대통령이 되기 전부터 자주 · 민주 · 평화의 3원칙과 '3단계 통일방안'을 제시했다. 그가 재임 중 실천한 햇볕정책은 3단계 통일과정의 첫 번째 단계에 해당한다. 비록 그는 한반도에서 독일과 같은 방식의 통일은 바람직하지도 가능하지도 않다고 주장했지만, 이 주장 속에는 '통일은 하루 속히 시작하되, 진행은 단계적으로 해야 한다'는 의미가 담겨 있었다.[4]

동방정책과 햇볕정책을 대하는 서독과 한국의 정치문화 사이에도 차이점은 존재한다. 노무현정부는 햇볕정책의 기조를 계승하면서도 대북 불법송금 혐의로 임동원과 박지원 등 남북정상회담 성사에 관여한 핵심인사들을 감옥에 보냈다. 대북 송금과정에서 법을 어겼다는 이유에서였다. 이명박정부와 박근혜정부 그리고 보수정당과 보수언론은 햇볕정책과 대북지원이 국민의 동의를 받지 못한 채 비밀리에, 그리고 일방적 '퍼주기' 형태로 진행되었다고 비난하면서 햇볕정책을 무력화시키려 했다. 두 보수 대통령은 금강산 관광을 비롯한 민간교류를 거의 중단시켰으며, 개성공단까지 폐쇄시켜버렸다.

물론 서독에서도 동방정책에 대한 반대는 거셌다. 그럼에도 불구하고 브란트의 후임자인 사민당 출신 헬무트 슈미트 총리는 물론이요, 1982년 정권을 인수한 기민당 출신 헬무트 콜 총리까지 브란트의 동방정책을 성실하게 계승했다. 그리하여 동 · 서독 간의 교류와 동질성 회복정책은 정권과 상관없이 이어졌다. 1990년 독일통일은 1969년부터 1989년까지 20

년 동안 일관되게 지속된 동서화해정책, 즉 통일을 위한 준비가 있었기 때문에 가능했다. 1989년 베를린장벽이 무너지는 순간 베를린 시민들과 독일인들은 통일을 추진한 현직 총리 콜과 통일의 초석을 다진 동방정책의 추진자 브란트 전 총리 모두에게 뜨거운 박수를 보내며, 두 사람 모두를 통일의 일등공신으로 추켜세웠다.5 독일과 한국의 정치문화의 수준 차이를 잘 드러내는 대목이다.

1969년부터 1989년까지 동방정책이 추진되는 동안 서독은 동독에 경제적으로 많은 지원을 했다. 동·서독 사이에 고속도로를 건설하고 그 운영비뿐만 아니라, 경제건설차관, 동독상품의 유럽경제공동체(EEC) 무관세 진출, 정치범 인도를 위한 현금지원 등 다양한 방식으로 동독을 지원했다. 동독은 이에 힘입어 동유럽 공산권 국가들 가운데 가장 높은 경제적 수준을 유지했다. 그러나 통일 후 옛 동독지역의 경제는 초토화되었다. 때문에 독일은 통일 후 이 지역 재건을 위해 천문학적인 규모의 재정을 투여해야만 했다. 통일 첫해에 들어간 비용만 해도 전체 정부예산의 약 1/4 수준이 되었다. 통일 후 20여 년 동안 투입된 비용은 약 2조 유로다. 이 기간 옛 서독인들은 막대한 통일비용과 그에 따른 경제적 어려움에 불평을 늘어놓았다. 반면 옛 동독인들은 서독인들이 자신들을 2등 국민으로 취급한다고 불평했다. 지금도 동·서독 간 격차는 여전히 존재하며, 이것은 옛 동독지역에서 극우세력의 급성장을 초래하는 첫 번째 원인이 되고 있다.

김대중·노무현정부 10년 동안 남한은 북한에 상당한 액수의 경제지원을 실행했다. 식량, 현금, 금강산특구 개발, 개성공업단지 개발 등 지원방식은 다양했다. 여기서 금강산특구와 개성공업단지 개발은 한국식 경제교류·협력정책의 일환이었다. 일회성 지원이 아니라 언젠가 다가올 통일에 대비해 그 비용을 마련하고 절감하기 위한 장기적이며 미래지향적인 투자의 성격이었다. 통일비용만 놓고 본다면, 서독의 동독 지원

방식보다 훨씬 생산적인 교류방식이다. 남북한 선수단이 2000년 시드니 올림픽 때 공동 입장한 것이라든가, 부산아시안게임 때 남북한 응원단이 함께 응원하며 뜨거운 민족애를 과시한 것도 동·서독의 교류와 다른 지점이다.

브란트와 김대중 모두 동서냉전체제에 도전했고 동유럽 공산권과의 교류협력을 주장했지만, 간과하지 말아야 할 것은 두 사람 모두 서구적 가치관에 토대를 두었고, 전통적 우방들과의 관계를 중시했으며, 공산주의에 반대했다는 사실이다. 사회민주주의가 정치의 한 축을 형성하는 서독과 달리 한국은 사회민주주의와 공산주의를 잘 구분하지 못하는 나라다. 이런 특성은 자연스럽게 김대중의 진보적 색채도 제한할 수밖에 없었다. 그의 진보적 색채는 유럽의 사회민주주의가 아닌 자유주의에 토대를 둔 미국의 민주당 노선에 더 가까웠다.

그러나 적어도 남북문제에 관한 한 김대중은 한국 내 그 어떤 정치인보다 진보적이었다. 그는 남북한 간의 군사적 대치와 적대적 대립이라는 기존의 인식 틀을 뛰어넘어 남북한의 평화적 공존가능성을 실제 정책을 통해 보여주었다. 햇볕정책은 또한 한국정치에서 민주화 이후에도 금기로 남아 있던 반공이데올로기에 대한 최초의 근본적인 도전이었고, 우리 사회의 이념적 지평을 넓히는 계기가 되었다.[6] 이명박·박근혜정부 때 햇볕정책의 성과들은 대부분 훼손되었지만, 평화는 인류가 추구하는 공통의 가치이자 경향성이므로, 김대중이 추구했던 민족화해·평화의 이정표는 다시 살아날 수밖에 없다. 문재인정부의 대북 화해협력정책이 이를 잘 설명해준다.

책머리에

1 김대중 정부 때 추진된 대북정책은 공식적으로는 '화해협력정책'이라고 불렀고, 학술적으로는 '포용정책'(engagement policy)이라 불렀다. '햇볕정책'은 별칭으로 사용된 명칭이다. 김하중, 『증언: 외교를 통해 본 김대중 대통령』(비전과 리더십, 2015), 648쪽.

2 김대중, 「빌리 브란트와 나, '동방정책'과 '햇볕정책'」, 『유럽통합과 독일의 분단·통일 경험에 비추어본 한국의 통일과제와 동아시아 공동체 구상』(한국외국어대학교 역사문화연구소 외, 2009), 15~24쪽, 20~24쪽 참조.

3 Sozialdemokraten, "Mitteilung für die Presse: der Sozialdemokraten-vorsitzende Willy Brandt sandte dem Präsidenten der Republik Korea, Chun Doo Hwan, das folgende Telegramm"(1980.9.17), 『유럽통합과 독일의 분단·통일 경험에 비추어본 한국의 통일과제와 동아시아 공동체 구상』, 25~26쪽.

4 『동아일보』(1987년 2월 2일자); 박경서, "DJ는 이미 1987년에 강력한 노벨평화상 후보였다", 강원택 외, 『김대중을 생각한다』(삼인, 2011), 126~127쪽.

5 김대중, 『김대중 자서전 I』(삼인, 2011), 531쪽.

6 한상진은 김대중의 세계관에 대해 보편적 세계주의 (universal globalism)보다 '천하공생의 세계관'이라는 용어가 더 적절하다고 주장했다. 한상진, 「천하공

생의 세계관과 김대중의 소통·철학」, 『김대중 사상과 동아시아의 미래』(행동하는 양심 광주전남협의회, 2013), 1~16쪽; 노명환은 브란트와 김대중의 사상을 초국가 주의적 관점에서 해석했다. 노명환, 「초국가주의 민주주의 평화사상과 지역공동체의 추구 및 분단극복정책 : 빌리 브란트의 동방정책과 김대중의 햇볕정책의 비교사적 연구」, 『EU연구』 No. 30(2012), 133~177쪽, 135쪽.

7 제2부 제3장 「브란트의 동방정책」은 최영태의 『독일통일의 3단계 전개과정』(아침이슬, 2018)의 「1단계 동방정책 : 절반의 통일」을 확대·보완하는 형태로 서술했다.

제1부
변방인들의 도전적 삶

제1장 빌리 브란트

1 Peter Merseburger, *Willy Brandt 1913~1992*(München, 2004), p. 23.

2 Willy Brandt, *Erinnerungen*(München, 2003), pp. 85~86. 번역서로 정경섭 역, 『빌리 브란트 : 동방정책과 독일의 재통합』(도서출판 하늘땅, 1990)이 있다.

3 Gregor Schöllgen, *Willy Brandt : Die Biographie*(München, 2003), pp. 18~38. 번역서로 김현성 역, 『빌리 브란트』(빗살무늬, 2003)가 있다.

4 Brandt, *Erinnerungen*, p. 101; Merseburger, *Willy Brandt*, pp. 88~89; Schöllgen, *Willy Brandt*, pp. 43~44.

5 브란트는 1945년 전쟁이 끝난 후 독일로 돌아왔지만, 노르웨이를 위해 외교활동에 종사하다가 1948년 독일 국적을 정식으로 회복했다.

6 Schöllgen, *Willy Brandt*, p. 60.

7 Willy Brandt, *Draussen, Schriften Während der Emigration*, ed. by Günter Struve(München, 1966), p. 15.

8 Willy Brandt, *My Road to Berlin*(New York, 1960), pp. 110~111. 독일군들은 노르웨이인들을 같은 게르만족이라는 이유로 잘 대해주었다고 한다.

9 Merseburger, *Willy Brandt 1913~1992*, p. 169; 이동기, 「빌리 브란트, 민주사회

주의와 평화의 정치가」, 『역사비평』 102(2013), 215~216쪽.

10 Brandt, *Erinnerungen*, p. 97; Schöllgen, *Willy Brandt*, p. 37.

11 Claudia Hiepel, "Europakonzeptionen und Europapolitik", in Bernd Rother, ed., *Willy Brandts Außenpolitik*(Wiesbaden, 2014), p. 21.

12 Brandt, *My Road to Berlin*, p. 117.

13 Schöllgen, *Willy Brandt*, pp. 61~70.

14 Brandt, *My Road to Berlin*, p. 153, 167.

15 Brandt, 위의 책, p. 165.

16 Brandt, 위의 책, pp. 184~185. 브란트는 서류를 신청할 때 이름을 두 개 적었다. 자신이 태어났을 때 얻었던 이름과 열아홉 살 이후 망명 중 사용한 이름인 'Willy Brandt'가 그것이다. 그는 이중에서 'Willy Brandt'를 독일에서 공식적인 이름으로 사용하기로 했다.

17 서독 총리를 역임한 에르하르트((Ludwig Erhard)는 1965년 선거 때 브란트를 비판하면서 그가 종전 후 즉시 독일 국적을 회복하지 않은 것은 그의 애국심에 문제가 있기 때문이라고 주장했다.

18 Brandt, *My Road to Berlin*, p. 274.

19 Brandt, 위의 책, p. 182; Viola Herms Drath, *Willy Brandt : Prisoner of His Past*(Pennsylvania, 1975), p. 254.

20 Bernd Faulenbach, 『독일 사회민주당 150년의 역사』, 이진모 역(한울, 2017), 101~113쪽.

21 Schöllgen, *Willy Brandt*, p. 113.

22 Brandt, *Erinnerungen*, p. 58.

23 Brandt, 위의 책.

24 Arne Hofmann, *The Emergence of Détente in Europe : Brandt, Kenney and the Formation of Ostpolitik*(Routledge, 2008), p. 178. 브란트는 자신의 회고록에서 동독이 독일 땅에 존재하는 두 번째 국가라는 사실을 이미 베를린 시장 시절에 터득했다고 말했다. Brandt, *Erinnerungen*, p. 225.

25 Manfred Görtemaker, *Geschichte der Bundesrepublik Deutschland : Von der Gründung bis zur Gegenwart*(Frankfurt/am, 1999), pp. 56~59.

26 William E. Griffith, *Die Ostpolitik der Bundesrepublik Deutschland*

(Stuttgart, 1981), p. 239.

27　Willy Brandt, *Der Wille zum Frieden Perspektiven der Politik. Mit einem Vorwort von Golo Mann*(Frankfurt/am, 1973). p. 58.

28　Schöllgen, *Willy Brandt*, p. 171.

29　Egon Bahr, 『빌리 브란트를 기억하다』, 박경서 역(북로그컴퍼니, 2014), 52쪽.

30　Schöllgen, *Willy Brandt*, p. 91, 119.

31　Schöllgen, 위의 책, pp. 124~125.

32　Faulenbach, 『독일 사회민주당 150년의 역사』, 117~124쪽.

33　Brandt, *Friedenspolitik in Europa*, p. 28.

34　Dennis Bark & David R. Gress, *A History of West Germany, vol.2 : Democracy and its Discontents 1963~1991*(Blackwell, 1993), p. 158. 번역서로 『도이치 현대사 : 허상의 붕괴와 통일정책』 전4권, 서지향 역(비봉출판사, 2004)이 있다.

35　이 국가들과의 외교관계 회복은 에르하르트정부 때 시도되었으나 실천으로 이어지지 못하다가 1967 · 1968년에 각각 실행으로 옮겨졌다.

36　서독은 자국과 외교관계를 맺고 있는 국가가 동독과 외교관계를 맺는다면 독일분단을 더 고착화시키는 결과를 만들기 때문에 이를 비우호적인 행위로 간주했고, 해당 국가와 외교관계를 자동적으로 단절하겠다고 선언했다. 이후 이 정책은 입안자인 외무부 차관 할슈타인(Walter Hallstein)의 이름을 따 '할슈타인원칙'이라고 불리게 되었다. 이 원칙이야말로 아데나워 시기 동독의 고립화정책을 상징적으로 잘 보여준다.

37　Schöllgen, *Willy Brandt*, pp. 147~148.

38　Schöllgen, 위의 책, pp. 127~134.

제2장　김대중

1　김대중, 『김대중 자서전 I』(삼인, 2011), 27쪽.

2　김대중, 위의 책, 27쪽.

3　2001년 상업학교에서 인문계고등학교로 성격을 바꾸었고, 교명은 전남제일고등학교를 거쳐 지금은 목상고등학교다.

4 김대중, 『김대중 자서전 Ⅰ』, 39~46쪽.

5 1938년에 개교한 만주 건국대학은 문과계로만 이루어진 만주국 최고 대학으로서, 새로 창설된 만주국의 지도자 양성을 목표로 설립되었다. 건국대학 학생들은 관동군 참모 이시하라 간지의 아시아대학 구상에 의해 일본인, 중국인, 만주인, 조선인, 몽고인, 러시아인 등으로 다양하게 구성되었다. 건국대학은 1945년 일본의 패망과 함께 폐교되었다.

6 김대중, 『새로운 시작을 위하여』(김영사, 1994), 204쪽.

7 김영명, 『한국현대정치사』(을유문화사, 1999), 60쪽.

8 한국역사연구회 현대사연구반, 『한국현대사 1 : 해방 직후의 변혁운동과 미군정』(풀빛, 1991), 88~89쪽.

9 김대중, 『김대중 자서전 Ⅰ』, 58쪽.

10 김대중, 위의 책, 64쪽.

11 한홍구, 「서자 김대중, 민주주의의 적통을 열다」, 강원택 외, 『김대중을 생각한다』(삼인, 2011), 116쪽.

12 김삼웅 편저, 『DJ와 책』(범우사, 2000), 50~51쪽.

13 김대중, 『김대중 자서전 Ⅰ』, 93~94쪽.

14 정진백 엮음, 『김대중 어록』(서예문인화, 2010), 35~36쪽.

15 김영명, 『한국현대정치사』, 120쪽.

16 김대중, 『김대중 자서전 Ⅰ』, 93쪽.

17 김대중, 위의 책, 88~104쪽.

18 서중석, 『한국현대사』(웅진지식하우스, 2005), 173~175쪽.

19 김대중, 『김대중 자서전 Ⅰ』, 118쪽.

20 혁신계열은 세 정당을 합쳐 민·참의원 8석을 차지하는 데 그쳤다. 자유당은 민의원과 참의원을 합쳐 겨우 6석을 얻었다. 대신 무소속은 민의원이 49석, 참의원은 20석이나 되었다.

21 서중석, 『한국현대사』, 190~192쪽.

22 김영명, 『한국현대정치사』, 142쪽.

23 김대중은 1990년 천주교에서 발행하는 월간 『사목』 10월호 인터뷰 기사에서 자신의 생애에서 가장 고마운 사람으로 장면을 지목했다. 그는 장면 전 국무총리가 영세를 받을 때 대부를 맡아준 것, 자신을 집권당의 대변인으로 기용해준 것을

고맙게 생각했다. 김대중, 『김대중 연설문집 1990~91 : 그래도 역사는 전진한다』, 청와대대통령비서실 엮음(학민사, 1991), 380쪽.

24 김영명, 『한국현대정치사』, 162쪽.

25 이희호, 『동행 : 고난과 영광의 회전무대』(웅진지식하우스, 2008), 69쪽.

26 고명섭, 『이희호 평전』(한겨레출판, 2016), 103쪽.

27 김홍일, 『나는 천천히 그러나 쉬지 않는다』(나남출판, 2001), 90쪽.

28 이희호, 『동행』 69쪽; 고명섭, 『이희호 평전』, 109~112쪽.

29 김대중, 『새로운 시작을 위하여』, 205~208쪽.

30 정진백 엮음, 『김대중 어록』, 37~38쪽.

31 『경향신문』(1967년 6월 10일자).

제2부

브란트 총리 시대

제3장 브란트의 동방정책, 절반의 통일론

1 Hans-Dietrich Genscher, *Erinnerungen*(Berlin, 1995), pp. 109~110.

2 당시 사민당과 자민당의 의원 숫자는 총 254명이었다.

3 Genscher, *Erinnerungen*, pp. 110~111.

4 Faulenbach 『독일 사회민주당 150년의 역사』, 127~130쪽.

5 Schöllgen, *Willy Brandt*, 166~167쪽.

6 Schöllgen, 위의 책, 167~169쪽.

7 Faulenbach 『독일 사회민주당 150년의 역사』, 131~137쪽.

8 Avril Pittman, *From 'Ostpolitik to Reunification : West German-Soviet political Relations since 1974*(Cambridge, 1992), p. 10; Bark & Gress, A History of West Germany, vol. 2, p. 159; 최영태, 「빌리 브란트와 김대중 : 변방인들의 인문적 삶과 분단극복 정책」, 『역사학연구』 53(2014), 331~332쪽.

9 Bahr, 『빌리 브란트를 기억하다』, p. 87; Karsten Schröder, *Egon Bahr* (Hamburg, 1988), pp. 113~114. 바르는 미국 대통령 닉슨(Lichard Nixon)과 미 국무장관 키신저(Henry Kissinger)의 관계를 빗대어 브란트의 키신저로 묘사되기도 했다. M.E. Sarotte, *Dealing with Deuel East Germany, 1969~1973*(North Carolina, 2001), p. 28; Drath, Willy Brandt, p. 90.

10 United States Department of State, *Documente on Germany 1944~ 1985*(Washington, n.d.), p. 1049.

11 Schröder, *Egon Bar*, pp. 147~148.

12 United States Department of State, *Documents on Germany 1944~1985*, p. 1060.

13 Brandt, *Erinnerungen*, p. 164.

14 최영태, 「W. 브란트의 '문화민족' 개념과 동방정책」, 『역사학연구』 45(2012), pp. 291~316, 309.

15 주지하다시피 민족주의에 대한 정의는 다양하며, 단정적으로 하나의 개념으로 정리하기는 쉽지가 않다. 하지만 대부분이 동의할 수 있는 최소한의 기준은 존재한다. 선조가 같다는 인종적(ethnie) 동류의식, 운명을 같이 한 특별한 역사, 공통의 문화 구조 그리고 특별한 장소(고국)와의 지속적 관련성 등이 그것이다. 공동의 문화 구조에는 공동의 언어, 공동의 종교, 공동의 정신생활이 속한다. 그렇다고 각 민족을 하나의 민족으로 수렴하기 위해 이 모든 것들을 갖춰야 한다는 의미는 아니다. 내부적으로 다양한 언어와 종교가 존재할 수도 있다. Philip Spencer & Howard Wollman, *Nations and Nationalism : A Reader*(New Brunswick & New Jersey, 2005), pp. 4~5.

16 United States Department of State, *Documents on Germany 1944~1985*, p. 1059.

17 Bark & Gress, *A History of West Germany*, vol. 2. p. 159.

18 Bark & Gress, 위의 책, p. 159.

19 United States Department of State, *Documents on Germany 1944~1985*, p. 1060.

20 한운석, 『하나의 민족, 두개의 국가』(신서원, 2003), 82쪽.

21 Schöllgen, *Willy Brandt*, p. 171.

22 프리드리히 마이네케, 『세계시민주의와 민족국가』, 이상신 · 최호근 역(나남, 2007), 27~28쪽.

23 마이네케는 문화민족은 동시에 국가민족일 수 있으며, 종교와 국가와 민족성이 밀접한 연관성을 지니고 있는 경우도 흔히 있는 일이라고 말했다. 하나의 진정한 국가민족 내에는 ─ 스위스의 사례가 보여주듯이 ─ 여러 개의 다른 문화민족의 구성원들이 살 수 있었다. 그리고 다시금 문화민족은 자체 내에 ─ 독일의 민족이 보여주듯이 ─ 다수의 국가민족들이 등장하는 것을 볼 수 있다. 즉, 국가 주민들은 자신들의 정치적 공통감정을 강력한 고유성으로 표방함으로써 하나의 민족이 되고, 또 의식적으로 그렇게 되기를 원하는 경우가 흔하지만, 동시에 보다 더 크고 보다 더 포괄적인 문화민족의 구성원들로 남을 수도 있다. 마이네케, 위의 책, 25~27쪽.

24 Bark & Gress, *A History of West Germany*, vol 2, p. 182.

25 Sarotte, *Dealing with Deuel East Germany*, p. 163.

26 Clay Clemens, *Reluctant Realists : The CDU/CSU and West German Ostpolitik* (Duke, 1989), p. 56.

27 Karlheinz Niclauss, *Kontroverse Deutschlandpolitik : Die politische Auseinandersetzung in der Bundesrepublik Deutschland über den Grundlagenvertrag mit der DDR* (Frankfurt/am, 1977), pp. 124~126.

28 최영태, 「W. 브란트의 '문화민족' 개념과 동방정책」, 307쪽 참조.

29 Niclauss, *Kontroverse Deutschlandpolitik*, pp. 126~129.

30 Clemens, *Reluctant Realists*, p. 56.

31 Brandt, *Erinnerungen*, pp. 199~200.

32 Brandt, 위의 책, pp. 194~195.

33 United States Department of State, *Documents on Germany 1944~1985*, p. 1049, 1060; Bark & Gress, *A History of West Germany*, vol. 2, p. 158.

34 Brandt, Der Wille zum Ffrieden, p. 36.

35 Arne Hofmann, *The Emergence of Détente in Europe*, p. 180.

36 Brandt, *Friedenspolitik in Europe*, p. 43.

37 Brandt, 위의 책, p. 54.

38 Brandt, 위의 책, p. 75.

39 Brandt, *Der Wille zum Frieden*, p. 324.

40 브란트의 동방정책은 1960년대 케네디 미국 대통령의 데탕트정책을 주요 배경으로 하고 있다는 견해와 그것은 제한된 범위에서만 영향을 끼쳤다는 견해가 공존하고 있다. Hofmann, *The Emergence of Détente*, pp. 5~6.

41 Brandt, *Erinnerungen*. p. 190. 닉슨 대통령과 그의 보좌관이자 국무장관이었던 키신저는 처음에 브란트의 동방정책에 대해 의구심을 갖거나 비판적이었다. Sarotte, *Dealing with Devil*, p. 174. 그러나 키신저의 비판적 평가는 한참 후인 1990년대에 브란트가 독일의 민족적 관심사를 서구의 공통 관심사로 연결시키는 데 성공했다는 긍정적 평가로 바뀐다. Fink, Carole & Bernd Schaefer, *Ostpolitik, 1969~1974: European and Global Responses*(Cambridge, 2009), p. 2.

42 Brandt, *Der Wille zum Frieden*, p. 327.

43 김진호, 「1969~74년 시기의 독일연방공화국의 독일정책과 CSCE」, 『평화연구』 17/1(2009), 236쪽.

44 노명환, 「빌리 브란트의 망명시기 유럽연방주의 사상과 구성주의 시각」, 『역사문화연구』 53(2015), 339쪽.

45 Brandt, *Der Wille zum Frieden*, p. 318.

46 Brandt, *Friedenspolitik in Europe*, pp. 40~41

47 Drath, *Willy Brandt*, p. vii.

48 Brandt, *Friedenspolitik in Europe*, p. 41.

49 Brandt, *Der Wille zum Frieden*, pp. 325~326.

50 Brandt, *Friedenspolitik in Europe*, p. 74.

51 Fink & Schaefer, *Ostpolitik, 1969~1974*. p. 269.

52 노명환, 「초국가주의 민주주의 평화사상과 지역공동체의 추구 및 분단극복정책, 137쪽.

53 Brandt, *Der Wille zum Frieden*, p. 33.

54 노명환, 「빌리 브란트의 망명시기 유럽연방주의 사상과 구성주의 시각」, 317~340 쪽 참조.

55 최영태, 「W. 브란트의 동방정책에서 평화의 문제」, 『독일연구』 34(2017), 161~ 187쪽 참조.

56 Brandt, *Erinnerungen*, pp. 225~226.

57 United States Department of State, *Documents on Germany 1944~1985*, pp.

1079~1080.

58 Bark & Gress, *A History of West Germany*, vol. 2, pp. 177~178.

59 Sarotte, *Dealing with Deuel East Germany*, pp. 164~165.

60 Bark & Gress, *A History of West Germany*, vol. 2, p. 151.

61 Werner Weidenfeld & Wilhelm Bleek, *Politische Kultur und deutsche Frage: Materialien zum Staats-und Nationalbewusstsein in der Bundesrepublik Deutschland*(Köln, 1989), p. 107.

62 United States Department of State, *Documents on Germany 1944~1985*, pp. 1087~1088.

63 Bark & Gress, *A History of West Germany*, vol. 2, pp. 180~181.

64 Griffith, *Die Ostpolitik der Bundesrepublik Deutschland*, p. 239.

65 황병덕, 「신동방정책과 독일정책의 개관」, 황병덕 외 3인, 『신동방정책과 대북포용정책』(두리미디어, 2000), 56쪽.

66 Bahr, 『빌리 브란트를 기억하다』, 108쪽.

67 "Vertrag zwischen der Bundesrepublik Deutschland und der Union der Sozialistischen Sowjetrepubliken", *Dokumentation zur Entspannungspolitik der Bundesregierung : Ostpolitik*(Hamburg, 1981), pp. 13~4.

68 Brandt, *Erinnerungen*, p. 206.

69 "Vertrag zwischen der Bundesrepublik Deutschland und der Volksrepublik Polen", p. 21.

70 Brandt, *Erinnerungen*, p. 214.

71 이영기, 『빌리 브란트의 동방정책』(형성사, 1990), 60~63쪽; Honore M. Catudal, *The Diplomacy of Quadriparite Agteement on Berlin. A New Era in East-West Politics*(Berlin, 1978), pp. 14~15.

72 "Vier-Mächte-Abkommen über Berlin und die zwischen den zuständigen deutschen Behörden vereinbarten Regelungen", *Dokumentation zur Entspannungspolitik der Bundesregierung : Ostpolitik*(Hamburg, 1981), pp. 67~120, 69~70.

73 United States Department of State, *Documents on Germany 1944~1985*, p. 1049.

74 Clemens, *Reluctant Realists*, p. 78.

75 Clemens, 위의 책, pp. 98~99.

76 Jürgen Dittberner, *Die FDP Geschichte, Personen, Organisation, Perspektiven, Eine Einführung*(Wiesbaden, 2010), pp. 45~46.

77 Richard von Weizäcker, 『우리는 이렇게 통일했다』, 탁재택 역(창비, 2012), 66쪽.

78 Bark & Gress, *A History of West Germany*, vol.2, pp. 209~210.

79 Gunter Hofmann, *Willy Brandt und Helmut : Geschichet einer schwierigen Freundschaft*(München, 2012), p. 149.

80 Clemens, *Reluctant Realists*, p. 105.

81 Clemens, 위의 책, pp. 101-104.

82 Clemens, 위의 책, pp. 105-106.

83 "Treaty Between the Republic of Germany and the German Democratic Republic on Traffic Questions", Signed at Berlin, May 26, 1972, *Dokumentation zur Entspannungspolitik der Bundesregierung : Ostpolitik* (Hamburg, 1981), pp.1191-1198.

84 Clemens, *Reluctant Realists*, p. 109.

85 Hofmann, *Willy Brandt und Helmut Schmidt*, p. 154.

86 "Vertrag über die Grundlagen", *Dokumentation zur Entspannungspolitik der Bundesregierung : Ostpolitik*, pp. 205~206.

87 Brandt, *Erinnerungen*, pp.194~195.

88 United States Department of State, *Documente on Germany, 1944~1985*, p. 1248.

89 통일원, 『동·서독 교류협력 사례집』(통일원 통일정책실, 1994), 274쪽.

90 통일원, 위의 책, 279~283쪽.

91 손선홍, 『분단과 통일의 독일현대사』(소나무, 2005), 236~255쪽; 통일원, 『동·서독 교류협력 사례집』, 274~278쪽.

92 양승현, 「분단국 TV화면 통일의 정치학—동·서독 미디어정책 패러다임 변동을 중심으로」, 『사회과학연구』 24/3(2017), 155쪽.

93 이우승, 「방송전파 월경에 따른 동·서독 주민의 시청태도와 방송정책」, 『한·독사회과학논총』 16/2(2006), 18쪽.

94 이우승, 위의 논문, 24~25쪽.

95 Bark & Gress, *A History of West Germany*, Vol. 2, p. 325.

96 Schöllgen, *Willy Brandt*, 190쪽.

97 Arnulf Baring, *Macht-wechsel : Die Āra Brandt-Scheel*(Stuttgart, 1983), pp. 416~420; Drath, *Willy Brandt*, pp. 170~171. 당시 사민당과 민주당 소속 의원들은 투표에 참가하지 않았다.

98 베너는 자기와 동료가 네 명의 기민당 의원을 회유하는 데 성공했다고 말했다. 그런가 하면 브란트는 비난트란 사람의 말은 믿기 어렵다면서 그가 돈으로 회유당했다는 말에 의문을 표시했다. Brandt, *Erinnerungen*, pp. 290~291.

99 Baring, *Macht-wechsel*, p. 739.

100 통일원, 『동·서독 교류협력 사례집』, 159~160쪽. 이런 상황을 반영하듯 기욤간첩사건 이후에도 동·서독 관계에는 특별한 변화가 없었다. 특히 서독정부는 기욤사건을 확대함으로써 동·서독 간, 나아가서는 동·서진영 간 긴장완화 추세에 악영향을 끼쳐서는 안 된다는 입장이었다. 이런 점을 근거로 브란트의 실각에 분노하는 사람들은 기욤사건을 브란트를 실각시키려는 정치적 음모로 해석하는 경향이 강했다.

101 Hofmann, *Willy Brandt und Helmut Schmidt*, pp. 161~163.

102 Baring, *Macht-wechsel*, p. 752; Schöllgen, *Willy Brandt*, p. 207.

103 Bahr, 『빌리 브란트를 기억하다』, 178~179쪽.

104 Schöllgen, *Willy Brandt*, p. 217.

105 Brandt, *Erinnerungen*, pp. 324~325.

106 Brandt, 위의 책. p. 325.

107 Schöllgen, *Willy Brandt*, p. 211.

제4장 퇴임 후의 브란트와 계승자들

1 Baring, *Macht-wechsel*, p. 739.

2 Hofmann, *Willy Brandt und Helmut Schmidt*, p. 158.

3 Brandt, *Erinnerungen*, p. 330.

4 Brandt, 위의 책, p. 346.

5　Bahr, 『빌리 브란트를 기억하다』, 179쪽.

6　Brandt, *Erinnerungen*, p. 343; Schöllgen, *Willy Brandt*, pp. 244~245.

7　이런 이유에서인지는 모르겠지만 슈미트는 자신의 저술에서 브란트에 대한 언급을 가능한 한 피했다. 슈미트가 쓴 『구십 평생 내가 배운 것들(Was Ich Noch Sagen Wollte)』이나 『인간과 권력(Menschen und Machte)』의 서문에서 그가 평생 동안 만나고 배운 사람들이나 그의 인생에 많은 영향을 준 인물들에 대해 언급했는데 이들 가운데 브란트는 없었다. Helmut Schmidt, 『구십 평생 내가 배운 것들』, 강명순 역(바다출판사, 2016); Helmut Schmidt, 『인간과 권력』, 윤근식 · 김일영 · 문순홍 역(대왕사, 1998), x~xv쪽 참조.

8　Brandt, *Erinnerungen*, p. 323, 330; Hofmann, *Willy Brandt und Helmut Schmidt*, p. 176.

9　Genscher, *Erinnerungen*, pp. 459~460.

10　Bahr, 『빌리 브란트를 기억하다』, 182~191쪽.

11　Schöllgen, *Willy Brandt*, p. 225.

12　Stern, *Willy Brandt*, 144쪽.

13　Schöllgen, *Willy Brandt*, p. 225.

14　Schöllgen, 위의 책 : p. 186.

15　Baring, *Macht-wechsel*, p. 745.

16　Drath, *Willy Brandt*, pp. 101~122.

17　Schöllgen, *Willy Brandt*, pp. 218~219, 299.

18　Bahr, 『빌리 브란트를 기억하다』, 178~179쪽.

19　Rolf Steininger, *Deutsche Gerschichte, Bd. 4 : 1974 bis zur Gegenwart* (Frankfurt/am, 2002), p. 16.

20　Genscher, *Erinnerungen*, pp. 109~110.

21　Genscher, 위의 책, pp. 212~213.

22　Bark & Gress, *A History of West Germany*, Vol. 2, pp. 327~328.

23　손선홍, 『분단과 통일의 독일현대사』, 236~256쪽 참조.

24　손선홍, 위의 책, 457쪽.

25　슈미트정부는 소련으로부터 수입하는 천연가스의 양을 서독 천연가스 전체 수입량

의 30퍼센트로 제한했다. 이것은 서독의 전체 에너지 수입량의 6퍼센트 미만에 해당된다. 이런 원칙은 콜정부 때도 유지되었다. 슈미트는 미국이 서독의 소련 천연가스 수입을 반대하는 것은 월권이라고 보았다. Helmut Schmidt, 『인간과 권력』, 85쪽.

26 Heinrich August Winkler, *Der lange Weg nach Westen Ⅱ : Deutsche Geschichte 1933~1990*(Darmstadt, 2004), p. 391.

27 Bark & Gress, *A History of West Germany*, Vol. 2, p. 321.

28 Winkler, *Der lange Weg nach Westen Ⅱ*, p. 362.

29 Goido Knopp, 『통일을 이룬 독일 총리들』, 안병억(한울, 1999), 273~275쪽.

30 Winkler, *Der lange Weg nach Westen Ⅱ*, p. 392.

31 Knopp, 『독일 총리들』, 244~293쪽.

32 Knopp, 위의 책, 461쪽.

33 제로 옵션이란 소련이 중거리핵미사일을 폐기하면 미국도 같은 종류의 핵무기를 폐기하겠다는 내용이다.

34 Helmut Kohl, *Zwischen Ideologie und Pragmatismus : Aspekte und Ansichten zu Grundfragen der Politik*(Stuttgart, 1973), pp. 53~57; Helmut Kohl, *Ich wollte Deutschlands Einheit*(Berlin, 1996), p. 19. 번역서로 김주일 역, 『나는 조국의 통일을 원했다』(해냄, 1999)가 있다.

35 Kohl, *Ich wollte Deutschlands Einheit*, p. 21.

36 Steininger, *Deutsche Gerschichte*, Bd. 4, p. 109.

37 Kohl, *Ich wollte Deutschlands Einheit*, pp. 27~28.

38 Kohl, 위의 책, p. 28.

39 손선홍, 『분단과 통일의 독일현대사』, 242~244쪽.

40 Clemens, *Reluctant Realists*, pp. 280~281.

41 Bark & Gress, *A History of West Germany*, Vol. 2, pp. 456~457.

42 Bark & Gress, 위의 책, pp. 457~458.

43 Bark & Gress, 위의 책, pp. 489~490.

44 von Weizäcker, 『우리는 이렇게 통일했다』, 89쪽.

45 Philip Zelikow & Condoleezza Rice, *German Unified and Europe*

Transformed: A Study in Statecraft(Cambridge etc., 1997), p. 5. 번역서로는
김태현 · 유복근 역, 『통일과 유럽의 변환 : 치국경세술 연구』(모음북스, 2008)가
있다; M. Gorbachev, 『페레스트로이카』, 고명식 역(시사영어사, 1990), 169~
171쪽.

46 Zelikow & Rice, *German Unified and Europe Transformed*, p. 5, 16~17.

47 Schöllgen, *Willy Brandt*, p. 269.

48 Kohl, *Ich willte Deutschlands Einheit*, pp. 48~49.

49 Schöllgen, *Willy Brandt*, pp. 269~270.

50 Andreas Rödder, *Deutschland einig Vaterland : Die Geschichte der
    Wiedervereinigung*(München, 2009), pp. 66~70.

51 Helmut Kohl, *Vom Mauerfall zur Wiedervereinigung : Meine Erinnerungen*
    (München, 2009). p. 64.

52 New York Times(Oct. 10, 1989).

53 San Francisco Chronicle(Novem. 3~4, 1989).

54 Winkler, *Der lange Weg nach Westen* II, pp. 510~511.

55 Brandt, *Erinnerungen*, pp. 502~503.

56 Kohl, *Vom Mauerfall zur Wiedervereinigung*, pp. 90~92.

57 Jürgen Kocka, 『독일의 통일과 위기』, 김학이 역(아르케, 1999), 43쪽.

58 Bark & Gress, *A History of West Germany*, Vol.2, p. 570; Knopp, 『독일
    총리들』, 304~305쪽.

59 Kohl, *Ich willte Deutschlands Einheit*, p. 167.

60 Zelikow & Rice, *German Unified and Europe Transformed*, pp. 120~121.

61 Ilse Fischer(ed.), *Die Einheit sozial Gestalten : Dokumente aus den Akten
    der SPD-Führung 1989~1990*(Bonn, 2009) p. 37~38.

62 Fischer(ed.), 위의 책, p. 40; Rödder, *Deutschland einig Vaterland*, p. 171.

63 Brandt, *Erinnerungen*, p. 502~503.

64 Rödder, *Deutschland einig Vaterland*, p. 170.

65 Brandt, *Erinnerungen*, pp. 506~511.

66 Brandt, 위의 책, p. 501.

67 Zelikow & Rice, *German Unified and Europe Transformed*, p. 183.

68 Schöllgen, *Willy Brandt*, p. 254.

69 Helmut Schmidt, *Auf dem Weg zur deutschen Einheit : Bilanz und Ausblick* (Hamburg, 2008), p. 33. 번역서로 오승우 역, 『독일통일의 노정에서: 결산과 전망』(시와 진실, 2007)이 있다.

70 Rödder, *Deutschland einig Vaterland*, pp. 171~172.

71 Fischer(ed.), *Die Einheit sozial Gestalten*, pp. 28~30, 116.

72 Faulenbach, 『독일 사회민주당 150년의 역사』, 169~173쪽.

73 Rödder, *Deutschland einig Vaterland*, p. 220.

74 자를란트 주는 프랑스와의 국경지대에 위치한다. 1871년 프로이센·프랑스전쟁의 결과 알자스로렌과 함께 독일에 병합되었다. 제1차 세계대전 후 베르사유조약으로 15년간 국제연맹의 감독을 받았으며, 1935년 1월 주민투표를 통해 독일로 복귀했다. 제2차 세계대전 후에 프랑스는 다시 이 지방을 점령했다. 전후 프랑스와 서독의 우호관계 증진, 유럽공동체의 창설 등이 고려되어 1957년 프랑스는 자르지방의 독일 반환여부를 두고 주민투표 결과에 따르겠다고 했고, 자를란트 주민들은 주민투표에서 독일을 선택했다.

75 Fischer(ed.), *Die Einheit sozial gestalten*, p. 44; Gerhard A. Ritter, *The Price of German Unity : Reunification and the Crisis of the Welfare State*, Richard Deveson trans(Oxford, 2011), p. 20.

76 Rödder, *Deutschland einig Vaterland*, p. 223.

77 Bering, *Helmut Kohl*, p. 170.

78 빌리는 브란트 전 총리의 애칭이다.

79 Fischer(ed.), *Die Einheit sozial gestalten*, p. 45.

80 Henrik Bering, *Helmut Kohl*(Washington, D.C., 1999), p. 175.

81 콜 총리도 이 무렵 브란트 전 총리의 생각이 자신의 생각과 매우 유사하다는 사실을 발견했다고 기술했다. Schöllgen, *Willy Brandt*, pp. 270~271.

82 Hans-Joachim Noack, *Willy Brandt : Ein Leben, Ein Jahrhundert*(Berlin, 2013), p. 312.

83 Rödder, *Deutschland einig Vaterland*, p. 281.

84 Fischer(ed.), *Die Einheit sozial Gestalten*, p. 47.

85 Kohl, *Vom Mauerfall zur Wiedervereinigung*, p. 404.

86 Weizäcker, 『우리는 이렇게 통일했다』, 195쪽.

제3부
대통령 김대중

제5장 대통령직을 향한 도전과 시련

1 "Vier-Mächte-Abkommen über Berlin und die zwischen den zuständigen deutschen Behörden vereinbarten Regelungen", *Dokumentation zur Entspannungspolitik der Bundesregierung: Ostpolitik* (Hamburg, 1981), pp. 67~120, 69~70.

2 최원기 · 정창현, 『남북정상회담 600일』(김영사, 1988), 187쪽.

3 황병주, 「1960-1970년대 대중경제론의 형성과정」, (사)행동하는양심광주전남협의회, 『국제학술회의: 김대중 대통령의 정치사상과 국제 이해』, 2019, 78~79쪽.

4 대중경제연구소 편, 『김대중 씨의 대중경제: 100문 100답』(범우사, 1971), 5~8쪽.

5 김대중, 「7.4남북공동성명을 어떻게 볼 것인가」, 『후광 김대중 대전집』 3, 1972, 147~148쪽.

6 김대중, 『김대중 자서전 Ⅰ』, 299~311쪽.

7 2007년 서울중앙지법은 재심을 거쳐 8명에 대해 무죄를 선고했다.

8 시인 양성우는 1977년 유신체제를 '겨울공화국'으로 비유 · 비판한 시집 『겨울공화국』(실천문학사, 1977)을 출간했다.

9 이희호, 『동행』, 180쪽.

10 김수진, 「군부 권위주의 시대의 야당과 신민당」, 류상영 · 김삼웅 · 심지연 편저, 『김대중과 한국 야당사』(연세대학교 대학출판문화원, 2013), 85쪽.

11 김호진, 『대통령과 리더십』(청림출판, 2006), 243쪽.

12 김대중, 『김대중 자서전 Ⅰ』, 361쪽.

13 『조선일보』 창간 85주년 특별인터뷰(2005년 3월 2일자).

14 『매일신문』(2006년 3월 21일자).

15 최경환, 『김대중 리더십』(아침이슬, 2010), 134~137쪽.

16 김대중, 「선의의 경쟁이 왜 나쁩니까」, 정진백 엮음, 『김대중 대화록 1 : 1971~1987』(행동하는 양심, 2018), 469쪽.

17 이만열, 「'5.17김대중 내란음모사건'의 진실과 그 역사적 의의」, 김대중 외, 『김대중 내란음모의 진실』(문이당, 2000), 496~497쪽.

18 최영태, 「극우 반공주의와 5.18광주항쟁」 『역사학연구』 26(2006), 113쪽, 주1.

19 김영미·이병호, 「분노 감정의 정치학과 '제인 에어'」, 『근대 영미소설』 19/1(2012), 34쪽.

20 최영태, 「5.18민중항쟁과 김대중」, 『역사학연구』 57(2015), 43쪽.

21 김대중, 「다시는 정치보복이 없어야 한다」, 김대중 외, 『김대중 내란음모의 진실』, 23쪽.

22 한완상, 「서울의 짧은 봄, 긴 겨울, 그리고…」, 김대중 외, 『김대중 내란음모의 진실』, 264~265쪽.

23 김대중, 『김대중 자서전 Ⅰ』, 395쪽.

24 홍석률, 「한국 야당 지도자 김대중과 미국」, (사)행동하는양심광주전남협의회, 『국제학술회의 : 김대중 대통령의 정치사상과 국제 이해』, 2019, 148~150쪽.

25 김대중, 『새로운 시작을 위하여』, 205쪽.

26 김대중, 『김대중 자서전 Ⅰ』, 171쪽.

27 손숙, 『섬마을 소년 김대중 전 대통령 : 손숙의 아주 특별한 인터뷰』(중원문화, 2007), 17~19쪽.

28 『김대중 대화록 5 : 2007~2009』, 140쪽.

29 『김대중 대화록 3 : 1994~2002』, 348~349쪽.

30 김대중, 『김대중 옥중서신』(한울, 2000), 94쪽.

31 김대중, 『김대중 자서전 Ⅰ』, 410~411쪽.

32 김대중, 『새로운 시작을 위하여』, 86쪽.

33 박병로, 『장수하는 한국의 대통령들 : 이승만부터 김대중까지 8인 8색의 건강과 장수 이야기』(노년시대신문사, 2007), 227쪽.

34 한승헌, 「이 '옥중서신'을 읽는 분들에게」, 김대중, 『김대중 옥중서신』, 6쪽.

35 김대중, 『김대중 옥중서신』, 22~23쪽.

36 최원기·정창현, 『남북정상회담 600일』, 185~186쪽.

37 김대중, 『새로운 시작을 위하여』, 198~199쪽.

38 김삼웅, 『DJ와 책』, 9쪽.

39 김삼웅, 위의 책, 14~20쪽.

40 강원국, 「강원국의 내 인생의 책 : 김대중 자서전」, 『경향신문』(2019년 8월 8일자)

41 Schöllgen, Willy Brandt, 218~219, 299쪽.

42 김대중, 『김대중 자서전 Ⅰ』, 442쪽.

43 이낙연, 『80년대 정치현장 : 정치부 기자수첩 1979~1989』(동아일보사, 1989), 112쪽.

44 박병로, 『장수하는 한국의 대통령들』, 238~239쪽.

45 김수진, 「군부 권위주의 시대의 야당과 신민당」, 97~98쪽.

46 노태우, 『노태우 회고록』(조선뉴스프레스, 2011), 341쪽.

47 서중석, 『6월항쟁』(돌베개, 2011), 556~558쪽.

48 박철언, 『바른 역사를 위한 증언』(랜덤하우스중앙, 2005), 261쪽.

49 1980년 5.18광주항쟁 이후 광주 시민과 전국의 민주화세력은 1980년 봄의 민주화운동과 5.18광주항쟁이 추구한 목표, 즉 직선제 개헌과 민주주의 회복 그리고 5.18의 진실규명과 학살자 처벌 등을 요구하며 싸웠다. 그리고 7년의 항쟁 끝에 6월항쟁을 통해 1980년 봄의 민주화운동이 성공의 열매를 맺었다. 이런 의미에서 1980년부터 1987년까지의 민주화운동은 '7년 항쟁'으로 명명할 만하다.

50 이낙연, 『80년대 정치현장』, 108쪽.

51 함규진, 「1987년 YS, DJ 후보단일화가 됐다면」, 『한겨레21』(2010년 4월 1일자).

52 김대중, 「선의의 경쟁이 왜 나쁩니까」, 472~473쪽.

53 김대중, 『김대중 자서전 Ⅱ』, 498~499쪽.

54 이낙연, 『80년대 정치현장』, 108쪽.

55 노태우, 『노태우 회고록』, 483~485쪽; 박철언, 『바른 역사를 위한 증언』, 474~475쪽.

56 김대중, 『새로운 시작을 위하여』, 25, 28쪽.

57 『동아일보』(1992년 12월 2일자).

58 『조선일보』(1992년 12월 20일자).

59 이동형, 『김대중·김영삼』(왕의서재, 2011).

60 강준만, 『김대중 죽이기』(개마고원, 1995), 212~214쪽.

61 김대중, 『새로운 시작을 위하여』, 57쪽.

62 Kim, Dae-Jung, "Is Culture Desting", *Foreign Affairs*(1994. 2).

63 김영삼, 『김영삼 대통령 회고록 상』(조선일보사, 2001), 94쪽.

64 임현백, 「전환기 정의 세우기」, 김재한 편, 『1987년 민주헌정체제의 등장과 운영 Ⅰ : 김영삼』(카오스북, 2017), 29쪽.

65 박형중, 「국내적 차원에서 신동방정책·독일정책과 대북포용정책 비교」, 황병덕 외, 『신동방정책과 대북포용정책 : 브란트와 김대중의 민족통일구상』(두리미디어, 2000), 158~159쪽.

66 김재한, 「지속가능 민주주의」, 김재한 편, 『김영삼』, 340쪽.

67 김종필, 『김종필 증언록 : 5.16에서 노무현까지 2』(와이즈베리, 2016), 228쪽. 김종필은 회고록에서 박정희기념관은 김종필이 1992년 김영삼을 지원할 때도 반대급부로 약속받은 사안이었으며, 김영삼은 대통령이 된 후 약속을 지키지 않은 반면, 김대중은 대통령 재임 중 200억 원을 책정하여 기념관 건축공사에 착수했다고 밝혔다.

68 박명림, 「연합정치, 정권교체, 대통령 리더십」, 박명림 편, 『1987년 민주헌정체제의 등장과 운영 Ⅱ : 김대중』(카오스북, 2017), 45~46쪽.

69 김영삼, 『김영삼 대통령 회고록 상』, 348쪽.

70 백종국, 「외환위기극복의 정치경제」, 박명림 편, 『김대중』, 76쪽.

71 김창기, 「김영삼론」, 함성득 외, 『한국의 대통령과 권력』(나남출판, 2000), 130쪽.

72 김호진, 『대통령과 리더십』, 358~359쪽.

73 박명림, 「연합 정치, 정권교체, 대통령 리더십」, 47~48쪽.

74 남재희, 「한국 민주화과정의 수난자요 승리자」, 강원택 외, 『김대중을 생각한다』(삼인, 2011), 252쪽.

75 『경향신문』(2019년 6월 11일자).

76 권노갑 외, 『대통령을 만든 사람들』(석일사, 1998), 71쪽.

77 권노갑 외, 위의 책, 20쪽.

1 곽해선, 『DJ노믹스』(21세기북스, 1998), 28쪽.

2 김대중, 『김대중 자서전 Ⅱ』, 21쪽.

3 육성으로 듣는 경제기적 편찬위원회, 『외환위기의 파고를 넘어』(나남, 2016), 201쪽.

4 정진웅, 「김대중정부의 노동정치」, 박명림 편, 『김대중』, 377~378쪽.

5 김대중, 『김대중 자서전 Ⅱ』, 29~30쪽.

6 김대중, 『김대중 자서전 Ⅱ』, 36쪽.

7 전두환, 『전두환 회고록 : 3 황야에 서다』(자작나무숲, 2017), 529~548쪽.

8 김삼웅, 『김대중 평전 1』(시대의창, 2010), 56쪽.

9 육성으로 듣는 경제기적 편찬위원회, 『외환위기의 파고를 넘어』, 211~212쪽.

10 김대중은 자민련 출신 장관들을 가리켜 "저력이 있었고, 경제위기를 돌파하는 데 적임이었다"고 평했다.

11 정기영, 「국민의 정부 개혁 프로그램의 평가」, 정대화 외, 『김대중정부 개혁 대해부』 (도서출판 지정, 1998), 96쪽.

12 손혁재, 「개혁보다 통합을 앞세운 인사」, 정대화 외, 『김대중정부 개혁 대해부』, 239쪽.

13 노무현재단 엮음, 유시민 정리, 『운명이다 : 노무현 자서전』(돌베개, 2010), 167~ 168쪽.

14 백종국, 「외환위기극복의 정치경제」, 100쪽.

15 정부는 공적자금이 투입된 금융기관들의 수익성·건전성이 회복되자 2002년 무렵 부터 정부가 보유한 채권을 매각하여 은행 등을 민영화하는 방식으로 공적자금 회수에 본격적으로 나섰다. 2009년말까지 96.2조원의 공적자금이 회수되어 회수율 은 57퍼센트를 기록하고 있다.

16 2000년 현대그룹의 패권을 놓고 현대그룹의 창업자인 정주영 회장의 차남 정몽구와 5남 정몽헌 사이에 충돌이 벌어졌다. 이 싸움에서 정주영 회장의 지지를 받은 정몽 헌 회장이 현대그룹을 승계하고, 정몽구는 자동차 부분만 떼어 현대그룹에서 분리되 어 나왔다.

17 백종국, 「외환위기극복의 정치경제」, 98쪽.

18 백종국, 위의 글, 101쪽.

19 육성으로 듣는 경제기적 편찬위원회, 『외환위기의 파고를 넘어』, 131쪽.

20 김대중, 『김대중 자서전 Ⅱ』, 161~162쪽.

21 김호진, 『대통령과 리더십』, 413~414쪽.

22 육성으로 듣는 경제기적 편찬위원회, 『외환위기의 파고를 넘어』, 132~134쪽.

23 우리나라 인구는 1970년대 말로 베이비 붐(baby boom) 시기를 마감했고, 1980~ 1990년대는 산아제한의 효과가 본격화되었으며, IMF 도래 이후 20여 년은 저출산 시대를 특징으로 하고 있다.

24 백종국, 「외환위기극복의 정치경제」, 98쪽.

25 백종국, 위의 글, 132~133쪽.

26 김대중, 『대중참여경제론』(산하, 1997), 5쪽.

27 김삼웅, 『김대중 평전 1』, 59~60쪽.

28 김대중, 『김대중 자서전 Ⅱ』, 132쪽.

29 육성으로 듣는 경제기적 편찬위원회, 『외환위기의 파고를 넘어』, 402~403쪽, 416~ 417쪽.

30 김대중, 『이경규에서 스필버그까지』(조선일보사, 1997) 참조.

31 김대중, 『김대중 자서전 Ⅱ』, 433~434쪽.

32 김대중, 위의 책, 418~420쪽.

33 김대중, 『김대중 자서전 Ⅱ』, 420~428쪽.

34 김택근, 『새벽 김대중 평전』(사계절, 2012), 308쪽.

35 양재진, 「김대중의 사회복지 패러다임 전환과 복지개혁」, 박명림 편, 『김대중』, 226쪽.

36 김대중, 『김대중 옥중서신』, 265쪽.

37 김대중, 『대중참여경제론』, 310~311쪽.

38 경향신문·참여연대 엮음, 『김대중정부 5년 평가와 노무현정부 개혁과제』(한울, 2003), 127~128쪽.

39 김대중, 『김대중 자서전 Ⅱ』, 329~335쪽.

40 양재진, 「김대중의 사회복지 패러다임 전환과 복지개혁」, 245쪽.

41 김대중, 『김대중 자서전 Ⅱ』, 82쪽.

42 임동원, 『피스메이커 : 남북관계와 북핵문제 25년』, 개정증보판(창비, 2015), 290~291쪽.

43 김대중, 『김대중 자서전 Ⅱ』, 125~126쪽.

44 김대중평화센터, 『2008 김대중 전 대통령 연설 · 회견 자료집』, 214쪽.

45 이선진, 「동아시아공동체 비전과 한 · 아세안관계」, 양성철 · 이상근 엮음, 『김대중 외교 : 비전과 유산』, 410~411쪽.

46 김대중, 『김대중 자서전 Ⅱ』, 458쪽.

47 이희호, 『동행』, 374~376쪽.

48 김대중, 『김대중 자서전 Ⅱ』, 458~459쪽.

49 김호진, 『대통령과 리더십』, 421쪽.

50 『동아일보』(2019년 4월 22일자).

51 김홍일, 『나는 천천히 그러나 쉬지 않는다』, 8~9쪽.

52 김대중, 『김대중 자서전 Ⅱ』, 554쪽.

53 노무현재단 엮음, 『운명이다』, 191쪽.

54 『세계일보』(2009년 7월 3일자).

55 『프레시안』(2009년 6월 11일자).

56 김삼웅, 『김대중 평전 Ⅱ』(시대의창, 2010), 20~28쪽.

57 김대중, 『김대중 자서전 Ⅱ』, 68~69쪽.

58 김종필, 『김종필 증언록 2』(와이즈베리, 2016), 238~245쪽.

59 박명림, 「연합 정치, 정권교체, 대통령 리더십」, 70~71쪽.

60 김수진, 「군부 권위주의 시대의 야당과 신민당」, 97~98쪽.

61 이동형, 『김대중 · 김영삼』(왕의서재, 2011), 534~536쪽.

62 강명세, 「제2장 한국정치의 발전궤적」, 한국정치연구회 편, 『다시 보는 한국 민주화 운동 : 기원, 과정 그리고 제도』(선인, 2010), 67쪽.

63 전인권, 『김대중을 계산하자』(새날, 1997), 21~25쪽.

64 강원택, 「'민주화 이후' 민주주의에 진전 없었다」, 264~265쪽.

65 김대중, 『김대중 연설문집 1990~91 : 그래도 역사는 전진한다』, 399~400쪽; 김대중평화센터, 『2008 김대중 전 대통령 연설 · 회견 자료집』(2008), 115~116쪽.

66 김만흠, 「해법 못 찾는 지역감정의 골」, 경향신문 · 참여연대 엮음, 『김대중정부

5년 평가와 노무현정부 개혁과제』, 160쪽.

67 강원택, 「'민주화 이후' 민주주의에 진전 없었다」, 265~266쪽.

68 최성 엮음, 『김대중 잠언집 배움』(다산책방, 2007), 91쪽.

69 김대중, 『새로운 시작을 위하여』, 179쪽; 최성 엮음, 『김대중 잠언집 배움』, 91쪽.

70 최성 엮음, 『김대중 잠언집 배움』, 56쪽.

71 『김대중 대화록 2 : 1988~1993』, 188쪽.

72 김대중, 『새로운 시작을 위하여』, 85쪽.

73 김대중, 『김대중 자서전 Ⅰ』, 375쪽.

74 김대중, 『새로운 시작을 위하여』, 180쪽.

75 김대중, 『김대중 옥중서신』, 22~24쪽.

76 한홍구, 「서자 김대중, 민주주의의 적통을 열다」, 강원택 외, 『김대중을 생각한다』, 2011. 116~117쪽.

77 문희상, 「김대중론」, 함성득 외, 『한국의 대통령과 권력』, 153~154쪽.

78 카, 『역사란 무엇인가』(탐구당, 1993), 83쪽.

79 최경환, 『김대중 리더십』, 47쪽.

80 강상중, 『반걸음만 앞서가라』, 오영근 옮김(사계절, 2009), 33쪽.

제4부
햇볕정책의 실행과 그 특징

제7장 햇볕정책의 탄생과정과 동방정책

1 박형중, 「신동방정책 독일정책과 대북 포용정책 개관」, 황병덕 외, 『신동방정책과 대북 포용정책』, 74쪽.

2 김대중, 「통일논의를 용공으로 몰지 마라」(1966년 7월 1일, 국회본회의 대정부질의), 『후광 김대중 대전집 3 : 통일론집』(중심서원, 1993), 22, 32~33쪽.

3 김대중, 위의 글, 43~45쪽.

4 남재희, 「한국 민주화과정의 수난자요 승리자」, 강원택 외, 『김대중을 생각한다』, 248쪽.

5 정진백 엮음, 『김대중 어록』, 37쪽.

6 김대중, 『김대중 자서전 1』, 263쪽.

7 김대중, 「빌리 브란트와 나, '동방정책'과 '햇볕정책'」, 59쪽.

8 김대중, 「변화하는 세계와 한반도」(1972년 3월 11일, 서울 수운회관), 『후광 김대중 대전집 3』, 56~58쪽, 60~63쪽.

9 김대중, 위의 글, 65~66쪽.

10 김대중, 「3단계 통일방안」, 『후광 김대중 대전집 3』, 98쪽.

11 김대중, 위의 글, 122쪽.

12 김대중, 위의 글, 98~99쪽.

13 김대중, 위의 글, 111~112쪽.

14 김대중, 「7.4남북공동성명을 어떻게 볼 것인가」(1972년 7월), 『후광 김대중 대전집 3』, 147~148쪽.

15 김대중, 「남북 적십자 회담과 나의 주장」(1972년 9월), 『후광 김대중 대전집 3』, 152~153쪽.

16 김대중, 『김대중 연설문집 : 평화를 위하여』, 학민사 엮음(학민사, 1989), 186쪽.

17 김대중, 「공화국 연방제 통일의 길」(1988년 9월), 『후광 김대중 대전집 3』, 168~169쪽.

18 김대중, 「빌리 브란트와 나, '동방정책'과 '햇볕정책'」, 21쪽.

19 김대중, 『새로운 시작을 위하여』, 46~49쪽.

20 김영삼, 『김영삼 대통령 회고록 상』, 334~335쪽, 341~342쪽.

21 김대중, 『김대중 자서전 1』, 599쪽. 백과사전 등에는 햇볕정책'이란 단어에 대해 김대중 대통령이 1998년 4월 3일 런던대학교에서 행한 연설에서 처음 사용되었고 그때부터 정착된 용어라고 설명하고 있으나 이 주장에 대한 명확한 출처는 존재하지 않는다. 어쨌든 태양정책이든 햇볕정책이든 이 용어들은 겨울 나그네의 외투를 벗게 만드는 것은 강한 바람(강경책)이 아니라, 따뜻한 햇볕(유화책)이라는 이솝우화와 연결 지어 설명되곤 했다.

22 양성철·이상근 엮음, 『김대중 외교 : 비전과 유산』(연세대학교 대학출판문화원, 2015), 39~40쪽.

23 임동원, 『피스메이커』, 239~245쪽.

24 아태평화재단, 『김대중의 3단계 통일론 : 남북연합을 중심으로』(한울, 1995), 6쪽.

25 아태평화재단, 위의 책, 27~28쪽.

제8장 햇볕정책의 내용과 그 특징

1 1980년의 준비까지 합하면 다섯 번째 도전하여 승리했다.

2 김삼웅, 『김대중 평전 Ⅱ』, 308쪽에서 재인용.

3 노태우, 『노태우 회고록』, 323~324쪽.

4 이채윤, 『현대가 사람들』(성안당, 2015), 407쪽.

5 정주영, 『이 땅에 태어나서』(솔, 1998), 333~343쪽; 이채윤, 『현대가 사람들』, 406쪽.

6 임동원, 『피스메이커』, 287쪽.

7 박형중, 「국내적 차원에서 신동방정책·독일정책과 대북포용정책 비교」, 163~164
   쪽, 166쪽.

8 임동원, 『피스메이커』, 307~313쪽.

9 김홍균·한기홍, 『김대중, 희망을 위한 여정』, 49~50쪽.

10 김대중, 『김대중 자서전 Ⅱ』, 253쪽.

11 최원기·정창현, 『남북정상회담 600일』, 41~43쪽.

12 최원기·정창현, 위의 책, 46쪽.

13 최원기·정창현, 위의 책, 75쪽.

14 김대중, 『김대중 자서전 Ⅱ』, 270~280쪽.

15 최원기·정창현, 『남북정상회담 600일』, 79쪽; 전재성, 「김대중정부의 대북 햇볕정
   책과 외교전략」, 박명림 편, 『김대중』, 194~195쪽.

16 임동원, 「'사실상의 통일'과 남북연합」, 한반도평화포럼, 『통일은 과정이다』(서해문
   집, 2015), 204~206쪽.

17 김대중평화센터, 『2008 김대중 전 대통령 연설·회견 자료집』, 205쪽.

18 임동원, 「'사실상의 통일'과 남북연합」, 199~200쪽, 202~203쪽.

19 최원기·정창현, 『남북정상회담 600일』, 321~324쪽.

20 최영태, 『독일통일의 3단계 전개과정』, 53~58쪽.

21 임동원, 『피스메이커』, 356~358쪽.

22 손기웅, 「교류협력 차원에서 신동방정책·독일정책과 대북포용정책 비교 : 사회·
문화 분야 교류협력」, 황병덕 외, 『신동방정책과 대북포용정책』, 317쪽.

23 박경서, "DJ는 이미 1987년에 강력한 노벨평화상 후보였다", 강원택 외, 『김대중을
생각한다』, 126~127쪽.

24 김대중, 『김대중 자서전 Ⅱ』, 237쪽.

25 임동원, 『피스메이커』, 376~377쪽, 416~417쪽.

26 최원기·정창현, 『남북정상회담 600일』, 196쪽.

27 김종필, 『김종필 증언록 2』, 258쪽.

28 최영태, 『독일통일의 3단계 전개과정』, 70~72쪽.

29 김택근, 『새벽 김대중 평전』, 318~319쪽.

30 김대중, 『김대중 자서전 Ⅱ』, 445~450쪽.

31 김대중, 위의 책, 468~469쪽.

32 김대중, 위의 책, 487~489쪽.

33 전재성, 「김대중정부의 대북 햇볕정책과 외교전략」, 211~212쪽.

34 양성철·이상근 엮음, 『김대중 외교 : 비전과 유산』, 35~36쪽.

35 노무현재단 엮음, 『운명이다』, 232쪽.

36 Bark & Gress, *A History of West Germany*, vol. 2, p. 457.

37 김홍균·한기홍, 『김대중, 희망을 위한 여정』, 63쪽.

38 김홍균·한기홍, 위의 책, 60쪽.

39 김대중, 「한반도의 현실과 4대국」(2006년 10월 11일), 전남대 특강.

40 김대중평화센터, 『2008 김대중 전 대통령 연설·회견 자료집』(2008), 6쪽, 80쪽.

41 김택근, 『새벽 김대중 평전』, 393~394쪽에서 재인용.

42 「이제는 우리가 답할 차례다」, 『경향신문』(2009년 8월 24일자 사설).

43 「그대, 별과 달로 속히 돌아오소서」, 『한겨레신문』(2009월 8월 24일자 사설).

책을 마치며

1 아놀드 토인비, 『역사의 연구 Ⅱ』, 노명식 역(삼성출판사, 1993), 411~
   414쪽.

2 카, 『역사란 무엇인가』(탐구당, 1993), 83쪽.

3 『김대중 대화록 1 : 1971~1987』, 110쪽.

4 김홍균·한기홍, 『김대중, 희망을 위한 여정』(고즈윈, 2006), 41~42쪽.

5 최영태, 「한국인에게서 독일의 존재」, 『역사 속의 교류와 문화』(엔터북,
   2011), 191~192쪽.

6 강원택, 「'민주화 이후' 민주주의에 진전 없었다」, 265~266쪽.

1. 빌리 브란트

브란트의 저작

Der Wille zum Frieden Perspektiven der Politik, Mit einem Vorwort von Golo Mann, Frankfurt/am, 1973.

Draussen, Schriften Während der Emigration, ed., by Günter Struve, München, 1966.

Friedenspolitik in Europa, Frankfurt/am, 1968.

My Road to Berlin, New York, 1960.

Willy Brandt: Erinnerungen(1994년판), München, 2003; 정경섭 역, 『빌리 브란트: 동방정책과 독일의 재통합』(1989년 초판), 도서출판 하늘땅, 1990.

브란트 관련 저작 · 논문

『Bahr, Egon, *Erinnerungen an Willy Brandt*; 박경서 역, 『빌리 브란트를 기억하다』, 북로그컴퍼니, 2014.

_____, *Der deutsche Weg: Selbstverstandlich und Normal,* München, 2003.

_____, *Der Nationalstaat: Ueberlebt und Unentbehrlich,* Göttingen, 1998.

Baring, *Arnulf, Machtwechsel : die Ära Brandt-Scheel*, Stuttgart, 1983.

Bark, Dennis & David R. Gress, *A History of West Germany vol. 2 : Democracy and its Discontents 1963~1991*. Oxford UK & Cambridge USA, 1993; 서지원 역, 『도이치 현대사 Vol. 3』, 비봉출판사, 2004.

Bender, Peter, *Die Ostpolitik Willy Brandts oder die Kunst des Selbstverstaendlichen*, Hamburg, 1972.

Bering, Henrik, *Helmut Kohl*, Washington, D.C., 1999.

Bulletin of the German Historical Institute, *American Detente and German Ostpolitik, 1969~1972*. ed. by Geyer David C, and Bernd Schaefer, Washington, 2004.

Bundeskanzler-Willy-Brandt-Stiftung, *Remembering Willy Brandt-Egon Bahr, Henry Kissinger und die deutsch-amerikanischen Bezieungen*, Washington, 2003.

Clemens, Clay, *Reluctant Realists : The CDU/CSU and West German Ostpolitik*, Duke, 1989.

Dokumentation zur Entspannungspolitik der Bundesregierung: Ostpolitik, Hamburg, 1981.

Drath, Viola Herms, *Willy Brandt : Prisoner of His Past*, Pennsylvania, 1975.

Fink, Carole & Bernd Schaefer, *Ostpolitik, 1969~1974 : European and Global Responses*, Cambridge, 2009.

Görtemaker, Manfred, *Geschichte der Bundesrepublik Deutschland : Von der Gründung bis zur Gegenwart*, Frankfurt/am, 1999.

Grebing, Helga, *Willy Brandt: Der andere Deutsche*, München, 2008.

Griffith, William E., *Die Ostpolitik der Bundesrepublik Deutschland*, Stuttgart, 1981.

Hanrieder, Wolfram F., *Germany, America, Europe : Forty Years of Germany Foreign Policy*, New Haven, 1989.

Harrison, Hope M., "The Berlin Wall, Ostpolitik, and Détente", David C. Geyer and Bernd Schaefer, ed., *American Détente and German Ostpolitik, 1969~1972*, Washington D. C., 2003.

Hiepel, Claudia "Europakonzeptionen und Europapolitik" in Bernd Rother, ed., *Willy Brandts Außenpolitik*, Wiesbaden, 2014, pp. 21~91.

Kohl, Helmut, *Vom Mauerfall zur Wiedervereinigung: Meine Erinnerungen*, München, 2009.

_____, *Ich wollte Deutschlands Einheit*, Berlin, 1996; 김주일 역, 『나는 조국의 통일을 원했다』, 해냄, 1999.

_____, *Zwischen Ideologie und Pragmatismus : Aspekte und Ansichten zu Grundfragen der Politik*, Stuttgart, 1973.

Löwenthal, Richard, *Vom Kalten Krieg zur Ostpolitik*, Stuttgart, 1974.

Merseburger, Peter, *Willy Brandt 1913~1992*, München, 2004.

Niclauss, Karlheinz, *Kontroverse Deutschlandpolitik : Die politische Auseinandersetzung in der Bunderrepublik Deutschland über den Grundlagevertrag mit der DDR*, Frankfurt/am, 1977.

Patton, David F., *Cold War Politics in Postwar Germany*, New York, 1999.

Pittman, Avril, *From Ostpolitik to Reunification West German-Soviet political Relations since 1974*, Cambridge, 1992.

Reihe: Berichte und Dokumentation, *Dokumentation zur Entspannungspolitik der Bundesregierung: Ostpolitik*, 1981.

Ritter, Gergard A., *The Price of German Unity : Reunification and the Crisis of the Welfare State*, Richard Deveson trans., Oxford, 2011.

Rödder, Andreas, *Deutschland einig Vaterland : Die Geschichte der Wiedervereinigung*, München, 2009.

Rödder, Andreas, *Die Bundesrepublik Deutschland 1969~1990*, München, 2004.

Roth, Florian, *Die Idee der Nation im politischen Diskurs : Die Bundesrepublik Deutschland zwischen Neuer Ostpolitik und Wiedervereinigung (1969~ 1990)*, München, Univ., Diss., 1995.

Rother, Bernd, "Sozialdemokratischer Internationalismus-Die SI und der Nord-Süd-Konflikt", in Bernd Rother, ed., *Willy Brandts Außenpolitik*. Wiesbaden, 2014, pp. 259~334.

Sarotte, M. E., *Dealing with the Devil : East Germany. Détente, and Ostpolitik, 1969~1973*, Chapel Hill & London, 2001.

Schaefer, Bernd, ed., *Ostpolitik, 1969~1974 : European and Global Response*. Cambridge & New York, 2009.

Schmidt, Wolfgang, "Willy Brandts Ost-und Deutschlandpolitik", in Rother,

Bernd, ed., *Willy Brandts Außenpolitik*, Wiesbaden, 2014, pp. 161~257.

_____, "Die Wurzeln der Entspannung. Der konzeptionelle Ursprung der Ost-und Deutschlandpolitik Willy Brandts in den fünfziger Jahren", *Vierteljahrshefte für Zeitgeschichte* vol 51, no. 4 (2003), pp. 521~564.

Schmidt, Helmut, *Auf dem Weg zur deutschen Einheit : Bilanz und Ausblick*, Hamburg, 2008; 오승우 역, 『독일통일의 노정에서: 결산과 전망』, 시와 진실, 2007.

Schöllgen, Gregor, *Willy Brandt : Die Biographie*, München, 2003; 김현성 역, 『빌리 브란트』, 빗살무늬, 2003.

Schröder, Karsten, *Egon Bar*, Rastatt, 1988.

Shrotte, M. E., *Dealing with the Devil: East Germany. Détente, and Ostpolitik, 1969~1973*, London, 2001.

Spencer, Philip & Howard Wollman, *Nations and Nationalism : A Reader*, New Brunswick & New Jersey, 2005.

Stern, Carola, *Willy Brandt*, Hamburg, 2002.

Unites States Department of State, *Documents on Germany, 1944~1985*. Washington, 1985.

Weidenfeld, Werner & Wilhelm Bleek, *Politische Kultur und deutsche Frage: Materialien zum Staats- und Nationalbewusstsein in der Bundesrepublik Deutschland*, Köln, 1989.

Weidenfeld, Werner & Karl-Rudolf Korte(ed.), *Handbuch zur deutschen Einheit 1949~1989~1999* (Frankfurt am Main, 1999.

Winkler, Heinrich August, *Der lange Weg nach Westen II : Deutsche Geschichte 1933~1990*, Darmstadt, 2004.

귀도 크놉, 안병억 역, 『통일을 이룬 독일 총리들』, 한울, 1999.

한운석, 『하나의 민족, 두 개의 과거 : 20세기 독일민족과 통일문제』, 신서원, 2003.

헬무트 슈미트, 윤근식 · 김일영 · 문순홍 공역, 『인간과 권력』, 대왕사, 1988.

_____, 감명순 역, 『구십 평생 내가 배운 것들』, 바다출판사, 2016.

김진호, 「1969~74년 시기의 독일연방공화국의 독일정책과 CSCE」, 『평화연구』 vol 17, no. 1, 2009.

_____, 「독일문제와 유럽의 평화정책」, 『역사문화연구』 33집, 2009.

노명환, 「빌리 브란트의 망명시기 유럽연방주의 사상과 구성주의 시각」, 『역사문화연구』 vol. 53, 2015.

_____, 「초국가주의 민주주의 평화사상과 지역공동체의 추구 및 분단극복정책 : 빌리 브란트의 동방정책과 김대중의 햇볕정책의 비교사적 연구」, 『EU연구』 30호, 2012.

이동기, 「빌리 브란트, 민주사회주의와 평화의 정치가」, 『역사비평』 No. 102, 2013.

이양기, 『빌리 브란트의 동방정책』, 형상사, 1990.

최영태, 『독일통일의 3단계 전개과정』, 아침이슬, 2018.

_____, 「W. 브란트의 '문화민족' 개념과 동방정책」, 『역사학연구』 45호, 2012.

_____, 「빌리 브란트와 김대중 : 변방인들의 인문적 삶과 분단극복 정책」, 『역사학연구』 53호, 2014.

_____, 「W. 브란트의 동방정책에서 평화의 문제」, 『독일연구』 34, 2017.

Sozialdemokraten, 「Mitteilung für die Presse : der Sozialdemokraten-Vorsitzende Willy Brandt sandte dem Präsidenten der Republik Korea, Chun Doo Hwan, das folgende Telegramm」(1980.9.17), 한국외국어대학교 역사문화연구소 외, 『유럽통합과 독일의 분단·통일 경험에 비추어본 한국의 통일과제와 동아시아공동체 구상』, 2009, 25~26쪽.

2. 김대중

김대중의 저작 · 논문 · 특강

『김대중 내란음모의 진실』, 문이당, 2000.

『김대중 씨의 대중경제 : 100문 100답』, 대중경제연구소 편, 범우사, 1971.

『김대중 옥중서신』, 한울, 2000.

『김대중 연설문집 1990~91 : 그래도 역사는 전진한다』, 청와대 대통령비서실 엮음, 학민사, 1991.

『김대중 연설문집 : 평화를 위하여』, 학민사, 1989.

『김대중의 3단계 통일론 : 남북연합을 중심으로』, 아태평화재단 편, 한울, 1995.

『김대중 자서전』 전2권, 삼인, 2011.

『내가 걷는 70년대』, 범우사, 1970.

『대중경제론』, 청사, 1986.

『대중참여경제론』, 산하, 1997.

『새로운 시작을 위하여』, 김영사, 1994.

『이경규에서 스필버그까지』, 조선일보사, 1997.

『후광 김대중 대전집』 전15권, 중심서원, 1993.

『2008 김대중 전 대통령 연설·회견 자료집』, 김대중 평화센터, 2008.

『21세기와 한민족: 김대중 전대통령 주요 연설·대담 1998~2004』, 돌베개, 2004.

『김대중 전집』 전30권, 연세대학교 대학출판문화원, 2019.

「빌리 브란트와 나, '동방정책'과 '햇볕정책'」, 한국외국어대학교 역사문화연구소 외, 『유럽통합과 독일의 분단·통일 경험에 비추어본 한국의 통일과제와 동아시아공동체 구상』, 2009, 15~24쪽.

「한반도의 현실과 4대국」, 전남대학교 특강(2006년 10월 11일).

"Is Culture Destiny?", *Foreign Affairs*(1994년 2월).

김대중 관련 저작·신문 기사 및 인터뷰·논문

강상중, 『반걸음만 앞서가라』, 오영근 옮김, 사계절, 2009.

강원택 외, 『김대중을 생각한다』, 삼인, 2011.

강준만, 『김대중 죽이기』, 개마고원, 1995.

경향신문·참여연대 엮음, 『김대중정부 5년 평가와 노무현정부 개혁과제』, 한울, 2003.

고명섭, 『이희호 평전』, 한겨레출판, 2016.

곽해선, 『DJ노믹스』, 21세기북스, 1998.

권노갑 외, 『대통령을 만든 사람들』, 석일사, 1998.

김삼웅 편저, 『DJ와 책』, 범우사, 2000.

김삼웅, 『김대중 평전』 전2권, 시대의 창, 2010.

김영명, 『한국현대정치사』, 을유문화사, 1999.

김영삼, 『김영삼 대통령 회고록』 전2권, 조선일보사, 2001.

김재현 편, 『1987년 민주헌정체제의 등장과 운영 1 : 김영삼』, 카오스북, 2017.

김종필, 『김종필 증언록 : 5.16에서 노무현까지』 전2권, 와이즈베리, 2016.

김택근, 『새벽 김대중 평전』, 사계절, 2012.

김하중, 『증언 : 외교를 통해 본 김대중 대통령』, 비전과리더십, 2015.

김호진, 『대통령과 리더십』, 청림출판, 2006.

김홍균·한기홍, 『김대중, 희망을 위한 여정』, 고즈윈, 2006.

노무현재단 엮음, 유시민 정리, 『운명이다 : 노무현 자서전』, 돌베개, 2010.

노태우, 『노태우 회고록』 전2권, 조선뉴스프레스, 2011.

류상영·김삼웅·심지연 편저, 『김대중과 한국 야당사』, 연세대학교 대학출판문화원, 2013.

박명림 편, 『1987년 민주헌정체제의 등장과 운영 Ⅱ : 김대중』, 카오스북, 2017.

박병로, 『장수하는 한국의 대통령들』, 노년시대신문사, 2007.

박철언, 『바른 역사를 위한 증언』, 랜덤하우스 중앙, 2005.

서중석, 『한국현대사』, 웅진지식하우스, 2005.

손숙, 『섬마을 소년 김대중 전 대통령 : 손숙의 아주 특별한 인터뷰』, 중원문화, 2007.

양성우, 『겨울공화국』, 실천문학사, 1977.

양성철·이상근 엮음, 『김대중 외교 : 비전과 유산』, 연세대학교 대학출판문화원, 2015.

육성으로 듣는 경제기적 편찬위원회, 『외환위기의 파고를 넘어』, 나남, 2016.

이낙연, 『80년대 정치현장 : 정치부 기자수첩 1979~1989』, 동아일보사, 1989.

이동형, 『김대중·김영삼』, 왕의서재, 2011.

이채윤, 『현대가 사람들』, 성안당, 2015.

이희호, 『동행 : 고난과 영광의 회전무대』, 웅진 지식하우스, 2008.

임동원, 『피스메이커 : 남북관계와 북핵문제 25년』, 창비, 2015.

임현백 편, 『1987년 민주헌정체제의 등장과 운영 Ⅰ : 김영삼』, 카오스북, 2017.

전두환, 『전두환 회고록』 전3권, 자작나무숲, 2017.

전인권, 『김대중을 계산하자』, 새날, 1997.

정대화 외, 『김대중정부 개혁 대해부』, 도서출판지정, 1998.

정주영, 『이 땅에 태어나서』, 솔, 1998.

정진백 엮음, 『김대중 대화록』 전5권, 행동하는 양심, 2018.

정진백 엮음, 『김대중 어록』, 서예문인화, 2010.

최경환, 『김대중 리더십』, 아침이슬, 2010.

최성 엮음, 『김대중 잠언집 배움』, 마산책방, 2009.

최원기·정창현, 『남북정상회담 600일』, 김영사, 1988.

카, 『역사란 무엇인가』, 탐구당, 1993.

한국역사연구회 현대사연구반, 『한국현대사 1 : 해방 직후의 변혁운동과 미군정』, 풀빛, 1991.

한국정치연구회 편, 『다시 보는 한국 민주화운동 : 기원, 과정, 그리고 제도』, 선인, 2010.

한반도평화포럼, 『통일은 과정이다』, 서해문집, 2015.

함성득 편, 『한국의 대통령과 권력』, 나남출판, 2000.

황병덕 외, 『신동방정책과 대북포용정책 : 브란트와 김대중의 민족통일구상』, 두리미디어, 2000.

아놀드 토인비, 노명식 역, 『역사의 연구』 전2권, 삼성출판사, 1993.

『경향신문』(2009년 8월 24일자).

『동아일보』(1971년 4월 29일자).

『매일신문』(2006년 3월 21일자).

『세계일보』(2009년 7월 3일자).

『조선일보』 창간 85주년 특별 인터뷰(2005년 3월 2일자).

『프레시안』(2009년 6월 11일자).

『한겨레신문』(2009년 8월 24일자).

김영미 · 이병호, 「분노 감정의 정치학과 '제인 에어'」, 『근대 영미소설』 19/1, 2012.

노명환, 「초국가주의 민주주의 평화사상과 지역공동체의 추구 및 분단극복정책 : 빌리 브란트의 동방정책과 김대중의 햇볕정책의 비교사적 연구」, 『EU연구』 No. 30, 2012.

최영태, 「극우 반공주의와 5.18광주항쟁」, 『역사학연구』 26, 2006.

_____, 「5.18민중항쟁과 김대중」, 『역사학연구』 57, 2015.

_____, 「한국인에게서 독일의 존재」, 『역사 속의 교류와 문화』, 엔터북, 2011.

한상진, 「천하공생의 세계관과 김대중의 소통철학」, (사)행동하는양심광주전남협의회, 『김대중 사상과 동아시아의 미래』, 2013.

함규진, 「1987년 YS · DJ 후보단일화가 됐다면」, 『한겨레21』(2010년 4월 1일자).

홍석률, 「한국 야당 지도자 김대중과 미국」, (사)행동하는양심광주전남협의회, 『국제학술회의 김대중 대통령의 정치사상과 국제 이해』, 2019.

황병주, 「1960~1970년대 대중경제론의 형성과정」, (사)행동하는양심광주전남협의회, 『국제학술회의 김대중 대통령의 정치사상과 국제 이해』, 2019.

사

기타

총서 血 知의회랑 을 기획하며
arcade of knowledge

대학은 지식 생산의 보고입니다. 세상에 바로 쓰이지 않더라도 언젠가는 반드시 인류에 필요할 지식을 생산하고 축적하며 발전시키는 일을 끊임없이 해나갑니다. 오랫동안 대학에서 생산한 지식은 책이란 매체에 담겨 세상의 지성을 이끌어왔습니다. 그 책들은 콘텐츠를 저장하고 유통시키며 활용하게 만드는 매체의 차원을 넘어, 인간의 비판적 사유 능력과 풍부한 감수성을 자극하는 촉매의 역할을 충실히 해왔습니다.

이와 같은 '책을 읽는다'는 것은 단순히 지식과 정보를 습득하는 데 멈추지 않고, 시대와 현실을 응시하고 성찰하면서 다시 그 너머를 사유하고 상상함을 의미합니다. 그러므로 '세상의 밑그림'을 그리는 책무를 지닌 대학에서 책을 펴내는 것은 결코 가벼이 여겨선 안 될 일입니다.

이제 우리는 다양한 방식으로 존재하는 지식과 정보, 그리고 사유와 전망을 담은 책을 엮어 현존하는 삶의 질서와 가치를 새롭게 디자인하고자 합니다. 과거를 풍요롭게 재구성하고 미래를 창의적으로 기획하는 작업이 다채롭게 펼쳐질 것입니다.

대학의 심장부에 해당하는 도서관이 예부터 우주의 축소판이라 여겨져 왔듯이, 그곳에 체계적으로 배치된 다양한 책들이야말로 이른바 학문의 우주를 구성하는 성좌와 다름없습니다. 우리는 그 빛이 의미 없이 사그라들지 않기를, 여전히 어둡고 빈 서가를 차곡차곡 채워가기를 기대합니다.

앎을 쉽게 소비하는 시대를 살고 있지만, 다양한 앎을 되새김함으로써 학문의 회랑에서 거듭나는 지식의 필요성에 우리는 공감합니다. 정보의 홍수와 유행 속에서도 퇴색하지 않을 참된 지식이야말로 인간이 가야 할 길에 불을 밝혀줄 수 있기 때문입니다. 앞으로 대학이란 무엇을 하는 곳이며, 왜 세상에 남아 있어야 하는 곳인지 끊임없이 되물으며, 새로운 지의 총화를 위한 백년 사업을 시작하겠습니다.

총서 '知의회랑' 기획위원

안대회 · 김성돈 · 변혁 · 윤비 · 오제연 · 원병묵

지은이 최영태

전라남도 나주에서 태어나 전남대학교 사학과에서 『에두아르트 베른슈타인의 수정주의』로 박사학위를 받았다. 1991년부터 전남대학교 교수로 있으면서 독일 현대사 연구에 매진해왔다. 독일 사회민주주의에서 출발한 그의 주제는 최근 브란트의 동방정책과 독일통일의 성과로 이어졌다. 2020년 2월 정년을 맞지만, 그 문제의식은 여전히 진행형이다.

대학에 재직하고 있는 동안 전남대학교 5.18연구소장과 인문대 학장 그리고 한국독일사학회장 등을 역임했다. 시민운동과 사회민주화운동에도 적극적으로 참여해 광주흥사단 및 광주시민단체협의회 상임대표, 민주화를위한전국교수협의회(민교협) 공동의장, 제3기 국무총리 산하 시민사회발전위원회 위원 등으로 활동했다.

무엇보다 1989년부터 1990년까지 독일 보훔대학에 머물면서 독일통일의 과정을 몸소 지켜보았던 그에게 독일과 한반도의 분단극복정책과 통일과정에 대한 비교연구는 커다란 화두이자 시대정신이었다. 이를 통해 얻어진 결과를 시민·교육운동의 영역에서 실천하는 문제가 앞으로의 과제다.

주요 저서로 『서양의 지적 전통 2』(공저), 『미국을 바꾼 4인의 혁신주의 대통령들』(공역), 『베른슈타인의 민주적 사회주의론』, 『5.18 그리고 역사』(공저), 『독일통일의 3단계 전개과정』 등이 있으며, 주요 논문으로 「사회적 자유주의와 민주적 사회주의의 비교」, 「극우반공주의와 5.18광주항쟁」 등 다수가 있다.

血 知의회랑
arcade of knowledge
011

빌리 브란트와 김대중
아웃사이더에서 휴머니스트로

1판 1쇄 발행 2020년 2월 28일
1판 2쇄 발행 2020년 7월 31일

지 은 이   최영태
펴 낸 이   신동렬
책임편집   현상철
편   집   신철호·구남희
마 케 팅   박정수·김지현

펴 낸 곳   성균관대학교 출판부
등   록   1975년 5월 21일 제1975-9호
주   소   03063 서울특별시 종로구 성균관로 25-2
전   화   02)760-1252~4 팩스 02)762-7452
홈페이지   http://press.skku.edu

ISBN 979-11-5550-399-7 03990

ⓒ 2020, 최영태
값 35,000원

⊙ 잘못된 책은 구입한 곳에서 교환해 드립니다.
⊙ 이 저서는 2017년 대한민국 교육부와 한국연구재단의 지원을 받아
  수행된 연구임(NRF-2017S1A6A4A01022453)